W0197812

R&B

FERGUS FLEMING

TRIKOLORE ÜBER DER SAHARA

DER TRAUM VOM WÜSTENREICH

Aus dem Englischen
von Bernd Rullkötter

Rogner & Bernhard bei Zweitausendeins

1. Auflage, April 2004

© Fergus Fleming 2003.
Die Originalausgabe erschien 2003 unter dem Titel »The Sword and the Cross«
bei Granta Books, Great Britain.
Alle Rechte vorbehalten.

© der deutschen Ausgabe 2004
by Rogner & Bernhard GmbH & Co. Verlags KG, Hamburg.
ISBN 3-8077-0147-8
www.rogner-bernhard.de

Alle Rechte vorbehalten, insbesondere das Recht der mechanischen, elektronischen oder fotografischen Vervielfältigung, der Einspeicherung und Verarbeitung in elektronischen Systemen, des Nachdrucks in Zeitschriften und Zeitungen, des öffentlichen Vortrags, der Verfilmung oder Dramatisierung, der Übertragung durch Rundfunk, Fernsehen oder Video, auch einzelner Text- oder Bildteile.
Der *gewerbliche* Weiterverkauf und der *gewerbliche* Verleih von Büchern, CDs, CD-ROMs, DVDs, Videos, Downloads oder anderen Sachen aus der Zweitausendeins-Produktion bedürfen in jedem Fall der schriftlichen Genehmigung durch die Geschäftsleitung vom Zweitausendeins Versand in Frankfurt am Main.

Lektorat: Michael Hein.
Mitarbeit: Rainer Kolbe, Sieverstedt.
Umschlaggestaltung: Philippa Walz, Stuttgart.
Umschlagbild vorn: »Attente d'un rendez-vous«, Photo Bourdelón.
Herstellung und Gestaltung: Eberhard Delius, Berlin.
Satz: Offizin Götz Gorissen, Berlin.
Gesetzt aus der Minion.
Druck und Bindung: Kösel GmbH, Kempten.
Printed in Germany.

Dieses Buch gibt es nur bei Zweitausendeins im Versand,
Postfach, D-60381 Frankfurt am Main,
Telefon 069-4208000, Fax 069-415003.
Internet www.Zweitausendeins.de, E-Mail info@Zweitausendeins.de.
Oder in den Zweitausendeins-Läden in Berlin, Düsseldorf,
Essen, Frankfurt am Main, Freiburg, 2 x in Hamburg, in Hannover,
Köln, Mannheim, München, Nürnberg,
Saarbrücken, Stuttgart.

In der Schweiz über buch 2000
Postfach 89, CH-8910 Affoltern a. A.

Inhalt

Vorwort

Als die Franzosen 1830 in Algerien einmarschierten, lag ihnen eigentlich nicht daran, eine Kolonie zu gründen – die Ereignisse nahmen einfach ihren Lauf. Ganz ähnlich war dieses Buch nicht als Biographie oder als Chronik des französischen Imperialismus in Nordafrika gedacht, doch es scheint ein wenig von beidem geworden zu sein. Wenn es als eines davon gelungen ist, dann durch reinen Zufall. Im Wesentlichen ist dies eine Erzählung von zwei ungewöhnlichen Männern, die in einer ungewöhnlichen Zeit an einem ungewöhnlichen Ort lebten. Und es sind ihre Erlebnisse, nicht ihre Geschichte, die ich wiedergeben möchte.

Der Hauptprotagonist Charles de Foucauld, ein aristokratischer Wüstling, der zum Einsiedler wurde, ist in Frankreich, wo man viele Bände über sein Leben veröffentlicht hat, eine bekannte Gestalt. Die meisten Autoren haben dabei den Standpunkt vertreten, er sei entweder ein Heiliger gewesen oder diesem Stande zumindest sehr nahe gekommen. Unzweifelhaft hat er Einfluss auf viele Menschen ausgeübt. Zum Beispiel hielt T. S. Eliot während seiner langwierigen Bekehrung zum Katholizismus Vorträge über Foucauld, und man findet Wüstenmetaphern im Stile Foucaulds in etlichen von Eliots Gedichten. Seit den dreißiger Jahren haben Zehntausende seiner Anhänger Foucaulds Leben zum Maßstab für das ihre genommen (gegenwärtig gibt es weltweit rund 11 000 Kleine Brüder und Schwestern Jesu). Ob er wirklich ein Heiliger oder bloß ein verwirrter Fanatiker war, und ob das eine das andere überhaupt ausschließt, das sind Fragen, die über den Rahmen dieses Buches hinausgehen.

Henri Laperrine ist eine weniger leicht fassbare Gestalt. Meines Wissens ist über ihn nichts in englischer Sprache veröffentlicht worden. Wir kennen ihn nur durch einige französische Biographien, von denen die jüngste aus dem Jahre 1940 stammt. Er war kein großer und nicht einmal ein berühmter Mann: Zu seinen Lebzeiten wusste kaum ein Zeitgenosse von ihm, und obwohl er heute auf Briefmarken verewigt ist und Straßen und Schulen seinen Namen tragen, ist er kaum jemandem ein Begriff. Es gibt wenige Fotos, die ihn in Aktion zeigen: hier eine undeutliche Silhouette auf einem Kamel, dort eine Gestalt mit Käppi, die im Torweg einer Lehmfestung pausiert. Ruhm war ihm gleichgültig, doch als Gründer des Kamelkorps spielte er eine wichtige Rolle bei der Eroberung der Sahara und scheint auf seine Art ein genauso komplexer Charakter gewesen zu sein wie sein mönchischer Freund. Seine (ausnahmslos schwärmerischen) Biographen loben seine Zurückhaltung und sein Mitgefühl, und sie erinnern sich an das heitere Zwinkern seiner Augen. Zurückhaltend und mitfühlend mag er gewesen sein, doch einem Zeitgenossen zufolge enthielt sein Lächeln auch eine Spur von Bosheit. Die Quellen zeigen, dass er ein pragmatischer Mann war, brutal und voller Ränke – obwohl offenbar ein prächtiger Gesprächspartner am Lagerfeuer –, der seinen Geschäften ohne Gewissensbisse nachging. Er war ein sprichwörtlicher Soldat, genau wie Foucauld ein sprichwörtlicher Katholik war.

Laperrine schrieb wenig, und was er zu Papier brachte, scheint größtenteils vernichtet worden zu sein, so dass nur ein paar Briefe und Zeitungsartikel überliefert sind. Er ist zu einer derart schemenhaften Gestalt geworden, dass die Berichte nicht einmal hinsichtlich seiner Erscheinung übereinstimmen. Ein Autor beschreibt ihn als kleinen, schäbig gekleideten Mann mit Piepsstimme, ein anderer als hochgewachsenen, makellos gekleideten Offizier mit dröhnendem Bass. Nach Fotos und zeitgenössischen Schilderungen zu schließen, war er eine Mischung aus beidem, und so habe ich ihn denn auch dargestellt. Über Foucauld dagegen liegen verwirrend zahlreiche Dokumente vor. Er schrieb mit wildem Eifer, und jede seiner Äußerungen hat sich erhalten. Wann immer sich die Möglichkeit bot, sandte er wenigstens drei Briefe pro Woche – bisweilen sogar drei Briefe pro Tag, manche davon verschlüsselt – an Freunde, Verwandte und alle, die ihm sonst noch einfielen. In den 15 Jahren vor seinem Tod verfasste er über 700 Briefe an seine Cousine Marie de Bondy, weitere 700 an ihren Mann Olivier de Bondy und rund 6000 an Dutzende weiterer Adressaten. Allein seine Korrespondenz mit Bischof Guérin von den Weißen Vätern füllt ein über

1000 Seiten langes Buch. Daneben hinterließ er mehr als 12 000 Seiten verschiedener Schriften. Mehreren französischen Verlagen – hauptsächlich Nouvelle Cité – ist es zu verdanken, dass der größte Teil des Materials heute gedruckt vorliegt.

Unter den Sekundärquellen ragt Douglas Porchs *The Conquest of the Sahara* (1985) nicht nur wegen seines Witzes, sondern auch wegen der Qualität seiner Recherchen hervor. Das Buch ist die Bibel für jeden, den das Thema interessiert. Ich habe es ausgiebig verwendet, sowohl was Zitate als auch was Episoden betrifft, die wenig mit Foucauld oder Laperrine zu tun haben (etwa die Schrecken der Zentralafrikanischen Mission), aber den Kontext ihrer Laufbahn zu bestimmen helfen. Außerdem habe ich mich auf etliche Foucauld-Biographen gestützt. René Bazin war der Erste von ihnen. Er kannte Foucauld persönlich und verfasste fünf Jahre nach dessen Tod eine einschlägige Studie. Die meisten späteren Autoren haben in mehr oder weniger großem Ausmaß auf Bazins Material zurückgegriffen, es jedoch unterschiedlich interpretiert. Anne Fremantles *Ruf der Wüste* und Jean-Jacques Antiers *Charles de Foucauld* sind nicht nur am besten geschrieben, sondern bieten auch die lesbarsten Übersetzungen, weshalb ich ihnen hier und da den Vorzug vor Bazins etwas veralteter Version gegeben habe. Zum Thema Übersetzungen sei angemerkt, dass Zitate aus Sekundärquellen wann immer möglich anhand des Originals verifiziert worden sind.

Zur Terminologie

Im Allgemeinen werden die Ortsnamen der Sahara in diesem Buch so geschrieben wie zur damaligen Zeit. Häufig waren mehrere Schreibweisen üblich. Zum Beispiel wurden Tuat, Touat und Twat austauschbar benutzt. Tamanrasset lautete auch Tamanghasset, Ourgla hieß manchmal Wargla und so weiter. In diesen Fällen habe ich mich lediglich um Einheitlichkeit bemüht. Hingewiesen sei auf die Namensgleichheit zwischen der heutigen Republik Sudan und der französischen Kolonie des 19. Jahrhunderts, eine Großlandschaft im Süden der Sahara; in diesem Buch wird der Name Sudan durchweg für Letztere verwendet. In Salah wird heute als Ain Salah bezeichnet, aber ich habe die alte Schreibung beibehalten. Der Begriff Tuareg (oder Tourareg) wird gegenwärtig im Westen benutzt, um ein Individuum, eine Gruppe, ihre Sprache und ihre Schrift zu charakterisieren. Der korrekte Gebrauch ist allerdings: Ich bin Targui, wir sind Tuareg, wir sprechen Tamasheq, und wir schreiben Tinifar. Für mein Buch habe ich mich entschlossen, Targui nicht zu verwenden, wohl aber Tamacheq und Tinifar. Außerdem folge ich Foucaulds Beispiel, indem ich Tamacheq als Oberbegriff anstelle seiner regionalen Varianten benutze. Im Adrar des Iforas spricht man Tamacheq, im Hoggar hingegen Tamahaq, in Niger Tamajaq und in Marokko Tamazight.

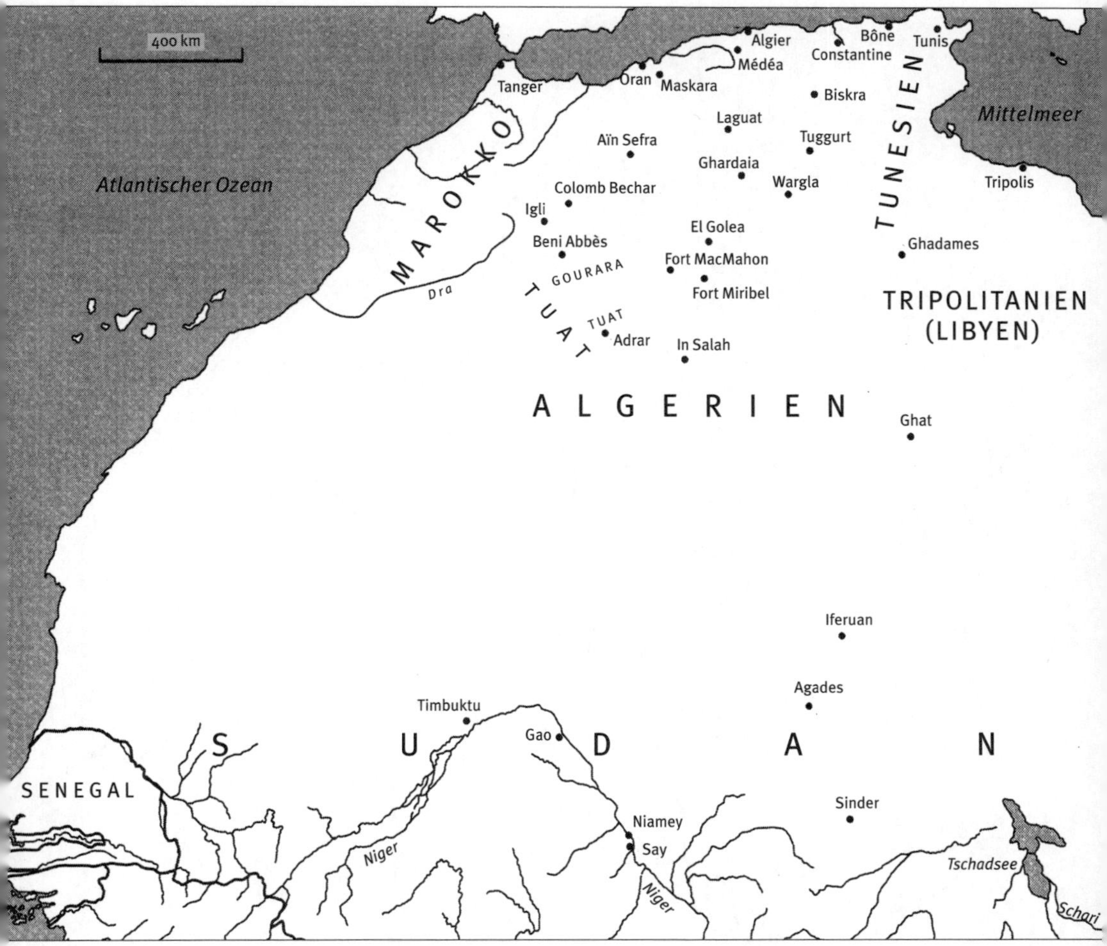

Französischer Einflussbereich in Nordwestafrika

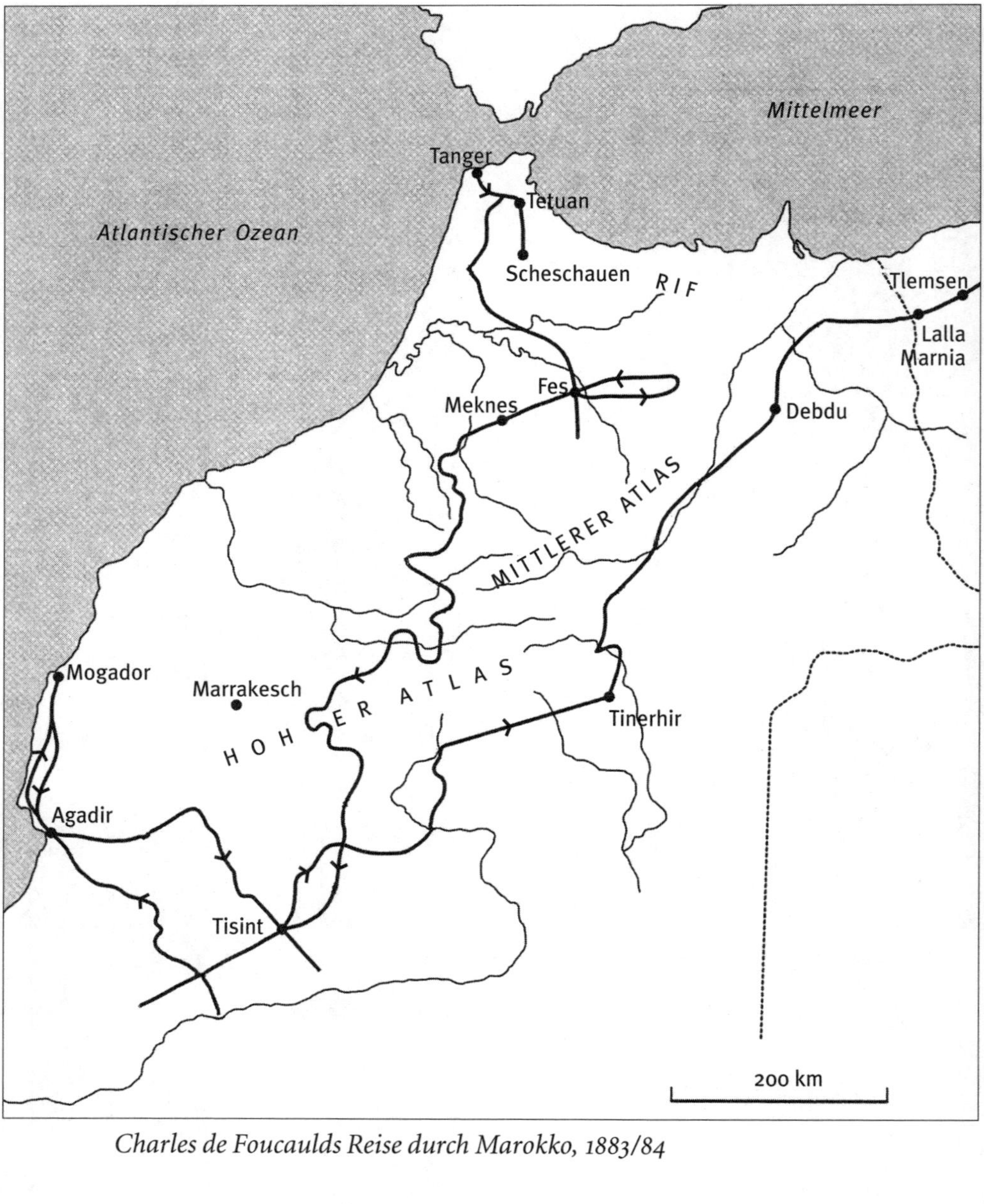

Charles de Foucaulds Reise durch Marokko, 1883/84

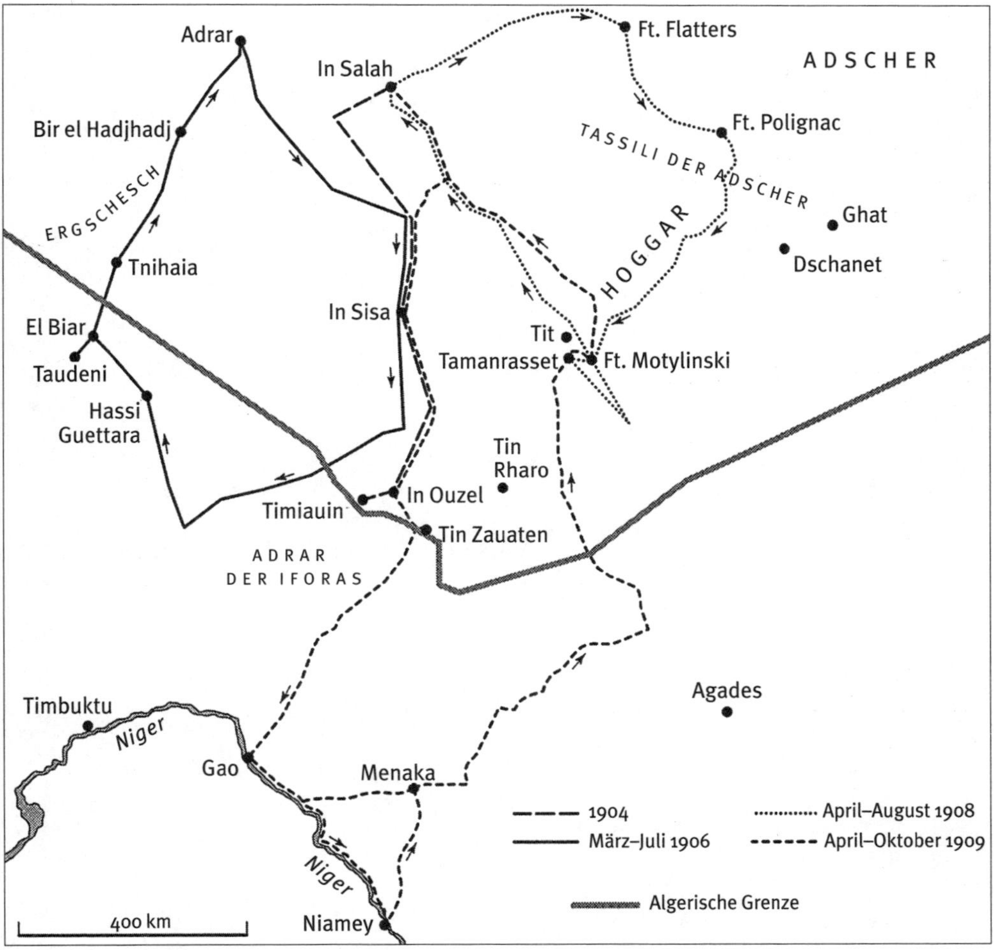

Laperrines Expeditionen durch die Sahara

1

ABSINTH UND KASERNEN

Im Dezember 1880 fror die Loire zu, was Leutnant Vicomte Charles de Foucauld die Gelegenheit gab, eine Abendgesellschaft für seine Offizierskameraden vom 4. Jägerregiment abzuhalten. Nach Pariser Maßstäben war die Feier nichts Großartiges – bestenfalls eine provinzielle *fête champêtre* –, doch ließ sich nicht leugnen, dass der Gastgeber Stil hatte. Als seine Gäste aus ihren Kutschen stiegen, bot sich ihnen ein bemerkenswertes Schauspiel.

Dort auf dem Eis hatte Foucauld einen Ballsaal unter freiem Himmel geschaffen. Ein Teil der Loire war mit Seilen als Tanzfläche eingegrenzt worden, ein Orchester spielte die neuesten Melodien, und am Ufer bogen sich Buffets unter Pariser Köstlichkeiten. Bottiche mit lodernder Rumbowle verbreiteten einen bläulichen Glanz. Alles war bereitgestellt worden, sogar Schlittschuhe für jeden Offizier, wozu man vom Quartiermeister des Regiments zuvor eigens sämtliche Schuhgrößen in Erfahrung gebracht hatte.

Während Foucaulds Gäste sich auf dem Eis vergnügten, schob sich ein Schlitten, geschnitzt wie ein Schwan, in einem Zirkel roter Flammen heran. Darin saß, in Pelze gehüllt, Foucaulds Mätresse Mimi. Sie war, wie er erklärte, der »Ehrenoberst« für diesen Abend. Die Männer stimmten ein Lied an und wirbelten den Schlitten über die Tanzfläche, während Foucauld lässig neben ihm dahinglitt und seiner Geliebten etwas zuflüsterte. Es seien Befehle eingetroffen: Die 4. Jäger würden nach Algerien versetzt. Mimi brauche sich jedoch keine Sorgen zu machen.

Er sei sicher, dass sie ihn begleiten könne, und der Wechsel werde ihnen beiden gut tun. Der verwöhnte junge Aristokrat erläuterte: »Ich brauche [einen] Szenenwechsel.«[1]

Leutnant de Foucauld, 4ᵉ Chasseurs, 1880.

Von Tunesien aus bilden die fruchtbaren Zonen Nordafrikas einen schmalen Grünstreifen, der sich nach Westen hin bis Marokko erstreckt, wo das Atlasgebirge, das ihre südliche Grenze darstellt, nach Süden abfällt und ein Dreieck des Wohlstands an der Atlantikküste entstehen lässt. Der Effekt ist, wie sich ein Schriftsteller des 19. Jahrhunderts ausdrückte, der einer grünen Mütze auf dem großen, kahlen Kopf des Kontinents. In der Mitte dieses Streifens, zwischen Tunesien und Marokko, liegt Algerien. Topographisch unterscheidet es sich kaum von seinen Nachbarn: Dem mediterranen Küstengebiet schließt sich ein Abschnitt guten Getreidelandes an, der Tell, der wiederum übergeht in eine Reihe von Hochtälern, die Hauts Plateaux, die sich hauptsächlich als Weideland eignen und hinter denen die schneebedeckten Berge abrupt zur Sahara abfallen. Der kultivierbare Bereich ist klein und erstreckt sich von der 900 Kilometer langen Küstenlinie ungefähr 250 Kilometer landeinwärts. Aber das Land ist reich an Geschichte.

Die Berber, ein hellhäutiges, halbnomadisches Volk, beanspruchen für sich, die ersten Bewohner Nordafrikas gewesen zu sein. Ihre Vorherrschaft wurde von den Phöniziern beendet, die an der Küste Handelsposten errichteten – der eindrucksvollste war Karthago. Später übernahmen die Römer die Kontrolle über deren Besitzungen. Sie zogen landeinwärts und gründeten beachtliche Kolonien, hauptsächlich zu dem Zweck, Weizen zu ernten und die Reichtümer des afrikanischen Binnenlandes zu nutzen: Elfenbein, Gold, Federn, Pelze, wilde Tiere für die Zirkusse und vor allem Sklaven. Zwischen 800 und 1100 n. Chr. drangen die Araber über Nordafrika nach Spanien ein, und die Römer verloren die Vorherrschaft an eine Reihe islamischer Dynastien. Im 17. Jahrhundert dann geriet Algerien unter die Herrschaft der Osmanen. Es bildete das westliche Grenzgebiet eines gewaltigen Reiches, das sich im Osten bis nach Persien erstreckte und fast den gesamten Mittelmeerraum einschloss. Aber die osmanische Herrschaft war schwach. Die entlegenen Gebiete des Reiches, die theoretisch Konstantinopel unterstanden, wurden in Wirklichkeit von örtlichen Machthabern regiert, deren Treueschwüre gegenüber dem Sultan nicht mehr als Lippenbekenntnisse waren. Einer dieser Potentaten war der Dey von Algier. Die Deys stellten sehr bald fest, dass sie mehr oder weniger tun konnten, was ihnen beliebte. Außer durch den Sklavenhandel, der weiterhin sehr einträglich war, erzielten sie mit dem stillschweigenden Einverständnis des Sultans hohe Gewinne aus der Seeräuberei.

Algerien – bzw. die Berberküste, der Name, unter dem die Europäer es kannten und fürchteten – wurde zur Geißel des Mittelmeers und auch des Atlantiks. 1644 überfielen Berberpiraten den britischen Hafen Penzance und entführten 60 Menschen, die in die Sklaverei verkauft wurden; 44 Jahre später ergriffen sie im irischen Hafen Baltimore 237 Männer, Frauen und Kinder. Im selben Jahrhundert kamen Frauen in solchen Scharen nach London, um für den Verlust ihrer Ernährer an die Berberkorsaren Entschädigung zu verlangen, dass ihnen das Parlament die Strafgelder überließ, die von zu spät zum Morgengebet erschienenen Abgeordneten eingetrieben wurden. Damit war den Frauen allerdings kaum geholfen, und die Maßnahme hatte ohnehin keine abschreckende Wirkung auf die Korsaren, deren Ruf sich nun derart verbreitete, dass eine Gruppe japanischer Piraten zu ihnen stieß, um sich an ihrem fröhlichen Treiben zu beteiligen. Zwei Jahrhunderte lang störten die Berber die europäische Schiffahrt so gut wie ungestraft und unter sorgloser Missachtung der Weltpolitik. Im Jahre 1810 – zur Zeit der Napoleonischen Kriege, als Britannien angeblich die Wellen beherrschte – war Sir Arthur Paget, Befehlshaber des Kriegsschiffs *Thetis*, gezwungen, den Piraten eine goldene Schnupftabakdose im Wert von 500 Pfund als Lösegeld für zwei britische Gefangene zu überlassen. Im selben Jahr zahlte die Londoner Gesellschaft der Eisenhändler 465 Pfund für die Rücksendung von weiteren 13 Gefangenen. Damit war das Maß voll. Im Jahr 1816 ging ein Geschwader der Royal Navy bei Algier vor Anker und schoss die Piraten, ihre Schiffe und den Hafen kurz und klein. Soldaten wurden ausgeschickt, um die Trümmer zu durchsuchen, was sie mit bemerkenswertem Erfolg taten. Anschließend benutzten sie einen Teil der Überreste, um einen neuen Pier zu bauen, bevor sie voller Genugtuung darüber, dem Dey einen Denkzettel verpasst zu haben, zurück in die Heimat segelten.

Im Jahr 1830 beschloss Frankreich, dass der Dey einen weiteren Denkzettel benötige – diesmal in Sachen Manieren. In den 15 Jahren zuvor hatte die Welt ein zunehmendes Interesse am türkischen Nordafrika entwickelt. So ferne Länder wie die Vereinigten Staaten und Schweden waren von seinem Handelspotential fasziniert und entsandten so genannte Konsuln, um ihren Einfluss geltend zu machen. Bald konnte man in jedem größeren Hafen eine Gruppe von Ausländern finden, hauptsächlich Abenteurer und Spione, die versuchten, sich beim örtlichen Machthaber in Szene zu setzen. Die Deys von Algier allerdings hatten ein wachsameres Auge auf ihre Bilanzen als die meisten anderen Herrscher, und so wurde im Jahre 1828 der französische Konsul aufgefordert, Rechenschaft über eine Schuld für eine Lieferung Weizen abzulegen, die seit den neunziger Jahren des 17. Jahrhunderts ausstand. Als der Konsul sich strikt weigerte, die Schuld zu begleichen, versetzte der wütende Dey ihm einen Schlag mit seinem Fliegenwedel. Dem unpopulären Bourbonen Karl X., der nach Napoleons Niederlage auf den französischen Thron gesetzt worden war, bot sich damit die willkommene Gelegenheit, von seinen Fehlern in der Heimat abzulenken. Er erklärte den Vorfall zu einer »Beleidigung der nationalen Ehre«[2] und belegte Algier mit einer Blockade. Unglücklicherweise handelte es sich nur um eine saisonale Blockade, und sobald die französische Flotte in ihren Winterhafen gesegelt war, raubten algerische Piraten drei Schiffe aus der Bucht von Neapel, verkauften sie in Tanger und kehrten mit dem Erlös heim.

Daraufhin bestraften die Franzosen Algier 1830 durch ein zweites Bombardement und ließen den Hafen von Infanteristen besetzen. Diese stießen zu ihrer Überraschung kaum auf Widerstand und marschierten landeinwärts. Das Gleiche wiederholte sich entlang der Küste in den Häfen Oran und Bône. Am Ende des Jahres sah sich Frankreich, das zunächst nur beabsichtigt hatte, das Mittelmeergebiet von einem Ärgernis zu befreien und dabei vielleicht gleichzeitig auf der internationalen Bühne seine Muskeln spielen zu lassen, im Besitz einer kleinen Kolonie. Karl X. hätte sich gefreut, wäre er noch an der Macht gewesen. Doch man hatte ihn abgesetzt, und sein Nachfolger Louis Philippe, der »Bürgerkönig«, ein populärerer und vorsichtigerer Herrscher, war zur Festigung seiner Herrschaft nicht auf ein derartiges Unternehmen angewiesen. Im Gegenteil, eine Kolonisierung war das Letzte, was er sich wünschte. Frankreich, das – fast beispiellos in Europa – von einem Bevölkerungsrückgang und zudem von maroden Finanzen geplagt wurde, hatte weder das Geld noch die Menschen, um neue überseeische Besitzungen zu unterhalten. Doch zum Kummer der Regierung wuchs ihr nordafrikanisches Territorium sogar noch. Es war keine Frage der Politik, sondern der Pragmatik: Sobald sich die Stammesführer von ihrem anfänglichen Schock erholt hatten, gaben sie sich größte Mühe, die Franzosen am Vordringen ins Landesinnere zu hindern, und das Militär reagierte darauf, indem es seine Flanken sicherte. Ein Kommentator meinte: »Die Gegenwart von Feinden löste Schlachten aus.«[3] Unter Führung des ergrauten Veteranen General Thomas-Richard Bugeaud und anderer rückten französische Soldaten immer tiefer ins Innere Algeriens vor.

Den Invasoren bot sich eine glorreiche und aufregende Möglichkeit, ihren Kriegsmut zu demonstrieren und zu beweisen, dass sie trotz der Schmach von Waterloo immer noch eine beeindruckende Macht waren. Um das Land zu erobern, brauchten sie nur ein paar Einheimische niederzuwerfen, die mit Schwertern, Speeren und hin und wieder einer Muskete bewaffnet waren. Doch bald mussten sie feststellen, dass europäische Vorstellungen von Kriegführung in Algerien nutzlos waren. Mit massierten Bataillonen, langem Tross und schwerer Artillerie war man zwar in den urbanisierten Küstenregionen erfolgreich, doch im Landesinnern stieß man auf eine weniger einfache Lage. Schon die Logistik war ein Alptraum. Wie sollte sich eine offensive Streitmacht mit all ihren Vorräten durch wegloses, manchmal sumpfiges und häufig gebirgiges Hinterland bewegen? Wie sollten sich diese schwerfälligen Kolonnen gegen einen Feind verteidigen, der sich weigerte, Schlachten nach dem Lehrbuch zu schlagen, und sie stattdessen mit Scharmützeln und mitternächtlichen Überfällen behelligte, um im Busch zu verschwinden, sobald die Artillerie ins Gefecht geführt wurde? Die französische Reaktion bestand darin, jeden mühsam eroberten Geländeabschnitt mit Hilfe eines Forts zu sichern, in dem man sich für den Weitermarsch neu gruppieren konnte. So entstand eines der Klischees der nordafrikanischen Eroberung: In Lehmfestungen zusammengedrängt warteten weiße Soldaten auf die unsichere Ankunft von Nachschub, während Krankheit und Guerilla-Überfälle ihren Tribut forderten. Nicht einmal die Fremdenlegion vermochte da viel auszurichten. 1831 gegründet, um die unerwünschten Elemente der ausländischen Bevölkerung Frankreichs abzuschöpfen, schlug sie ihre ersten Schlachten in Algerien und richtete ihr Hauptquartier später im Süden der Provinz Oran ein. Aber so berüchtigt, wie sie für ihre Brutalität auch war, wurde sie lediglich zu einem weiteren wirkungslosen Bestandteil der allseits bedrängten Besatzungsmacht.

Im ersten Jahr ihrer Eroberung hatten die Franzosen den Einheimischen vage Versprechungen über deren Rechte gemacht: Sie dürften ihr Eigentum behalten, man werde ihre Religion respektieren und sie gerecht behandeln. Vornehmlich in der Umgebung der Städte und in der Agrarregion des Tell hatten manche diesen Versprechungen Glauben geschenkt und gemeint, die osmanische Herrschaft sei einfach nur von der französischen abgelöst worden. »Weit davon entfernt, uns feindselig gegenüberzutreten, sind die Mauren Freunde unserer Zivilisation«, schrieb ein Beobachter. »Wenn wir sie gut behandeln und ihnen Freiheit und Sicherheit gewähren, werden wir nützliche Unterstützung bei ihnen finden.«[4] Bald wurde jedoch deutlich, dass die Versprechen leere Worte gewesen waren. Einer der ersten Akte der Franzosen bestand darin, die Moschee Dschama Ketschawa von Algier in eine Kirche zu verwandeln. Muslimische Feste wurden nicht mehr als offizielle Feiertage anerkannt, und man konfiszierte große Flächen des Ackerlandes, um sie Kolonisten zu überlassen. Im Laufe der Besatzung verstärkte sich der Groll. Es hatte stets Spaltungen innerhalb der algerischen Bevölkerung gegeben, vor allem zwischen den arabischen Gemeinden der Küstenregionen und den Berbern im Hochland. Die Berber sprachen ihre eigene Sprache mit zahlreichen Dialekten, und auch in der Religion waren sich Araber und Berber nicht einig, denn obwohl beide den islamischen Glauben praktizierten, hielten sich die Berber an eine unorthodoxe Version, die alte, vorislamische Bräuche einschloss. Zudem pflegten sie eine unterschiedliche Lebensweise: Die Araber waren sesshafte Bauern, die Berber dagegen Hirten. Die Franzosen hatten gehofft, sich diese Differenzen zunutze zu machen, doch zu ihrem Kummer vereinigten sich beide Gruppen nun, um den Besatzern Widerstand zu leisten.

In den entlegenen Gebieten der Kolonie schützten die Siedler ihre Dörfer durch Gräben, Mauern und Wachtürme. Wenn sie ihre Felder bestellten, gingen sie in bewaffneten Gruppen zur Arbeit und hielten Ausschau nach der schwarzen Flagge, die als Warnung vor Gefahren gehisst wurde. Überfälle, Brandstiftung, Entführungen und Morde kamen allwöchentlich vor. Zunächst forderten die Angreifer ein Lösegeld für die Geiseln, doch nachdem sie gemerkt hatten, dass die Kolonisten für einen Kopf so viel wie für eine lebende Person zahlten, enthaupteten sie ihre Gefangenen einfach. Die Siedler, ob mit militärischer Unterstützung oder ohne, griffen zu den gleichen Mitteln. Außerhalb der Küstenregion, wo eine gewisse Ordnung herrschte und wo sich Einheimische sogar freiwillig zum Dienst in der französischen Armee meldeten, war Algerien ein blutiges, abschreckendes Land. Trotzdem wollten Franzosen sich weiterhin dort niederlassen. Entmachtete Aristokraten – ehemalige Anhänger von Karl X., die den Spitznamen »gants jaunes« (»gelbe Handschuhe«) trugen – bauten große Güter auf, an denen sie sich bereichern konnten, während sie selbst in der Sicherheit der Städte blieben. Grundstücksspekulanten wurden von der Verheißung rascher, wenn auch riskanter Profite angezogen. So eilte einmal, kurz bevor ein aufständisches Dorf eingenommen wurde, ein Grundstücksmakler mit seiner Brieftasche herbei, und der siegreiche Offizier musste dem Mann mehrere 1000 Franc für das Land, auf dem er seine Festung errichten wollte, sowie einen zusätzlichen Betrag für den Exerzierplatz zahlen. Sogar in den gefährlichsten Gebieten wurden die Siedler durch ihren Pioniergeist vereint. Das Land mochte ursprünglich nicht ihnen gehört haben, doch nachdem sie Blut dafür vergossen hatten, waren sie nicht mehr bereit, es aufzugeben.

In Paris machte man sich Sorgen. Im Jahre 1834 erklärte Generalstaatsanwalt Dupin der französischen Nationalversammlung: »Notwendig wäre es gewesen, die Ausgaben auf das niedrigste mögliche Niveau zu reduzieren und mit allen Mitteln rasch den Moment herbeizuführen, da Frankreich von einer Last, die es nicht viel länger tragen konnte und wollte, befreit worden wäre.«[5] Drei Jahre später sagte Außenminister Thiers: »Wenn wir ein paar Meilen Land um Algier, Oran und Bône herum sichern könnten, wäre ich für meinen Teil zufrieden. Ich bin kein Freund einer allgemeinen Besatzung.«[6] Sogar an der Front wurden Zweifel laut. Während sich General Bugeaud mit einem schwer fassbaren Feind herumschlug – ein Unterfangen, das bald Sieg, bald Niederlage, bald doppeltes Spiel und einen korrupten, doch äußerst lohnenden Waffenhandel mit sich brachte –, behauptete er, seine Aufgabe sei nichts als Zeitverschwendung. »Unglücklicherweise«, schrieb einer seiner Offiziere, »tut er diese Meinungen den ganzen Tag lang vor jedermann mit lauter Stimme kund, was, obwohl er sich dessen vielleicht nicht bewusst ist, von der Truppe als reichlich entmutigend empfunden wird.«[7] Dessen ungeachtet war es Bugeaud zu verdanken, dass Algerien schließlich besiegt wurde. Er verzichtete auf die traditionellen europäischen Methoden und schuf eine leichte Infanterie, die äußerst beweglich war und sich genau wie ihre Gegner an Ort und Stelle durch Raubzüge, so genannte Razzien, versorgte. Ein Veteran kommentierte: »In Europa gehört dir das ganze Land, sobald [du] zwei oder drei große Städte erobert [hast]. Aber wie kann man in Afrika gegen eine Bevölkerung vorgehen, die nur durch ihre Zeltpflöcke mit dem Land verbunden ist? … Die einzige Möglichkeit ist die, das Getreide an sich zu bringen, das sie ernährt, ebenso wie die Herden, die ihr Kleidung verschaffen. Aus diesem Grund führen wir Krieg gegen Getreidespeicher und Vieh und [veranstalten] die Razzien.«[8]

Bugeauds Taktik eignete sich ideal für diese Situation und ließ ein zweites Klischee der kolonialen Kriegführung entstehen: das eines Infanteriekarrees, das ungerührt auf Scharen von Wilden feuert, die es umkreisen. Später sollte seine Taktik von anderen imperialen Mächten nachgeahmt werden, wobei sie allerdings eher das Klischee als die Praxis imitierten: Bugeaud nämlich gab der Schützenlinie den Vorzug gegenüber dem Karree, weil er dadurch größere Manövrierfähigkeit erhielt. Das unmittelbare Ergebnis jedoch war, dass europäische Soldaten zum ersten Mal einheimische Streitkräfte mit deren eigenen Waffen zu schlagen vermochten. Auf Kosten Zehntausender von Opfern, die in den offiziellen Darstellungen überwiegend Franzosen, doch in Wirklichkeit fast ausschließlich Afrikaner waren, zerstückelten Bugeaud und seine Kameraden das Land. 1837 nahmen die Franzosen Constantine ein, einen bereits von den Römern besiedelten Ort auf einem schroffen Felsrücken, der die östlichen Weidegründe beherrschte. Die Außenposten Kolea und Blida erhielten 1838, Medea und Miliana 1840 sowie Biska und Dellys 1844 je eine Garnison. Ein Angriff aus Marokko wurde 1844 zurückgeschlagen, und drei Jahre später kapitulierte der letzte und mächtigste Häuptling, Abd el-Kader.* Mit Ausnahme einer kleinen Berbergruppe, die das Kabyliagebirge östlich von Algier bewohnte und keine erkennbare Gefahr für das neue Regime darstellte, war Algerien endlich erobert.

Nach zeitgenössischen Maßstäben war es keine bedeutende Eroberung. Verglichen mit der raschen Kolonisierung Indiens durch Großbritannien wirkte das 35jährige Ringen Frankreichs um die Herrschaft über einen 250 Kilometer ins Land reichenden Streifen nordafrikanischen Bodens eher peinlich. Schlimmer noch, die französische Regierung wollte das Gebiet gar nicht haben. Doch nachdem Algerien einmal erobert war, konnte man es nicht einfach aufgeben. Außerdem unterstützte die Armee Karl X. und konnte aus politischen Gründen nicht zurückgeholt werden. So kam es eine Zeitlang zu einer merkwürdigen Politik: Während Frankreich die militärische Expansion in Algerien vor-

* Der von Freund und Feind respektierte Abd el-Kader wird häufig als Vater des algerischen Nationalismus gerühmt. Er wurde nach Damaskus ins Exil geschickt und schaltete sich später ein, um die Freilassung Tausender Christen zu erwirken, die durch islamische Rebellen gefangen genommen worden waren.

antrieb, tat es zugleich sein Möglichstes, um seine Bürger an der Übersiedlung in die Kolonie zu hindern. Zum Beispiel kostete eine Fahrkarte von Marseille nach Algier nichts, aber potentiellen Kolonisten wurden gewaltige Investitionen abverlangt, nämlich 400 Franc von einem Arbeiter und bis zu 3000 Franc von einem Grundbesitzer. Sämtliche Antragsteller konnten kostenlos Land erhalten, doch es war unkultivierter, von Zwergpalmen bestandener Boden, denn der größte Teil der besten Felder war bereits vergeben. In diesem Sinne verfügte Paris auch, dass französische Bauern keine billigen einheimischen Arbeitskräfte, sondern nur Franzosen einstellen durften. Dadurch wurden Einwanderer auf dem Arbeitsmarkt begünstigt, aber sie verlangten hohe Löhne, um allein die Kosten der Übersiedlung nach Algerien zu decken, und die Bauern konnten es sich nicht leisten, sie zu bezahlen. Das Ergebnis war eine Wirtschaft, in der kleine Grundbesitzer lustlos den Boden bestellten, während sie sich halbtags als Kellner in Cafés oder als Straßenbauarbeiter für das Militär verdingten. Ausländer waren von diesen Auflagen befreit und konnten tun, was sie wollten. Fleißige Spanier, Italiener und Malteser bildeten große und mehr oder weniger wohlhabende Gemeinden, während Algerien dem durchschnittlichen Franzosen wenig zu bieten hatte. Um 1847 wurden weniger als 45 000 der zur Verfügung stehenden 36 Millionen Hektar Landes von gerade einmal 3000 französischen Siedlern bewirtschaftet, während weitere 110 000 in Städten ihre Existenz fristeten. Algerien versank im Chaos. Immerhin sagte Marschall Bugeaud, als er das Land 1847 verließ: »Wenn sich Frankreich entschließt, das Land zu besetzen – ich meine, wenn es sich ernsthaft dazu entschließt –, dann wird es sein Ziel unzweifelhaft erreichen.«[9]

Frankreich entschloss sich im Jahre 1848 dazu. Damals fiel Louis Philippe wie viele andere Herrscher der Welle europäischer Revolutionen zum Opfer. Sein Nachfolger Louis Napoleon, der die Zweite Republik bereits 1851 durch einen Staatsstreich umstürzte, war ein populistischer Diktator, dessen Vorliebe für monarchisches Gepränge 1852 deutlich hervortrat, als er das Zweite Kaiserreich ausrief und sich als Napoleon III. zum Erbkaiser machte. Er vertrat einen optimistischen Standpunkt in Hinblick auf die ausländischen Besitzungen Frankreichs – schließlich hatte es wenig Sinn, sich als Kaiser zu bezeichnen, wenn man keine imperialen Ziele verfolgte. Expansion wurde so zum Hauptthema seiner 20jährigen Herrschaft. Er etablierte Frankreich in Indochina, finanzierte einen Vorstoß aus Frankreichs westafrikanischer Kolonie Senegal nach Osten in Richtung Timbuktu, machte einen kurzen aber erfolglosen Versuch im Verein mit Österreich Mexiko zu kolonisieren, und vor allem betrieb er die Assimilierung Algeriens als Teil des französischen Mutterlandes.

Abermillionen Franc wurden alljährlich für das algerische Militär abgezweigt. 1860 belief sich die genaue Summe auf 58 388 625 Franc (was einem heutigen Gegenwert von rund 360 Millionen Euro entspricht), die man nicht nur für den Unterhalt einer 100 000 Mann starken Besatzungsarmee ausgab, sondern auch für den Bau von Straßen, Brücken und Festungen. Weitere Millionen steckte man in die Anlage einer neugegründeten Hauptstadt, die der britische Eisenbahnmagnat Sir Samuel Morton Peto baute. Ausgestattet mit Kais, Gehsteig, Plätzen und Boulevards, war sie als originalgetreue Nachbildung eines französischen Hafens angelegt und erhob sich mit ihrer eineinhalb Kilometer langen, weißen Fassade wie ein falsches Gebiss aus der Bucht von Algier. Noch mehr Millionen wurden für den Bau eines Wohnviertels – Mustapha – aufgewandt, wo weiße Villen, errichtet in einem Mischmasch aus islamischen, gotischen und klassischen Stilen, zwischen den Wäldern schimmerten, die sich zur Bucht hinunterzogen (die Meinungen über den ästhetischen Erfolg des Projekts waren geteilt: Französische Apologeten beschrieben Algier als einen von Smaragden eingefassten Diamanten, britische Besucher wurden an einen Steinbruch in einem Berghang erinnert, und auf den amerikanischen Romanschriftsteller Herman Melville wirkte es aus der Ferne wie ein Klacks Guano auf einem Felsen). Zusätzliche Gelder verwandelten die Häfen Bône und Oran in einen Abklatsch von Algier. Im Inland arbeiteten Ingenieure unterdessen an Constantine und machten es zu einer modernen Stadt, die neben Algier und Oran zu einer der drei neuen Regionalhauptstädte Algeriens wurde.

All das sollte den Eindruck erwecken, dass Algerien ein integraler, wenn auch exotisch angehauchter Ableger des Mutterlands sei, wo die ursprünglichen Bewohner scheinbar sich selbst überlassen blieben, während man sie mit väterlicher Hand in eine bessere Zukunft steuerte. Das alte Araberviertel von Algier blieb unberührt und kauerte seltsam deplatziert hinter den Fassaden der neuen Stadt. Traditionelle Verpachtungs- und Ackerbaupraktiken durften, mit wenigen Ausnahmen, unverändert beibehalten werden. Man traf Vorkehrungen für Waisen und Arbeitslose: Die elternlosen Kinder wurden von katholischen Institutionen aufgenommen, wo sie Lesen, Schreiben, Arithmetik und Christentum lernten; die landlosen jüngeren Bauernsöhne fanden in der Armee ihr Auskommen als Spahis (Kavalleristen) oder *tirailleurs* (Infanteristen). Weinberge wurden angelegt, wo die Trauben so üppig reiften, dass die französischen dagegen wie Beeren wirkten. Tabakpflanzen gediehen in solcher Menge, dass man ihre Blätter manchmal zum Füttern von Eseln verwendete. In Algier und anderen Zentren ließen die Behörden *jardins d'essai* anlegen, Freilufttreibhäuser, in denen man alle erdenklichen Pflanzenarten auf ihre Tauglichkeit für den afrikanischen Boden testete, um die anpassungsfähigen Sorten den Bauern kostenlos zur Verfügung zu stellen. Unter dem Regime Napoleons III. wurde Algerien als wunderbarer Ort für Besucher wie Kolonisten angepriesen. Überall gebe es römische Ruinen, der Boden sei fruchtbar und das Klima gesund. Bis Mitte der siebziger Jahre des 19. Jahrhunderts in den Alpen Sanatorien eingerichtet wurden, strömten Tuberkulosepatienten wegen der sauberen, trockenen Luft nach Algerien. Ein Autor sprach sogar vom »neuen Tummelplatz«.

Bei all seiner Attraktivität umgab den Tummelplatz jedoch eine verdrießliche Atmosphäre. Er war in zwei klar unterschiedene Zonen geteilt: den Zivilbereich, das heißt die Städte und ihre unmittelbare Umgebung, wo sich weiße Kolonisten niederlassen durften, und die Militärbezirke (also alle anderen Gebiete), in denen die Einheimischen unter den wachsamen Augen des Bureau Arabe lebten wie früher. Das Bureau Arabe bestand aus einer gebildeten Offizierselite, die das Territorium im Auftrag der Armee verwaltete. Beiden Sektoren fehlte jedoch eine Zivilverwaltung; das Militär kontrollierte von den Investitionen bis hin zu den Steuern alles. Die Straßen waren dürftig, das Nachrichtenwesen rudimentär und teuer und die Behausungen außerhalb der wichtigsten Städte primitiv. Trotz des guten Bodens und des günstigen Klimas plackten sich die Bauern weiterhin ab, und die wenigen, die Erfolg hatten, erhielten erhebliche Zuschüsse von einer Regierung, die Wert darauf legte, Vorzeigeprojekte für die Außenwelt aufzubauen. Die

Nutzung von Bergwerken und Wäldern, zwei potentiellen Einkommensquellen, wurde durch hohe Transportkosten, niedrige Preise und den gesättigten europäischen Markt behindert. Die *jardins d'essai*, prächtig in der Theorie, erwiesen sich in der Praxis als unzulänglich. Ihre Pflanzen vertrugen den Wechsel aus den gut bewässerten, gepflegten Anlagen auf trockene, schlecht bewirtschaftete Felder nicht. Der viel gepriesene Sonnenschein wurde durch häufige Erdbeben, unzuverlässige Regenfälle, Heuschreckenplagen und den Schirokko relativiert. Und der Schirokko, ein heißer Südwind, brachte zudem ein unerklärliches Übel namens *cafard* mit sich, das sowohl von physischen (Kopfschmerzen und Mattigkeit) als auch psychischen Symptomen (Depression und Gereiztheit) begleitet wurde. Malaria war eine allgegenwärtige Bedrohung, es kam regelmäßig zu Cholera- und Pockenepidemien, und alle paar Jahre stellte sich die Beulenpest ein. Sogar in der großen weißen Stadt Algier herrschte ein Gefühl der Vergänglichkeit und Unsicherheit. Tagsüber wimmelte es auf den Straßen von einem bunten Völkergemisch. Französische Träger und Händler drängten sich neben vermögenden Touristen, maltesischen Fischern, arabischen Hausierern, berberischen Dorfbewohnern, hochgewachsenen, dunkelhäutigen Spahis, mit Pluderhosen bekleideten Zouaven (französische Infanteristen, die eine extravagante Uniform im Türkenstil trugen) und unablässig dahinschlendernden Soldaten in Blau. Zierpflanzen blühten in Hülle und Fülle, und gelbe Rosen ragten über die Mauern der Gärten von Mustapha. Doch abends verloren die Blumen ihre Farbe, die Menge verschwand und überließ die Stadt weißen, vorwiegend männlichen Herrenmenschen, die nach einer Mahlzeit und einer Partie Billard im Hotel unterhaltungslustig in den leeren Straßen herumlungerten.

Unter alledem brodelte der Zorn von drei Millionen einheimischen Algeriern – Arabern und Berbern –, die Frankreich verübelten, dass es ihre jahrhundertealte, halbautonome Existenz jäh beendet hatte. Widerwillig passten Sie sich dem neuen Regime an und ließen sich mit französischem Geld bezahlen, wenn ihnen ein Posten geboten wurde. Ihre religiösen Führer sahen dem Zeitpunkt entgegen, da ein von Gott gesandter Retter die Ungläubigen ins Meer treiben würde – das genaue Datum war auf hundert Jahre nach der französischen Invasion festgelegt –, und die meisten Menschen warteten hasserfüllt einfach ab. Im Bewusstsein ihrer militärischen Schlagkraft schenkten die Franzosen dem, was ihre Untertanen denken mochten, keine Aufmerksamkeit. Andere Europäer waren sich allerdings weniger sicher. Ein britischer Tourist zum Beispiel schrieb: »Die Einheimischen, die am Boden zerstört sind, werden sich nicht von allein erheben. Wenn sie aber europäische Helfer fänden, die es ernst meinten, möchte ich nicht der sein, der den französischen Einwohnern in Algier Lebensversicherungspolicen verkauft. Eine der Folgen ihrer Eroberung und mehr noch ihrer Verwaltung ... ist, dass die Franzosen sich den ganzen Hass auf ihre Rasse und Religion zugezogen haben, zu dem dieses Land fähig ist.«[10]

In Wirklichkeit war der algerische Traum Napoleons III. nicht mehr als ein wertloser Reklametrick zu dem Zweck, sein internationales Renommee zu erhöhen und damit, wie schon bei seinen Vorgängern üblich, von Fehlern in der Innenpolitik abzulenken. Als Frankreich zum Beispiel unter Arbeitslosigkeit litt, verfrachtete es seinen »Bevölkerungsüberschuss« einfach nach Algerien. Im Jahre 1848 lockte man 13 000 potentiell aufrührerische arbeitslose Pariser mit dem Versprechen nach Afrika, man werde ihnen fertig gebaute Dörfer und kostenlose Ackergeräte zur Verfügung stellen. Die Dörfer existierten nicht, ebensowenig wie die Pflüge. Die überlebenden Auswanderer (3000 starben innerhalb des ersten Jahres) kehrten *en masse* zurück und machten ihrer Wut Luft. Zehn Jahre später, als der Preis für einen 24 Hektar großen Landbesitz von 3000 auf 300 Franc gefallen war, hatte sich die Situation kaum gebessert. Im Jahre 1857 nahmen von den 80 000 Menschen, die in der Hoffnung auf einen Platz an der Sonne die kostenlose Reise angetreten hatten, 70 000 das erste Schiff zurück in die Heimat, und die meisten übrigen folgten mit dem nächsten. In jenem Jahr umfasste die französische Zivilbevölkerung Algeriens rund 130 000 Bürger, nicht viel mehr als die Zahl der Soldaten, die sie beschützen mussten. Die meisten von ihnen lebten in den Städten. Steuervergünstigungen wurden eingeführt, und auf internationalen Ausstellungen machte man Reklame für algerische Produkte, doch trotz enormer jährlicher Subventionen gedieh die Kolonie noch immer nicht. Was die versprochene Assimilation betraf, so hatte sie, wie alles andere auch, keine Grundlage. Zwar verabschiedete man Gesetze, die theoretisch ein gewisses Maß an Gleichheit zwischen Unterworfenen und Eroberern vorsahen, aber sie scheiterten. Die Kolonisten wollten keine Gleichstellung mit den Einheimischen, und diese hatten nicht den geringsten Wunsch, zu werden wie die Kolonisten. Unterdessen schien Algier immer mehr an Substanz zu verlieren. In einem Garten beispielsweise stand eine Büste von Napoleon Bonaparte, dem Vorfahren Napoleons III. mit der Inschrift: »*Il avait rêvé cette conquête*« (»Er hatte von dieser Eroberung geträumt«). Dabei hatte Bonaparte nie ernsthaft daran gedacht, Algerien zu erobern. Sein einziger Vorstoß nach Afrika hatte Ägypten gegolten, um den wichtigen Landweg von Europa nach Indien unter seine Kontrolle zu bringen. Die Büste war nicht nur Ausdruck triumphaler Aufgeblasenheit, sondern schlimmer noch, sie wurde auch so empfunden. Ein schottischer Besucher wunderte sich: »Haben die Franzosen kein Gefühl für Albernheit?«[11]

In einem Zeitalter, da Imperialismus als der Weg zu globalem Fortschritt und Wohlstand galt, waren Ausländer fasziniert von der jüngsten Version à la Napoleon III. In den späten fünfziger Jahren des 19. Jahrhunderts beschloss der *Times*-Journalist Georg Wingrove Cooke die Kolonie Algerien zu erforschen. Beeindruckt von dem algerischen Stand auf der Weltausstellung von 1855 in Paris, schrieb er: »Es ist sehr wichtig zu erfahren, ob dies die gesunden Früchte eines kräftigen, jungen Baumes oder nur die verfrühten Erzeugnisse eines hochgepäppelten, kränklichen exotischen Gewächses sind. Werden sie Bestand haben? Machen sie sich bezahlt? Was ist das politische Hauptziel? Und wohin wird es führen?«[12] Sein Befund war negativ. Das Land sei schlecht verwaltet und bringe keinen Gewinn; die Verteilung des Bodens werde durch Schiebung, Nepotismus und bürokratische Verzögerungen behindert; außerhalb der bedeutenden städtischen Zentren gebe es wenig Ordnung, und auch innerhalb der Zentren könne von Ordnung kaum die Rede sein. Die französische Zivilbevölkerung und das Militär schienen gegeneinander zu arbeiten, während die einheimische Bevölkerung gegen beide agiere. Vor allem sei kein übergeordneter Zweck zu erkennen, da man die Dinge je nach den Bewegungen der Armee spontan regle. Kurz, es handele sich um eine Militärdiktatur, die aus den Fugen geraten sei.

Zugegebenermaßen besuchte Cooke Algerien zu einem für Frankreich denkbar schlechten Zeitpunkt. Die Kabylia-Berber hatten sich 1857, im Jahr seiner Ankunft, erhoben und nur mehrere Dutzend Kilometer von Algier entfernt etliche französische Bauern ermordet, was eine heftige Reaktion auslöste. Innerhalb von Wochen marschierten 15 000 Soldaten gegen die Angreifer. Cooke war dabei, als die ersten Vergeltungsschüsse fielen. »Der Klang einer schrecklichen Rache hallte an den Hängen jener Berge wider. ›*Ça sera l'affaire d'une quinzaine*‹ [»Es wird eine Angelegenheit von zwei Wochen«], bemerkte ein französischer Offizier gleichmütig, während wir zusahen, wie sich die Soldaten formierten und ihren Marsch antraten. Welch höllische Tragödien das Wörtchen ›*ça*‹ bezeichnete!«[13] Cooke erlebte nicht persönlich, wie die Kabylia-Berber niedergeworfen wurden, doch er beschrieb die erschreckend kühle Art, in der die Aktion begann:

> Gehen wir zum Abendessen. Die Bewirtung ist gut im Hôtel de la Régence – essen wir heute also dort. An der Tür stehen zwei Wachtposten, was bedeutet, dass Le Maréchal Randon, Gouverneur von Algerien und Befehlshaber dieser neuen Expeditionsstreitmacht, im oberen Stockwerk speist. Das Hôtel de la Régence hat einen ausgezeichneten *salon*, gut ausgestattet mit kleinen, runden Marmortischen. Einer ist frei, und ich nehme dort Platz. In der gegenüberliegenden Ecke sitzt ein recht bejahrter Mann von so bescheidenem Äußeren wie alle anderen Gäste, von erheblicher Korpulenz und mit einer energischen, nicht unfreundlichen Miene. Ihm gegenüber sitzt eine Dame, vielleicht nicht in ihrer *première jeunesse*, aber mit einem Gesicht, das einem die Überzeugung vermittelt, jeder der sie kenne, müsse sie achten und lieben. Sie plaudern im Laufe der Mahlzeit liebevoll miteinander, und der Ehemann nimmt sich hin und wieder ein oder zwei Minuten Zeit, um ein Dokument neben seinem Teller zu lesen. *Café* und *petit verre* werden gebracht und getrunken, dann stehen die Dame und der Herr auf, um sich zu empfehlen. An den Nachbartischen erheben sich mehrere Männer und Frauen ebenfalls von ihren Stühlen. Eine kleine *levée* findet statt. Madame sagt etwas Freundliches zu jeder Dame, etwas Höfliches zu jedem Herrn. Die Damen wünschen den Herren *bon voyage*, die Herren verneigen sich tief, denn sie werden ihn begleiten. Nachdem sie ihr Abendessen zu sich genommen und sich auf diese ruhige, einfache Art von ihren Freunden verabschiedet haben, schreiten sie Arm in Arm hinaus.

> Das waren Marschall Randon, der Gouverneur von Algerien, und seine Gattin. Die *bon voyage*, auf die er sich begibt, ist jene Ausrottungsmission mit Feuer und Schwert, die bald tausend Familienverhältnisse zerstören wird, die vielleicht weniger kultiviert, aber darum nicht weniger herzlich sind als das, welches wir gerade betrachtet haben.[14]

Cookes Berichte waren rassistisch, chauvinistisch und manchmal übertrieben sentimental, doch in politischer Hinsicht waren sie scharfsinnig. Bei seiner Rückkehr nach London zog er den Schluss: »Der Reichtum und die Fruchtbarkeit dieses großen Teils der Erde, der unseren eigenen Küsten so nahe ist, werden ganz und gar unterschätzt und sind fast unbekannt... Es gibt eine gewaltige Kluft zwischen dem, was war und dem, was ist, und vielleicht auch zwischen dem, was ist, und dem, was sein wird... Möglicherweise wird die Welt durch den Druck auf diese nordafrikanischen Gestade eine weitere Belagerung Trojas, einen weiteren Punischen Krieg, einen weiteren Kreuzzug erleben.«[15]

Der Kreuzzug, den er vorhersah, war einer, in dem Frankreich seine Hegemonie auf Marokko und Tunesien ausdehnte, zwei Länder, die noch nicht kolonisiert waren, doch der allgemeinen Einschätzung nach Spanien beziehungsweise Italien zustanden, falls diese sie haben wollten. Spanien befand sich im Niedergang, und Italien tastete sich noch zu seiner eigenen nationalen Souveränität vor, weshalb für Cooke nichts dagegen sprach, dass sich Frankreich ihre Rechte aneignete, um »das Mittelmeer zu einem französischen Teich«[16] zu machen. Es war eine grässliche Aussicht für jeden Briten und vielleicht gerade deshalb ein Teil des großen Planes von Napoleon III. (später eroberte Frankreich tatsächlich beide Territorien, aber dies fügte dem britischen Handel nie den Schaden zu, den Cooke sich ausgemalt hatte). Zunächst konnte Britannien jedoch ruhig schlafen. Zwischen 1861 und 1866 wuchs die Bevölkerung Algeriens lediglich um 890 Menschen, weshalb eine Expansion das Letzte war, was Napoleon III. sich leisten konnte. Als die Kosten seiner Projekte deutlich wurden, gab er den Gedanken auf, Algerien von Frankreich assimilieren zu lassen, und erklärte, er sähe es lieber, wenn Algerien zu einem arabischen Königreich mit ihm selbst als nominellem Herrscher würde. Nachdem die Siedler Einwände erhoben hatten, änderte er seine Meinung erneut: Algerien solle eine Kolonie wie jede andere sein. Dann, als das Militär ihn warnte, dass die einheimische Bevölkerung nur durch Gewalt im Zaum gehalten werden könne, überlegte er es sich wiederum anders: Algerien sei nichts als ein vergrößerter Exerzierplatz.

Was aus Napoleons willkürlichen Ambitionen hätte werden können, werden wir nie erfahren. Nach der Niederlage im französisch-preußischen Krieg wurde das Zweite Kaiserreich 1871 von der Dritten Republik abgelöst, und Napoleon ging ins Exil. Eine Zivilregierung ergriff die Macht in Algerien – manche Kolonisten wollten einen eigenen Staat daraus machen –, seine Integration ins französische Mutterland wurde abgeschlossen, und die Ausweitung der besiedelten Gebiete ging zügig vonstatten. Ihre europäischstämmige Bevölkerung nahm rasch zu. Viele der Neuankömmlinge waren Handwerker, die von Napoleons öffentlichen Bauprojekten angezogen worden waren, doch der überwiegende Teil bestand aus Bauern. Ein gewisses Maß an staatlicher Intervention war weiterhin erkennbar: Französische Prostituierte wurden ermuntert, ihr Gewerbe nach Algerien zu verlagern, um das zahlenmäßige Ungleichgewicht der Geschlechter in einer vorwiegend männlichen Gesellschaft zu verringern. Auch den Einwohnern von Elsass-Lothringen, die nach dessen Eroberung durch Preußen aus ihrer Heimat vertrieben worden waren, redete man zu, ein neues Leben in Nordafrika anzufangen. Allmählich erhielt Algerien eine eigene, unabhängige Identität. Im Jahre 1880 lag die Zahl seiner weißen Bevölkerung bei 350 000 Menschen – die größte in Afrika –, unter denen Franzosen nun zum ersten Mal die Mehrheit stellten.

Wie ihre Vorgängerinnen hatte die neue Regierung in Paris Zweifel daran, ob Algerien den Aufwand wert sei – die Einheimischen rebellierten immer noch, die Kosten stiegen weiter, und weiße Landwirte verließen ihre Grundstücke nach wie vor auf der Suche nach einem sichereren und einträglicheren Leben in den Städten. Aber letzten Endes überwog das Prestige des Kolonialbesitzes alle anderen Erwägungen. Außerdem musste man an die Öffentlichkeit denken. Eine kleine, doch lautstarke Minderheit sprach sich für Kolonisierung um jeden Preis aus und untermauerte ihre Argumentation mit jeder verfügbaren Statistik. Zum Beispiel sei die Geburtenziffer für französische Familien in Afrika viel höher als in der Heimat (42 statt 26 pro 1000), was die kräftigende

Wirkung des algerischen Klimas beweise.* Zudem sei das Klima ideal für romanische Völker wie die Franzosen und schädlich für Kolonisten aus kälteren Zonen. Eine Schweizer Siedlung, die unter hohen Kosten errichtet worden war, erwies sich als völliger Fehlschlag, und was deutsche Kolonisten anging, so wurde ihre Geburtenziffer bei weitem von ihrer Sterbeziffer übertroffen. Was hätte mehr Genugtuung bereiten können? »Vom französischen Standpunkt aus wäre es äußerst wünschenswert, die gesamte germanische Rasse mit Hilfe von Einberufungen durch das algerische Sieb zu passieren«, schrieb ein Brite nur halb im Scherz. »Was könnte man sich nicht alles erhoffen, wenn Zeit und Geduld ausreichten?«[17]

Die Statistiken wurden durch Mythen ergänzt. Die prokoloniale Fraktion (von der nur wenige je den algerischen Boden betreten hatten) propagierte eine unglaubliche Geschichtsklitterung. Sie ließ die Umstände der Eroberung außer Acht, die zuweilen unbeschreiblich brutal gewesen waren. Als sich 800 Dorfbewohner vor Bugeauds Überfallkommandos in Höhlen versteckt hatten, wurden sie durch den Rauch von Feuern erstickt, die man an sämtlichen Eingängen angezündet hatte. Aber die Befürworter der Kolonisierung stellten die französischen Soldaten gleichwohl als neuzeitliche Kreuzfahrer dar. Das Militär erfülle »eine großartige und von der Vorsehung bestimmte Mission, eine Mission der Ordnung und des Friedens gegen Feinde, die sich früher an den Erträgen von Plünderung bereichert und angesichts von Grausamkeit frohlockt hatten, eine Mission zur Zivilisierung von Menschen, die mit Intelligenz ausgestattet sind, doch der Aufklärung und Anleitung bedürfen, eine göttliche Mission auf einem Boden, den unsere Religion mit dem Blut von Märtyrern getränkt hat«[18]. Die Männer

* Diese kräftigende Wirkung blieb in Algier nachweislich aus, wo die Ortszeitung *Akhbar* einen »Nekrolog ... für das vierte Quartal 1879« veröffentlichte. Von 716 Todesfällen waren nur 38 auf hohes Alter zurückzuführen. »Verletzungen und Gewalttaten« waren für 24, »Totgeburten« für 59 und »Zahnen« rätselhafterweise für 19 Fälle verantwortlich. Alle Übrigen ließen sich auf die eine oder andere Krankheit zurückführen. Bronchitis verursachte die meisten Todesfälle (128), gefolgt von Tuberkulose (114). Das untere Ende der Statistik nahmen zwei Fälle einer (unergründlichen) Pilzerkrankung sowie ein Todesfall aufgrund von Pocken ein. Aus demselben Bericht ging hervor, dass die meisten Menschen vor ihrem zwölften Lebensjahr starben und die übrigen selten älter als 50 wurden.

mit den blauen Uniformen und den Gewehren wurden aus der Ferne in eine Höhe erhoben, die sie nie angestrebt hatten, doch in der sie sich durchaus wohl fühlten. Es war eine ausgeklügelte Propaganda, die mit jedem Jahr der langen algerischen Kolonialnacht an Glaubwürdigkeit gewann.

Für die einheimischen Algerier brachte das neue Regime nur verstärkte Unterdrückung und den stetigen Diebstahl ihres Landes mit sich. In dem halben Jahrhundert zuvor war ihre Gesellschaft praktisch zerstört worden. Hunderttausende hatten zwischen 1840 und 1847 den Tod gefunden, als die Razzien Bugeauds und seiner Gegner das Land heimsuchten, und weitere Hunderttausende waren in den nachfolgenden Feldzügen umgekommen. Allein im Jahre 1868 kostete ein gescheiterter Aufstand schätzungsweise 300 000 Menschenleben, wobei die meisten von Hunger und Krankheit dahingerafft wurden. Zehntausende waren nach Marokko und Tunesien geflohen, zunächst um den Ermordungen zu entgehen, doch später auch, weil sie durch den Zustrom europäischer Siedler vertrieben wurden. Den Zurückgebliebenen erschien das neue Algerien als fremde Welt. Die Steuern waren hoch und wurden auf katastrophale Art eingetrieben. Nicht fähig oder nicht bereit zu erkennen, dass Algerien kein ewiger Garten Eden war und dass einer reichen Ernte lange Perioden der Knappheit folgen konnten, erhoben die Franzosen den maximalen sofortigen Tribut, wodurch den Dorfbewohnern kein Überschuss für magere Jahre blieb (diese Politik trug direkt zu der entsetzlichen Zahl der Todesopfer von 1868 bei). Die Moscheen auf dem Lande waren in Trümmer gelegt oder verlassen worden, städtische Moscheen wurden in Touristenattraktionen verwandelt, vorausgesetzt, dass Armeeoffiziere die Mosaik- und Kachelarbeiten nicht bereits in den dreißiger Jahren heruntergeschlagen und mit hohem Gewinn verkauft hatten. Offiziere des Bureau Arabe leiteten nun das Rechtswesen, und die örtlichen Herrscher waren zu bloßen Vasallen geworden. Man hatte das traditionelle System des spendenfinanzierten Erziehungs- und Gesundheitswesens abgeschafft, und die alten, in der Stadtbevölkerung verankerten Werte des Koran waren einem bäuerlichen Fundamentalismus gewichen, den Flüchtlinge zur Anstachelung weiterer Revolten benutzten. Der französische Staatsmann und Historiker Alexis de Tocqueville schrieb dazu: »Wir haben die Zahl der wohltätigen Einrichtungen verringert, Schulen verfallen lassen, Hochschulen geschlossen. Um uns herum sind die Lichter ausgegangen, die Rekrutierung von Männern der Religion und Männern des Gesetzes hat aufgehört. Kurz, wir haben die muslimische Gesellschaft viel desorganisierter, ignoranter und barbarischer werden lassen als jemals, bevor sie uns kannte.«[19]

Diese völlig grundlos geöffnete, schwärende Wunde in Nordafrika, eine Gesellschaft, in der laut Alphonse Daudet »die alten orientalischen Parfüms durch eine starke Mischung aus Absinth und Kasernen ersetzt sind«,[20] war das Ziel, zu dem sich Charles de Foucauld im Jahre 1880 mit den 4e Chasseurs aufmachte.

2

EINE SCHMERZLICHE LEERE

Charles Eugène, Vicomte de Foucauld, wurde am 15. September 1858 um fünf Uhr morgens am Place de Broglie 3 in Straßburg, der Hauptstadt des Elsass, geboren. Seine Familie und sein Geburtsort waren durch und durch französisch: Generationen von Foucaulds hatten entweder beim Militär oder in der Kirchenhierarchie gedient, und am Place de Broglie 3 hatte Claude-Joseph Rouget de L'Isle 1792 zum ersten Mal seine mitreißende Komposition, die Marseillaise, gesungen. Im Jahre 1858 war das Haus Place de Broglie 3 jedoch nichts als ein unscheinbares Anwesen an einem gewöhnlichen Platz, und die Bewohner unterschieden sich kaum von anderen Vertretern der neuen Bourgeoisie. Foucaulds Mutter Elisabeth stammte aus einer unbedeutenden Soldatenfamilie, und sein Vater Edouard war Beamter bei der Behörde für Gewässer und Forste.

Die Familie Foucauld führte ein unstetes Leben. Je nachdem wie Edouards Beruf es verlangte, zog sie von Stadt zu Stadt. Im Jahre 1861, als man ihn nach Wissembourg versetzte, wurde Edouard Vater einer Tochter namens Marie. Zwei Jahre später starb Elisabeth in Straßburg, vielleicht infolge einer Fehlgeburt, im Alter von 35 Jahren. Im nächsten Jahr verstarb Edouard 44jährig in Paris; es hieß, er habe sich umgebracht. Die beiden Kinder Charles und Marie wurden danach in Straßburg von ihrem Großvater mütterlicherseits, Oberst Beaudet de Morlet, aufgezogen, einem pedantischen, gelehrten, tadellos gepflegten Mann mit einer Passion für Archäologie und klassische Philologie.

Anfangs schien Foucauld nicht unter dem Verlust seiner Eltern zu leiden. Mit der trügerischen Anpassungsfähigkeit des Kindes ging der Sechsjährige einfach weiter in die Schule, erhielt durchschnittliche Zensuren (abgesehen von der Geschichte Algeriens, ein Gebiet, auf dem er sich auszeichnete), machte Spaziergänge mit seinem Großvater und übernahm die Vorlieben und Abneigungen des alten Mannes. Als Preußen 1870 ins Elsass einmarschierte, zog er mit seinem Großvater und seiner Schwester scheinbar gleichmütig zuerst in die Schweiz nach Interlaken, später dann nach Nancy, wo Oberst de Morlet – der anders als viele Elsässer das Angebot einer Übersiedlung nach Algerien ausgeschlagen hatte – vergeblich auf die Wiederbesetzung des Elsass wartete. Als der Oberst entschied, es sei für Foucauld an der Zeit, in die Armee einzutreten, fügte sich sein pummeliger, dunkeläugiger Enkel widerspruchslos und erklärte nur, er wolle sich nicht an der Ecole Polytechnique (Morlets Alma mater), sondern in St. Cyr, der zweiten der beiden großen Militärakademien Frankreichs, einschreiben. Seine Gründe waren durchaus vernünftig: Er sei nicht besonders intelligent und nicht sehr kräftig, aber er stamme immerhin aus einer Aristokratenfamilie. St. Cyr stand im Ruf, mehr Wert auf die Herkunft als auf geistige oder körperliche Fähigkeiten zu legen, und die Aufnahmeprüfung dort war angeblich leichter als bei der Konkurrenz. Im Jahre 1875 schickte Morlet ihn auf ein Jesuiteninternat in Paris, wo er auf die Prüfung vorbereitet werden sollte. Wie immer in den vorangegangenen 17 Jahren seines Lebens tat Foucauld das, was nach Meinung anderer am besten für ihn war.

Der Schritt hatte katalytische Wirkung. Verwaist, wurzellos, verwöhnt und praktisch ohne Freunde, hatte Foucauld nur zwei Konstanten in seinem sich dauernd wandelnden Leben: seine Familie und seine Religion. Unter den wenigen vertrauten Dingen aus seiner Vergangenheit war ein kleiner Schlafzimmeraltar, den seine Mutter ihm geschenkt hatte. Doch als Heranwachsender verlor er seinen Glauben – oder wie es eine Biographin ausdrückte: »Im Grunde büßte er seine Unschuld ein.«[1] Auf dem Internat hatte er nun das Gefühl, auch seine Familie verloren zu haben. Alle zwei Tage schrieb er Briefe, manchmal 40 Seiten lang, in denen er seinen Großvater anflehte, ihn nach Hause zurückkehren zu lassen. Als er stets eine negative Antwort erhielt, dachte er sich eine neue Identität aus, um mit der unvertrauten Welt fertig zu werden. Er wurde das Dickerchen seiner Klasse, ein Faulenzer, der sich vor dem Unterricht drückte und die zügellose Haltung einnahm, die für die Gesellschaft des Fin de Siècle typisch zu werden begann. »Ich glaube nicht, dass ich je wieder in einer so schlechten Verfassung war wie damals« schrieb er 13 Jahre später. »Ich habe zu anderen Zeiten schlimmere Dinge getan, aber da gab es stets neben dem Bösen auch Gutes. Mit siebzehn aber war ich völlig eitel, völlig gottlos, völlig dem Übel verschrieben, wie von Sinnen: Was meine Faulheit angeht, so hatte ich selbst im Februar die Seiten des Geometriebuchs noch nicht einmal aufgeschnitten, aus dem ich seit November hätte lernen sollen!«[2] Zu seiner eigenen Überraschung wie zu der seiner Lehrer wurde er als 82. einer Liste von 412 Kandidaten in St. Cyr aufgenommen, obwohl er bei der ärztlichen Untersuchung wegen seiner Dickleibigkeit fast ausgemustert worden wäre.

Im Jahre 1928 beschrieb Marschall Pétain, ebenfalls ein Absolvent von St. Cyr, die Verhältnisse an der Akademie: »Hier herrschte ein Leben, das niemand aus Berechnung oder eigensüchtigem Ehrgeiz wählen konnte, ein einfaches Leben, dem nur ein paar klare Regeln zur Richtschnur dienten: gehorchen, befehlen.«[3] Foucauld war unbeeindruckt. »Nichts Neues in St. Cyr«, schrieb er in einem Brief. »Man amüsiert sich nach Kräften, also nicht allzusehr.«[4] In Wirklichkeit scheint er sich recht gut amüsiert zu haben. Mit zunehmendem Alter verfeinerte er sein Erscheinungsbild zu dem eines Mannes von Welt, unternahm häufig Ausflüge, um der Langeweile der militärischen Lehranstalt zu entgehen, trank feinsten Champagner zum Mittagessen und entwickelte eine derart affektierte Vorliebe für Zigarren, dass er nur solche rauchte, die nach seinem eigenen Rezept von einem Tabakhändler in Paris handgerollt worden waren. Abends labte er sich in seinem Schlafsaal an Pâté de foie gras, die er sich eigens aus Straßburg kommen ließ und mit einem kleinen Silberlöffel direkt aus der Dose aß. Eine Biographin meint: »Protzig und unfein, durchaus nicht schön oder vornehm, jedoch liebenswürdig, ein guter Freund und reizender Gesellschafter, schien Charles zu nichts anderem als zum Wohlleben bestimmt.«[5] Aber hinter der Fassade verbarg sich immer noch ein Kind. »Du weißt, wie gern ich Bretzeln esse«, schrieb er nach Hause. »Nun sorge bitte dafür, dass ich zum

Mittagessen am Ostermontag ein Dutzend davon knabbern kann. Ich habe auch sehr gern am Spieß geröstetes Fleisch, Gemüsesalat und Brunnenkresse. Das alles und noch viel mehr gedenke ich während meines Aufenthalts in Nancy zu vertilgen.«[6]

Sein Pflichtgefühl reichte aus, um ihn zu den Prüfungen antreten zu lassen, und am Ende des ersten Jahres wurden ihm dafür, dass er unter 391 Kursteilnehmern den 143. Platz belegt hatte, seine »Litzen« verliehen. Doch am 3. Februar 1878 starb sein Großvater. Nach diesem neuerlichen Verlust gab Foucauld jeglichen Gedanken an seine militärische Pflicht auf. Er ließ sich das Haar lang wachsen, kleidete sich schlampig, erschien mit zerrissenen Hosen und schmutziger Uniform zum Appell und blieb dem Unterricht fern. Wie er einem alten Schulfreund schrieb: »Du fragst, ob ich beim Abschied von St. Cyr wissen werde, ob ich lachen oder weinen soll: *Foutre*! Das weiß ich genau. Ich werde lachen – ich werde wild und verrückt lachen. Es ist entsetzlich, Du kannst Dir nicht vorstellen, was für eine Hölle St. Cyr ist.«[7] Seine »Litzen« wurden ihm am 11. April weggenommen, und als er im August seinen Lehrgang abschloss – als 333. von 386 –, ging aus seinen Unterlagen hervor, dass er 45 offizielle Bestrafungen erhalten und 47 Tage Hausarrest abgesessen hatte. All das war ihm gleichgültig. Am 15. September 1878, seinem 19. Geburtstag, empfing er sein Erbe von 840 000 Franc, das ihm monatliche Zinsen von 2000 Franc einbrachte. Es war ein Vermögen – ein Arbeiter konnte eine ganze Familie ohne Mühe mit weniger als einem Zehntel dieser Summe unterhalten. Sofort gab er einen Teil davon für die Miete einer Pariser Wohnung aus und schickte sich an, den Rest zu verprassen.

Foucaulds nächste Station war die Kavallerieschule in Saumur. In dem kurzen Zeitraum zwischen St. Cyr und Saumur musste er jedoch wiederum mit einer radikalen Änderung seiner Familienverhältnisse fertig werden. Seine Schwester Marie und er befanden sich nun offiziell unter den Fittichen ihrer Tante Inès und ihres Onkels, Monsieur Moitessier, die ein großes Haus in der Rue d'Anjou 52 bewohnten. Ein seltsameres Paar kann man sich kaum vorstellen. M. Moitessier war ein alter, magenkranker Prahlhans, der Geschichten darüber erzählte, wie ein Mann in seinem Beisein in Vera Cruz von Moskitos aufgefressen worden sei, wie er einem tollwütigen Hund die Zunge aus dem Rachen gerissen und einen Stammesangehörigen, der einen Assegai schwang, mit einem Stoß seines Regenschirms zur Strecke gebracht habe. Inès hingegen war eine Schönheit der höheren Gesellschaft, deren Gesicht am Pont des Saints-Pères als Emblem der französischen Perfektion in Stein gemeißelt worden war. Ingres hatte zweimal ihr Porträt gemalt, und ihre Weltgewandtheit sicherte ihr Foucaulds Bewunderung, wenn auch nicht seine Liebe. Er war einsamer denn je und konnte nicht einmal eine Beziehung zu seiner Schwester knüpfen, denn sie blieb, obwohl sie ebenfalls unter den Umständen litt, »ein schüchternes, stilles Geschöpf, farblos und ohne jedes Selbstbewusstsein«[8].

In Saumur kam Foucaulds Depression in weiteren Ausschweifungen zum Ausdruck, für die er in Antoine de Vallombrosa, Marquis de Morès – einem Kameraden aus St. Cyr, mit dem er sich nun eine Unterkunft teilte – einen viel bewunderten Kumpanen fand. Sie waren ein merkwürdiges Paar: Vallombrosa »immer in Bewegung, [ein] leidenschaftlicher Sportsmann und flotter Kavalier, Foucauld [dagegen ein] apathischer Stubenhocker und Träumer«[9]. Foucauld war mittlerweile so korpulent, dass man ihm den Spitznamen »Schweinchen« gab, doch die beiden Männer ergänzten einander recht gut. Einer der jüngeren Kadetten, Henri Laperrine, schildert, »wie das gemeinsame Zimmer durch die zum Zeitvertreib des jeweiligen Arrestanten veranstalteten üppigen Festmahle und langen Kartenpartien berühmt wurde. Denn selten saß nicht einer der beiden im Arrest.«[10] Legenden rankten sich um Foucaulds Extravaganz und Missachtung jeglicher Autorität. Einmal entdeckten Vallombrosa und er einen besonders erlesenen Wein in einem Restaurant und kauften für 18 000 Franc sofort den gesamten Keller. Bei einer anderen Gelegenheit stand Foucauld wegen verschiedener Vergehen unter Hausarrest und entkam in Verkleidung, um einer Abendgesellschaft beizuwohnen. Nachdem er ein Restaurant aufgesucht hatte, um einen Imbiss zu sich zu nehmen, wurde er als Spion verhaftet, als sich der Klebstoff seines falschen Bartes über der Suppe auflöste. Er sollte eine zweiwöchige Haftstrafe abbüßen, riss aber wiederum aus und vagabundierte diesmal auf dem Lande herum, wobei er in nahe gelegenen Bauernhöfen um Lebensmittel bettelte. Man erwischte ihn mehrere Tage danach, als er von einer Brücke auf einen vorbeifahrenden Zug sprang. Seine Gefräßigkeit war erstaunlich. »Wer ein neues

Gericht erfindet, der tut mehr für die Menschheit als der Entdecker eines neuen Sterns«,[11] behauptete er gern. Bei der Verwirklichung dieser Philosophie wurde er immer dicker. Er ließ seine Kutschen tiefer legen, damit er keine Stufen hinaufzusteigen brauchte, und bei Besuchen zu Hause beeindruckte er seine Verwandten durch seinen Appetit. »Ich war damals etwa zehn Jahre alt«, berichtete ein anderer Verwandter, der spätere General Gamelin, über jene Zeit, »und entsinne mich noch genau, wie mein Vetter, wenn wir uns bei irgendeinem Familienanlass trafen, zu meinem Entsetzen immer an den Kindertisch trat und sämtliche Kuchen verschlang, die für uns aufgetischt worden waren.«[12]

Foucauld war derart ausschweifend, dass Monsieur Moitessier den Ruin seines Schutzbefohlenen zu fürchten begann und den demütigenden Schritt vollzog, ihn unter seine gesetzliche Vormundschaft stellen zu lassen. Es änderte wenig. Der Generalinspekteur von Saumur merkte missbilligend an: »De Foucauld hat eine gewisse Distinktion und ist wohlerzogen, hat jedoch einen hohlen Kopf und denkt nur an sein Amüsement.«[13] Als er Saumur im Jahre 1879 als 87. von 87 Kandidaten verließ und ein Unterleutnantspatent für das in Pont-à-Mousson stationierte 4. Jägerregiment erhielt, machte er weiter wie bisher. Manchmal widerte er sich sogar selbst an, denn »nach Jahren schrieb er selbst über seine damaligen Gesellschaften: ›Ich fühlte mich von einer schmerzhaften Leere, einer Angst und Kümmernis ergriffen, wie ich sie vorher oder nachher nie empfand. Diese Angst kehrte allabendlich wieder, sobald ich allein in meiner Wohnung war, und sie war daran schuld, dass ich während dieser so genannten Zerstreuungen selbst immer stumm und niedergeschlagen blieb. Ich veranstaltete sie, aber wenn sie dann im Gang waren, ekelten sie mich so an, dass ich wortlos dabeisaß.‹«[14] Allerdings wurden diese Worte im Rückblick zu Papier gebracht, und selbst wenn sie zutrafen, schienen die darin ausgedrückten Gefühle keinen Einfluss auf sein Verhalten gehabt zu haben. Das Kasernenleben bot ihm nicht weniger Gelegenheit, sich mit Schande zu bedecken als der Aufenthalt in Saumur. Zum Beispiel nahm Foucauld, nachdem er sich mit seinem Obersten zerstritten hatte, eines Abends Rache, als sein Vorgesetzter eine Regimentsveranstaltung abhielt. Es war ein regnerischer Abend, und am Ende der Festlichkeiten ging der Oberst hinaus, um Droschken für seine Gäste zu rufen. Ein leerer Wagen nach dem anderen fuhr vorbei. Schließlich sprang der wütende Offizier hinaus auf die Straße, hielt ein Gefährt mit Gewalt an und fragte den Kutscher, warum dieser nicht auf sein Zeichen reagiert habe. Der Mann gestand, dass Vicomte de Foucauld alle Droschken der Stadt gemietet und sie angewiesen hatte, im Kreis um das Haus des Obersten zu fahren und dessen Wünsche zu ignorieren. Bei einer anderen Gelegenheit wollte der Oberst eine Gesellschaft geben, doch Foucauld besorgte sich eine Liste der Gäste und lud sie zu einer eigenen Feier ein, so dass sein Kommandeur sich allein an der gedeckten Tafel wiederfand. Daraufhin erschien der Oberst unangemeldet bei Foucauld und erklärte ihm genüsslich, er werde ihn nach Afrika versetzen.

Die Geschichten sind möglicherweise apokryph – die üblichen Anekdoten, die in jeder Männerinstitution aufkommen –, aber sie hätten durchaus wahr sein können. Für Foucauld war das Militärleben ein Spiel. Als die 4e Chasseurs – umbenannt in 4e Chasseurs d'Afrique – in der Garnisonsstadt Sétif im Landesinneren östlich von Algier eintrafen, verschloss Foucauld weiterhin die Augen vor der Realität seiner Situation. Er hatte kein Interesse an seiner Rolle als Offizier in der Besatzungsarmee, und die Möglichkeit eines Krieges berührte ihn nicht. Er erforschte das Volk, das er unterjochen sollte, auf wissenschaftliche Art, studierte arabische und berberische Dialekte und zog durch Kabylia, um sich mit den örtlichen Bräuchen vertraut zu machen – wobei die von ihm erworbenen Kenntnisse nicht ausschließlich akademischer Art waren: »Du musst mit einer schwarzen Frau schlafen«,[15] teilte er einem Freund begeistert mit. Aber am stärksten verblüffte ihn die Eintönigkeit seines neuen Postens, die durch eine verstaubte Notiz in der Messe der benachbarten Infanteriekaserne charakterisiert wurde: »An Schirokkotagen ist keinerlei Diskussion über irgendeine Frage gestattet.«[16] Sétif war, wie er später schrieb, eine »hässliche Garnison, und die Aufgabe langweilte mich«[17].

Zum Glück war Foucauld auf die Situation vorbereitet. Er hatte seine Mätresse Mimi mitgebracht, die er als seine angebliche Ehefrau im besten Hotel des Ortes einquartierte. Eine Zeit lang waren der Vicomte und die Vicomtesse de Foucauld geachtete Gäste bei kolonialen Diners, bis sein Befehlshaber die Wahrheit herausfand. Foucauld wurde aufgefordert, eine Erklärung abzugeben. Er erwiderte, es gebe nichts zu erklä-

Französische Offiziere und einheimische Mannschaften eines der Sahara-regimenter um 1880.

ren, er habe kein Verbrechen begangen, die Frau unterliege nicht den militärischen Vorschriften, sie könne nach Belieben in Sétif bleiben oder auch nicht, denn sie sei ihre eigene Herrin. Der Oberst gab zurück: »Ihre eigene Herrin mag sie sein, aber leider ist sie auch die Ihre, und Sie stehen unter meinem Befehl.«[18] Leutnant Vicomte de Foucauld wurde für 30 Tage arrestiert. Als er Mimi nach seiner Entlassung weiterhin aufsuchte, stellte man ihn vor die Wahl: Er könne sich von ihr trennen und bleiben, oder er könne bei ihr bleiben und verschwinden. Er entschied sich für die zweite Möglichkeit. Zeitweilig aus dem aktiven Dienst entlassen – laut offiziellen Unterlagen »wegen Mangels an Disziplin und ungezügelten Verhaltens«[19] oder, wie er es in einem Brief lakonisch ausdrückte, wegen einer *»affaire d'une femme«*[20] –, zog er sich mit Mimi in ein Hotel bei Evian zurück, wo er die Aussicht bewundern, über seine Zukunft nachdenken und mit einem Ohr den Nachrichten aus Afrika lauschen konnte.

Sein Abschied dauerte weniger als ein Jahr. Im Frühjahr 1881 marschierten die Franzosen in Tunesien ein. Gleichzeitig rief ein Stammesführer namens Bou-Amama einen Dschihad gegen die Angreifer aus. Er führte eine Armee über die marokkanische Grenze nach Algerien, besiegte die Garnisonen im Süden der Provinz Oran und löste einen Aufstand aus, der die gesamte Kolonie zu erfassen drohte. Wieder stand Algerien in Flammen. Foucauld bemühte sich sofort, sein Offizierspatent zu erneuern. Entweder war das Leben mit Mimi zu fade geworden, oder er hatte endlich beschlossen zu handeln, statt sich treiben zu lassen – oder vielleicht war er vom Patriotismus angespornt worden. »Da rührte sich in Foucauld das Franzosenblut, und es sprach lauter und stärker als alles andere«,[21] schrieb einer seiner Biographen im Jahre 1923. Wie auch immer, er wandte sich direkt an den Kriegsminister und erklärte seine Bereitschaft, als Spahi zu dienen, solange er seinen Kameraden im Kampf gegen den Feind helfen könne. Er brauchte nicht einmal das Regiment zu wechseln, sondern schloss sich im selben Jahr wieder den Vierten Jägern an.

Foucauld wusste nicht, dass der Krieg, zu dem er aufbrach, kein begrenzter Konflikt war, sondern in den umfassenden imperialen Ambitionen Frankreichs seine Ursache hatte. Nach dem Zusammenbruch des Zweiten Kaiserreiches und der Ernennung von Zivilgouverneuren hatte das algerische Militär, wie stets seinen eigenen Regeln gehorchend, nach neuen Wegen zur Selbstbestimmung Ausschau gehalten. Marokko lockte im Westen, Tunesien und Tripolitanien im Osten, doch diese Routen bargen in den siebziger Jahren des 19. Jahrhunderts diplomatische Risiken. Viel sicherer war zunächst der Weg über das Atlasgebirge hinweg nach Süden. In den Augen einiger Strategen repräsentierte die unkartierte, von niemandem beanspruchte Wüste großen Reichtum, wenn auch nicht unbedingt wegen der Dinge, die sie enthielt (niemand wusste genau, was das sein mochte: Gold, Diamanten, das verlorene Königreich des Prester John – alles schien möglich), sondern wegen der Gebiete, die jenseits von ihr lagen. Wenn die französischen Äquatorialbesitzungen durch Eroberung mit Algerien verbunden werden konnten, würde sich praktisch ganz Westafrika in eine französische Kolonie verwandeln. Und falls es während der Eroberung zudem möglich war, eine Eisenbahnstrecke zu bauen, konnte der natürliche Überfluss der Tropen innerhalb von Tagen, nicht von Monaten wie auf dem Seeweg, nach Frankreich geleitet werden. Es war der erste Vorstoß des Militärs in diese Richtung, der indirekt Bou-Amamas Aufstand und den Einmarsch nach Tunesien auslöste und Foucaulds Leben für immer ändern sollte. Die Sahara, der große Glatzkopf Afrikas, würde bald zum nächsten Opfer des französischen Imperialismus werden.

3

IN DIE WÜSTE

Die Sahara hat ungefähr die Fläche der Vereinigten Staaten. Ihre neun Millionen Quadratkilometer bilden die größte und unwirtlichste Wüste, die der Menschheit bekannt ist. Ihr Name leitet sich vom arabischen Wort *sah'ra* her, was falb oder mausfarben bedeutet und das Terrain beschreibt, auf das die Araber bei der Erkundung der südlichen Grenzregionen ihrer Eroberungen in Nordafrika stießen. Die beiden Großen Ergs an der algerischen Grenze zu Marokko und Tunesien entsprechen der Darstellung der Sahara in Bildbänden: scharfkantige Sanddünen, die sich bis zum Horizont erstrecken. Die Ergs sind von erschreckender Größe – man könnte manche westeuropäische Länder in ihnen unterbringen und hätte immer noch einige Dünen übrig – und zudem voller Rätsel. Gelegentlich, wenn der Wind aus der richtigen Richtung weht, singt der Sand mit einem tiefen Dröhnen, das die Wissenschaft bisher nicht zu erklären vermochte. Doch die Ergs machen nur einen kleinen Teil der Sahara aus. Zwischen ihnen liegen felsübersäte Plateaus, deren Oberfläche eine einzigartige Glasur, eine schwarze, als »Wüstenlack« bekannte Patina angenommen hat und die durch *oueds* oder Wadis (ausgetrocknete Flussbetten) gespalten werden. In der Sahara gibt es sogar Berge – nicht bloß Hügel, sondern wirkliche Berge –, die wie in Europa Wind und Regen auf sich ziehen. Sie sind nicht vulkanischen oder glazialen, sondern tektonischen Ursprungs und wurden durch den Erdmantel gepresst, bis sie schroffe Gipfel und Felsrücken bildeten. Aber sie erfüllen die gleiche Funktion wie jeder andere Berg. Wenn es regnet, was in der Sahara häufiger der Fall ist, als sich die meisten Menschen vorstellen, strömt das Wasser die Hänge hinunter in die *oueds* und führt zu plötzlichen Überschwemmungen, die üppiges Grün hervorbringen. Doch das Wasser bleibt nicht lange, nur ein bis zwei Tage alle paar Jahre, und anschließend ist die Wüste so unfruchtbar wie zuvor, abgesehen von einigen Quellen, die das Leben entlang den *oueds* aufrechterhalten.

Die Sahara sah nicht immer so aus wie heute. Während der letzten Eiszeit war sie eine mediterrane Savanne, deren Vegetation eine große Vielfalt von wilden Tieren – Löwen, Rhinozerosse, Elefanten, Giraffen, Gazellen und Büffel – sowie eine sie begleitende Bevölkerung von Sammlern und Jägern am Leben erhielt. Dann veränderte sich das Klima im Laufe der Jahrhunderte: Flüsse, die einst an der Erdoberfläche dahingeströmt waren, zogen sich in den Boden zurück und tauchten nur in kurzen Intervallen auf, um Wadis zu bilden. Das Land trocknete aus, Wolken aus Silikatstaub trieben über den Boden hinweg und sammelten sich um Felsen und andere Hindernisse, wo sich noch mehr Sand anhäufte und die Gestalt gewaltiger Dünen annahm. Die Winde, welche die Großen Ergs hatten entstehen lassen, wehten unverändert vom Äquator her. Sie führten der Sahara immer noch Wolken und damit Niederschläge zu, doch inzwischen war der Erdboden so trocken und so heiß, dass der Regen meist verdunstete, bevor er den Boden erreichte. Wilde Tiere und Menschen wanderten gemeinsam nach Süden in die semiariden Zonen, die an Äquatorialafrika grenzten. Die Sahara überließen sie ihrem unberechenbaren Wetter und tief wurzelnden Dattelpalmen, die in den Oasen überleben konnten. Irgendwann jedoch kehrten Menschen wieder in die Sahara zurück. Es waren die Tuareg, mit den Berbern des Nordens entfernt verwandte Nomaden, die mit kleinen Ziegen- und Kamelherden je nach Saison von einem Weideplatz zum nächsten zogen. Locker miteinander verbundene Sippen, die sich auf die Gebirgszonen des Tassili N'Adscher südlich von Tunesien, den Hoggar oberhalb des Tschadsees und den Adrar der Iforas in dessen Westen konzentrierten, lebten sie nicht nur von ihren Tieren, sondern auch vom Dattelanbau – durch Sklaven und schwarze Pächter, die als *harratins* bekannt waren – sowie von Weizenfeldern, die gelegentlich in den Oasen gediehen. Hauptsächlich jedoch bereicherten sie sich durch Diebstahl und Erpressung an den Karawanen, die auf den Handelsrouten von Nordafrika zum Äquator zogen. Fast nirgendwo auf dem Globus gab es eine derart große und unverwechselbare Bevölkerung, deren Lebensstil so stark von der Beraubung anderer Menschen abhing. Die Tuareg hatten sich ihrer Umgebung meisterlich angepasst, zogen auf unberechenbaren Wegen durch die Wüste und überfielen alle, die keine Schutzgelder zahlten, häufig aber auch jene, die ihren Tribut entrichtet hatten. Zu ihrer Entschuldigung brachten sie – wenn überhaupt – vor, dass sich der Einfluss eines Häuptlings nicht unbedingt über die unsichtbare und willkürliche Grenze zwischen dem Territorium einer Sippe und dem ihrer Nachbarn erstrecke.

Die Kontrolle der Tuareg über die Sahara war unbestreitbar. Die Armee, die einen derart schwer zu fassenden Feind auf einem so unwirtlichen Terrain hätte besiegen können, existierte nicht. Viele hatten den Versuch gemacht, alle waren gescheitert. Die Annalen des antiken Griechenland enthielten Geschichten über ganze Heere, die spurlos verschwunden waren. Eine komplette römische Legion war vom Sand verschlungen worden. Die Osmanen verzichteten auf einen Eroberungsversuch und beschieden sich mit einem Abkommen, das beiden Seiten zustatten kam: Sklaven aus dem tropischen Afrika wurden an die Mittelmeerküste transportiert, niemand stellte Fragen, und alle verdienten Geld. Auch wenn die Sahara keine Wüste gewesen wäre, hätte es Mühe gemacht, die Tuareg zu überwältigen. Das Hoggar-Massiv zum Beispiel ist eine natürliche Festung, deren Berge sich auf einem hufeisenförmigen Plateau, das nur von Süden her zugänglich ist, mehr als 3000 Meter über den Meeresspiegel erheben. Einen solchen Ort mit konventionellen Mitteln einzunehmen hätte jeder europäischen Streitmacht unter welchen Umständen auch immer Schwierigkeiten bereitet. In der Wüste war es undenkbar. Deshalb kann man die Entschlossenheit Frankreichs, genau das zu tun, nur bewundern.

Mitte des 19. Jahrhunderts war die Sahara den Weißen praktisch unbekannt. In den vorangegangenen 50 Jahren war rund ein halbes Dutzend Europäer aus Nordafrika aufgebrochen und hatte die alten Karawanenpfade benutzt, um die südlichen Regionen zu erforschen. Wenn sie überhaupt zurückkehrten, erzählten sie übereinstimmend entmutigende Geschichten von schrecklichen Gegenden und aggressiven Bewohnern. In den fünfziger Jahren des 19. Jahrhunderts hatten französische Soldaten sich über den Südrand des Atlas vorgewagt, doch nur jene Oasen besetzt, die im Schatten der Berge lagen. Sie brauchten vorläufig nicht weiterzumarschieren, da ihr Ruf ihnen vorausgeeilt war. Im Jahre 1854 bot eine Tuaregdelegation ihnen ewige Freundschaft an und garantierte sicheres Geleit bis Timbuktu, der sagenumwobenen Stadt am Oberlauf des Niger, wohin die meisten früheren Expeditionen geschickt worden waren. Allerdings wusste man in Wirklichkeit wenig über die Wüste und die Menschen, die sie bewohnten. 1858 (im Jahr von Foucaulds Geburt) beschloss ein junger Mann namens Henri Duveyrier, diesen Mangel zu beheben.

Duveyrier, ein unerfahrener, doch intelligenter 18jähriger, schien alle für einen Saharaforscher erforderlichen Attribute zu besitzen: »Botaniker, Geologe und in den orientalischen Sprachen bewandert, verstand er es ganz besonders, mit den Barbaren freundschaftlich zu verkehren.«[1] Vor allem aber war er bereit, die Reise zu wagen, denn er schrieb: »Seitdem mein Geist zu vernünftigen Urteilen fähig ist, werde ich unwiderstehlich vom afrikanischen Kontinent angezogen.«[2] Nachdem er eine Reihe von Erklärungen seiner guten Absichten vorausgeschickt hatte, brach er in Begleitung weniger Diener zum Adscher auf. »Mir ist sehr wohl bewusst, dass die Reise, die ich antreten werde, nicht ohne

Henri Duveyrier

Gefahren ist«, schrieb er in sein Tagebuch. »Aber ich vertraue auf meine Gesundheit und hoffe, dass ich die Gefahren mit Vorsicht, Geduld und Energie vermeiden und meine Expedition zu einem glücklichen Ende führen kann. Die Ereignisse werden erweisen, ob ich im Irrtum bin.«[3] Er war nicht im Irrtum. Drei Jahre lang zog er kreuz und quer durch die nördliche Sahara, erforschte ihre Oasen und verbrachte unbehelligt viele Monate unter den Tuareg, bevor er 1861 heimkehrte. Sein Geist und seine Notizbücher waren voll von außergewöhnlichen Bildern.

Unglücklicherweise erkrankte er nach seiner Rückkehr an »Hirnfieber« – vielleicht Meningitis – und verlor jegliche Erinnerung an seine einzigartige Reise. Trotzdem gelang es ihm, aus seinem Tagebuch die ersten vollständigen Eindrücke des Tuareglebens für die westliche Welt zu rekonstruieren. Die Gesellschaft, die er in seinem Werk *Les Touaregs du Nord* (das 1864 veröffentlicht wurde) beschrieb, hätte aus einem Handbuch für romantische Klischees stammen können. Die Männer seien nahezu kaukasisch: weißhäutig, mit schmaler Nase, fleißig und streitbar. Man könne die Tuareg der Theorie, nicht jedoch der Praxis nach als Muslime bezeichnen. Die Männer trügen einen Schleier, welcher traditionell blau gefärbt sei, während die Frauen (die Duveyrier für wunderschön erklärte und mit denen er manche Affäre gehabt zu haben schien) ihr Gesicht nicht verhüllten. Ihre Ernährung entspreche keiner erkennbaren islamischen Vorschrift: Schweinefleisch sei akzeptabel, doch man dürfe weder Fisch noch Huhn noch Eier essen. Die Tuareg wüssten wenig über den Koran, und nur ein paar Marabuts (heilige Männer) verstünden Arabisch. Im Allgemeinen zögen sie es vor, ihre eigene Sprache und Schrift zu benutzen, die aus einer Reihe kräftiger Schnörkel bestehe und möglicherweise aus dem Karthagischen hervorgegangen sei. Damit malten sie Botschaften an die Felsen um Brunnen und Oasen. Ihre Gesellschaftsordnung sei matriarchalisch, und das Häuptlingsamt jeder Sippe gehe an den Sohn der Ehefrau des vorherigen Häuptlings über, unabhängig davon, ob dieser der Vater sei. Die Tuareg seien zumeist nachts unterwegs und suchten sich ihren Weg als kundige Astronomen mit Hilfe von Gestirnen, deren Glanz Duveyrier verblüffte und deren Konstellationen sie einprägsame Namen verliehen. Er schilderte die Stammesangehörigen als gastfreundlich, großzügig, langlebig und poetisch. Sie liebten die Musik und verstünden eine einsaitige Geige zu spielen. Obwohl sie in niedrigen schwarzen Zelten lebten, gingen sie stets hoch aufgerichtet und legten eine eindrucksvolle Würde an den Tag. Vor allem aber seien sie freundliche, friedliche Menschen, die sich den Ambitionen Frankreichs nicht widersetzen würden. Ein Häuptling habe Duveyrier mitgeteilt: »Alle Franzosen, die den Hoggar erforschen wollen, sind uns sehr willkommen, solange sie sich an die örtlichen Bräuche halten.«[4] Kurz, die Tuareg seien überaus gute und edle Wilde.

Duveyrier wurde für seine Arbeit zum Ritter der Ehrenlegion ernannt – eine großartige Auszeichnung für einen so jungen Mann. Doch während seine Beobachtungen präzise gewesen sein mochten, wurden seine Schlussfolgerungen durch jugendliche Naivität und die verständliche Aufregung über seine beispiellose Leistung beeinträchtigt. Sein größter Irrtum bestand darin, die Tuareg als friedlich darzustellen. Obwohl sie bereit waren, einen harmlosen Fremden zu beherbergen und einem mächtigen neuen Nachbarn höfliche Avancen zu machen, hatten sie nicht die geringste Absicht, sich überrennen zu lassen. Beide Seiten sahen Duveyriers Reise als Experiment: Für Frankreich deuteten seine Erkenntnisse auf eine problemlose Eroberung hin, doch den Tuareg lieferte sein Aufenthalt Einblick in eine Kultur, mit der sie nichts zu tun haben wollten. Diese gegensätzlichen Interpretationen führten zu einem entsetzlichen Blutvergießen.

Im Jahre 1869 begab sich die Holländerin Alexandrine Tinne in die Wüste. Sie wurde von Dienstmädchen und einer Karawane voller Luxusartikel begleitet. Als geübte Schützin war sie mit Pistolen bewaffnet, und dennoch wurde sie von den Tuareg umgebracht. Im Jahre 1870 zogen zwei Franzosen – Joubert und Dorneaux-Duprée – ebenfalls in die Wüste. Auch sie wurden ermordet. 1875 schickte der gerade ernannte Kardinal von Algier drei Priester, Paulmier, Menorel und Bouchand, zur Bekehrung der Tuareg aus. Sie wurden ermordet. Das Gleiche widerfuhr Leutnant Louis Say und einem Journalisten namens Lemay im selben Jahr außerhalb des Hoggar. Im Jahre 1876 wurde der erfahrene Wüstenreisende Erwin du Barry in Ghat vergiftet. Die Berichte über diese Todesfälle, die von den Herrschern vor Ort nach Algier übermittelt wurden, boten eine abstoßende Lektüre. Zum Beispiel ging der osmanische

Gouverneur von Mursuk, obwohl er sich floskelreich für den Tod von Fräulein Tinne entschuldigte und ihn uneingeschränkt verurteilte, mit makabrer Schadenfreude auf Details ein, die er nur durch enge Bekanntschaft mit den Tätern in Erfahrung gebracht haben konnte: Als sie nach einer Pistole gegriffen habe, teilte er den Franzosen mit, sei ihre rechte Hand durch einen einzigen Schwertstreich abgetrennt worden. Offensichtlich wurde Frankreich eine Warnung übermittelt, doch man ignorierte sie ebenso wie die Berichte jener Reisenden, die von den Tuareg nicht umgebracht, sondern mit der Ermahnung, nie wieder zurückzukehren, in Freiheit gesetzt wurden. Statt dem Augenschein zu trauen, verließen sich die Behörden lieber auf Duveyriers irregeleitete, überholte, doch beruhigende Versicherungen über die friedlichen Verhältnisse im Landesinnern.

Zu denen, die besonders positiv auf die Vorstellung von einer sicheren Sahara reagierten, gehörte ein Ingenieur namens Alphonse Duponchel aus Montpellier. Im Jahre 1879 veröffentlichte er ein Buch mit dem Titel *Le chemin de fer transsaharien* (»Die transsaharische Eisenbahn«). Es war ein fesselnder Titel, denn er spielte auf die Faszination des Dampfmaschinenzeitalters, das Mysterium der Wüste und die dem europäischen Denken nie fern liegende Aussicht auf koloniale Eroberungen an. Der Gedanke war verlockend, erhebend und vor allem in aufsehenerregender Weise patriotisch. Für eine Nation, die sich immer noch von ihrer beschämenden Niederlage im französisch-preußischen Krieg erholen musste, war Duponchels Plan das ideale Mittel, um das angeschlagene Selbstbewusstsein zu stärken.

Duponchels Vorschlag war einfach: Man werde eine Eisenbahnstrecke von Algier zum Sudan bauen, jener semiariden Region, welche die Sahara von den Tropen trennte. In Timbuktu werde sie sich teilen, und eine Linie werde zum Tschadsee, die andere zum Senegal führen. Die mit der Konstruktion verbundenen Schwierigkeiten tat er ab. Wanderdünen? Werden bepflanzt. Wassermangel? Eine Reihe artesischer Brunnen gebohrt und mit Pumpen und Rohren verbunden, fertig. Mangel an Arbeitern? Eine perfekte Gelegenheit, die arbeitslosen Taugenichtse und das ganze kriminelle Gesindel Frankreichs nutzbringend einzusetzen. Kriegerische Stämme? Die könne man vergessen: »Das Prestige unserer Soldaten, die Überlegenheit unserer Waffen und der bekannte Kleinmut der Saharabewohner, deren kriegerischer Ruf stark übertrieben ist, lassen uns uneingeschränkt auf das erfolgreiche Ende der Unternehmung vertrauen.«[5]

Duponchel ignorierte alle praktischen Einzelheiten. Mit welcher Zauberpflanze beabsichtigte er die Dünen zu befestigen? Wie sollten die Sträflinge und Müßiggänger in den Dienst gepresst werden, und wie konnte man sie versorgen, wenn sie erst einmal in der Wüste waren? Wo würden die Lokomotiven neue Kohle laden können, wenn man die Schienen erst einmal gelegt hatte? Und eine nebensächliche politische Note: Welches Recht hatte Frankreich, eine Eisenbahnstrecke durch Gebiete zu bauen, die ihm nicht gehörten? Im Falle des Tschad (von den Briten »entdeckt«) konnte es zu einem Streit kommen. Aber für Duponchel waren dies unbedeutende Details. Nach der Fertigstellung würde seine Eisenbahn die französischen Kolonien in Westafrika mit denen in Nordafrika verknüpfen und eine Enklave schaffen, die sich, mit dem Tschad als östlichstem Punkt, nach Norden zum Mittelmeer und nach Westen zum Atlantik erstreckte. Er schrieb: »Der große humanitäre Kreuzzug, zu dem Europa entschlossen zu sein scheint, um den afrikanischen Kontinent in den Strom der allgemeinen Zivilisation einzubeziehen, kann nicht gelingen, solange wir nicht zum Kern des Landes vorstoßen.«[6] Zuvor hatten Europäer den »Kern« – das heißt Timbuktu und den Tschad – entweder in Eingeborenenkleidung, »als Bettler, die ihre Nationalität verbargen«,[7] oder mit Hilfe von Militäreinheiten des Beys von Tripolis erreicht. Duponchel erschien eine Methode beschämender als die andere. Wenn erst seine Sahara-Eisenbahn konstruiert sein würde, konnten französische Händler, Forscher und Kolonisten das Territorium auf angemessene Art beherrschen: begleitet vom Schnaufen, Pfeifen und der Imposanz des damals schnellsten Fortbewegungsmittels der Menschheit. Sie würden mit »allen zu unserer Verfügung stehenden materiellen Ressourcen« eintreffen, »mit all dem Prestige der unwiderstehlichen Macht, das allein den Geist dieser barbarischen Völker beeindrucken kann, die es gewohnt sind, nur Gewalt zu respektieren und sich ihrem Joch zu beugen«[8].

Außerdem würde die Transsaharabahn, wie man sie bald nannte, dem französischen Handel das Landesinnere öffnen und damit rund 100 Millionen »Barbaren« zu wertvollen Kunden machen. Berichte zeigten, dass die Briten den regionalen Handel mit ihren Waren monopolisiert hatten, deren niedriger Preis durch die Verfügbarkeit der Ressourcen ihres Imperiums sowie durch ein fortgeschrittenes Fabriksystem gewährleistet wurde. Auf den afrikanischen Märkten waren britische Produkte um fast ein Drittel billiger als französische Erzeugnisse. Diese Waren mussten allerdings per Schiff an die Küste transportiert und dann auf dem Landweg weiterbefördert werden, was Zeit und Geld kostete. Wenn die Transsaharabahn in Betrieb wäre, könnten französische Produkte Zentralafrika im Handumdrehen erreichen, und die Züge würden beladen mit den unerschöpflichen Reichtümern des Sudan zurückkehren. Duponchel machte über die Gestalt dieser Reichtümer keine näheren Angaben, denn außer Palmöl (das bereits an der Küste hergestellt wurde und sich viel besser mit Schiffen transportieren ließ) hatte der Sudan nur Federn, Pelze und kleine Mengen Gold und Elfenbein zu bieten. Zudem erklärte er nicht, was die Afrikaner im Tausch dafür kaufen sollten. Die verarbeitende Industrie Frankreichs war kaum entwickelt, und die Exporte der Grande Nation bestanden hauptsächlich aus Luxusgütern wie Spitzengewebe, Parfüm, Handschuhen und Wein. Stattdessen betonte Duponchel die Freuden des Tourismus. Innerhalb von nur *sechs Tagen* könne man, wenn man in Marseille in See steche, die westafrikanische Küste erreichen. Ob die Touristen Gefallen an den notorisch ungesunden Tropen finden würden, war allerdings eine andere Sache – so fragte zum Beispiel ein Brite: »Wer zum Teufel möchte schon eine Rückfahrkarte nach Timbuktu kaufen?«[9] Duponchel jedenfalls hielt den Plan für ausgezeichnet. Ihm kam es mehr auf die Idee als auf die Realität an.

Duponchel war nicht unbedingt der geeignete Mann, um sich über den Bau einer Transsaharabahn zu äußern. Weniger Ingenieur denn technologischer Phantast, schäumte er über vor grandiosen Projekten. Eines davon war der Bau einer Weinpipeline von Beziers nach Paris, ein anderes die Nutzung von komprimiertem Wasser, um einen Kanal durch die Meerenge von Panama zu sprengen. In einem noch größeren Rahmen schlug er den Einsatz von Hochdruckwasserdüsen vor, um die Pyrenäen abzutragen und damit das Sumpfland von Südwestfrankreich mit fruchtbarem Boden zu bedecken. Keiner dieser Wahnsinnsideen schenkte man viel Beachtung, doch die Transsaharabahn fand in der

Öffentlichkeit Anklang. Die Kolonisierung beschäftigte die Nation, und man fürchtete zunehmend, Frankreich werde abgehängt, während andere Nationen – insbesondere Großbritannien – die unerschlossenen Räume der Welt an sich brächten. Paul Gaffarel, ein Professor aus Dijon, gab der Stimmung in einem seiner vielen Bücher über das Thema Ausdruck. »Wie viele Male«, fragte er, »haben wir jemanden sagen hören oder es sogar selbst gesagt: ›Frankreich versteht sich nicht aufs Kolonisieren‹?«[10] Er wies die zeitgenössische Theorie zurück, dass es gefährlich sei, Kolonien zu gründen, und dass ihre Unterhaltung Volk und öffentliche Kassen belaste. Im Gegenteil: »Wir müssen kolonisieren, und zwar um jeden Preis. Kolonisierung ist nicht nur eine sichere Angelegenheit, sondern auch patriotisch und absolut notwendig.«[11] Um seine Leser zu überzeugen, stellte er eine Rangliste auf, die anzeigte, welche Staaten wie viel Land besaßen, wie viele Menschen sie regierten und in welcher Proportion die Kolonial- zur Heimatbevölkerung stand. Mit 200 Millionen ausländischen Untertanen lag Großbritannien natürlich an der Spitze (ein Verhältnis von sieben zu eins), und ganz unten befand sich Frankreich mit sechs Millionen (eine beschämende Relation von eins zu sechs). Sogar Portugal, das in der allgemein anerkannten Bewertung europäischer Macht nur den fünften Rang einnahm, übertraf Frankreich nach Gaffarels Berechnungen. »Unsere Unterlegenheit ist skandalös«,[12] schrieb er.

Gaffarel, dessen Bücher ein breites Publikum fanden, ließ seine Leser wissen, was seiner Meinung nach unternommen werden sollte. »Was müssen wir tun, um unseren politischen Einfluss unermesslich zu erweitern, um unserer siechen Industrie, unserem toten Kapital und unserer müßigen Jugend unfasslichen Reichtum und Überfluss zu bescheren? Nichts als die unerschlossene Region erreichen! Nichts als eine Eisenbahn bauen!«[13]

Der von Männern wie Gaffarel und Duponchel ausgeübte Druck war unwiderstehlich, und am Ende gab die französische Regierung ihm nach. Im Januar 1880 wurde Oberst Paul Flatters, ein unterbeschäftigter Offizier mittleren Alters aus dem Bureau Arabe, in die Wüste entsandt. Er erhielt den Befehl, die Route, welche die Transsaharabahn befahren könnte, zu vermessen und gleichzeitig den friedlichen und gefügigen Tuareg zu versichern, dass eine Eisenbahn durch ihr Territorium genau ihren Bedürfnissen entspreche. Flatters brach mit einer großen bewaffneten Eskorte auf, was wahrscheinlich der einzige Grund dafür war, dass er ein paar Monate später lebend, wenn auch mit deprimierenden Nachrichten zurückkehrte. Die Tuareg, erklärte er, wollten nicht, dass eine Eisenbahn über ihr Land gebaut werde. Die Regierung zeigte sich unschlüssig. Nach einiger Überlegung meinte sie, Flatters habe mit seiner Begleitung zu bedrohlich gewirkt und solle die Reise im folgenden Jahr weniger schwer bewaffnet wiederholen.

Flatters war vom Wert einer Eisenbahn nicht überzeugt. Seine private Meinung lautete, wenn er schon einen neuen Vorstoß unternehmen müsse, sei ihm am besten mit noch mehr Männern und Gewehren gedient. Doch trotz seiner Vorbehalte stimmte er den veränderten Bedingungen zu. Wie jeder Forscher im 19. Jahrhundert wünschte er sich eine Aufgabe, etwas Erregendes, mit dem er sich einen Namen machen konnte. Also zog Flatters Ende 1880 erneut in die Sahara hinaus. Ihm folgte eine verringerte Streitmacht, bestehend aus 47 algerischen *tirailleurs* und elf Franzosen, darunter ein Offizier und zwei Feldwebel, sowie 31 Kameltreibern und sieben Führern vom halbnomadischen Berberstamm der Chaamba aus der nördlichen Wüste. Tatsächlich machte er sich einen Namen, doch durchaus nicht so, wie er es sich gewünscht hatte, sondern auf eine Art, die Frankreich bis ins Mark erschüttern sollte.

Als Flatters in Richtung Hoggar nach Süden zog, wurde er ein Opfer der üblichen Tuaregtaktik. Zunächst erhielt er Botschaften, dass alles in Ordnung sei und dass man ihn überall, wohin er zu reisen wünsche, willkommen heißen werde. Erleichtert und mit gewachsener Entschlossenheit marschierte Flatters tiefer ins Tuareggebiet hinein. In den Briefen, die er nach Hause schickte, teilte er mit, die Expedition verlaufe reibungslos. Aber die Umstände waren alles andere als zufrieden stellend. Er litt an Ischias, konnte sich trotz Morphiumspritzen und »Kauterisierungen mit einem Brenneisen«[14] nicht länger als 30 Minuten ohne Pause auf den Beinen halten und fühlte sich nur wohl, wenn er sich hinlegte. Außerdem starben seine Kamele, und gegen seine Chaamba-Führer hegte er zunehmend Misstrauen. Einmal drohte er, sie zu erschießen, falls sie ihn nicht direkt zu seinem Ziel geleiteten. Zum Glück kam ihm ein Tuaregführer zu Hilfe, und am 26. Januar 1882 sah Flatters in der

Ferne die Ausläufer des Hoggar vor sich. Drei Tage später schrieb er seiner Frau: »Wenn Du diesen Brief erhältst, werde ich im Sudan sein.«[15] Aber am 2. Februar behauptete sein Tuaregführer, sich nicht an den Weg erinnern zu können. Am 10. Februar traf ein zweiter Führer ein, der ein besseres Gedächtnis hatte – allerdings um den Preis von 1000 Franc. Am 11. Februar besuchten 30 bewaffnete Tuareg Flatters' Lager, klopften ihm auf die Schulter, nahmen Geschenke an, bewunderten seine Ausrüstung, beglückwünschten ihn zu seinem Schneid, stahlen zwei Kamele und lauerten danach drohend am Horizont. Am 16. Februar ging der Expedition das Wasser aus, und am selben Tag verkündete der neue Führer, er habe sich verirrt. Immerhin war er sich sicher, dass es in der Nähe einen Brunnen gab. Erbost bestieg Flatters sein Pferd und ritt seinen Führern mit vier anderen Franzosen voraus, um nach Wasser zu suchen. Zwölf *tirailleurs* wurden angewiesen, ihre Vorräte abzuladen und so rasch wie möglich mit den Kamelen zu folgen. Vierzig Soldaten und zwei Bauingenieure unter Leutnant Dianous und Feldwebel Pobeguin blieben zurück, um das Lager zu bewachen.

Flatters stieß tatsächlich irgendwann auf den Brunnen. Dieser lag in einem Tal, das nur durch eine schmale Felsschlucht zugänglich war. Seine Männer und er stiegen ab, um den Brunnen zu inspizieren. In diesem Moment preschten die Tuareg hinter den Hügeln hervor. Flatters' Gruppe wurde in Stücke gehackt. Die ihn begleitenden *tirailleurs* setzten sich kurz zur Wehr, bis sie ihre Munition verschossen hatten und ebenfalls niedergemetzelt wurden. Ein paar Männer entkamen, taumelten zum Lager zurück und meldeten, 200 bewaffnete Tuareg seien außer Rand und Band. Leutnant Dianous – später kritisierte man ihn, weil er nicht sofort einen Gegenangriff eingeleitet hatte – befahl seinen Männern, mit ihren Vorratskisten Barrikaden zu bauen. Aus dieser improvisierten Verschanzung hoffte er den gewiss bevorstehenden Angriff zurückzuschlagen. Doch der Angriff blieb aus, denn die Tuareg waren zu sehr damit beschäftigt, sich um ihre Beute zu zanken. In jener Nacht ordnete Dianous den vorsichtigen Rückzug zu der Oase Wargla an.

Wargla lag fast 1000 Kilometer entfernt im Norden. Entlang der Strecke gab es genügend Brunnen, und die Männer verfügten über Gewehre und reichlich Munition. Was Dianous' Kolonne aber fehlte, waren Nahrungsmittel. Die Soldaten besaßen nicht mehr Proviant, als sie selbst und ihre drei Kamele (alle übrigen hatten die Tuareg erbeutet) zu tragen vermochten, und bald waren diese Lebensmittel verbraucht. Sie wühlten im Sand nach Wurzeln und kauten auf Schuhleder. Ein Mann versuchte, sich zu erschießen. Unterdessen wurden sie von den Tuareg beschattet, die sie bald ihrer Freundschaft versicherten, bald halbherzig die Brunnen gegen sie verteidigten und ihnen bei anderer Gelegenheit einige der Vorräte verkauften, die sie hatten zurücklassen müssen und die nun zu ihrer Demütigung auf zwei ihrer eigenen Kamele geladen worden waren. Gelegentlich wurden kleine Gruppen von *tirailleurs* eingeladen, Lebensmittel aus dem feindlichen Lager zu holen. Sie kehrten nie zurück. Am 9. März, nachdem Dianous 100 Tuareg von dem Brunnen in Ain el-Kerma fortgejagt hatte, steckte ihm einer seiner Verfolger, der sich als geheimer Verbündeter ausgegeben und ihm schon zuvor Vorräte geliefert hatte, einen Beutel mit zerstoßenen Datteln zu. Das Geschenk wurde gierig verschlungen.

Eine der wenigen Pflanzen, die in der Sahara gedeihen, ist die salatähnliche *efelehleh*. Trotz ihrer harmlosen Erscheinung ist sie äußerst giftig und beeinträchtigt sowohl das Verdauungs- als auch das Nervensystem. Die zerstoßenen Datteln waren mit *efelehleh* vermischt worden. Innerhalb von Minuten litten Dianous' Männer Todesqualen. Schaum quoll ihnen aus dem Mund, ihre Kehle brannte, und sie verspürten einen unstillbaren Durst. Manche waren von der Hüfte bis zu den Füßen gelähmt. Dianous selbst wurde halb ohnmächtig. Andere verfielen ins Delirium, rissen sich die Kleidung vom Leibe und rannten in die Wüste, wobei sie ihre Gewehre abfeuerten. Die Tuareg sahen zu und warteten ab.

Am 10. März, nachdem dank einiger Chaamba-Kameltreiber, die eine List vermutet und die Datteln nicht gegessen hatten, ein gewisses Maß an Ordnung wiederhergestellt worden war, entsandte Dianous sechs Männer zu Unterredungen mit den Tuareg. Sie wurden ermordet. Dann zog er mit seiner geschwächten Kolonne zum nächsten Brunnen. Dieser wurde von Tuareg bewacht, und nun endlich griff Dianous direkt an. Aber ihnen schlugen Kugeln aus jenen Gewehren entgegen, die man zuvor von ihnen erbeutet hatte. Dianous fand den Tod, so dass der verwundete, noch immer unter Vergiftungserscheinungen leidende Feldwebel Pobeguin 34 halbverhungerte Männer zur Suche nach dem nächsten Brunnen antreiben musste. Die Tuareg, die ihre Überlegenheit bewiesen hatten, machten sich nicht die Mühe, ihnen zu folgen.

Pobeguins Männer verzehrten die letzten Lebensmittel, danach ihre Kamele und schließlich alles, was sie finden konnten. Als sie auf ein totes Kamel stießen, aßen sie es ebenfalls, obwohl der Kadaver bereits in Verwesung übergegangen war. Danach verfielen sie mehrfach in Kannibalismus. Neun Nachzügler, die sich lieber selbst erschossen hatten, als Hungers zu sterben, wurden ungekocht verschlungen. Als Pobeguin selbst zu schwach geworden war, um weiterzumarschieren, töteten die anderen ihn und aßen ihn ebenfalls auf. Am 4. April schleppten sich die Überlebenden endlich nach Wargla. Sie waren zu zwölft: elf Chaamba, ein *tirailleur*, kein Europäer. Später sollten weitere fünf *tirailleurs* aus der Wüste auftauchen. Sie behaupteten, bei einer weniger feindseligen Tuaregbande Zuflucht gefunden zu haben. Nur diese beiden Gruppen menschlicher Wracks waren von Flatters' so zuversichtlich begonnenen Unternehmen übrig geblieben.

Die Demütigung Frankreichs war perfekt. Nie zuvor hatten Einheimische eine europäische Streitmacht so vernichtend geschlagen. Schon gar nicht Einheimische, deren traditionelle Waffen Säbel und Lanzen waren und deren einziger Schutz gegen Kugeln aus den langen, weißen Lederschilden bestand, die sie den Kamelen umhängten. In Paris machte der anfängliche Unglaube bald Empörung Platz. »Wir marschieren von Beleidigung zu Beleidigung, von Aufsässigkeit zu Aufsässigkeit, von Demütigung zu Demütigung«, schrieb eine Zeitung. »Die Ehre unseres Namens, unser legitimer Einfluss, die Sicherheit unserer algerischen Unternehmung, die Größe und die Wirtschaftlichkeit unserer Projekte in Afrika verlangen, dass wir schnelle und energische Vergeltung für soviel bösen Willen, Treulosigkeit und Brutalität üben.«[16] Aber natürlich gab es keine Vergeltungsmaßnahmen, die man hätte ergreifen können. Wie andere entwickelte Nationen zuvor und seither begriff Frankreich rasch, wie unmöglich es ist, mit gewöhnlichen Truppen in einer außergewöhnlichen Landschaft gegen einen außergewöhnlichen Feind anzutreten. Nichts wurde unternommen, und nach ein paar Wochen ließ die Aufregung nach.

Gleichwohl gerieten weder Flatters noch die Transsaharabahn in Vergessenheit. Der Oberst wurde zu einer geradezu mythischen Gestalt.

Sein Tod wurde in den folgenden Jahren durch Forschungsreisende gewürdigt, die wiederholt Steinpyramiden zu seinem Gedenken errichteten, und eine erstaunliche Geschichte besagte, dass er nicht ermordet worden sei, sondern ein pompöses Leben als großer Saharahäuptling führe. Er beflügelte weiterhin die französische Phantasie. Obwohl sich die Begeisterung für den Bau einer transsaharischen Eisenbahn vorübergehend abkühlte, wurde das Projekt doch nie aufgegeben. Wie die Erinnerung an Flatters wurde es sorgfältig im Gedächtnis der Nation bewahrt und immer wieder hervorgeholt, wenn der Kolonialismus es verlangte.

Unmittelbar nach dem Debakel hatte Frankreich zwei Sorgen: wie es sein afrikanisches Prestige auf eine Art wiederherstellen könnte, die keine großen Verluste an Menschenleben in der Sahara mit sich brächte, und wie sich der Schlag gegen seine Unbesiegbarkeit auf die Situation in Algerien auswirken würde. Die erste Frage wurde im Frühjahr mit dem Einmarsch nach Tunesien beantwortet. Eine Antwort auf die zweite gab Bou-Amama, als er von der militärischen Inkompetenz Frankreichs in der Wüste erfuhr und beschloss, einen Dschihad auszurufen. Damit bewirkte die Sahara Foucaulds Rückkehr nach Afrika, obwohl er zu jenem Zeitpunkt davon noch nichts wissen konnte.

4

»RECONNAISSANCE AU MAROC«

Foucauld hatte zuerst gehofft, nach Tunesien geschickt zu werden. Warum sollte er schließlich in ein Land zurückkehren, das er kannte, wenn ein neues lockte? »Eine Expedition dieser Art«, schrieb er im Oktober 1881, »ist ein zu seltener Genuss, als dass man ihn verstreichen lassen sollte, ohne davon zu kosten.«[1] Aber er wurde nicht nach Tunesien versetzt. Stattdessen befahl man dem 4. Jägerregiment, auf den Hochplateaus des algerischen Atlas zu patrouillieren, ein weit von der Hauptkriegszone entferntes Gebiet, in dem Konflikte unwahrscheinlich waren. Foucauld, der die Langeweile erwartet hatte, vor der er schon einmal geflohen war, wurde durch seine Einführung ins Feldzugleben angenehm überrascht. Wie er ebenfalls im Oktober 1881 schrieb: »Ich habe dadurch, dass ich hierhergekommen bin, nicht viel verloren. In meinen dreieinhalb Monaten bei den 4^{e} Chasseurs d'Afrique habe ich keine zwei Nächte in einem Haus verbracht.«[2] Harsche Bedingungen, verbunden mit einem Hauch von Aufregung, schienen ihm zu behagen. Das Gleiche galt für Vallombrosa, der sich den Vierten Afrikajägern zur selben Zeit wie Foucauld angeschlossen hatte. Als begeisterter Schütze hielt er den Krieg für eine günstige Gelegenheit, seine Treffsicherheit zu verbessern. Vor allem aber gefiel der Krieg einem weiteren Absolventen von St. Cyr, einem ernsten jungen Mann namens Henri Laperrine.

Zwei Jahre jünger als Foucauld, unterschied sich Laperrine in fast jeder Hinsicht von ihm. Obwohl er aristokratischer Herkunft war –

eigentlich hätte er sich Laperrine de Hautpol nennen sollen –, führte er den Titel nicht und war am stolzesten auf einen seiner Ahnen, den er als »einen schlimmen Burschen« beschrieb und der am Galgen geendet hatte. Seine Familie litt seit langem unter vielerlei Missgeschick, und ihr kleines Vermögen war von seinem Vater vergeudet worden, einem früheren Armeeoffizier in Afrika, der für seine Gewalttätigkeit und seine Unfähigkeit in Geldangelegenheiten bekannt war. In Algerien hatte sich Laperrine senior dadurch traurigen Ruhm erworben, dass er Duelle provozierte, und war, nachdem er mehrere Männer getötet hatte, in Unehren entlassen worden. Im Anschluss daran hatte er sich in eine Reihe zum Scheitern verurteilter finanzieller Abenteuer verwickelt, durch welche die Familie um ihr Kapital gebracht worden war. Danach war ihm nur noch ein kleines Château im Süden Frankreichs, an der Eisenbahnstrecke zwischen Carcassone und Toulouse, geblieben. Als der junge Laperrine einmal mit dieser Bahn nach Hause fuhr, führte er ein Gespräch mit einem Anwalt aus der Gegend. »Junger Mann«, sagte der Anwalt und zeigte auf Château Laperrine, »in meiner gesamten Laufbahn habe ich nichts so Absurdes erlebt wie das, was sich dort abgespielt hat.«[3] Er schilderte eine Liste derart faszinierender Delikte, dass Laperrine seine Station verpasste und mit dem nächsten Zug zurückfahren musste. Sein Vater war von so denkwürdiger Inkompetenz, dass Laperrine bei seinem Eintritt in St. Cyr die Schatten der Vergangenheit spürte. Marschall MacMahon, einst einer der Vorgesetzten von Laperrine senior, ließ es sich nicht nehmen, diesen Sachverhalt herauszustellen. Bei einer Inspektion bemerkte er: »Laperrine? Laperrine? Habe ich nicht Ihren Vater gekannt?« Der Rekrut erwiderte, das sei durchaus möglich. »Schön, sagen Sie ihm, dass ich ihm nie verziehen habe.«[4]

Während Foucauld faulenzte, stürzte sich Laperrine in die Arbeit. Foucauld war stark übergewichtig und phlegmatisch, Laperrine dagegen hochgewachsen, schlank und temperamentvoll. Während Foucauld die Frauen liebte, schien Laperrine zu keiner Liebe fähig zu sein. Nie knüpfte er eine romantische Beziehung zu irgendeinem Menschen an und lebte nur für die Armee. Während Foucauld pomadisiert und tadellos gepflegt war, kam Laperrine abgerissen daher: Sein Bart spross in alle Richtungen, seine Uniform hing schlaff an ihm herunter und sah eher aus wie eine Ansammlung von Taschen, die von schlecht sitzenden

Gürteln, Knöpfen und Schulterklappen zusammengehalten wurde. Nicht einmal seine Mütze saß ihm gerade auf dem Kopf, sondern wurde von seinem Haar mehr oder weniger flott zur Seite gedrückt. Auf Fotos macht er einen manischen Eindruck und sieht aus wie eine halbfertige Schaufensterpuppe, die auf die Rückkehr der Dekorateure vom Mittagessen wartet.

Aber Laperrine war durchaus keine Schaufensterpuppe, sondern ein Berufssoldat und dazu ein intelligenter Mann, dessen Hingabe an das Militär mit der Zeit nur von seiner Entschlossenheit übertroffen wurde, es zu reformieren. In der Heimat passte sich die französische Armee den in Europa üblichen Konventionen gockelhaften Benehmens, gestelzter Würde und Schneidigkeit an, deren unbedingte Beachtung von den Offizieren mangels Kriegserfahrung erwartet wurde. Doch in Algerien sah es anders aus. Wenn die Soldaten nicht auf dem Exerzierplatz waren, entledigten sie sich ihrer Uniformen und kleideten sich so bequem wie möglich. Bauschige Hosen und nackte Füße waren die Regel. Sie kämpften auf eine Art, die sich in keine europäische Vorstellung einfügte, und gehorchten nur denen, die sie zu begeistern verstanden. Das passte Laperrine ausgezeichnet. Der Krieg gegen Bou-Amama ließ ihn eine Vorliebe für einen Kontinent entwickeln, den er, abgesehen von dem einen oder anderen Rückruf nach Frankreich, bis zu seinem Tod 39 Jahre später nicht mehr verlassen sollte.

Der Krieg gegen Bou-Amama war im Grunde gar kein Krieg, sondern glich eher einer Reihe kurzer Zusammenstöße, während in der Zwischenzeit die üblichen Greueltaten begangen wurden. Bou-Amamas Streitkräfte stellten sich den französischen Soldaten selten zum offenen Kampf, und nach ein paar Monaten der Verfolgungsjagd ging der Konflikt ergebnislos zu Ende. Die »Rebellen« zogen sich stillschweigend zurück, ihr Anführer wurde nie gefangen genommen, und die Franzosen meldeten einen glorreichen Sieg. Immerhin ließ diese Unternehmung eine überraschende Freundschaft zwischen Foucauld und Laperrine entstehen. Laperrine, der Foucauld als »Schweinchen« in Erinnerung hatte, war überrascht von der Kampfbegeisterung seines Kameraden und von dessen charakterlichem Wandel. Foucauld zeigte ein – für seine Verhältnisse – außerordentliches Interesse am Wohlergehen seiner Männer. Wenn sie zum Beispiel einen Brunnen aushoben, verteilte er seinen eigenen Rumvorrat, damit der Alkohol den brackigen Geschmack des Wassers überlagerte und es zudem halbwegs sterilisierte. Foucauld bewunderte die Leidensfähigkeit seiner Untergebenen und war stolz darauf, an ihren Entbehrungen teilzuhaben. »Die Armee Afrikas ist noch besser als die des französischen Mutterlandes«, schrieb er. »Die Hälfte der Männer in meiner Kompanie hätten ausgezeichnete Mönche abgegeben.«[5] Auch die Berber, denen er begegnete, weckten seine Bewunderung. Ihr Leben und ihr Glaube erschienen ihm bemerkenswert autonom, ja beinahe asketisch und ungebunden. Ein Teil seines Staunens mag naiv gewesen sein, denn die Art und Weise, wie die Berber darauf verzichteten, ihre Zelte zu flicken, und sich nicht um ihre Herden zu kümmern schienen, war eher die Folge ständiger militärischer Verwüstungen als angeborener Gläubigkeit. Doch ihre Praxis, sich zu bestimmten Zeiten niederzuwerfen, um zu Allah zu beten – ohne jeglichen Pomp und ungeachtet der Umstände –, ließ eine Form der Religiosität erkennen, die Foucauld nie zuvor beobachtet hatte. »Der Islam ist äußerst verführerisch, und er verführte mich übermäßig«[6], schrieb er. Im Laufe der Zeit wurde er merklich schlanker und gleichgültiger gegenüber materiellem Komfort. »An jenen Foucauld, den wir in Saumur und Pont-à-Mousson gesehen hatten«, meinte Laperrine, »erinnerte nur noch eine niedliche Taschenausgabe des Aristophanes, die er ständig bei sich trug, und ein Restchen Snobismus, das ihn lieber auf das Rauchen als auf die gewohnte teure Zigarre verzichten ließ.«[7]

Die letzten französischen Einheiten kehrten am 15. Januar 1882 in die Kasernen zurück, und Foucauld, nun in dem Städtchen Maskara stationiert, langweilte sich wieder. Aber diesmal flüchtete er nicht in ein genauso eintöniges Leben in irgendeinem europäischen Kurort, sondern beschloss, an einem neuen Abenteuer teilzunehmen. »Ich verabscheue das Garnisonsleben«, erklärte er einem Freund im Februar. »Ich hatte immer die Absicht, das Militär eines Tages zu verlassen – und unter diesen Umständen entschied ich mich, es möglichst bald zu tun. Welchen Sinn hat es, meine Jugend an eine Karriere zu verschwenden, die mich nicht interessiert? Lieber möchte ich meine Jahre mit Reisen verbringen. So werde ich mich wenigstens bilden und meine Zeit nicht vergeuden. Mein Abschiedsgesuch ist eingereicht.«[8] Das Abenteuer, das ihm vorschwebte, war eine Überlandreise durch die Sahara nach Kairo. In dem Monat, der erforderlich war, um seinen Abschied zu vollziehen, nahm er intensiven Arabischunterricht und vertiefte sich in die Karten der Region. Doch im Dezember hatte er bereits ein neues Ziel. Aus Gründen, die mit der Annexion Tunesiens durch Frankreich, den gleichzeitigen Spannungen mit Tripolitanien und einem allgemeinen Widerwillen zu tun hatten, Reisende ohne Schutz durch Tuareg-Gebiete passieren zu lassen (im Jahre 1881 waren zwei weitere Priester ermordet worden), hatten die Behörden ihm die Reisegenehmigung nach Osten verweigert. Stattdessen wurde er in eine Region umgeleitet, die gleichermaßen unbekannt, gleichermaßen aufregend und für das Militär von viel größerem Interesse war: Marokko.

Seit dem französischen Einmarsch in Algerien hatte der Sultan von Marokko die Grenzen seines Landes für die Außenwelt geschlossen. Nur wenige bedeutende Häfen wie Tanger und Mogador standen dem internationalen Handel offen, und ein oder zwei Enklaven an der Küste waren von Spanien besetzt worden, das in den letzten Jahren mehrere nicht sehr erfolgreiche Versuche unternommen hatte, seine Vorherrschaft auf das Binnenland auszudehnen. Im Großen und Ganzen war Marokko jedoch eine unzureichend kartierte Wildnis, deren islamische Bewohner jedem denkbaren Übergriff auf ihr Territorium feindselig begegneten, und das zu Recht, wie das Beispiel Algeriens zeigte. Aber wo begann jenes Territorium? Das Militär zog, wie es seinem Wesen entsprach, auf seinen Karten eine Grenzlinie, doch handelte es sich um eine verschwommene Markierung, die für die Menschen vor Ort wenig bedeutete und ohnehin nur die fruchtbaren Küstenregionen betraf. Weiter südlich, unweit der Sahara, verschwand die Linie. Danach blieb die Grenze zwischen Algerien und Marokko der Phantasie überlassen. Niemand wusste, an welcher Düne die beiden Länder begannen oder endeten. Und hätte eine Grenze existiert, wäre sie sinnlos gewesen, denn weder der Sultan von Marokko noch der Gouverneur von Algerien hatte die geringste Kontrolle über jenes Gebiet. Die Franzosen waren noch nicht so weit vorgedrungen, und die Autorität des Sultans beschränkte sich auf die Umgebung der städtischen Zentren im Norden, das so genannte *bled el makhzen*. Im *bled el siba*, dem »freien« oder »rebellischen« Süden, dessen Mittelpunkt Marrakesch bildete und der sich bis zum Atlasgebirge und den Ausläufern der Sahara erstreckte, gehorchten die meisten Menschen einheimischen Häuptlingen und wussten nur vage von der Existenz des Sultans und der Tatsache, dass sie Marokkaner waren. Das *bled el siba* befand sich, wie Duveyrier es ausdrückte, »ungefähr in gleichem Maße unter marokkanischer Rechtssprechung wie der Transvaal oder die Republik Andorra«[9].

Diese Situation gefiel den Franzosen sogar noch weniger als dem Sultan. Da Tunesien gefallen war und die Sahara mit neuer Vorsicht behandelt werden musste, bildete Marokko das nächstliegende Expansionsziel. Aber wie konnte man ein Land ins Visier nehmen, von dem man nichts wusste und jenseits von dessen Grenze (wenn es überhaupt eine gab) sämtliche Karten eine leere Fläche zeigten? Wenn das algerische Militär nach Westen vorrücken sollte, musste es seinen Bestimmungsort kennen. Es musste über das Terrain, den Charakter seiner Bewohner und die Bereitschaft der örtlichen Herrscher zu Bündnissen mit einer ausländischen Macht orientiert sein. Zudem musste es wissen, welche Dörfer eine wichtige Rolle spielten, wo sie lagen, wie viel besteuerbares Land sie besaßen und wie sie erreicht werden konnten. Wohin führten die Straßen Marokkos, und in welchem Zustand waren sie? Waren die Flüsse von den Jahreszeiten abhängig oder strömten sie das ganze Jahr hindurch? Wie hoch waren die Berge, und wer lebte dort? All diese Fragen waren für Strategen von Belang, und da Foucauld bereit zu sein schien, sie zu beantworten, wurde ihm – auf Duveyriers Empfehlung hin – die Möglichkeit dazu geboten.

In Algier wohnte Oscar MacCarthy, ein heute kaum noch bekannter Mann, der jedoch damals im Ansehen stand, eine der größten Autoritäten zum Thema Nordafrika zu sein. Irischer Herkunft, mit seinem kurzgeschorenen Haar, wehendem Bart und von mönchhafter Gestalt, war er im Jahre 1859 nach Algerien gekommen und kreuz und quer durch den Maghreb gereist, bevor er sich nach Algier zurückzog, wo er zum Kustos der Mustafa-Pascha-Bibliothek ernannt wurde. Ihre 25 000 Bände bildeten die größte und ergiebigste Sammlung von Nordafrikaliteratur. MacCarthy wohnte dort fast wie ein Einheimischer, umgeben von Büchern, Karten, Erinnerungen und Projekten. Der »großköpfige Mann« oder der »Gewehrmann« (der zweite Spitzname leitete sich von seiner Gewohnheit ab, mit einem Barometer zu reisen, das er sich in einem Lederfutteral über die Schulter hängte) war in Algier eine stadtbekannte Persönlichkeit. »So braun, wie ein weißer Mann werden kann«, lautete eine Beschreibung, »so mager, wie ein Mann von guter Gesundheit sein kann, vermag er es inzwischen, Erschöpfung, Sonne und der Zeit selbst die Stirn zu bieten. Er sieht aus, als wäre er nie jung gewesen, und niemand wird ihn je altern sehen oder auch nur erraten können, wie alt er ist. Stets kräftig, trocken, wachsam und ein unermüdlicher Wanderer, widmet er dem, was er seine Hülle nennt, nicht mehr Aufmerksamkeit als nötig, damit sie ihren Dienst tut.«[10] MacCarthy sprühte stets vor Begeisterung, und eine seiner großen Ambitionen, auf die er immer wieder zu sprechen kam, sie aber nie verwirklichte, bestand darin, durch die Sahara bis nach Timbuktu zu reisen. Im Jahre 1858 hatte er sich mehrere Dosen Zwieback gekauft, die ihm auf der Reise als Proviant dienen sollten, doch 25 Jahre später waren sie immer noch unangetastet. Und er begrüßte jede Gelegenheit, andere Träumer über den Zauber Afrikas zu belehren. So lag es auf der Hand, dass Foucauld an seiner Tür erschien. Er verbrachte viele Stunden auf MacCarthys Hof und sog die Weisheit des Älteren in sich auf. Außerdem vervollkommnete er sein Arabisch. MacCarthys 16jähriges Dienstmädchen erinnerte sich: »Jedesmal wenn ich kam, fand ich ihn in fast genau derselben Stellung, nämlich nach arabischer Art in seine Gandura gehüllt auf dem Boden kauernd, und immer las er den Koran.«[11] Wenn sie sich nicht im Hof aufhielten, zogen Foucauld und MacCarthy sich auf einen der Balkons zurück, wo sie alte Karten und staubige Folianten ansahen oder über die Gefahren Marokkos und die Möglichkeiten, die es bot, diskutierten.

Foucauld arbeitete emsiger als je zuvor in seinem Leben. »Die einzige Gewohnheit, die ich aus meinem alten Beruf beibehalten habe, ist die Herstellung von Stundenplänen«, schrieb er. »*Ma foi*, sie sind schrecklich voll. Die Arbeit beginnt um sieben Uhr morgens und endet um Mitternacht. Es gibt zwei halbstündige Pausen für die Mahlzeiten. Alles andere ist in Unterrichtsstunden eingeteilt: Arabisch, Geschichte, Geographie und so weiter.«[12] Wenn die Zeit es zuließ, musste er zudem seine Expedition auch in praktischer Hinsicht vorbereiten. Dabei lieferten MacCarthys Wanderungen ihm ein vorzügliches Beispiel. »Um sich überall sicher fühlen zu können«, erklärte eine Biographin, »war

[MacCarthy] unempfindlich für Hitze oder Kälte geworden. Er reiste ohne Begleitung oder Gepäck, seine Taschen waren mit Notizbüchern und Zetteln vollgestopft, er kümmerte sich nicht um den Komfort des materiellen Lebens und wurde durch seine Armut geschützt, entsprechend dem orientalischen Sprichwort: ›Tausend Reiter können einen nackten Mann nicht seiner Kleider berauben.‹«[13] Also würde auch Foucauld mit leichtem Gepäck reisen, aber wie sollte er sich tarnen? Als Christ konnte er Marokko nicht betreten, denn das hätte seinen Tod bedeutet, da jeder Christ als möglicher Spion galt. Auch die Rolle des Rebellen war nicht ohne Risiko. Im Jahre 1880 war ein Forscher namens Oscar Lenz von Tanger nach Timbuktu gereist und hatte sich als islamischer Konvertit ausgegeben, doch als er den Atlas erreichte, war er beinahe gelyncht worden. MacCarthy schlug vor, Foucauld solle sich als Jude ausgeben. Jüdische Gemeinden waren über ganz Nordafrika einschließlich Marokkos verstreut, und ihre Mitglieder besuchten einander regelmäßig. Außerdem hatten sie gewöhnlich eine blassere Haut als die Araber, und ihre Religion wurde in muslimischen Gemeinschaften toleriert. Wenn Foucauld einen heiligen Mann, das heißt einen Rabbiner, als Begleiter finden könne und sich entsprechend kleide, kein Aufsehen errege und seine Notizen unbemerkt mache, sei es durchaus möglich, dass er seine Reise lebend überstehen werde.

Der Rabbiner Mardochai Abi Serour, Foucaulds Führer durch Marokko.

Der Führer, für den MacCarthy sich entschied, war Mardochai Abi Serour, ein alternder Rabbiner, der einen großen Teil seines Lebens in Marokko verbracht und in Timbuktu gute Geschäfte gemacht hatte, bis er in Bedrängnis geraten war. Auf den ersten Blick flößte er wenig Vertrauen ein. »An einem Februartag des Jahres 1883 besprach ich mich mit MacCarthy in der Bibliothek zu Algier«, schrieb Foucauld, »als ein Jude von etwa 50 Jahren und stattlicher Erscheinung, mit einem langen, schwarzen Bart und einem gutmütigen Gesicht, eintrat. Sein Gang war gebeugt und vorsichtig. Als er näher gekommen war, bemerkte ich, dass er entzündete, kranke Augen hatte. Seine syrische Tracht verriet früheren Reichtum, sah aber alt und schmutzig aus. Offensichtlich stand ein armer, verwahrloster Mensch vor mir. ›Wer ist dieser Jude?‹ fragte ich den Bibliothekar. ›Ein vielgereister Mann, wie für Sie geschaffen!‹«[14] Nach gebührendem Feilschen willigte Mardochai ein, Foucauld für einen Lohn von 270 Franc im Monat durch Marokko zu begleiten (keine große Summe, lag sie dennoch um zehn Franc höher als MacCarthys offizielles Bibliothekarsgehalt. Später gab Foucauld seinem Führer weitere 2000 Franc für Handelswaren, und Foucaulds Schwester bot ihm heimlich eine Prämie an, wenn er ihren Bruder lebendig zurückbrächte). Außerdem sollte Mardochai ihn ein paar Worte Hebräisch lehren und ihm beibringen, wie er sich zu verhalten und welche Kleidung er zu tragen habe. Foucaulds Stundenplan wurde nun noch voller. Zu seinen ursprünglichen Studien kamen Mardochais Unterricht und außerdem ein Schnellkurs in Astronomie an Bord eines Kriegsschiffes im Hafen von Algier hinzu (der Kapitän war ein Cousin von Foucauld). Dort lernte er, Sextant, Kompass und Barometer zu benutzen. Am 10. Juni 1883 schließlich begann die Reise.

Es war eine seltsame Mischung aus afrikanischer und europäischer Kultur, aus Geheimhaltung und Offenheit. Foucauld, der »ein langes Hemd mit weiten, flatternden Ärmeln, eine bis zu den Knien reichende Leinenhose, eine türkische Weste aus dunklem Tuch, ein weißes Obergewand … mit kurzen Ärmeln und Kapuze, weiße Strümpfe, Sandalen, ein rotes Käppchen und einen schwarzseidenen Turban«[15] trug, traf sich um fünf Uhr morgens mit Mardochai in dessen Wohnung im Judenviertel von Algier. Die beiden Männer schlichen durch die Straßen und kauften sich dann Fahrkarten dritter Klasse für den ersten Zug nach

Westen. »Das Wetter war herrlich, das Abteil dicht besetzt mit arabischen Arbeitern«,[16] schrieb Foucauld. An jenem Abend nahmen sie sich in Oran ein Zimmer in einem billigen Hotel, wo Mardochai bis spät in die Nacht mit einem Freund aus der nahe gelegenen Synagoge diskutierte. Foucauld genoss die merkwürdigen Umstände: »Aus ihrer Unterhaltung erfahre ich, dass mein Begleiter den Stein der Weisen sucht und auch der andere Jude Alchimie betreibt. Von ihren sonderbaren Gesprächen eingelullt, schlafe ich in meinem Strohsack ein.«[17]

Foucauld gab sich als Rabbi Joseph Aleman aus, ein russischer Gelehrter, der vor den Pogromen aus Moskau geflüchtet war und nun »arm, aber auf Gott vertrauend«[18] in der Welt herumreiste. Die Sache war gut durchdacht: Seine russische Herkunft würde seinen starken Akzent erklären, und als Gelehrter würde er einen gewissen Respekt genießen und eine Entschuldigung haben, wenn er sich verdächtigerweise Notizen machte. Wie überzeugend die Tarnung in Marokko sein würde, blieb allerdings abzuwarten. Immerhin konnte Foucauld, in der Grenzstadt Tlemsen angekommen, zu seiner Freude feststellen, dass andere Europäer dadurch getäuscht wurden: »Müde und hungrig kaufen wir Oliven, setzen uns irgendwo auf den Boden und lassen uns das Frühstück munden. Da kommen gerade ein paar Offiziere der französischen Afrikajäger vom Kasino her und gehen zwei Schritt entfernt von mir vorbei. Ich kenne sie fast alle. Sie schauen mich an, ohne zu ahnen, wer ich bin.«[19] Einer von ihnen, René de Segonzac, schrieb später über die Begegnung: »Die Offiziere schlenderten achtlos oder geringschätzig hinaus. Einer von ihnen bemerkte spöttisch zu seinen Kameraden, dass der kleine Jude, der dort hocke und Oliven esse, wie ein Affe aussehe.«[20]

Am 18. Juni gingen die beiden Männer an Bord eines Schiffes, das zwei Tage später in Tanger eintraf. Mittlerweile war Foucauld seines Gefährten ein wenig überdrüssig geworden: »Ich bin sehr zufrieden mit Mardochai«, schrieb er MacCarthy. »Er hat nur einen Fehler: übermäßige Vorsicht. Man muss ihn anscheinend einmal ordentlich aufrütteln – und das werde ich tun!«[21] (Vielleicht rührte Mardochais Vorsicht daher, dass Marie eine Prämie für die Rückkehr ihres Bruders ausgesetzt hatte. Davon wusste Foucauld jedoch nichts.) Nachdem er Mardochais »einen Fehler« beschrieben hatte, listete er noch etliche weitere auf: »Seine Langsamkeit ist vielleicht entschuldbar, denn er ist körperlich in einem bedauernswerten Zustand: fast blind, ziemlich taub und sehr schlecht zu Fuß. Es ist wirklich erstaunlicher, dass er in solcher Verfassung eine derartige Reise unternimmt, als dass er Vorsicht walten lässt. Er sieht so wenig, dass es mich wundert, dass ihm bis jetzt noch gar kein Unfall zugestoßen ist. Er schneidet Juden wie Arabern gegenüber mächtig auf.«[22] Als MacCarthy diese Zeilen las, mag er eine gewisse Besorgnis verspürt haben. In vieler Hinsicht war er es, der die Expedition unternahm, denn die drei Männer hatten das Ganze als Neuinszenierung seiner eigenen Reisen geplant. Aber jene Reisen lagen lange zurück, und seine Ratschläge stützten sich auf Erfahrungen, die kaum frischer waren als seine Zwiebackdosen. Vielleicht hatte er seinen Schüler durch seine väterliche Mitwirkung einer Gefahr ausgesetzt. Und es trug nicht zu seiner Erleichterung bei, als er in Foucaulds Brief eine Abschrift von dessen Testament vorfand.

Aber MacCarthy hätte unbesorgt sein können, denn die Reise war weit weniger riskant als erwartet. Zwar behauptete Mardochai, das Territorium, durch das er Foucauld zu führen versprochen hatte, sei zu gefährlich – was er gar nicht wissen konnte, da er nie dort gewesen war –, doch Foucauld zwang ihn, seinen Vertrag zu erfüllen. Die beiden Männer schlossen sich verschiedenen Karawanen an und bereisten das gesamte unerforschte Marokko. Dank Mardochais Beziehungen wurden sie mehr oder weniger bequem untergebracht, wenn sie in einer Ortschaft eine Rast einlegten.

Foucauld machte sich zahlreiche Notizen. In Karawanen hielt er sich stets vorn oder hinten auf, so dass er heimlich mit einem Bleistiftstummel in ein 5 mal 5 Quadratzentimeter großes Heftlein schreiben konnte, das er in seinem Ärmel verbarg. Wann immer sich die Möglichkeit bot, zog er sich zu einer privaten Meditation zurück, wobei er die Landschaft skizzierte und Himmelsmessungen vornahm. In Gasthäusern verließ er seine Gefährten am Mittag, um allein auf dem Dach zu beten – während er in Wirklichkeit ihre Position mit dem Sextanten bestimmte. Auf jungenhafte Art war Foucauld von der Geheimniskrämerei und dem Abenteuer begeistert. Dabei musste er »die Aufstellung der Instrumente mit den wunderlichsten Geschichten erklären«[23]. Manchmal behauptete er, die Zukunft in den Gestirnen zu lesen oder Nachrichten über tote Verwandte zu übermitteln. An einem Ort sollte der Sextant vor Cholera schützen, an einem anderen die Sünden der Juden offenbaren. Außerdem diente er als komplizierte Uhr, zur Wettervorhersage und als Apparat, der den Zustand des vor ihnen liegenden Weges ermittelte. Foucaulds Ausflüchte wurden stets akzeptiert, selbst wenn sie so weit hergeholt waren, dass alle Verdacht schöpften (auf keinen Fall kann es ihm gelungen sein, die schiere Menge seiner Instrumente zu verbergen: Dazu gehörten neben dem Sextanten ein Kompass, eine Uhr und ein Taschenbarometer, eine Bussole zum Messen der geographischen Länge und Breite, zwei große Barometer, mehrere Hydrometer, ein Chronometer sowie Maximum- und Minimumthermometer). Aber da es keinen eindeutigen Beweis dafür gab, dass er sich als Spion betätigte, ließen seine Gefährten ihn gewähren.

Dazu war er nur mit Mardochais Hilfe imstande, doch Foucauld sah seinen Gefährten ganz anders: »Er ist unglaublich wehleidig, tut nichts als jammern, und manchmal bricht er glattweg in Weinen aus. Zu Anfang fand ich das komisch, jetzt aber ist es einfach zur Plage geworden. Unterwegs klagt er über die Sonne oder sein Maultier; in der Stadt beschwert er sich über die Wanzen und Läuse. Mal ist das Wasser lauwarm, mal das Essen schlecht. Gewiss sind derlei Kleinigkeiten oft unangenehm, aber dann hätte er mich in Algier nicht bitten sollen, ihn mitzunehmen. Läge mir nicht so viel daran, meine Route innezuhalten und nicht ergebnislos umzukehren, so wäre ich schon vor einem Monat nach Algier zurückgekehrt, um mir einen eifrigeren, unternehmenderen und männlicheren Führer zu suchen.«[24]

Sämtliche Gegenden, die er bereiste, gefielen Foucauld. Die Menschen waren gastfreundlich, obwohl sie ihn traditionsgemäß als Juden verfluchten und hin und wieder Steine nach ihm warfen, und die Landschaft entzückte ihn: »Algerien ist eine Wüste im Vergleich mit Marokko«,[25] schrieb er. Das Rif-Gebirge empfand er als bezaubernd. Sein Tagebuch liest sich wie ein bei heißem Wetter geschriebenes Gegenstück zu jenen Schilderungen, die ein Jahrhundert zuvor die Entdeckung der Alpen beschrieb: »Ströme fließen zu allen Seiten und stürzen zwischen Farnen, Lorbeerbäumen, Feigenbäumen und Weinreben, die wild an den Ufern wachsen, kaskadenartig herab. Nie und nirgends habe ich je solche Üppigkeit gesehen, eine so freigebige Erde, so fleißige Bewohner. Auf dem Weg nach Scheschauen ist es überall das gleiche.

Die Namen wechseln, doch die Landschaft bleibt unverändert.«[26] Seine Verkleidung war allerdings mittlerweile so wenig überzeugend, dass die örtlichen Machthaber ihm zuweilen ein Teleskop und einen Platz am Fenster anboten, damit er die Route für den kommenden Tag planen konnte. »Es fällt schwer, die Schrecken zu beschreiben, unter denen die Bevölkerung leidet. Deshalb denken sie nur an eines: an die Ankunft der Franzosen«, notierte Foucauld. »Wie viele Male habe ich die Muselmanen rufen hören: ›Wann werden die Franzosen kommen ... wann werden wir in Frieden leben?‹ Sie beten darum, dass jener Tag bald anbricht, aber sie haben keinen Zweifel daran, dass er kommen wird. In dieser Hinsicht teilen sie die Meinung eines großen Teils der Bewohner von Ostmarokko und fast aller Angehörigen der Oberschichten im Reich.«[27]

Foucauld war von der herrschenden Klasse Marokkos angetan. Da ihre Vertreter ihn für einen Abgesandten Frankreichs hielten, boten sie ihm flüsternd alles an, was er sich wünschen mochte – Kleidung, Sklaven, Frauen –, vorausgesetzt, er erstatte einen vorteilhaften Bericht. Und genau das tat er. »Fürchten sie die erwartete französische Vorherrschaft?« fragte er. »Die hohen Adligen, die Händler, die vom Sultan oder mächtigen Nachbarn unterdrückten Gruppen würden sie ohne Verdruss akzeptieren. Sie erhoffen sich von ihr größeren Reichtum, den Bau von Eisenbahnen (der sehr erwünscht ist), Frieden und Sicherheit – kurz gesagt, eine ordentliche und fürsorgliche Regierung.«[28]

Weniger gut gefielen ihm allerdings die einfachen Leute, mit denen er auf seiner Reise überwiegend zu tun hatte. »Fast überall«, verzeichnete er, »herrscht ungewöhnliche Habsucht und folglich auch Diebstahl und Lüge in allen Formen. Räubereien und Überfälle werden sogar als ehrenvolle Taten betrachtet. Die Sitten sind verdorben ... Die Städte und einige Bezirke ausgenommen, herrschen in Marokko große Unwissenheit und schwarzer Aberglaube.«[29] Undankbar zog er auch über die Juden her, die er als Wilde bezeichnete. »Ständig unter marokkanischen Juden, diesen mit wenigen Ausnahmen widerwärtigsten Vertretern der menschlichen Rasse, leben zu müssen war mir eine wahre Qual. Sie betrachteten mich als einen der ihren und scheuten sich nicht, sich vor mir ihrer niedrigen Gesinnung und ihrer Verbrechen zu rühmen. Wie oft habe ich meine Maske bereut!«[30] Foucauld schloss sich der Ansicht eines Marokkaners an, der die Juden als »unehrliche Menschen« bezeichnete, als »Schurken, vor denen man unaufhörlich auf der Hut sein muss«[31].

Vom Rif-Gebirge führte sein Weg ihn nach Süden durch die schrofferen Täler des Hohen Atlas und dann in die semiaride Zone an der Grenze der Sahara. »[Hier] betritt man eine neue Welt«, schrieb er. Er war fasziniert von den Oasen, die ihm mit ihren Palmenhainen, den Bewässerungskanälen und regelmäßigen quadratischen Feldern geradezu idyllisch vorkamen. »Ich bin in einem neuen Klima, es gibt keinen Winter ... die Luft ist nie kalt, der Himmel über meinem Kopf ist blau.«[32] Die Oasen seien »ausschließlich für die Glücklichen« bestimmt. Der Zauber, den die Oasen auf ihn ausübten, resultierte zum Teil daraus, dass sie neu für ihn waren. Bis dahin hatte er nur Landschaften bereist, die sich nicht allzusehr von denen Südeuropas unterschieden. Hier dagegen war er auf etwas Exotisches gestoßen. Vor allem beeindruckte ihn die wasserlose Wüste, die den Oasen ihre Bedeutung gab und die er jetzt zum erstenmal zu Gesicht bekam.

Foucaulds Reisetagebuch ist trocken und manchmal ermüdend, da es hauptsächlich Fakten und Zahlen enthält. Es war für Geographen und das Militär gedacht, weshalb der Autor auf die damals gängigen romantischen Ausschmückungen verzichtete. Die wenigen Einblicke, die der Text liefert, betreffen die seiner Jugend geschuldeten Vorurteile des Verfassers. In dieser Form wäre ein Reisetagebuch von keinem anderen Forscher jenes Zeitalters geschrieben worden – ein Stanley, Livingstone, Nansen oder Peary hätte Spannung und Dramatik hineingebracht. Foucauld dagegen schilderte einfach, was er sah und was er tat, da er Beamte und keine allgemeine Leserschaft erreichen wollte. Zuweilen jedoch schleicht sich eine gewisse Erregung in seinen Bericht ein. Einer dieser Momente war seine erste Begegnung mit der Wüste. Von der Oase Tisint nach Süden blickend beschrieb er »eine ungeheure Ebene, bald weiß, bald braun, deren steinerne Einöden sich weit über das Sichtfeld hinaus erstrecken. Ein Azurstreifen begrenzt sie am Horizont und trennt sie vom Himmel ... Diese verbrannte Fläche bietet keine andere Vegetation als ein paar verkrüppelte Gummibäume, keine andere Abwechslung als die schmalen Ketten der zerklüfteten Felsenhügel, die sich wie Teile von Schlangenkörpern winden.«[33] Die in der sengenden

Souk (Markt) in Tinerhir, Marokko.

Sonne unfruchtbare Wüste nahm unter dem Sternenhimmel einen anderen Charakter an: »In dieser profunden Ruhe, inmitten dieses Märchenlandes erhielt ich meinen ersten wirklichen Geschmack von der Sahara«, notierte Foucauld. »Angesichts solcher Abende begreift man den Glauben der Araber an eine geheimnisvolle Nacht, *leila el qedr,* wenn sich der Himmel öffnet, wenn Engel zur Erde herunterkommen, wenn die Wasser des Meeres süß werden und sich jeder unbelebte Gegenstand der Natur zur Anbetung seines Schöpfers niederbeugt.«[34]

Was er erblickte, war nicht die eigentliche Sahara, sondern nur ihr äußerer Rand. Aber das genügte, um seine Neugier auf fernere Gebiete zu wecken und ihm zu verdeutlichen, dass er die Grenze seiner Reise erreicht hatte. Wollte er weiterziehen, würde er sich in die unerforschte Gesetzlosigkeit begeben. Schon der Zustand des Atlas hatte ihn beunruhigt – »hier herrscht weder Sultan noch Regierung«[35] –, und die Wüste erschien ihm noch gefährlicher. Er hatte sich vorgenommen, Marokko zu erforschen, und nachdem er an eine geographische Grenze gelangt war, hatte er seine Aufgabe, wie er meinte, erfüllt. Daher wandte er sich bei Tisint nach Westen und hielt auf den Atlantikhafen Mogador zu, der im Einflussbereich des Sultans lag und wo es sogar eine kleine Gemeinde von Europäern gab. Foucauld plante nicht, dort Halt zu machen, denn er hatte immer noch die Absicht, auf dem Landweg nach Algerien zurückzukehren. Aber dafür benötigte er Geld, was in diesem Teil Marokkos nur in Mogador zu bekommen war. Also ließ er Mardochai in Tisint zurück und brach am 9. Januar 1884 zur Küste auf – bei Nacht, um Räubern aus dem Weg zu gehen. Am 28. Januar hatte er sein Ziel fast erreicht, doch er brauchte noch einmal dreieinhalb Stunden, um einen »riesigen Wald« zu umgehen, »der immense Weidegründe verdunkelte«. In Mogador begab er sich sofort zum französischen Konsulat und stellte sich vor: »Vicomte de Foucauld, Offizier der französischen Kavallerie. Ich möchte den französischen Konsul sprechen und einen Scheck auf die Bank von England ziehen.«[36]

Der Konsulatssekretär glaubte ihm nicht und erwiderte: »Geh und setz dich draußen an die Wand. So leicht gelangt man nicht zum Konsul!«[37] Foucauld ruhte sich an die Wand gelehnt eine Zeit lang aus und bat den Sekretär dann, ihm einen Winkel zu zeigen, wo er sich umkleiden und waschen könne. Während Foucauld sich in einem Verschlag auszog, schaute der Sekretär, dessen Neugier plötzlich geweckt war, durch einen Türspalt. Er sah, wie dem vermeintlichen Vagabunden ein Instrument nach dem anderen aus den Taschen und Falten seines Gewandes fiel: Sextant, Hygrometer, Kompass, Barometer und Chronometer. Nun begriff der Sekretär, dass er es nicht mit einem gewöhnlichen Reisenden zu tun hatte. Kurz darauf wurde Foucauld ins Büro des Konsuls gebeten.

Während Foucauld auf das Geld wartete, beschäftigte er sich mit seinem Tagebuch und seiner Korrespondenz. »Mit den geographischen Ergebnissen bin ich bisher zufrieden«, schrieb er seiner Schwester. »Die Instrumente sind alle in gutem Zustand. Ich habe neue Länder gesehen und hoffe, brauchbare Forschungsergebnisse heimzubringen.«[38] Beim Rückblick an das Erlebte gestand er jedoch ein schreckliches Gefühl der Einsamkeit ein, das sich nicht nur auf die vergangenen acht Monate, sondern auf sein ganzes Leben bezog. »Seelisch geht es mir minder gut. Immer allein, niemals eine befreundete Person, nie ein Christ, mit dem ich sprechen könnte! ... Weihnachten und Neujahr stimmten mich besonders wehmütig. Erinnerungen an die Kindheit stiegen in mir auf. Ich dachte an den lieben Großvater, die gute Tante, den Christbaum, an so vieles Schöne.«[39] Aber es gelinge ihm, sich abzulenken: »Ich stecke bis zum Hals in lauter Längen- und Breitengraden und arbeite den ganzen Tag und einen Teil der Nacht. Das ist viel aufregender als die Reise selbst, denn jetzt zeigt sich der Erfolg.«[40] Zerstreuungen weniger technischer Art fand er darüber hinaus im Hause eines anglikanischen Missionars. »Der verheiratete, gebildete und liebenswürdige Missionar hat stets Gäste, zur Zeit eine junge Engländerin, die vorzüglich Französisch spricht«, notierte er. »Ich verbringe manchen angenehmen Abend in seinem Haus und höre sie mit Vergnügen altvertraute Lieder singen.«[41] Doch sogar hier wurde er, während er höflich den Klavierdarbietungen und Liedern lauschte, mit denen man ihn unterhalten wollte, von seinem Kummer überwältigt. »[Das alles] erinnert mich an eine sehr glückliche Zeit, aber sie ist bereits sehr fern ...«[42] Am 14. März verließ er Mogador und kehrte nach Tisint zurück, wo er sich für die Heimreise wieder mit Mardochai zusammentat. Es war kein einfaches Unternehmen, denn keine Karawane begleitete sie durch das Grenzgebiet im Nordosten, das Foucauld kartieren wollte. Deshalb waren sie gezwungen, einen Umweg durch den Atlas zu machen und vor Ort Beschützer anzuheuern. Inzwischen war Foucauld erschöpft. Nicht einmal 100 Seiten seines 429 Seiten langen Tagebuchs sind der Rückreise gewidmet, und wenige lassen große Begeisterung erkennen. Das einzige herausragende Ereignis spielte sich am 12. Mai 1884 ab, als seine vierköpfige Eskorte »aus dem leuchtenden Weiß meiner Kleidung und dem guten Aussehen meines Maultiers sowie wohl auch aus dem Klatsch der Juden [folgerte], ich sei mit Gold beladen«[43]. Deshalb überfielen die Männer ihn: »Um halb eins, als ich an der Spitze der Karawane ritt und mir meine Notizen machte, wurde ich plötzlich nach hinten weg von meinem Pferd gezerrt. Dann zog man mir eine Kapuze über das Gesicht, und die beiden Männer durchsuchten mich – der eine hielt mich fest, während der andere mich methodisch abtastete.«[44] Sie nahmen ihm sein Gepäck und sein Geld (einen enttäuschend kleinen Betrag) ab und banden ihn dann quer über sein Maultier, woraufhin sie nach Norden weiterzogen und sich über sein Schicksal stritten. Mardochai wollte ihm zu Hilfe kommen, wurde jedoch mit dem Schwert davongejagt. »Es war eine seltsame Situation«, schrieb Foucauld, »anderthalb Tage lang zuzuhören, wie sich so wenige Menschen über mein Leben oder meinen Tod unterhielten, und nichts zu meiner Verteidigung tun zu können. Ich war unbewaffnet. Den Revolver in meinem Gepäck hatten sie gestohlen. Ohnehin hätte ich ihn nicht benutzt, denn was konnte ich allein in der Wüste – mitten unter Stämmen, für die jeder Fremde ein Feind ist – unternehmen?«[45] Nach einiger Zeit beschlossen seine Begleiter, dass ihr Ruf einen Diebstahl, nicht jedoch einen Mord vertrüge. Deshalb ließen sie ihren Gefangenen in der Ortschaft Debdu zurück, von wo er nur ein paar Tagesreisen zurückzulegen brauchte, um die Sicherheit von Französisch-Nordafrika zu erreichen. Um zehn Uhr am 21. Mai 1884 überquerte Foucauld die Grenze zwischen Marokko und Algerien. »Kurz darauf«, schrieb er auf die letzte Seite seines Tagebuchs, »traf ich in Lalla Marnia ein, womit meine Reise beendet war.«[46]

Sein Eintreffen überraschte die Offiziere in Lalla Marnia nicht weniger als zuvor die in Mogador. Foucauld holte aus der Tiefe seines Gewandes eine Visitenkarte hervor, die er dem Burschen des Kommandanten reichte. Gleichzeitig warnte er den Mann, er werde sich beim Divisionshauptquartier beschweren, wenn die Karte ihr Ziel nicht erreiche. Es regnete, wie sich ein Zeuge erinnerte, der Kommandant und seine Offiziere waren betrunken und gelangweilt und beschlossen, sich den Besucher anzuschauen. »Dort erblickten wir einen mittelgroßen Eingeborenen, der über seinem schmutzigen weißen Wollgewand einen hellen Mantel trug. Sein Kopf war mit dem schwarzen Käppchen der marokkanischen Juden bedeckt. Er hielt die Arme über der Brust verschränkt und stand in demütiger Haltung vor uns. Der Kommandant befahl, ihm Kaffee und einen Stuhl zu bringen, doch er weigerte sich, darauf Platz zu nehmen, da er dies, wie er sagte, seit einem Jahr nicht mehr getan hatte. Er wollte nicht reden; alles, was er sagte, war, er sei der Vicomte de Foucauld und sei von der Pariser Geographischen Gesellschaft und Monsieur Henri Duveyrier nach Marokko entsandt worden.«[47] Erst als einer der Leutnants ihn als Offizierskameraden erkannte, mit dem er während des Bou-Amama-Aufstands gedient hatte, schenkte man der Erzählung des Fremden Glauben. Daraufhin wurde dem »Rabbi« in der Offiziersmesse ein begeisterter Empfang bereitet.

Die plötzliche Wiedereinführung ins europäische Dasein war ein Schock für Foucauld. Seit fast einem Jahr hatte er das Leben der unteren Schichten der marokkanischen Gesellschaft geteilt (sogar während seines Aufenthalts in Mogador hatte er sich in jüdischen Gaststätten einquartiert) und sich an die Existenz eines Bettlers gewöhnt. Außerdem hatte er einen Geschmack von der Sahara bekommen. Wie viele andere Forscher fühlte sich Foucauld von der Leere und Stille der Wüste angezogen. Auch faszinierte ihn die Art, wie Menschen in diesem unfruchtbaren Gebiet überlebten, indem sie sich bei Temperaturen zwischen 50°C am Mittag und Eiseskälte um Mitternacht von Brunnen zu Brunnen durchschlugen. Die physische Reinheit der Wüste beeindruckte ihn genauso sehr wie die spirituelle Reinheit, die er bei den Muslimen Marokkos wahrgenommen hatte. Als man ihn später fragte, welcher Tag der schlimmste seiner Reise gewesen sei, antwortete er: »Der Tag meiner Rückkehr.«[48]

Foucaulds Reise hatte elf statt der geplanten sechs Monate gedauert und ihn 6000 Franc gekostet: für Mardochais Lohn, Lebensmittel und Unterkunft für sie beide, Bestechungs- und Schutzgelder sowie für andere Aufwendungen. Nach dem Raubüberfall war er vollends mittellos und konnte den letzten Teil der Strecke nur dadurch bewältigen, dass er seine Esel verkaufte und zu Fuß weiterging. Aber die Reise war ein überwältigender Erfolg gewesen. Er hatte mehr Kilometer zurückgelegt und längere Zeit im *bled el siba* verbracht als jeder andere Europäer zuvor. Nur einmal war er in Gefahr gewesen, und lediglich vier Personen hatte er notgedrungen enthüllt, dass er Christ war. Er war mit zahlreichen astronomischen Messungen – 45 Längen- und 40 Breitengraden – zurückgekehrt und hatte 3000 neue Höhenpunkte kartiert. Außerdem war er den Spuren seiner Vorgänger über 689 Kilometer hinweg gefolgt, wobei er ihre Beobachtungen korrigierte, und hatte 2250 Kilometer unerforschter Strecke zurückgelegt. Er hatte das Terrain, die Gewohnheiten und die Physiognomie seiner Bewohner sowie die politischen Neigungen ihrer Anführer erforscht und dabei keinen Centime an öffentlichen Mitteln ausgegeben.

Unter denen, die Foucauld geholfen hatten, seine Ergebnisse zu erzielen, verschwand Mardochai bald von der Bildfläche. Er zog sich in sein Heim in Algier zurück, wo er seine Zeit und seinen Lohn aufwandte, um nach dem Stein der Weisen zu suchen, und zwei Jahre später an einer Quecksilbervergiftung starb. Oscar MacCarthy dagegen, der Initiator der Expedition, brachte eine Lobpreisung zu Papier, die an einen seiner Freunde im Kriegsministerium gelangte: »Monsieur de Foucauld, den ich Ihnen bereits früher vorgestellt habe, ist jetzt von einer wunderbaren Forschungsreise zurück, die ihn 3000 Kilometer weit durch Marokko führte. Was er uns mitzuteilen hat, zeigt, wie sehr wir uns in allem irrten, was wir über dieses großartige Land zu wissen glaubten. Ich bitte Sie, Monsieur de Foucauld die Ehrenbezeigungen der Pariser Geographischen Gesellschaft zukommen zu lassen, die er in jeder Hinsicht verdient. Nur sehr, sehr selten hat jemand so ausdauernd und erfolgreich gearbeitet. Falls Sie eine große Goldmedaille zu vergeben haben, hat niemand sich ihrer je würdiger erzeigt.«[49] Eine solche Goldmedaille existierte damals nicht, aber MacCarthys Freund sorgte dafür, dass es bald eine gab und Foucauld sie erhielt.

Auf einem Treffen der Société de Géographie de Paris, der ältesten geographischen Gesellschaft der Welt, äußerte sich kein Geringerer als Henri Duveyrier am 24. April 1885 anerkennend über Foucaulds Leistungen: »Nachdem er weit mehr als seine persönliche Bequemlichkeit geopfert, nachdem er mehr als ein bloßes Gelübde der Armut und des Elends abgelegt und es bis zum Ende eingehalten, nachdem er fast ein Jahr lang auf den Titel und den Respekt seines Ranges in der Armee verzichtet hatte, lieferte er eine Vielzahl präziser Informationen ab, die unsere geographische und politische Kenntnis von beinahe ganz Marokko buchstäblich revolutioniert.«[50] Nach Duveyriers Ansicht war Foucaulds Tour eine willkommene Antwort auf die Flatters-Katastrophe, ein Beispiel für all das, was den französischen Nationalcharakter auszeichne. »Sie müssen verstehen«, fuhr er fort, »dass wir Monsieur de Foucauld Dank für die Eröffnung einer wirklich neuen Ära schulden. Man weiß nicht, was man mehr bewundern soll: diese prächtigen und nützlichen Ergebnisse oder die Selbstaufopferung, den Mut und die asketische Selbstverleugnung, die es diesem jungen französischen Offizier ermöglicht haben, solche Resultate zu erzielen.«[51] Dann beendete Duveyrier seine Rede mit der Ankündigung, dass Foucauld die erste Goldmedaille der Gesellschaft verliehen werden solle.

Weiterer Beifall schloss sich an. Als Foucaulds *Reconnaissance au Maroc* im Jahre 1888 herauskam, wurde das Buch begeistert aufgenommen. Nicht Vergleichbares war je geschrieben worden. Im Jahre 1902 sagte ein britischer Geograph: »[Es schildert] die wichtigste und erstaunlichste Reise, die ein Europäer im letzten Jahrhundert in Marokko unternommen hat. Kein heutiger Reisender kommt Monsieur de Foucauld nahe, was die Präzision seiner Beobachtungen und die Vorbereitung seiner Expedition betrifft. Verglichen mit der von ihm geleisteten Arbeit sind die Versuche anderer Reisender nur ein Kinderspiel.«[52]

Foucauld empfing seine Goldmedaille nicht sofort. Der Ehemann seiner Cousine, der Duc de Bondy, musste sie in seinem Namen entgegennehmen, weil sich Foucauld (abgesehen von zwei Monaten zwischen Mitte Juni und Mitte September) in Algier aufhielt, wo er abwechselnd an der Niederschrift seines Tagebuchs und an der Vorbereitung einer weiteren Forschungsreise arbeitete: der Sahara-Expedition, die er bereits vor seiner Abreise nach Marokko geplant hatte. Mit einem Pferd, ein paar Maultieren und einem arabischen Diener brach er im September 1885 auf. Seine Route führte ihn über die nördlichen Oasen El Golea, Wargla und Tuggurt nach Tunis. Es war eine gefährliche Strecke. Zwar hatten Offiziere des Bureau Arabe jedes größere Zentrum infiltriert, doch die Region blieb unsicher, da es weder Garnisonen noch Militärposten mit irregulären Kräften gab. Außerhalb der Oasen konnte niemand die Sicherheit eines Reisenden gewährleisten. Auf dem Weg nach Süden schloss sich Foucauld einer Karawane an, bei der sich auch Major Didier vom Bureau Arabe befand. Er hatte mehrere Käfige mit Brieftauben bei sich. Diese Vögel waren laut Didier der Schlüssel zur Kommunikation in der Sahara. Er plante, Taubenschläge in El Golea, Tuggurt und anderen Oasen überall in der Wüste zu bauen, von denen aus seine Vögel Nachrichten schneller als Kamele oder Züge übermitteln würden. Als sie El Golea erreichten, widmete sich Didier seinem Projekt*, und Foucauld setzte die Reise ohne ihn fort. Die Gefahren kümmerten ihn kaum. Seiner Meinung nach waren Vergleiche mit anderen Teilen Nordafrikas hilfreich, damit er seine Beschreibung Marokkos abschließen konnte, und nach seiner jüngst beendeten Expedition hatte er das Gefühl, allen Umständen gewachsen zu sein. Keines der beiden Argumente ist jedoch überzeugend: Nirgends in *Reconnaissance* zog Foucauld später Parallelen zwischen den Verhältnissen in der marokkanischen Sahara und dem weiter östlich gelegenen Teil der Wüste; und seine Erfahrung mit marokkanischen Banditen bereitete ihn, wie er geahnt haben dürfte, in keiner Weise auf die Brutalität vor, mit der er im Gebiet der Tuareg rechnen musste. Zum Glück war die Wüste jedoch ruhig – wahrscheinlich wegen der Störung des Handels, die durch die französische Besetzung Tunesiens verursacht worden war –, und Foucauld erreichte sein Ziel nicht nur unversehrt, sondern in einem Zustand der Begeisterung, die an Duveyrier erinnert.

Am 18. November, auf halbem Weg zwischen den Oasen El Golea und Wargla, schrieb er einen Brief, in dem er sich über den Ruf der Wüste als Gefahrenherd lustig machte: »Diese Zeiten gehören der Vergangenheit an. Seit drei Jahren ist die Region sicher. Freiheit, Gleichheit und vor allem Brüderlichkeit herrschen hier im selben Maße wie in Frankreich.«[53] In dem Brief ging er detailliert auf seine Zukunftspläne ein. Er wolle Forscher werden und sich in Paris niederlassen, hin und

* Didier baute tatsächlich einen Taubenschlag in El Golea, aber die Tauben wurden von Falken gefressen, und der Feldwebel, der für sie verantwortlich war, desertierte kurz darauf.

wieder jedoch Verwandte auf dem Lande besuchen. In diesen Ruhephasen würden sich seine Investitionen rentieren und ein Vielfaches an Einkünften erbringen, wodurch es ihm möglich wäre, in die Wüste zurückzukehren. Alles war genau durchdacht. Er schätzte, zwei oder drei Jahre zu benötigen, um genug Bargeld für die nächste Reise anzusammeln, und während er wartete, wollte er »lernen, ein wenig zu zeichnen, ein wenig Englisch zu sprechen, und mein Arabisch auffrischen«[54].

Im Jahre 1886 kehrte er nach Paris zurück und versenkte sich in ein Leben meisterlicher Tatenlosigkeit. Nachmittags arbeitete er an seinem Manuskript, schaute gelegentlich bei Duveyrier vorbei, um dessen Rat zu erbitten, und legte dann, gesellig wie eh und je, standesgemäße Kleidung an, um sich in der Stadt zu vergnügen. Kurzfristig verlobte er sich mit einer Frau, die er in Algier kennengelernt hatte. Doch allen Bemühungen zum Trotz war er nicht in der Lage, sesshaft zu werden. Das wurde jedem deutlich, der seine Wohnung aufsuchte. Sie war klein, doch so ausgestattet, wie man es von einem vermögenden jungen Reisenden erwartet hätte: mit eleganten Möbeln, Trophäen und Waffen aus Algerien, Familienporträts, Skizzen und Aquarellen aus Marokko und seltenen Ausgaben in den Bücherschränken. Allerdings fehlte ein Bett. Wenn Foucauld abends zurückkehrte, legte er seine teure Kleidung ab, zog sich eine Gandura an und schlief auf dem Teppich.

Die Oberflächlichkeit der Pariser Gesellschaft langweilte ihn bald. Auf seinen Expeditionen hatte er zwar nicht den Glauben, doch dessen Vorboten gefunden: eine Bewunderung derjenigen, die ihn besaßen. Er war mehreren Hadschis begegnet, welche die Pilgerfahrt nach Mekka nicht zu Fuß, sondern gegen die Vorschriften mit einem Schiff aus Tanger unternommen hatten. Trotzdem waren sie mit einer Weisheit und einer Toleranz zurückgekehrt, die – verbunden mit der spontanen Gottesanbetung, die er während seines Dienstes im Krieg gegen Bou-Amama erlebt hatte – Foucauld mit Respekt erfüllte. Nach diesem Vorbild wollte er eine ähnliche Reinheit in sein eigenes Leben bringen, doch der Katholizismus, den er kannte und der in Paris praktiziert wurde, enttäuschte ihn. Eine Zeit lang erwog er, zum Islam zu konvertieren, bevor er diese Religion als »gar zu materialistisch«[55] verwarf. Dabei dürften ihn auch kulturelle Tabus abgeschreckt haben. Nun ließ er sich wie früher treiben und wartete auf die Gelegenheit, eine neue Richtung einzuschlagen. Duveyrier, mit dem Foucauld enge Freundschaft geschlossen hatte (er nannte ihn »den größten Tuareg«, während Duveyrier Foucauld als »den größten Marokkaner« bezeichnete), bemerkte, dass sein Freund immer deprimierter wurde. »Ich habe eine wirkliche Zuneigung zu Monsieur de Foucauld«, beantwortete er die Einladung zu einem Diner für beide. »Er ist ein außerordentlich feiner Mensch, aber ich fürchte, dass er von einer verhängnisvollen Krankheit befallen ist oder in seinem Innern etwas Schweres durchgemacht hat. Ich erlaube mir, so eingehend über das zu schreiben, weil er es wert ist, dass man ihm den Willen lässt.«[56] Foucauld machte keinen Hehl aus seinem Dilemma und gab zu: »Ich suche das Licht und kann es nicht finden!«[57]

Die Erleuchtung kam ihm eines Sommerabends auf einer Gesellschaft, die von seiner keineswegs religiösen Tante Inès Moitessier gegeben wurde. Unter den Gästen befand sich der Abbé Huvelin, ein früh gealterter Priester, der vieles mit Oscar MacCarthy gemeinsam hatte, doch Zugang zu einer anderen Weltanschauung besaß. Huvelin ließ sich folgendermaßen beschreiben: »Das feine Antlitz zeigte schon Falten, das Gehen fiel ihm beschwerlich. Nichts war ihm geblieben als sein jugendlicher Geist und ein warmes Herz.« Auf der Kanzel dagegen war er verblüffend: »Ein Mann der Abschweifungen, der Einschübe, Ausrufe und unerwarteten Funken – vor allem ein Mann mit langer Erfahrung der Welt und der Barmherzigkeit«[58]. Seine Botschaft stützte sich auf die Lehre, durch das eigene Vorbild zu wirken, weshalb eine seiner Maximen lautete: »Man bewirkt Gutes weit weniger durch das, was man sagt oder tut, als durch das, was man ist.«[59] Huvelins Variante des Katholizismus war Foucauld neu. Sie erinnerte ihn an den Islam, war aber frei von dessen Nachteilen. Im Oktober 1886 kniete er in Huvelins Beichtstuhl und wurde erneut Mitglied der katholischen Kirche. Huvelin, schrieb er aufschlussreich an Duveyrier, sei »ein wirklicher Vater für mich, der ich den meinen als Kind verloren habe«[60].

Nachdem Foucauld seinen Glauben wiedergefunden hatte, besuchte er weiterhin Gesellschaften, sparte Geld für seine nächste Forschungsreise, arbeitete an seinem Buch und schlief auf dem Fußboden. Im Jahre 1888 legte er *Reconnaissance* zur Veröffentlichung vor und konnte sich nun eine neue Reise leisten. Es war jedoch nicht die, welche seine Freunde erwartet hatten, denn statt sich wieder nach Afrika zu begeben, stach er am 2. November 1888 nach Palästina in See. Er versicherte seiner Familie, es werde sich um einen kurzen Besuch von höchstens ein paar Wochen handeln. Mitte Dezember erreichte er Jerusalem, wo er die heiligen Stätten besuchte, den Ölberg bestieg und Weihnachten in Bethlehem verbrachte. Dann mietete er sich einen Esel und ritt nach Galiläa. Aus Wochen wurden Monate. Anfang des neuen Jahres war er immer noch in Nazareth, und erst im März 1889 kehrte er nach Paris zurück. Danach brach er fast sofort zu einer Rundreise auf, die den Klosterzentren Frankreichs galt. Ostern verbrachte er in Solesmes, dem Sitz der Benediktiner; über Pfingsten war er bei den Trappisten, in deren geistlichem Hauptquartier im Languedoc, Notre-Dame-des-Neiges, er sich im Oktober zu einer weiteren Woche der Meditation aufhielt; dann folgte ein Besuch bei den Jesuiten in Clamart. Weder die Benediktiner noch die Jesuiten sagten ihm zu, doch La Grande Trappe schien ihm zu gefallen.

Wie früher MacCarthy, so war nun Huvelin zu seinem Berater geworden. Auf seinen Vorschlag hin traf Foucauld eine Entscheidung über seine nächste Reise. »Ich bin gestern von Clamart zurückgekehrt«, schrieb er seiner Schwester, »und habe endlich in großem Frieden und mit innerer Sicherheit nach dem bestimmten Rat meines Exerzitienmeisters meinen Entschluss gefasst, den ich lange erwogen habe.«[61] Ende 1889 wurde der zügellose Kadett, der glanzlose Offizier und vielversprechende Forschungsreisende zum Trappistenmönch.

5

RABAUKEN IM SENEGAL

Während sich Foucauld zunächst seinen geographischen und danach seinen spirituellen Forschungen widmete, etablierte sich Henri Laperrine in Nordafrika. Nach einer kurzen Dienstzeit beim Vierten Regiment der Afrikajäger in Tunesien kehrte er nach Algerien zurück, wo er 1885 zum Leutnant der Ersten Spahis befördert wurde. Im Süden, nämlich in Medea, stationiert, richtete er seine Aufmerksamkeit auf die Wüsten jenseits des Atlas. Da er ohnehin bereits am Maghreb interessiert war – wie Foucauld hatte er Arabisch gelernt und sich mit islamischen Bräuchen beschäftigt –, wurde seine Wissbegierde durch Berichte über das Wüstenleben angestachelt, die er von gelegentlich durch Medea reisenden Offizieren des Bureau Arabe erhielt. Einer seiner besonders regelmäßig auftauchenden Gewährsmänner war Gaspard Cauvet.

Seit die Flatters-Katastrophe gezeigt hatte, dass die Tuareg mit rein militärischen Mitteln nicht besiegt werden konnten, wandte Frankreich eine ähnliche Taktik an wie früher die Osmanen: Drohungen aus der Ferne und heimliche politische Manöver. Die Drohungen konnten zwar nicht in die Tat umgesetzt werden, aber sie ermöglichten es den Offizieren des Bureau Arabe, sich allmählich nach Süden vorzuarbeiten. Einer von ihnen war Cauvet. Der kleine, recht außergewöhnliche Leutnant, der St. Cyr absolviert hatte und dem Bureau seit 1881 angehörte, war mit Flatters' erster Expedition bis nach Wargla gezogen und hatte sich seitdem durch seine Fähigkeiten, die nicht nur vielseitig (was von jedem Vertreter des Bureau Arabe erwartet wurde), sondern auch exzentrisch waren, einigen Ruhm erworben. Viele Offiziere in ähnlicher

Situation verbrachten ihre Freizeit mit der Suche nach archäologischen Überresten – das galt als einer der anerkannten Vorteile, den ihre Arbeit mit sich brachte. Cauvet dagegen befasste sich mit Hydrologie, Sattelzeug und dem Studium von Reptilien. Er studierte die Bewässerungssysteme von Wargla, erfand und testete eine neue Art von Kamelgeschirr und entwickelte eine unheimliche Vertrautheit mit den giftigsten Bewohnern der Wüste. Manchmal jonglierte er im Gespräch geistesabwesend mit einem Skorpion oder gestattete einer gehörnten Viper, sich um seinen Arm zu winden. Letztere Fertigkeit (die er einer Quelle zufolge auch Laperrine beibrachte) hatte eine hypnotisierende Wirkung auf Zuschauer. Mit den Worten eines nicht ganz so unerschrockenen Bekannten: »Er übte eine erstaunliche Kontrolle über die Einheimischen aus.«[1]

Laperrine verabscheute das Garnisonsleben – das war eine seiner wenigen Gemeinsamkeiten mit Foucauld –, und bevor er Cauvet begegnete, hatte er sich bereits in Frankreich für einen einjährigen Lehrgang als Kavallerieausbilder gemeldet. Doch nun war sein Interesse an Afrika erneut geweckt. Im August 1887, nachdem er seinen Lehrgang beendet hatte, verzichtete er auf das gut bezahlte und bequeme Leben, das ihm offen gestanden hätte, und kehrte nach Medea zurück. Cauvet war inzwischen nach Ghardaia versetzt worden, aber Laperrine nutzte die Muße der Abende, um ein Handbuch für Offiziere im Nordafrikadienst zu schreiben. Der Inhalt des Buches, das zu seinen Lebzeiten nicht veröffentlicht wurde, war für die damalige Zeit radikal und ließ dabei einen bemerkenswerten Grad an gesundem Menschenverstand und ein ausgezeichnetes Auge für Details erkennen. Eine der Hauptthesen Laperrines besagte, dass im Falle eines Scheiterns nicht die Ausführung eines Befehls durch den Soldaten, sondern die Art der Befehlserteilung durch seinen Vorgesetzten schuld daran sei. »Auf gleicher Stufe mit seinen Untergebenen zu leben verlangt ein gewisses Maß an Takt«, schrieb er. »Ehrensache ist, dass jeder befehlshabende Offizier die Verantwortung für die von ihm erteilten Befehle akzeptiert. Behandeln Sie Ihre Untergebenen so, wie Sie von Ihren Vorgesetzten behandelt werden wollten ... Vermeiden Sie es, Männer zu tadeln. Lernen Sie, andere zu loben, selbst wenn sie es nur zur Hälfte verdient haben. Lob ist ein viel wirksameres Instrument als Kritik. Es ist die einzige Methode, mit der Sie Ihre Untergebenen bewegen können, bei ihrer Arbeit Begeisterung, Loyalität und Mut an den Tag zu legen.« Wenn etwas schief gehe, solle der Befehlshaber seine Offiziere und Unteroffiziere zu sich rufen und ihnen mitteilen: ›Wahrscheinlich habe ich mich nicht richtig ausgedrückt, als ich den Befehl gab. Ich möchte, dass Folgendes getan wird...‹ Jeder wird Sie viel besser verstehen, als wenn Sie getobt, geflucht und den Männern mit Strafe gedroht hätten.« Er erteilte nützliche Tipps, wie man in der Wüste schlafen, wie man den Körper vor Kälte, den Kopf vor Hitze und die Augen vor Sand schützen solle. Unverblümt äußerte er sich über persönliche Reinlichkeit: »Jedem Soldaten muss gesagt werden, dass er seine Unterwäsche nicht nur sonntags und donnerstags zu wechseln hat, sondern jedesmal, wenn sie schmutzig ist. Und im Sommer bedeutet das siebenmal in der Woche.« Doch niemand solle sich das Gesicht tagsüber waschen, da das Wasser die Sonneneinstrahlung verstärke, wodurch die Haut verbrannt werde. Sämtliche Reinigungsmaßnahmen sollten abends stattfinden, und zwar in einem in den Sand gegrabenen und mit Leinwand ausgelegten Bad. Niemals dürfe man in den Brunnen Seife benutzen. Lebensmittel müssten ohne Einschränkung ausgegeben werden, genau wie Arzneimittel, und jeder habe sich so elegant wie möglich zu kleiden – was selbst Laperrine trotz gegenteiliger Neigungen versuchte. Vor allem betonte er die Notwendigkeit, selbständig zu handeln. »Kontrollieren Sie die Ergebnisse, lenken Sie die Anstrengungen, aber fragen Sie nie danach, wie etwas vollbracht wurde«, riet er. »Initiative bedeutet nicht Mangel an Disziplin.«[2]

Wahrscheinlich war es von Vorteil, dass Laperrines Handbuch nicht veröffentlicht wurde, denn dieser letzte Kommentar in Verbindung mit anderen scharfen Bemerkungen über die Pflichten von Befehlshabern in Afrika war genau das, was man in höheren Kreisen nicht hören wollte. Initiative war in Wirklichkeit oft mit einem Mangel an Disziplin identisch, wenn man einer ganzen Reihe von Regierungsbürokraten glauben wollte. Das algerische Budget war eine alljährliche Erinnerung an die Kosten, die Bugeauds »Initiative« dem Staat Frankreich verursachte. Die höheren Kreise befanden sich jedoch in Paris, während sich Laperrine in Afrika aufhielt, wo europäische Traditionen wenig galten und die Bürokratie fern war. Ebendeshalb entschied er, dort zu bleiben. Mit seinen unorthodoxen Ansichten und seiner nebenbei von Cauvet erhaltenen Ausbildung hätte er einen idealen Kandidaten für das Bureau Arabe abgegeben. Stattdessen fasste er den Plan, in den Krieg zu ziehen, und schloss sich im März 1889 den senegalesischen Spahis an.

Das schwärzeste Afrika (wie die Menschen des 19. Jahrhunderts jede der ihnen völlig unbekannten Regionen des Kontinents abseits der Küsten nannten) wurde rasch heller. Aber die Männer, die es mit dem zweifelhaften Glanz der europäischen Religion, der Gesetze, der Bürokratie und des Handels erleuchteten, waren meist keine Franzosen, sondern Briten. Der schottische Arzt David Livingstone hatte den Sambesi und den Limpopo erforscht und den Briten ein riesiges Gebiet zur Ausbeutung eröffnet. Der in Wales geborene Henry Morton Stanley hatte den Kontinent von Osten nach Westen durchquert, eine anstrengende Aufgabe, die ihm den Spitznamen »Bula Mutari« (»Steinbrecher«) einbrachte.* Auf dieser Expedition »entdeckte« er den unglaublichen natürlichen Reichtum des Kongo. Samuel Baker, Richard Burton, James Grant und John Hanning Speke waren gemeinsam und getrennt zu den Quellen des Nils gereist und hatten ihre Landsleute dadurch auf eine weitere Gegend aufmerksam gemacht, deren Kolonisierung lohnend erschien. Auch in Südafrika und im südlichen Teil Westafrikas reichte der britische Einfluss bis ins Landesinnere. Neben Großbritannien gab es noch weitere Schuldige: Portugal, Spanien und Deutschland hatten sich dem «Wettlauf um Afrika« angeschlossen, ebenso wie König Leopold II. von Belgien, der die Dinge so geschickt organisierte, dass der gesamte Kongo zu seiner persönlichen Domäne wurde. Aber die Briten waren am erfolgreichsten und machten Frankreich die größten Sorgen.

Das entscheidende Problem für alle an der Kolonisierung Afrikas beteiligten Nationen bestand darin, dass sie nicht wussten, wo sie haltmachen sollten. Schon lange zuvor hatte man sich über Einflusszonen für die Territorien um die Handelsstationen an der Küste geeinigt. Im Landesinnern jedoch konnte jeder reisen, wohin er wollte, und mit ein paar Blatt Papier zurückkehren, auf denen Stammesführer den Verzicht auf ihre Souveränität erklärten (ohne etwas von den europäischen Geset-

* Ein bedeutender Afrikanist hat dazu bemerkt, dass »Hodenbrecher« eine zutreffendere Bezeichnung wäre.

zen zu wissen, nach denen ihre Unterschrift fortan bindend war). Anschließend wurde dann behauptet, die ausländischen Besitzungen dieses oder jenes Staates seien um ein weiteres Stück vergrößert worden. Europa – im Vergleich mit dem Kontinent, den es zu beherrschen suchte, winzig, doch unverhältnismäßig mächtig – war auf legale Abmachungen angewiesen, um seine Stabilität zu wahren. Da afrikanische Herrscher jedoch weiterhin so taten, als wären sie nicht an die Gesetze gebunden, konnte es nur eine einzige Antwort geben: militärische Intervention. Dadurch wurde ein neues Problem aufgeworfen, denn insofern sich Europa auf Gesetze stützte, war es an Grenzen gewöhnt, in deren Rahmen es seinen Gesetzen Geltung verschaffen konnte. Das dunkle Afrika mochte heller geworden sein, doch ihm fehlten Grenzen im herkömmlichen europäischen Sinne. Mithin entstand eine Situation, in der die Kräfte des Kolonialismus aufeinander prallen mussten. Die unvermeidliche Konsequenz, der alle entgehen wollten, war ein Krieg in Europa selbst.

Die Berliner Konferenz von 1885 trug einiges dazu bei, diese Gefahr abzuwenden. Man legte gewisse Grenzen fest und regelte das Verhalten von Nationen, die sich Territorien außerhalb jener Grenzen aneigneten. Es genügte nun nicht mehr, dass europäische Staaten behaupteten, ihnen gehöre ein Teil Afrikas, einfach weil eine Fahne gehisst oder ein Dokument unterzeichnet worden war. Um das Eigentum an einer Gegend zu beanspruchen, musste man sie ordnungsgemäß mit Soldaten, Siedlern und einem Verwaltungsapparat kolonisieren. Allerdings widmete sich die Konferenz in erster Linie den Streitigkeiten um die profitablen Regionen Afrikas, also in der Hauptsache König Leopolds Kongo. Die Sahara war wegen ihrer Wertlosigkeit nicht erwähnt worden. Trotzdem fürchtete man in Paris, Britannien könne Frankreichs Bemühen, seine westafrikanischen mit seinen nordafrikanischen Kolonien zu vereinen, zunichte machen. So mochten die Briten aus irgendeinem unerfindlichen Grund beschließen, dass ihren Interessen durch einen Vorstoß in die Wüste gedient sei. Diplomatische Schritte wurden daher unternommen, und am 5. August 1895 zog das anglo-französische Abkommen eine geringfügige Umgestaltung der kolonialpolitischen Verhältnisse in Afrika nach sich. Die bemerkenswerteste Veränderung war, dass Frankreich die für den Handel wertvolle Insel Sansibar gegen die größere, doch wirtschaftlich weniger attraktive Insel Madagaskar eintauschte, die sich im britischen Besitz befand. Zum Ausgleich für ein augenscheinlich einseitiges Geschäft erklärte Großbritannien, Frankreich könne auch die Sahara bekommen. Ein gewaltiges Gebiet, das sich von Algerien und Tunesien im Norden bis an eine zwischen dem Tschadsee und der Stadt Say am Niger gezogene Linie im Süden erstreckte, sollte auf Gedeih und Verderb nunmehr Frankreich gehören, das dort nach Belieben schalten und walten konnte.

In Paris war man entzückt. Nun brauche man das Gebiet nur noch zu erobern und eine Eisenbahn zu bauen, um das enorme wirtschaftliche Potential der Wüste auszubeuten, denn dem Augenschein zum Trotz steckte sie voller Reichtümer. Glaubte man der Regierungspropaganda, so enthielt sie Berge von Mineralien, die nur auf das Klopfen eines Geologenhammers warteten, damit sich das Füllhorn öffnete. Eine Anekdote besagte, Flatters habe vor seinem Tod ein Smaragdfeld entdeckt. Obwohl das Gerücht keine Grundlage hatte, unterließen die Behörden es bezeichnenderweise, die Geschichte zu dementieren. Die Propaganda enthielt einen Kern Wahrheit: Die Sahara besaß tatsächlich Bodenschätze, aber sie sollten erst viele Jahrzehnte später entdeckt werden und sich als ebenso unrentabel erweisen wie die Algeriens. Was ihre ölhaltigen Erdschichten anging, für welche die Gegend berühmt werden sollte, so hatten diese kaum Bedeutung für eine vom Treibstoff Kohle geprägte Welt. Gleichwohl hielt man in Paris das anglo-französische Abkommen im Hinblick auf künftige Ausbeutungsmöglichkeiten für einen Erfolg. »Ohne große Mühe, ohne wirkliches Opfer ... mit einem einzigen Vertrag haben wir uns die Anerkennung durch Großbritannien (die einzige Macht, deren Rivalität wir zu fürchten haben) dafür gesichert, dass Algerien und Senegal in naher Zukunft ein einheitliches Ganzes bilden werden. Heute kann die Regierung der Nation mitteilen, dass dieses gigantische afrikanische Reich nicht länger ein Traum, ein fernes Ideal ... sondern eine Realität ist.«[3]

In London war man anderer Meinung. Lord Salisbury, der das Abkommen zustande gebracht hatte, ließ das Unterhaus wissen, das abgetretene Territorium »würde ein Bauer ›sehr leichten Boden‹ nennen«. Triumphierend, ja geradezu schadenfroh verkündete er: »Wir haben dem gallischen Hahn einen Riesenhaufen Sand gegeben. Soll er darin kratzen, wie es ihm gefällt.«[4] Diese Erklärung, so taktlos wie zutreffend, erboste die Franzosen. Sie bildeten eine Interessengruppe, das Comité de l'Afrique Française, um die Eroberung der Sahara voranzutreiben. Alphonse Duponchel verlangte die Gründung der Vereinigten Staaten von Europa, um dem britischen Kolonialismus weltweit entgegenzuwirken und Großbritannien insbesondere aus Afrika zu verdrängen (worauf Duveyrier entgegnete, er habe zwar Verständnis für solche Emotionen, aber sie seien vielleicht ein wenig impulsiv). Der Gouverneur von Algerien, Jules Cambon, schrieb: »Also gut, wir werden in diesem Sand kratzen, Schienen darüber legen, Telegrafenmasten errichten und Quellen aus dem Boden sprudeln lassen. Aus jeder Kasbah in jeder Oase wird der gallische Hahn laut und fröhlich krähen.«[5]

Aber wie war das zu schaffen? Die Tuareg beherrschten immer noch den Hoggar, und die nördlichsten algerischen Oasen unter französischer Kontrolle – Tuggurt, Wargla, El Golea und Beni Abbès – lagen viele hundert Kilometer von dem Gebirge entfernt. Möglicherweise konnte man gegen die Tuat-Oasen vorgehen, die sich vom Hohen Atlas in die Sahara zogen und deren südlichste, In Salah, den letzten Halt für Karawanen darstellte, bevor sie in die zum Sudan führenden Wüsten aufbrachen (der Name In Salah – »Mit Gottes Hilfe« – wurde dem Ort von Reisenden gegeben, die ihn von Süden her erreichten). Aber der Tuat unterstand nominell dem Sultan von Marokko und war kein Teil des mehr oder minder großzügigen Geschenks, das die Briten den Franzosen in Form der Sahara gemacht hatten. In vielen Teilen seines Reiches übte der Sultan von Marokko nicht die geringste Autorität aus, das galt auch für den Tuat. Da sein Anspruch jedoch von Großbritannien anerkannt wurde, war eine Eroberung durch Frankreich aus diplomatischen Gründen unmöglich. Außerdem unterstand der Tuat in Wirklichkeit den Tuareg des Hoggar, gegen die, wie Frankreich wusste, kaum etwas auszurichten war. Jules Cambon machte den Vorschlag, eine Art Belagerung in umgekehrter Form durchzuführen, das heißt einige strategisch wichtige Punkte zu besetzen, wodurch er den Zugang der Tuareg zu ihren Nachschubquellen zu unterbinden hoffte. Die Sahara sei ein Ozean aus Sand, weshalb »es ausreicht, die Häfen dieses Meeres zu besetzen, um ihn zu beherrschen«[6]. Mit den Häfen meinte er In Salah und andere Tuat-Oasen, wo sich die Tuareg mit Proviant und anderen

Vorräten versorgten. Das Ergebnis war die Einrichtung von zwei Vorposten, Fort Meribelle und Fort MacMahon, an den nördlichen Routen von Algerien zum Tuat. Der Saharahistoriker Douglas Porch beschreibt sie als »eine Kombination aus Strafkolonie und militärischer Katastrophe«[7]. Meribelle und MacMahon waren als Umkehrung der wirkungslosen Taktik gedacht, welche die französische Eroberung Algeriens in ihren frühen Stadien erschwert hatte. Die elenden, von Palisaden umgebenen Lehmgebäude, auf einer unsagbar öden Ebene gelegen, »hätten direkt aus *Beau Geste* stammen können, wenn nicht sogar die Fremdenlegion abgelehnt hätte, sich dort stationieren zu lassen«[8]. Die einheimischen *tirailleurs*, denen dieses traurige Los zufiel, hatten wenig Schlagkraft, denn ihr begrenzter Proviant und die anstrengenden Märsche schränkten ihre Reichweite ein. Zudem konnten die schwerfälligen Kolonnen, die sie aus dem Norden versorgten, von jeder entschlossenen, mit Kamelen ausgerüsteten Truppe überfallen werden. Cambon hatte seinen Plan, einen Belagerungszustand herzustellen, auf bewundernswerte Weise verwirklicht. Allerdings waren es seine eigenen Männer, die belagert wurden.

Da die Sahara anscheinend nicht von Norden her erobert werden konnte, gab es immer noch die Möglichkeit, von Süden her durch den Sudan vorzurücken. Das gefiel der imperialistischen Fraktion, und vor allem gefiel es dem Militär im Senegal, dessen Offiziere – der Abschaum von St. Cyr, den die Kameraden in der Heimat als »Rabaukenpack«[9] bezeichneten – jede Gelegenheit zu Abenteuern begrüßten. Nicht, dass sie einer Genehmigung dazu bedurft hätten. Gelangweilt, eigensinnig und noch weiter vom heimischen Frankreich entfernt als ihre Kameraden in Algerien, reagierten sie mit äußerster Gleichgültigkeit auf sämtliche Befehle aus Paris. Sie hielten sich an Bugeauds Ethos, ohne Rücksicht auf die Konsequenzen zu handeln, das in Algerien längst von zivilisierteren Verfahren abgelöst worden war. Seit Jahren hatten sie Streitigkeiten angezettelt, Scharmützel bestritten und die Grenzen des Senegal dabei stetig erweitert. Während die Kolonie wuchs, kam es zu schrecklichen Akten des Blutvergießens, die oft von halb verrückten Männern begangen wurden. Laperrine beteiligte sich an dem Wahnsinn. 1890 verstrickte er sich in der Region in eine Schlacht nach der anderen. Seine tollkühnen Taten, die immer rücksichtsloser wurden und offen die wohlerwogenen

Prinzipien missachteten, welche er zuvor vertreten hatte, brachten ihm den Respekt seiner Offizierskameraden ein. Am 5. August 1892 wurde er auf ihre Empfehlung hin mit dem Orden der Ehrenlegion ausgezeichnet. Nach dieser Dekorierung nahm er an einem der wahnsinnigsten Abenteuer der »Rabauken« teil.

Am 26. Dezember 1893 führte Oberstleutnant Eugène Bonnier 204 senegalesische *tirailleurs*, 13 französische Offiziere und neun Unteroffiziere, ausgerüstet mit 82mm-Kanonen und einer kleinen Kanuflotille, den Niger hinauf, um Timbuktu zu besetzen. Diese legendäre Stadt, das Eldorado der frühen Afrikaforscher, das angeblich prachtvolle Paläste, erstaunliche Bibliotheken und mit Gold gepflasterte Straßen aufwies, war längst als öder, aus Lehmziegeln gebauter Handelsposten entlarvt worden. Aber Bonnier ließ sich nicht abschrecken, ebensowenig wie sein Handlanger, Leutnant Boiteux, der die Vorhut übernahm und mit zwei Kanonenbooten flussaufwärts fuhr. Beide wollten sie ihren Namen mit der Eroberung der sagenhaften Stadt in Verbindung gebracht sehen. Zwei Tage nach Bonniers Abmarsch folgte Laperrine ihm mit einer von Major Joseph Joffre (der als General im Ersten Weltkrieg berüchtigt werden sollte) geführten Streitmacht, die 400 Infanteristen und Kavalleristen, 700 Träger, 200 Mulis und eine Batterie Feldgeschütze umfasste. Joffre und Laperrine sollten die Bonnier-Boiteux-Expedition einholen und sie durch Vorräte, Männer und Munition für eine Kampagne tiefer im Inneren des Sudan verstärken – oder, in Joffres seltsamer Formulierung, Bonnier beim »Organisieren der Region« unterstützen.

Boiteux nahm Timbuktu ein, und Bonnier, verärgert darüber, dass ihm sein Untergebener zuvorgekommen war, überließ ihm die Aufsicht über die Stadt, während er selbst mit 150 *tirailleurs* und seinen beiden Artilleriegeschützen nach Norden marschierte. Damit drang er auf gefährliches Territorium vor. Die wenigen Abenteurer, die nach Timbuktu gelangt waren, hatten vor den Risiken gewarnt, denn die Gegend befinde sich unter dem Joch der Tuareg. Gordon Laing, der erste Weiße, der sie erreicht hatte, war ermordet worden, René Caillié, der zweite, hatte dem Tod um Haaresbreite entgehen können. Doch Bonnier vertrat den Standpunkt, Timbuktu und diese Region des Sudan seien völlig sicher – oder zumindest würden er und seine kleine Armee mit allen Schwierigkeiten fertig werden. Er teilte die Meinung Henri Schirmers,

Timbuktu um die Mitte des 19. Jahrhunderts (Zeichnung von René Caillié).

eines Sahara-Experten, der sich zwar nicht über den Wert der Wüste als Kolonie im Klaren war, doch keine Bedrohung durch die Bewohner erwartete. »Mehrere hundert Europäer«, schrieb Schirmer, »würden nichts von 1200 bis 1500 mit Lanzen und Steinschlossgewehren bewaffneten Tuaregkriegern zu befürchten haben.«[10]

In einem Anfall von Vernunft befahlen die senegalesischen Militärbehörden Bonnier, von seiner Aktion abzulassen. Ähnliche Instruktionen wurden Joffre geschickt. Beide Männer ignorierten den Befehl: Bonnier deshalb, weil ihm der Sinn danach stand, und Joffre (anscheinend) deshalb, weil er eine Auseinandersetzung mit Laperrine gehabt hatte, in deren Verlauf ihm dieser erklärte, wenn sein Vorgesetzter so feige sei, den Rückzug anzutreten, werde er ohne ihn mit seinen Spahis weitermarschieren. Also setzten beide Kolonnen ihren Weg fort. Am 12. Januar 1894, seinem ersten Tag außerhalb von Timbuktu, überfiel Bonnier ein Tuareglager und erbeutete über 500 Schafe, Rinder und Kamele. Am 14. Januar bauten seine Männer eine karreeförmige Verschanzung aus Dornenbüschen, an deren Außenseite sie die erbeuteten Tiere anbanden. Danach lehnten sie ihre Gewehre an die Dornen, um die Nacht in dem vermeintlich uneinnehmbaren Lager zu verbringen. Um vier Uhr morgens griffen die Tuareg an. Sie ritten auf Kamelen heran, saßen in sicherer Entfernung ab und krochen dann unter den Tieren hindurch, bis sie die Dornen erreichten. Die Tiere gerieten in Panik, und während das Lager in Aufruhr war, zwängten sich die Tuareg durch die Dornenbüsche und machten sich ans Werk. Bonnier, elf weitere Offiziere, zwei Unteroffiziere, ein einheimischer Dolmetscher und 68 *tirailleurs* fielen dem Angriff zum Opfer. Ein Offizier, Hauptmann Nigotte, entkam nur durch Glück und überbrachte gemeinsam mit einigen weiteren Überlebenden die Nachricht von dem Überfall. Sie waren nur deshalb nicht verfolgt worden, weil die Tuareg bereits begonnen hatten, sich um die Beute zu zanken.

Joffre und Laperrine, die wie Bonnier den Gehorsam verweigert hatten, blieb nur, die Reste des Desasters zu beseitigen. »Auf einer Lichtung, am Fuß eines dichten Strauchwerks«, schrieb Joffre, »lag eine Menge Leichen, wahrscheinlich die der *tirailleurs*, während in der Mitte und nach Süden hin andere Körper in verschiedenen Stellungen gefallen waren.« Er ließ die Leichen Bonniers und der übrigen Weißen zur Bestattung in Timbuktu einsammeln. »Wir verließen den Ort mit einem Gefühl der Unruhe und ohnmächtigen Wut, das äußerst erschöpfend ist.«[11]

Die Tatsache, dass Bonnier und Boiteux die Trikolore über Timbuktu gehisst hatten, war das einzig positive Ergebnis einer übereilten und schlecht geführten Expedition. Selbstverständlich hielt die Armee Timbuktu für eine prächtige Beute. Ein gewisser Leutnant Bluzet, der an der Eroberung beteiligt gewesen war, beschrieb es vor der Geographischen Gesellschaft von Paris als reinste »Börse«, so gewaltig sei das Volumen des durchziehenden Handels. »Bedeutet es eine Ergänzung unseres kolonialen Reichtums?«, fragte Bluzet. »Ja, unzweifelhaft!«[12] Aber der

Handel spielte sich auf einem viel niedrigeren Niveau ab, als Bluzet zugeben mochte, und er beschränkte sich auf Grundprodukte wie Salz, Hirse, Ziegenfelle und Eisen, die in Frankreich kaum jemanden interessierten, selbst wenn man sie mit einer Eisenbahn hätte befördern können. In der Theorie mochte die Stadt einen gewissen strategischen Wert besitzen, da sie am oberen Niger lag und eines der wenigen Zentren war, die das tropische Afrika mit der Sahara verbanden. Doch dem stand die Tatsache gegenüber, dass die Stadt durch ihre Schutzlosigkeit immer wieder der Gnade der Tuareg ausgeliefert war. Timbuktus Baufälligkeit ließ die Eroberung weniger als großartiges Ereignis denn als eine Art Zwischenfall erscheinen, und die negative Wirkung des Massakers an Bonnier und seinen Männern überwog das wenige Positive bei weitem. Bonniers Unvermögen, auch nur einen winzigen Teil des großen Sudan zu erobern, hatte die Ambitionen seiner Vorgesetzten durchkreuzt und, was wichtiger war, dem Prestige Frankreichs einen weiteren Schlag versetzt. Bis dahin hatten die senegalesischen »Rabauken« im Ruf brutaler Unbesiegbarkeit gestanden. Ihre überlegene Bewaffnung und ihre disziplinierten einheimischen Soldaten hatten es ihnen ermöglicht, ihre schlecht ausgerüsteten Gegner mühelos niederzuwerfen. Doch nach dem Massaker wussten alle, dass die Franzosen keine Supermänner waren. Man wusste es im Sudan und, was das Schlimmste war, auch in Paris, wo die Zeitungen, in denen im März 1894 der offizielle Bericht über die Katastrophe veröffentlicht worden war, das Vorgehen kritisierten, mit dem Bonnier Frankreich in Verruf gebracht habe. Es hagelte Beschimpfungen. Die Presse warf den Behörden Inkompetenz, der Armee im Senegal Disziplinlosigkeit und Joffre Ungehorsam vor. Das Militär und seine Verteidiger im Lager der Rechten wetterten über eine »widerwärtige Kampagne«. Wenn die senegalesische Armee Fehler begangen habe, dann nur deshalb, weil sie unter den Einfluss von Juden geraten sei. Kurz darauf wurde Joffres Beförderung zum Oberstleutnant bekannt gegeben. Inmitten des Aufruhrs merkten ein paar vernünftige Leute an, dass Frankreich bereits genug Kolonien zu unterhalten habe. Man brauche die Liste nicht zu verlängern, schon gar nicht um Gebiete von zweifelhaftem Wert wie die Sahara und den Sudan. Aber das war ein altes Argument, und die Kolonialisten schenkten ihm wenig Aufmerksamkeit. Die entscheidende Frage war, wie man sich für das Bonnier-Massaker rächen und wie Frankreich sich des Tschadsees bemächtigen konnte, des östlichsten Punktes des ihm im anglo-französischen Abkommen zugestandenen Einflussgebiets.

Wie Timbuktu umgab den Tschadsee eine Mystik, die wenig mit der Realität zu tun hatte. Kaum mehr als ein riesiger, sumpfiger Tümpel, war er in der Phantasie der französischen Kolonialisten zu einem glitzernden Binnensee von enormer wirtschaftlicher Bedeutung geworden. Die ungezählten (und meist ungenannten) Vorzüge, die sich aus seiner Eroberung ergeben würden, ließen sich angeblich nicht ignorieren. Auch nach Ansicht der Eisenbahnenthusiasten kam es darauf an, den Tschadsee in französischen Besitz zu bringen, weil die Transsaharabahn dorthin fahren sollte: Ohne eine Endstation hatte es keinen Sinn, eine Bahnstrecke zu bauen. Zirkelschlüsse, trügerische Verlockungen und das Gefühl, dass Frankreich das Heft aus der Hand gleite, verstärkten das imperialistische Drängen. Ein Autor namens Pierre Vuillot lud seine Leser ein, »die rätselhafte Sahara« zu betrachten, »einen schrecklichen Minotaurus, der so viele tapfere Reisende verschlungen hat, so viele unerschrockene Forscher, doch um dessen Hals sich die Schlinge täglich strafft; keine Zeit sollte verschwendet werden, um die Hindernisse zu zermalmen, die dem Fortschritt von Zivilisation und Wissenschaft entgegenstehen«. Damit nicht genug: »Sichert die Handelsrouten der Sahara, lenkt sämtlichen Handel des Sudan, vom Niger bis zum Tschad, in Richtung unserer Besitzungen: Algerien, den Senegal, die südlichen Flüsse, die Küste von Benin. Das sollte das wahre, das einzige Ziel Frankreichs sein, davon sollte es sich nicht abbringen lassen. Zu viele unglückliche Menschen, Märtyrer eines noblen, doch chimärischen Ideals, haben ihre Knochen überall in der Sahara hinterlassen, zu viele Forschungsreisende, Soldaten und gebildete Männer haben die Ebenen der Sahara mit ihrem Blut getränkt. Und trotzdem ist ihr Ziel noch nicht erreicht. Sie haben ihr Leben für die Sache Frankreichs, für den Ruhm und den Wohlstand ihres Landes geopfert … Hört ihren Ruf. Folgt ihrem Beispiel, geht wie sie bis ans Ende und verwirklicht endlich ihren Traum: EIN FRANZÖSISCHES AFRIKA VOM TSCHAD BIS ZUM ATLANTIK, VON ALGERIEN BIS ZUM SUDAN.«[13]

Die 1600 Kilometer zwischen Timbuktu und dem Tschadsee trennten diesen Schwulst von der Realität. Das Gebiet unterstand dort, wo es nicht von feindlichen schwarzen Königreichen besetzt war, entweder den Tuareg des Hoggar oder ihren gleichermaßen kriegerischen Verwandten, der Tuareg aus dem Adrar der Iforas im nördlichen Sudan. Seine Eroberung würde massive Waffengewalt erfordern, zuvor jedoch eine Demonstration von Brutalität, um zu beweisen, dass die Ermordung Bonniers und seiner Männer nicht vergessen war. Laperrine fehlten für eine Eroberung die Autorität und die Ausrüstung, doch eine Zurschaustellung von Brutalität lag durchaus in seinen Möglichkeiten. Zudem verfügte er über ein gewisses Maß an Diplomatie – manche würden von Verschlagenheit sprechen –, an der es dem Vorgehen der senegalesischen Armee bis dahin offenkundig gemangelt hatte. Nach den Ereignissen vom Januar 1894 hatte Laperrine seine Spahis bei einer Reihe von Razzien angeführt, die im größeren Rahmen ohne besondere Bedeutung waren, doch in deren Verlauf man viel feindliches Blut vergossen und etliche tausend Stück Vieh entweder erbeutet oder geschlachtet hatte. Die Aktionen Laperrines hatten das Umland von Timbuktu gesichert und ihm das Vertrauen der in der Nachbarschaft lebenden halbnomadischen Stämme eingebracht. Er schloss Freundschaft mit ihren Oberhäuptern und verhieß ihnen so reiche Beute, dass sie sich irgendwann seinen Unternehmungen anschlossen. Während der Razzien erhielt er Einblick in den Charakter der Tuareg. Laut einem seiner Biographen »war er beeindruckt von der edlen Gesinnung dieser verschleierten Männer, von ihren Gesten und ihrer Statur. Er empfand eine instinktive Sympathie für ihren Mut.« Das allerdings »hinderte ihn nicht daran, die furchtbaren Plünderer so zu behandeln, wie sie es verdienten«[14]. Als die Tuareg des Hoggar im März 1896 einen ihrer gewohnten Überfälle auf den Sudan unternahmen, wartete Laperrine dort bereits auf sie. Mit einer Truppe aus Spahis und sudanesischen Kameltreibern verfolgte er den Feind. Bei Anbruch der Dämmerung des ersten Tages hatte er die Flüchtlinge noch nicht ausfindig gemacht und hätte normalerweise – und seinem Befehl gemäß – die Jagd aufgeben müssen. Stattdessen setzte er sie fort. Das Ergebnis war ein Spiegelbild des Bonnier-Massakers. Die Hoggar-Tuareg lagerten an einem Ort namens Aken-Ken in einem Dornenrund und glaubten die Franzosen weit entfernt, als Laperrine zu Pferde aus der Dunkelheit auftauchte. Er setzte über die Barrikade hinweg, schlug mit seinem Säbel um sich und feuerte seinen Revolver ab, während die Spahis und Sudanesen in seinem Gefolge vorpreschten.

Laperrines Sieg war vollständig, gnadenlos und wichtig. Diejenigen in der Heimat, die sich über solche Dinge auf dem Laufenden hielten, waren entzückt angesichts der romantischen Aspekte seines Angriffs: Der mutige Rittmeister jagt an der Spitze seiner winzigen Einheit durch die kalte Nacht, die afrikanischen Sterne funkeln am Himmel, das gemessene, weiche Dröhnen der Kamelhufe kontrastiert mit dem schnelleren Rhythmus der Spahi-Pferde, die ihrer Mission des Feuers und der Vergeltung entgegenrasen. Die Geringfügigkeit der Aktion – nicht einmal ein Angriff, sondern ein Gegenangriff – tat ihrer Popularität keinen Abbruch, ebensowenig wie die Tatsache, dass Laperrine durch den Vorstoß auf feindliches Territorium seinen Befehlen direkt zuwidergehandelt hatte. Unter großem Lärm war den Annalen der Kriegführung in Afrika ein weiteres Klischee hinzugefügt worden: das des einsamen Europäers, der die loyalen Einheimischen in den Kampf gegen die Kräfte des Bösen führt. Lobredner sollten später voller Staunen seine Taktik studieren und von seiner Fähigkeit sprechen, »leise wie die Wüste selbst«[15] bei der Verfolgung der Tuareg zu agieren, die »wie eine Wolke am Horizont erschienen«[16]. In Wirklichkeit hatte Laperrine kaum etwas Neues ersonnen, denn alle europäischen Nationen stützten sich auf einheimische Soldaten, um ihre Kolonialherrschaft durchzusetzen. Militärisch gesehen waren Razzien und Gegenrazzien mittlerweile ein alter Hut. Wenn überhaupt ein neues Element in die Aktion einging, dann war es der Erfolg, mit dem Laperrine einheimische Stämme für die Sache der Franzosen gewonnen hatte. Das sollte weit reichende Konsequenzen haben. Zunächst jedoch bestand Laperrines Triumph darin, dass er dem Feind einen kühnen Schlag versetzt hatte, und zwar zu einem Zeitpunkt, als das Militär solche Heldentaten bitter nötig hatte, um das Vertrauen der Öffentlichkeit in den Kolonialismus wiederherzustellen. 1894 hatte Leutnant Bluzet denjenigen, die einen Rückzug aus dem Sudan befürworteten, wütend entgegengehalten: »Es wäre kriminell, von der Aufgabe des Landes auch nur zu träumen. Allein die Ehre der Fahne, die durch das Blut unserer Kameraden geweiht ist, verlangt, dass wir dort bleiben.«[17] Laperrines kleiner, aber symbolischer Racheakt für Bonniers Tod hatte den Rückzugswilligen zu denken gegeben. Außerdem brachte er ihm eine seltene Tapferkeitsauszeichnung ein und ließ ihn zu einer Legende werden.

Das Militär beabsichtigte keineswegs, auf den Sudan zu verzichten, was immer die Öffentlichkeit oder die dauernd wechselnden Regierungen in Paris sagen mochten. Aus Furcht, die Briten könnten ihm zuvorkommen, unternahm es Streifzüge in die britische Kolonie Nigeria. Durch das Abkommen von 1890 waren die Besitzverhältnisse offenbar nicht eindeutig geregelt worden. »Wir Soldaten wissen nur, dass es in Afrika Territorien gibt, die uns gehören sollten, und dass die Engländer und Deutschen dabei sind, sie sich anzueignen«, schrieb Oberstleutnant Joseph Gallieni im Jahre 1891. »Wir versuchen, ihre Pläne zu durchkreuzen.«[18] Großbritannien reagierte, indem es seine nigerianischen Streitkräfte auf beispiellose Art verstärkte, ehe es 1898, bevor noch ein größerer Krieg ausbrach, resigniert ein weiteres Abkommen mit Frankreich unterzeichnete. Durch den neuen Vertrag wurde eine Grenze zwischen dem nigerianischen Territorium und den französischen Territorien im Norden abgesteckt. Allerdings war darin keine Rede vom Tschadsee, wahrscheinlich weil nach britischer Meinung ein derart nutzloses Sumpfgelände nicht der Rede wert war. Frankreich wurde unruhig. Hatte das perfide Albion etwa den Tschadsee ins Auge gefasst? Wenn ja, würde es eine Enttäuschung erleben. In jenem Jahr führte Frankreich einen dreifachen Präventivschlag: Eine Kolonne sollte vom Kongo her nach Norden marschieren, eine zweite würde von Timbuktu nach Osten und eine dritte aus Algerien nach Süden vorstoßen. Mit Gottes Hilfe würden alle drei am Tschadsee zusammentreffen.

Laperrine nahm nicht an der Operation teil. Vielleicht erinnerte er sich als Einziger unter den starrköpfigen Offizieren Frankreichs daran, dass einer der ursprünglichen Gründe für die Eroberung des Sudan darin bestanden hatte, die Einnahme der Sahara zu ermöglichen. Er durchschaute den Irrtum dieser Argumentation, denn solange die Tuareg die Tuat-Oasen kontrollierten, konnten sie nicht verdrängt werden. Dorthin hätte Frankreich seine Aufmerksamkeit lenken sollen, statt seine Zeit mit dem Tschadsee zu verschwenden. Seiner Ansicht nach war das Militär von einem trügerischen Goldrausch ergriffen worden. Außerdem interessierte sich Laperrine nicht mehr für den Sudan, sondern fühlte sich von der Wüste angezogen. Obwohl nicht ungesellig, war er im Grunde ein Einzelgänger. Die ungestüme Atmosphäre der senegalesischen Offiziersmessen hatte jeglichen Reiz verloren, den sie bei seinem Eintreffen in Westafrika auf ihn ausgeübt haben mochte. Zudem war das geordnete Soldatenleben für den Helden von Aken-Ken zu eintönig geworden. Laperrine wünschte sich eine Versetzung, die ihm sowohl Einsamkeit als auch die Aussicht auf Scharmützel und eine echte Chance bot, die Sahara zu erobern. Fort MacMahon entsprach all diesen Anforderungen.

Die Situation im Tuat und in In Salah hatte sich 1898 gegenüber der im Jahr 1890 kaum verändert. Frankreich befand sich immer noch in einer diplomatischen Zwangslage, die Oasen wurden weiterhin von den Tuareg kontrolliert, Fort MacMahon und Fort Miribel waren so öde und nutzlos wie immer. Einen kleinen Unterschied gab es jedoch: 1894 hatte der Gouverneur von Algerien eine Spahi-Einheit in Fort MacMahon stationieren und sie zum erstenmal mit Kamelen statt mit Pferden ausrüsten lassen. Der Gedanke gefiel Laperrine. Die Spahi-Kamelreiter waren nicht die rauhen Stammesangehörigen, die er vielleicht vorgezogen hätte, aber sie besaßen ein gewisses Potential. Der Tuat war nach Laperrines Meinung die strategisch wichtigste Region der Sahara, und niemand konnte leugnen, dass Fort MacMahon einer der einsamsten militärischen Vorposten der Welt war. Am 6. November 1897 wurde seine Versetzung genehmigt.

Dieser Schritt ließ sich in keiner Weise mit der Offenbarung vergleichen, die Foucauld zuteil geworden war, doch Laperrine hatte, bewusst oder unbewusst, den gleichen Weg eingeschlagen wie sein Kamerad. Als er mit den Papieren, die seine Ernennung zum stellvertretenden Befehlshaber der Spahis in Fort MacMahon bestätigten, nach Algerien in See stach, war ihm ein Leben der Pflichterfüllung und Unbequemlichkeit beschieden, das von einer gewöhnlichen Existenz nicht weiter hätte entfernt sein können. Er begab sich nicht in ein Kloster, aber er hatte ein Kommando akzeptiert, das beim Militär einem Kloster am nächsten kam.

6

DER FREUND DES MÖNCHS

Obwohl sie relativ lange gereift war, kam Foucaulds Entscheidung, Trappistenmönch zu werden, für seine Freunde und Verwandten ungemein plötzlich. Der Mann, der ein paar Monate zuvor noch rauschende Feste besucht hatte, verschwand jäh und auf beinahe melodramatische Art aus der Gesellschaft. Im Januar 1890 schrieb er seiner Cousine Marie de Bondy, mit der er noch am Vortag gesprochen hatte: »Vierundzwanzig Stunden sind so wenig, ich habe noch nicht begriffen, dass ich Dir auf immerdar Lebewohl gesagt habe; wie können wir, die wir bisher durch so weniges getrennt waren, es in Zukunft so völlig sein? Dennoch ist es so, ich weiß es, ich wünsche es, kann es aber nicht glauben. Um neun Uhr heute früh, jetzt um vier Uhr nachmittags – immer fühlte und fühle ich mir Dir so nah, und doch werden meine Augen die Deinen nie mehr sehen.«[1] Seine Qualen mit denen des heiligen Bernhard vergleichend, schrieb er beziehungsreich über sein Waisentum: »Ich habe so viel verloren, wie man verlieren kann. Möge Gott mir darum meinen Kummer nicht nehmen, den zu verlieren mir sehr schmerzlich wäre.«[2]

In seiner Korrespondenz zeigt sich Foucauld untrennbar mit den Eltern verbunden, die er nur als Kleinkind kannte. Wieder und wieder spricht er von seinem Verlust, seinen Erinnerungen an die Vergangenheit und seiner Verzweiflung. Obwohl sein Rückzug aus der Welt gewiss eine feste spirituelle Grundlage hatte, war er auch eine Abkehr vom Leben in jeglichem Sinne. Als Jugendlicher und Erwachsener hatte er darum gerungen, sich neu zu orientieren, doch nie hatte er dabei eine Richtung eingeschlagen, die ihm ganz und gar behagte. Seine Lösung bestand darin, sich (soweit möglich) aus dem Leben zurückzuziehen und seine verbleibenden Jahre der Meditation über dessen Gegenteil zu widmen. Letztlich handelte es sich um einen Versuch, den Moment, in dem er wieder mit seinen Eltern vereint sein würde, rascher eintreten zu lassen oder, wie manche Psychologen meinen, sich für ihre Abwesenheit selbst zu bestrafen. Viele haben Frieden, Reinheit und Schönheit im Mönchtum gefunden, und deshalb wäre es falsch, diese Lebensform einfach abzutun. Foucauld scheint sich ihr jedoch mit einer geradezu krankhaften Unbändigkeit hingegeben zu haben. Für ihn war es kein Weg, das Leben zu würdigen, sondern ein schwarzes Loch, in das er sich erleichtert fallen ließ. Er wünschte sich nicht Freude, sondern Kummer; es ging ihm nicht darum, sein Leben neu zu gestalten, sondern passiv an dessen Zusammenbruch beteiligt zu sein. Es fällt schwer, ihn – wie Duveyrier es 1886 ausdrücklich getan hatte – nicht als Menschen zu diagnostizieren, der einen psychischen Verfall durchmachte.

Am Morgen des 27. Juni 1890 ging Foucauld, nachdem er während einer Eingewöhnungszeit in Notre-Dame-des-Neiges Fußböden gekehrt hatte, in Marseille an Bord eines Dampfers, um zu dem Kloster Akbès in Syrien zu fahren. »Es scheint«, schrieb er, »dass ich jede einzelne der Wellen spüren werde, die mich eine nach der anderen immer weiter in die Ferne tragen werden. Vermutlich bleibt mir nur die Möglichkeit, mir vorzustellen, dass jede auch ein Schritt zum Ende meines Lebens ist.«[3]

Akbès war als Station auf jenem Weg gut geeignet. Im Jahre 1882 als eventueller Zufluchtsort gebaut, falls die Trappisten Frankreich verlassen mussten, war es eine elende Ansammlung strohgedeckter Hütten in einem entlegenen Gebirgstal. Der nächste nennenswerte Ort war mit einem Maultier in 18 Stunden zu erreichen. Das Gebiet wurde von Pest und Cholera heimgesucht, Räuber bildeten eine ständige Gefahr, und die Winter waren eiskalt. Die umliegenden Felder konnten bebaut werden, doch die hohen Transportkosten hatten zur Folge, dass man den Ertrag nicht mit Gewinn verkaufen konnte. Infolgedessen war das Kloster nie in der Lage, sich selbst zu ernähren. Es beherbergte rund 20 Mönche und eine etwas geringere Zahl an Waisen, die von den Mönchen mit versorgt wurden. Auf der Suche nach einem möglichst unbequemen Ort ließ sich kaum eine geeignetere Stätte denken als Akbès – obwohl, wie Foucauld schrieb, die Aussicht nach Osten prächtig war.

Zwei Jahre lang genoss Foucauld seine Demütigung. Er zündete die Feuer an, kehrte die Fußböden, jätete die Felder, erntete Kartoffeln, Trauben und Baumwolle, walkte die Wäsche und flickte die Kleidung der Waisen. Im Winter legte er seine Schuhe ab und hackte im Schnee Holz, bis er sich die Füße schwer verletzt hatte. Während er sich erholte, läutete er die Glocken und brachte die Bibliothek in Ordnung. »Man wird von solchem Mitgefühl für alle erfasst, die sich plagen müssen, wenn man ihr Tagwerk teilt«,[4] schrieb er. Es war eine gut gemeinte, doch herablassende Äußerung, denn in Wirklichkeit teilte Foucauld das schwere Los der Arbeiter nicht, sondern spielte lediglich eine Rolle. Überhaupt hatte sein ganzes Leben als Mönch etwas Inszeniertes. Sein Leid war keine Frage der Notwendigkeit, sondern es war ihm ein Bedürfnis. Nichts verband ihn mit jenen, deren Erfahrungen er nacheifern wollte, und seine Demut kam zuweilen in übertrieben extrovertierten Handlungen zum Ausdruck. Mit gewissen Einschränkungen könnte man behaupten, dass sich Foucaulds neue Identität von seiner alten kaum unterschied.

Foucaulds Aufnahme in den Orden der Trappisten erforderte, dass er seine Vergangenheit abstreifte. Er nahm einen neuen Namen an – Bruder Marie-Albéric – und überschrieb seiner Schwester den Rest seines Vermögens. Dann gab er sein Reserveoffizierspatent zurück, erklärte seinen Austritt aus der Pariser Geographischen Gesellschaft und brach jegliche Verbindung mit seinem früheren Leben ab. All das hatte etwas von einer Farce, denn obwohl er sich Bruder Marie-Albéric nannte, redeten die meisten Menschen ihn weiterhin mit Charles de Foucauld an. Auch zögerte er nicht, Kontakt zu seiner Familie herzustellen, wenn er Geld benötigte. Weit entfernt davon, die Verbindung zu seinen Freunden zu lösen, schickte er allen in regelmäßigen Abständen Briefe, in denen er das Loblied seines Ungemachs sang. Einer seiner Briefpartner war Duveyrier, dem er sein neues Leben in allen Einzelheiten schilderte. Doch abgesehen von einem frühen Brief im Jahre 1890 antwortete Duveyrier ihm nicht. Erst zwei Jahre später hörte Foucauld von seiner Cousine, dass der Forscher gestorben sei. Seit seiner Expedition war er kränklich gewesen, und obgleich die Ursache seiner

Krankheit nicht feststand, zweifelte doch niemand daran, dass sie auf seine Zeit in der Sahara zurückging. Und die Tatsache, dass er nach wie vor als Autorität angesehen und in Anspruch genommen wurde, mag seine angegriffene Gesundheit noch weiter belastet haben. Bei jeder Gelegenheit wurde er gebeten, Angelegenheiten zu beurteilen, an die er sich kaum erinnern konnte, und das mag ihn erschöpft haben. Jedenfalls ging er eines Aprilmorgens in seinen Garten, legte sich auf den Boden, löste seinen Orden der Ehrenlegion und legte ihn behutsam neben sich. Dann jagte er sich eine Kugel in den Kopf.

»Es sei mir fern, über einen Menschen, den ich so innig liebte, ein Urteil zu fällen«, schrieb Foucauld, nachdem er von Duveyriers Selbstmord gehört hatte. »Uns steht es an, zu lieben und zu beten, nicht zu urteilen.«[5] Ein etwas pathetisches Adieu für einen alten Freund, doch mag man Foucauld verzeihen, denn er hatte damals gerade ein neues Stadium der Reinheit erreicht. Zwei Monate vor Duveyriers Tod hatte er sein erstes Mönchsgelübde abgelegt. Am 3. Februar 1892 erklärte er: »Seit gestern gehöre ich ganz unserem Herrn. Gegen sieben Uhr früh legte ich meine Gelübde ab, um elf Uhr wurde mir in der Kirche das Haar geschnitten und der Kopf rasiert, dass nur ein Kranz ringsum stehenblieb. Und nun gehöre ich in keiner Weise mehr mir selbst an, ich bin in einer Verfassung wie noch nie zuvor, höchstens ein wenig auf der Rückfahrt von Jerusalem.«[6] Gleichwohl unterstrich er schon im nächsten Augenblick seine Individualität: Vielleicht eigne er sich doch nicht für das Leben als Trappist. Dabei machten ihm nicht die Unannehmlichkeiten dieses Lebens zu schaffen – im Gegenteil schien ihm die Ordensregel noch zu weich. Im Juni schrieb er Huvelin: »Ich bin beunruhigt über mich selber. Armut wird um mich her so ungern gesehen, strenge Enthaltung wird so ungern gesehen, und es besteht so wenig Verlangen, unserem Herrn unbedingte Nachfolge zu leisten, dass ich manchmal fürchte, auch ich könne meine Wertschätzung dieser Tugenden oder aber die Wertschätzung meiner Umgebung oder alles beides einbüßen.«[7] Zunächst unternahm er nichts – »geborgen im Schifflein, fürchte ich mich davor, mich ins Meer zu werfen«[8] –, aber er wurde berühmt für die Strenge, mit der er sein Gelübde einhielt, und fühlte sich im November sehr enttäuscht, als sich eine mutmaßliche Tuberkulose nur als leichtes Fieber erwies. »Ich habe keine Hoffnung, dieses Mal zu sterben«, klagte er, »aber zu sagen, ich wünschte es nicht, wäre unwahr.«[9]

Während Foucauld über seinen Rückzug aus der Trappistengemeinschaft nachdachte, stärkte er seine Entschlossenheit durch das Wissen, vor etwas Großartigem zu stehen. Durch sein persönliches Beispiel wollte er eine Vielzahl von Menschen (oder wenigstens eine ansehnliche Gruppe) um sich sammeln und zu einem Leben der Entbehrungen nach dem Vorbild Jesu bewegen. Dazu bot sich ihm keine unmittelbare Möglichkeit – eine Bitte, sich in einer nahe gelegenen Grotte als Eremit niederlassen zu dürfen, wurde von seinen Oberen abgelehnt –, doch er gab die Hoffnung nicht auf. Seiner Meinung nach war er besser als jeder andere in der Lage, die Wünsche des Allmächtigen zu ermessen. So schrieb er an Vallombrosa, seinen Kameraden aus St. Cyr: »Gott hat mir eine unendliche Gnade erzeigt.«[10]

Zufällig erhielt Vallombrosa diesen Brief in einem Moment, da er sich in einem ähnlichen Dilemma befand. Sein Problem war jedoch weniger spiritueller als politischer Art. Ihn interessierte, wie sich die Sahara am besten erobern ließe. Seine Antwort auf diese Frage sollte – wenn auch mittelbar – enormen Einfluss auf das französische Vordringen zum Tschadsee haben.

Antoine de Vallombrosa, Marquis de Morès, war ein begeisterter, doch nicht besonders guter Kavallerieoffizier gewesen, als Foucauld ihm zum letztenmal begegnet war. Nach dem Bou-Amama-Aufstand hatte er sein Patent zurückgegeben, Medora von Hoffman, die Tochter eines New Yorker Financiers, geheiratet und im Jahre 1883 voller Vorfreude auf Vermögen und Reichtum ein Geschenk seines Schwiegervaters, nämlich eine Ranch von 10 500 Hektar in Nord-Dakota, akzeptiert. In den dortigen »Badlands« begann er mit der Realisierung einer Geschäfts idee: Er war zu dem (richtigen) Schluss gelangt, dass die Fleischhändler von Chicago zu hohe Gewinne erzielten, und entschied (fälschlich), dass er auf die Mittelsmänner verzichten und sein Fleisch direkt auf dem Markt verkaufen könne. Deshalb erwarb er zu einem hohen Preis mehrere hunderttausend Schafe und Rinder, baute eigene Fleischverpackungsfabriken, gründete eine Frachtgesellschaft und legte sich etliche Kühlwaggons zu. Da die Fleischpacker irgendwo wohnen mussten, errichtete er zunächst eine Ziegelfabrik und dann eine Siedlung, die er nach seiner Frau Medora nannte. Das Städtchen benötigte einen Postdienst, weshalb er eine Kutschenlinie einrichtete. Auf ihrer rund 150 Kilometer langen Route nach Rapid City, dem nächstgelegenen größeren Zentrum, benötigten die Kutschen einen Zwischenstopp, und so ließ Vallombrosa ein weiteres Städtchen hochziehen, nämlich De Morès. Da sein Reich ein Hauptquartier benötigte, baute er ein kleines Schloss mit Blick auf Medora. Seine Sommerresidenz hatte 26 Zimmer, in denen 20 Dienstboten für sein Wohl sorgten (das Haus, Museum und Denkmal für seinen außergewöhnlichen Besitzer, besteht noch heute). Von dort aus galoppierte Vallombrosa ins Feld hinaus, um Bisons zu schießen, sein Vieh zu inspizieren und die vielen Kilometer Stacheldraht zu bewundern, mit denen er seinen Besitz eingezäunt hatte. Aber er war kein guter Viehzüchter und auch kein guter Nachbar. Außerdem konnte man ihn nicht als guten Geschäftsmann bezeichnen, denn er zerstritt sich dauernd mit allen, von denen sein Lebensunterhalt abhing. Andererseits war er ein ausgezeichneter Schütze, und seine Begabung als Duellant ließ viele seine Mängel auf anderen Gebieten ignorieren. Zum Beispiel schrieb er einem gewissen Theodore Roosevelt, der die Kühnheit besessen hatte, sich ein angrenzendes Stück Land zu kaufen: »Es ist mein Prinzip, den Stier bei den Hörnern zu packen … Wenn Sie mein Feind sind, möchte ich es wissen. Ich stehe bekanntlich immer zur Verfügung, und unter Gentlemen ist es leicht, derartige Angelegenheiten direkt zu regeln.« Roosevelt antwortete mutig: »Auch ich stehe bekanntlich stets zur Verfügung und bin bereit, meiner Satisfaktionspflicht zu genügen.«[11] Ihre vermeintlichen Differenzen, die eine Zeitung als die zwischen »zwei riesigen Kröten in einem winzigen Teich«[12] beschrieb, wurden schließlich beigelegt, doch war die Auseinandersetzung nicht dazu angetan, Vallombrosa den anderen Grundeigentümern näher zu bringen.

Im Jahre 1886 wurde Nord-Dakota von einer Dürre heimgesucht, und im folgenden Jahr war der Winter so streng, dass drei Viertel der Jungochsen eingingen. Diese Naturkatastrophen, im Verein mit der ungestümen Art seiner Geschäftsführung, trieben Vallombrosa in den Bankrott. Er verließ die Prärie ohne Bedauern, denn im Grunde war er ein Mann der Gesellschaft, und Dakota hatte ihn stets gelangweilt. Im

Jahre 1887 kehrte er nach Europa zurück, wobei er die touristisch interessantere Route über Französisch-Indochina (wo er sich damit vergnügte, durch die Landschaft von Tongkin zu ziehen) und Indien (die Tigerjagd war vortrefflich) nahm, bevor er 1888 in Paris eintraf.

Wieder auf heimischem Boden, machte Vallombrosa die in den Vereinigten Staaten verschwendete Zeit wett. Er gab sich dem Glücksspiel, der Trinkerei, den Duellen und sonstigen Ausschweifungen in einer Weise hin, die jedem, der ihn aus St. Cyr kannte, vertraut gewesen wäre. Seine Familie war bestürzt über seine hohen Ausgaben und reagierte genauso wie einst Foucaulds Verwandte: Sie ließ einen Vormund bestellen, der Vallombrosa daran hindern sollte, sein gesamtes Vermögen zu vergeuden. Der wünschte seine Angehörigen daraufhin zum Teufel. Wenn er nicht Teil der eleganten Gesellschaft sein durfte, so würde er sie bekämpfen. Er erklärte sich zum »Republikaner und Sozialisten«[13] und begann einen einsamen Kreuzzug zur Umgestaltung der Welt. Unglücklicherweise hatten die von ihm vorgeschlagenen Reformen große Ähnlichkeit mit denen, die von jener Gesellschaftsschicht vertreten wurden, die er angeblich nicht ausstehen konnte. Ohnehin bereits Antisemit, ließ er sich von dem verbreiteten Hass auf die Juden mitreißen und wurde 1896 am Rande in die Dreyfus-Affäre verwickelt. Zudem bekannte er sich zum antibritischen Chauvinismus, wie er in Frankreich seit den Napoleonischen Kriegen um sich gegriffen hatte. Allerdings gelang es ihm nicht, eine politische Partei zu finden, die seine Theorien akzeptieren mochte, und im Jahre 1893 reiste er nach Algier, um einen Vortrag über »Internationale Beziehungen und die Währungsfrage« zu halten. Später veröffentlichte er ein Pamphlet über »Das Geheimnis des Finanzwesens«. Vallombrosa hatte keine Ahnung von Währungsfragen, und über Finanzen, außer über seine eigenen, wusste er sehr wenig, doch konnte er sich instinktiv in ein Publikum einfühlen.

Ungeachtet der immer beträchtlicheren staatlichen Zuwendungen waren die algerischen Siedler weiterhin arm, verunsichert und vorwiegend in Städten ansässig. Deshalb hörten sie nur zu gern, dass ihre Lage nicht auf Misswirtschaft, Korruption und den Groll der einheimischen Bevölkerung zurückzuführen sei, sondern auf eine anglojüdische Verschwörung, deren Anführer laut Vallombrosa »Herren des Goldes« und »Verderber des romanischen Geistes«[14] waren. Als Vallombrosa 1896 eine derartige Rede in Tunis hielt, gelang es ihm, 2000 Zuhörer anzuziehen. Wie zuvor Duponchel, forderte er ein großes Bündnis, um Britannien aus Afrika hinauszuwerfen. Doch während sich Duponchel auf eine europäische Allianz berufen hatte, unterstützte Vallombrosa einen franko-islamischen Aufstand, der Französisch-Afrika von der angelsächsischen Gefahr befreien sollte. Ein solches Bündnis werde, so Vallombrosa, die ersehnte Vereinigung zwischen Algerien und dem Sudan herbeiführen und die Briten aus dem Oberen Niltal vertreiben, einer Region, die sie im Namen des Khediven von Ägypten seit dem Mahdi-Aufstand von 1884/85 beherrschten. Vielleicht würden die Franzosen dann sogar die Kontrolle über Ägypten erringen können, was nur gerecht sei, denn schließlich war Frankreich dort als erste europäische Nation einmarschiert. Sein Publikum reagierte mit einer »Begeisterung, die an Besessenheit grenzte«[15].

Vallombrosas Hinweis auf den Oberen Nil war kein Hirngespinst, denn im Rahmen der französischen Kolonialpolitik sollte Großbritannien tatsächlich aus dieser Gegend verdrängt werden. Das heißt nicht unbedingt, dass es sich dabei um den erklärten Willen der Regierung handelte, sondern eher um die Politik einer einflussreichen, parteiübergreifenden Koalition von Lobbyisten. Aber die Kolonialfraktion setzte sich energisch für ihre Sache ein und überredete das unschlüssige Kabinett, Stellung zu einem Thema zu beziehen, von dem die Politiker nur wussten, dass es in der Öffentlichkeit Anklang fand. Allerdings spielte es tatsächlich gar keine Rolle, was die Regierung beschloss, denn das Militär hatte bereits das Heft in die Hand genommen. Im selben Jahr, in dem Vallombrosa seine Rede in Tunis hielt, marschierte eine Expeditionsstreitmacht von 300 senegalesischen *tirailleurs* unter dem Kommando von Hauptmann Jean Baptiste Marchand von der Kongomündung aus nach Osten, um die »historischen Rechte« Frankreichs auf den Oberen Nil und Ägypten zu behaupten. Marchands Aufgabe war so gut wie undurchführbar: Ohne Unterstützung sollte er Afrika durchqueren, im Oberen Niltal Stellung beziehen und sich dann mit den Überresten seiner kümmerlichen Truppe den massierten Einheiten des Britischen Empire stellen. Er benötigte zwei Jahre, doch er schaffte es. Im Jahre 1898, nach einem der längsten und erstaunlichsten Märsche der Militärgeschichte, auf dem 5000 Kilometer durch fieberverseuchtes, unwirtliches Terrain bewältigt wurden, ließ Marchand die Trikolore in Faschoda am Oberen Nil hissen. Doch damit führte er lediglich eine nationale Demütigung Frankreichs herbei. Britische Soldaten umstellten sein Lager und drohten Frankreich mit einem Krieg, für den es nicht vorbereitet war und den es sich nicht leisten konnte. Verspätet und nach einem symbolischen Säbelrasseln begriff die französische Regierung, was hinter ihrem Rücken vor sich ging, und gab den Anspruch auf das Obere Niltal auf.

Die Marchand-Expedition war eines der lächerlichsten Unterfangen in der Geschichte der afrikanischen Kolonisation. Sie übertraf, was ihre Frechheit anging, sogar den Jameson-Überfall von 1895/96, bei dem es rhodesischen Grenzbewohnern in peinlicher Weise misslang, einen Krieg zwischen Großbritannien und der Burenrepublik Südafrika vom Zaun zu brechen. Andererseits fand Marchands Kühnheit zahlreiche Bewunderer, was kurz vor seinem Aufbruch nirgends deutlicher zum Ausdruck kam als in den nordafrikanischen Kolonien Frankreichs. Und Antoine Vallombrosa, Marquis de Morès, mit seinem gewichsten Schnurrbart und seinem nervösen Finger am Abzug nutzte die Gunst der Stunde.

Bereits im Jahre 1896 hatte Vallombrosa versucht, die Sahara von Algerien her zu durchqueren. Er erklärte, er habe sein Leben verschwendet und suche nun »einen nützlichen und glorreichen Tod«[16] im Dienste Frankreichs. Damals hatten ihm die Garnisonskommandeure in den Oasen den Weg versperrt. Sie hielten ihn für wahnsinnig – was er vermutlich war – und fürchteten, er werde ihre sorgsam gepflegte Beziehung zu den Tuareg zerrütten. In Tunesien hatte er mehr Glück. Mit Hilfe von Geldgebern vor Ort und Mitteln aus der Heimat organisierte er eine kleine Karawane, die ihn durch die Sahara zum Oberen Niltal bringen sollte, wo er Marchand helfen wollte, Ägypten von der anglojüdischen Geißel zu befreien, bevor er seinen Marsch nach Westen zum Tschadsee fortsetzte. Er heuerte einen Tuaregführer, einen Dolmetscher und eine Reihe von Dienern an, die ihn durch die Wüste begleiten sollten. Seine Kamele belud er mit wertvollen Geschenken, und er packte acht Repetiergewehre und einen Revolver ein, um jeglichen Widerstand niederzuschießen. Ein paar Beamte versuchten dennoch, seine Pläne zu durchkreuzen. Kurz vor seiner Abreise wurden zwei seiner Männer verhaftet, weil ihre Papiere nicht in Ordnung seien. Vallombrosa fand sich damit nicht ab. Er marschierte ins Zimmer des zuständigen Offiziers und erklärte ihm, wenn seine Männer nicht innerhalb von zwei Stunden auf freien Fuß gesetzt würden, werde er Satisfaktion verlangen. Die Männer wurden freigelassen, und Vallombrosa machte sich auf den Weg. Inzwischen verschlimmerte sich seine Paranoia, denn gerüchteweise hatte er gehört, dass dieselben widerspenstigen Bürokraten einen Hinterhalt durch die Tuareg arrangiert hätten, falls seine Karawane versuchte, die algerisch-tunesische Grenze zu überschreiten.

»Das Beste, was ich tun kann, ist, Erfolg zu haben«, schrieb er seiner Frau am 12. Mai 1896. »Mir wird immer klarer, wie wichtig es ist, mein Ziel zu erreichen, und ich spüre, dass ich überall von Menschen belauert werde, die nur darauf warten, von meinen Irrtümern oder meiner Schwäche zu profitieren ... Meine Feinde sind um mich herum, hinter mir, hier und in Paris, doch nicht vor mir ... Meine Expedition hat eine Bedeutung gewonnen, die ich nicht erwartet hatte. Sie ist zu einer nationalen Angelegenheit geworden. Deshalb muss sie gelingen.«[17] Er sah sich selbst als einen Flatters, einen Flatters jedoch, der von Regierung oder kolonialen Meinungen unbehindert das Unbekannte mit einem Geschick und einem Schwung erforschen würde, über die Paris nicht verfügte. Überraschenderweise erwartete er auch, dem Mann zu begegnen, den er sich zum Vorbild genommen hatte, denn das Gerücht von Flatters' Überleben war erneut aufgelebt, und Vallombrosa war davon überzeugt. Auf eine Karte mit seiner geplanten Route kritzelte er: »*Toujours en avant avec l'aide de Dieu* – Morès [Immer vorwärts mit Gottes Hilfe – Morès].«[18]

Vallombrosa verließ den tunesischen Hafen Gabès am Morgen des 4. Mai 1896 unter verwirrenden Umständen. Anscheinend wollten einige Offiziere sogar, dass er die algerische Grenze überquerte, um ein Bündnis mit den Tuareg zu schließen. Deshalb hatten sie die örtlichen Machthaber ermuntert, ihm in jeder Weise behilflich zu sein. Andere warnten ihn jedoch, seine schwer beladene, aber nur leicht bewaffnete Karawane könne Banditen anlocken und seine geplante Route sei nicht nur diplomatisch unklug, sondern geradezu selbstmörderisch. Vallombrosas Weltanschauung war der Situation gewachsen. Er schrieb an das Mouvement Antisémite de Constantine und ließ dessen Mitglieder wissen, wenn er sterbe, werde es die Schuld der Juden sein, gegen die man sofort Vergeltungsmaßnahmen einleiten sollte. Dann marschierte er gen Süden. »Das Leben ist nichts als eine Schlacht und ein Durchgang«, verkündete er. »Es erhält nur durch die Tat einen Wert! Was solls, wenn diese Tat tödlich ist!«[19]

Die algerische Grenze überquerte er nicht, sondern zog stattdessen an ihr entlang nach Tripolitanien – ein Gebiet, das er, wie man ihn etliche Male gewarnt hatte, meiden solle, damit er die Beziehungen zum Osmanischen Reich nicht störe –, und am 30. Mai war er, nachdem er den Ort Dschenaien erreicht hatte, in bester Stimmung. »Meine liebste Medora«, schrieb er seiner Frau, »wir haben überall entlang der Route Freunde gewonnen, und wenn Du diesen Weg einschlägst, wirst Du ihnen begegnen. Es ist ein zweiter Wilder Westen voller Wunder, wenn man sich nur ein wenig in den Geist des Landes und in die Mentalität der einheimischen Bevölkerung einfühlt ... Wir sind dabei, eine Route zu eröffnen und, wenn ich das sagen darf, für große Aufregung in der Wüste zu sorgen.«[20]

Ab Dschenaien nahmen die Dinge jedoch ihren üblichen Lauf. Am 1. Juni stieß eine Gruppe von Tuareg zu der Karawane, die Vallombrosa sowohl frische Kamele versprachen (diejenigen, die er in Gabès gekauft hatte, waren in schlechter Verfassung) als auch, ihn durch das gefährliche Gebiet zu begleiten, das vor ihm lag. Vallombrosa begrüßte sie als Kriegerkameraden. Zwei Tage später war er immer noch von ihrer Hingabe an die Sache beeindruckt und unterbrach ein Gespräch, das Zeitpunkt und Art seines Todes betraf, das er jedoch nicht verstand, um sie zu einer Mahlzeit aus Kuskus und Fischkonserven einzuladen. Danach warfen die Tuareg sich zu ihren Abendgebeten nieder, während Vallombrosa stehend die seinen verrichtete. Er war stolz darauf, Teil einer solchen Versöhnung zu sein. »Das Lager war großartig«, schrieb er. »Wir hatten es mit einer Wiedervereinigung von zwei Welten zu tun.«[21] Am 4. Juni schickte Vallombrosa die meisten seiner kränkelnden Kamele zurück, weil er mit Ersatz rechnete. Die Tuareg gefielen ihm immer besser. Sie seien *»echte Männer«*. Am 5. Juni verteilte er Geschenke, um ihre Dienste zu würdigen. Am 6. Juni traf eine Gruppe von Chaamba mit dem Angebot ein, ihm Kamele zu liefern. Er schlug es aus, da er sich bereits mit den Tuareg geeinigt hatte. Am 7. Juni, während die Chaamba mit den Tuareg die beste Methode zu seiner Beseitigung erörterten, spürte Vallombrosa, dass etwas nicht stimmte.

Am Morgen des 8. Juni stellte er fest, dass die Chaamba mit seinem kostbaren weißen Kamel geflohen waren. Daraufhin verkauften die Tuareg ihm ein uraltes, kraftloses Tier. In jener Nacht stahlen ihre Diener eine Truhe mit Papieren aus seinem Zelt. Am 9. Juni änderte Vallombrosa seine Meinung über den Charakter seiner Gefährten. Er stand vor Tagesanbruch auf und befahl, die Karawane nach Norden in Bewegung zu setzen, zurück in die Sicherheit von Dschenaien. Überzeugt, dass man seine Befehle ausführen werde, machte er sich nicht die Mühe, seinen Kompass zu konsultieren. Wie einer seiner Biographen schrieb, ließ er »ungeachtet der Gefahr sein Kettenhemd in seinem Gepäck«[22]. Als es hell wurde, begriff er, dass sich die Karawane nach Süden ins Tuareg-Territorium vorschob. Er ritt an die Spitze der Kolonne und ließ sie kehrtmachen.

Über die erste Phase von Vallombrosas Untergang liegen widersprüchliche Berichte vor, aber wahrscheinlich begann der Überfall am 9. Juni 1896 gegen acht Uhr morgens. Einigen Darstellungen zufolge wurde ihm das Gewehr vom Sattel gerissen, und die Tuareg zerrten ihn an seinem Revolerhalfter zu Boden. Laut anderen Berichten versuchte er, auf seinem Kamel zu entkommen, und erschoss es dann frustriert über dessen Langsamkeit mit dem Revolver, woraufhin das Gewehr unter dem Körper des Tieres eingeklemmt war. Danach stimmen die Geschichten überein. Vallombrosa wurde von einem Säbel am Kopf getroffen, doch sein schwerer Cowboyhut aus Filz bewahrte ihn vor einer tödlichen Verletzung. Er erschoss drei der Angreifer, bevor er, halb geblendet durch seine Verwundung am Kopf, zu einem Baum taumelte. Die Tuareg zogen sich in sichere Entfernung zurück und gaben zwei Stunden lang ungezielte Schüsse auf ihn ab. Um zehn Uhr morgens war Vallombrosa noch am Leben, und die Tuareg entsandten einen Dolmetscher, um einen Waffenstillstand auszuhandeln. Vallombrosa nahm den Mann gefangen und tötete ihn, als er zu entkommen versuchte. Kurz darauf erreichte die Schlacht ihr unvermeidliches Ende. Vallombrosa wurde am Hals getroffen und, obwohl er mehrere der sich nähernden Angreifer verwunden konnte, schließlich durch einen Messerstich getötet. Die Tuareg nahmen sein Geld und seine Kleidung an sich, banden ihm ein Seil um den Knöchel und zerrten seine verstümmelte Leiche in ein Dickicht. Dann töteten sie Vallombrosas noch auffindbare Diener.

Ein Mann entging den Mördern und brachte die Nachricht von Vallombrosas Tod zurück nach Gabès, von wo man sie nach Frankreich, Großbritannien und in die Vereinigten Staaten telegrafierte. Die Reaktionen waren von Land zu Land unterschiedlich. Der *New York Herald* brachte den Artikel unter der Schlagzeile »GETÖTET VON SEINEN EINGEBORENEN BEGLEITERN« und äußerte sich mit besitzergreifendem Stolz über Vallombrosas Fähigkeiten als Revolverheld: »Während seiner Zeit in Dakota wurden nicht weniger als 18 Anschläge auf sein Leben unternommen.«[23] Die Briten, die ähnliche Rückschläge beim Aufbau ihres Weltreiches erlitten hatten, waren voller Bewunderung. Der Kronprinz, der kurz darauf als Edward VII. den Thron bestieg, soll gesagt haben: »Wäre er Engländer gewesen, hätte ich ihn zu einem meiner Vizekönige gemacht.«[24] In Frankreich dagegen wurde Zorn über Vallombrosas Tod laut. Das Blatt *La Patrie*, das Vallombrosas Ziele unterstützt hatte, forderte »einen Kreuzzug gegen England«[25]. Treffender, wenn auch nicht weniger aufgebracht erklärte ein Militärsprecher, Frankreich solle »so viele Tuareg wie möglich töten«[26]. In Tunis, wo Vallombrosas Leiche zu einer Totenmesse aufgebahrt wurde – ein Reporter schrieb, der Körper weise 20 Kugellöcher auf –, hielt der Erzbischof eine Predigt, die sich nicht nur an die mehreren Tausend Menschen der Gemeinde, sondern auch an die Kolonialisten in der Heimat richtete: »Auf seiner Sahara-Expedition jagte der Marquis de Morès nicht aus eigennützigen Motiven den verführerischen Schatten des Ruhmes nach. Im erhabensten Sinne des Wortes wollte er seine Bemühungen seiner Heimat widmen und ein Volk durch gute Taten überzeugen. Diesem unbedachten, doch edlen Vorsatz ging er auf christliche Art und Weise nach.«[27] Der Erzbischof mag weder über den Charakter Vallombrosas noch über dessen Expedition korrekt unterrichtet gewesen sein, doch er hatte keinen Zweifel daran, wie dessen Tod zu rächen sei: »Frankreich, welches das Mittelmeer im Jahre 1830 von den Berberpiraten befreite, muss nun die Piraten der Wüste auslöschen.«[28]

Vergeltung war jedoch nicht das, was die nordafrikanischen Behörden im Sinn hatten. Ein solcher Schritt hätte die Beschwichtigungspolitik gefährdet, die man seit der Flatters-Katastrophe verfolgte und die, so glanzlos sie war, es Frankreich gestattet hatte, seine kommerziellen Fangarme viel erfolgreicher als durch irgendwelche militärischen Aktionen in die Sahara auszustrecken. In letzter Zeit war es sogar möglich gewesen, dass Forscher ins Tuareggebiet vordrangen und lebend zurückkehrten – vorausgesetzt natürlich, dass eine hinreichend große Eskorte sie begleitete. Aus diesem Grund und auch, weil Vallombrosa nicht mehr Bedeutung zukam als anderen, die in der Wüste gestorben waren, einigten sich die Befehlshaber darauf, den Mord an ihm zu übergehen. Das Unternehmen war seine eigene Idee gewesen und reflektierte nicht die offizielle Politik; man hatte ihn vor den Gefahren gewarnt und Schritte unternommen, um ihn am Aufbruch in die Wüste zu hindern. Wenn man ihn nun zum Märtyrer machte, würde sein Tod eine Form der Vergeltung erforderlich machen, die aller Erfahrung nach nicht realisiert werden konnte. Deshalb empfahl es sich, Ruhe zu bewahren – zumal weitere Ermittlungen enthüllten, dass manche Elemente des Militärs Vallombrosa bei seinem Vorhaben unterstützt, andere wiederum möglicherweise bei seiner Ermordung konspiriert hatten.

Die Ereignisse entwickelten sich aber nicht so, wie es den Behörden vorschwebte. Aufgebrachte algerische Offiziere ergriffen die Initiative und schworen, die Schuldigen zur Rechenschaft zu ziehen. Nach mehreren Razzien kehrten sie mit drei Verdächtigen vom Chaamba-Stamm zurück, die sich aufgrund des Versprechens, dass man sie begnadigen werde (was nicht der Fall war), ergeben hatten. Und Vallombrosas Frau gab den Anstoß zu einer Ermittlung, die untersuchen sollte, welche Rolle tunesische Beamte bei der Beseitigung ihres Gatten gespielt hatten. Jules Delahaye, ein Zeitungsmann und früherer Politiker, fungierte als ihr Ermittler und Sprecher. Er hatte die Aufgabe, »wenn nicht mit der Unparteilichkeit von Richtern, so doch wenigstens mit Hilfe des in ihrem Besitz befindlichen Materials nachzuweisen, dass Morès tatsächlich ein Opfer oder ein Märtyrer war«[29]. Das Verfahren nahm Jahre in Anspruch und förderte im Verlauf der Untersuchungen eine Reihe unerfreulicher politischer Interna zutage. Die *New York World* schrieb: »Der Marquis hatte persönliche Informationen über viele geheime Details der Dreyfus-Affäre – Informationen, die für hochgestellte Männer in Armee und Regierung bedrohlich waren. Um diese Geheimnisse für immer zu begraben, wurde er, wie die Marquise und ihre Freunde behaupten, zuerst nach Afrika geschickt und dann dort ermordet.«[30] Delahayes Funde schienen dies zu bestätigen. Nachdem er mit den drei Häftlingen gesprochen hatte, notierte er: »Alle Geschichten über den Mord, die bis jetzt an die Öffentlichkeit gelangten, sind von französischen Beamten erfundene Lügen. Es heißt, die Karawane habe aus mutigen, ihrem Herrn ergebenen Männern bestanden. Wir können jedoch beweisen, dass man die Karawane bewusst dazu organisiert hatte, de Morès in den Tod zu führen. Der Hauptmörder rühmt sich damit, dass man ihn beauftragt habe, den unglücklichen Marquis zu der Stelle zu geleiten, an der er sein Ende finden sollte.«[31] Delahaye erklärte, der Schuldige sei Oberstleutnant François Rebillet, Militärattaché in Tunis. Rebillet und Vallombrosa hatten sich heftig gestritten – es war Rebillet gewesen, der zwei von dessen Männern festgenommen hatte –, woraus Delahaye folgendes Szenario ableitete: Rebillet sei ein korrupter Beamter, der Geld in den Karawanenhandel der Sahara investiert habe. Aus Angst davor, Vallombrosas Expedition könne seine Geschäfte beeinträchtigen, habe er versucht, diesen zunächst mit legalen und dann mit illegalen Mitteln zu stoppen. Zwar konnte Delahaye nicht nachweisen, dass Rebillet entweder Jude oder Engländer war, doch er erwies sich als das Nächstschlimmste, nämlich als Freimaurer.

Wie alle Verschwörungstheorien beruhte auch die Delahayes auf Gerüchten, Indizien und dem einen oder anderen Körnchen rätselhafter Wahrheit. Tatsächlich muteten sowohl Rebillets Verzögerungsmanöver als auch die anscheinende Unterstützung beim Überschreiten der algerischen Grenze, die Vallombrosa durch etliche Offiziere erfahren hatte, seltsam an. Und wieso war Vallombrosa von einem Führer begleitet worden, der nach Delahayes Schätzung bereits in die Ermordung von 59 anderen Menschen verwickelt war? Diese und andere Fragen sprach Delahaye während der Untersuchung an, die im Jahre 1901 im tunesischen Sousse abgehalten wurde. Aber der Richter urteilte nicht in seinem Sinne und befand die drei Angeklagten des Mordes für schuldig. Einen richtete man schließlich hin (der zweite war bereits in der Haft gestorben, und das Urteil des dritten wurde auf Bitten der Marquise in eine lebenslange Zuchthausstrafe umgewandelt). Weitere 17 Männer wurden ebenfalls für schuldig befunden und zum Tode verurteilt, doch da sie nicht vor Gericht erschienen und da niemand ihren Aufenthaltsort kannte (oder wusste, wer sie waren), blieb die Strafe bedeutungslos. Delahaye behauptete, die Untersuchung sei Schönfärberei gewesen, und widmete sich erneut seiner Kampagne. Rebillet setzte sich energisch zur Wehr. Allem Anschein nach ein brillanter, wenn auch nicht tadelloser Offizier – »von schwächlichem Äußeren, doch sehr hart«, schrieb einer seiner Befehlshaber, »unermüdlich, fesch gekleidet und ein ausgezeichneter Reiter, eine erregbare Natur, energisch, beeinflussbar und eigensinnig«[32] –, war er aufgefordert worden, wegen des Skandals seinen Abschied zu nehmen. Daraufhin strengte er eine Verleumdungsklage gegen Delahaye an und erhielt 5000 Franc Entschädigung zugesprochen. Delahaye antwortete mit einem dreibändigen Opus über die Morès-Affäre, aus dem jeder folgern konnte, dass der Mann, den er X nannte, in Wirklichkeit Rebillet war. Mittlerweile gab die Marquise die Legende vom Märtyrertum ihres Mannes an die jüngeren Generationen der Familie weiter. Im Jahre 1970 teilte Vallombrosas Enkel einem Biographen mit: »Mein Großvater wurde in der Libyschen Wüste von Tuareg ermordet, die im Sold seiner politischen Feinde standen.«[33]

Ob sich die Obrigkeit der Mittäterschaft an Vallombrosas Ermordung schuldig gemacht hatte, bleibt ungewiss. Rebillet könnte durchaus in Schiebereien verwickelt gewesen sein und deshalb versucht haben, Vallombrosa zu stoppen. Damit hätte er im Einklang mit dem Willen der Nation gehandelt, denn in kolonialer Hinsicht war Frankreich stolz darauf, sich den jeweiligen Gegebenheiten anzupassen, und wenn es die Norm war, Gewinne mitzunehmen, waren seine Repräsentanten der Herausforderung durchaus gewachsen. Aber es ist unwahrscheinlich, dass Rebillet den Mord an Vallombrosa anordnete. Die tunesische Presse dürfte Recht gehabt haben, als sie schrieb: »Monsieur de Morès wurde von Einheimischen umgebracht, die guten Glaubens waren, den Herrschern von Tunesien damit einen Gefallen zu tun.«[34] Fest steht jedoch, dass die Militärs gute Gründe hatten, Schweigen zu wahren. Sie wollten ein Ereignis herunterspielen, das Einblick in die Misswirtschaft der französischen Kolonien bot und unwillkommene Aufmerksamkeit auf die schwer zu rechtfertigenden Aktivitäten in der Sahara lenkte. In dieser Beziehung scheiterten sie.

Vallombrosa wurde eine *cause célèbre*. Trotz seines Antisemitismus – oder vielleicht deswegen – und trotz seiner wenig attraktiven Neigung, ihm missliebige Personen zu erschießen, war er von einer anrüchigen Romantik umgeben. Im Bild des Edelmanns, der sich gegen die Raubeine des Wilden Westens behauptete, der einen persönlichen Kreuzzug unternahm, um den imperialen Zielen seines Lande zu dienen, und der mit dem Revolver in der Hand bis zum Letzten gegen seine Mörder kämpfend, gestorben war, drückte sich das Wesen der Populärliteratur aus. Seine Beisetzung auf dem Friedhof Montmartre war ein in allen Zeitungen gemeldetes Ereignis, an dem Trauernde aus sämtlichen Schichten der französischen Gesellschaft teilnahmen, wobei die größte Gruppe von den Pariser Schlachtern gestellt wurde, die dem verstorbenen Fleischpacker die letzte Ehre erweisen wollten. Vallombrosas Tod war mehr als eine sentimentale Angelegenheit, denn er rückte die Kolonialfrage in den Vordergrund des Nationalbewusstseins und erinnerte die Menschen daran, dass Frankreich Probleme mit seinen überseeischen Besitzungen hatte. Es gab ständig Aufstände in Indochina, eine Rebellion auf Madagaskar war kurz zuvor mit viel Mühe und unter großen Verlusten an Menschenleben niedergeschlagen worden, in Timbuktu war es zum Bonnier-Debakel gekommen, Marchands Expedition arbeitete sich mit Plänen nach Ägypten vor, die nur mit einem nicht zu gewinnenden Krieg gegen Großbritannien oder einem demütigenden Rückzug enden konnten, und nun hatte sich diese schändliche Episode in der tunesischen Wüste ereignet. Vallombrosas Tod war in keiner Weise mit dem von Flatters zu vergleichen, doch von beiden gingen ähnliche Signale der Ohnmacht aus. Die Kolonialisten beschlossen, dass Frankreich unverzüglich handeln müsse. Es dürfe keine Halbherzigkeit und kein Schwanken mehr geben wie bisher. Frankreich müsse die Kontrolle über die Sahara und den Sudan übernehmen und seine Autorität in dieser Region geltend machen, die es so energisch für sich beansprucht hatte. Das war Musik in Jules Cambons Ohren, dessen Amtszeit als Generalgouverneur in Algerien im Jahre 1897 ihrem Ende entgegenging. In seiner Abschiedsrede drängte er Frankreich, »unsere Landsleute zu rächen und ihr unvollendetes Werk fortzusetzen«[35]. Seinem Nachfolger Julien Laferrière war es eine Freude, bei diesem Vorhaben helfen zu können. Seine Ambitionen in Bezug auf die Sahara waren beinahe ebenso kühn wie die Cambons, und so sah auch er dem Tag entgegen, an dem der gallische Hahn über jeder Kasbah krähen würde. Ein gewisser Leutnant Emile Hourst, der gerade von der Erforschung des Niger zurückgekehrt war, brachte die herrschende Stimmung zu Papier: »Aus voller Seele erkläre ich: Frankreich muss ... Kolonien erwerben«, schrieb er in sein Tagebuch. »Durch sie allein wird es seine wirtschaftliche Überlegenheit zurückgewinnen, die so stark gefährdet ist. Durch sie allein wird seine *gesellschaftliche Stellung gesichert werden* ... Die Sahara ist uns verschlossen, noch stärker verschlossen als zu Duveyriers Zeiten ... Vorwärts, um des alten Frankreich willen!«[36]

Die Regierung war der Ansicht, dass es bereits vorwärts ging. Hatte sie nicht drei Expeditionen die Erlaubnis erteilt, aus drei verschiedenen Richtungen in den Sudan vorzudringen? Eine Gruppe, die Zentralafrikanische Mission, war zum Vorrücken aus Timbuktu gerüstet, die zweite, die Kongo-Mission, wartete nur noch auf ein Schiff, das ihren Anführer Emile Gentil zum Kongo befördern sollte, während die Vorbereitungen für die dritte und wichtigste, die durch die Sahara nach Süden marschieren sollte, ebenfalls weit gediehen waren. Man hatte bereits einen Befehlshaber ausgewählt: Major François Lamy.

Lamy, ein eleganter, wenn auch jähzorniger Offizier, hatte in der algerischen Wüste, auf Madagaskar und im Fernen Osten gedient und zudem einige Zeit als Präsidentenberater im Elysée-Palast verbracht. Er wurde angewiesen, sich Freiwillige auszusuchen, und sobald seine Streitmacht vollständig wäre, aus Algerien zum Sudan zu marschieren, um sich dem Kampf um den Tschadsee anzuschließen. Laut Lamy stieß er auf eine leidenschaftliche Reaktion. Als er an die 1. Algerischen *tirailleurs* herantrat, meldeten sich sämtliche 400 Mann zum Dienst. »Wir mussten einige von ihnen in der Kaserne einsperren, damit sie sich nicht alle freiwillig meldeten, und dazu gehörten die Offiziere und sämtliche Unteroffiziere.«[37] Nach erfolgter Auswahl verfügte er über 212 *tirailleurs* und 13 Spahis, darunter zwei französische Ärzte sowie 31 französische Unteroffiziere. Seine Truppe war mit einschüssigen Gewehren, Repetiergewehren und zwei Feldgeschützen mit jeweils 200 Granaten ausgerüstet. Zum Transport dieser Armee und ihrer Vorräte requirierte Lamy sämtliche Kamele im Umkreis von Kilometern. Schließlich verfügte er über 1004 Kamele, was seine Karawane zu einer der größten werden ließ, die je eine Saharadurchquerung versucht hatte.

Trotz dieser unerhörten Ansammlung von Menschen und Tieren durfte Lamy es seltsamerweise kaum wagen, den Zweck seines Unternehmens bekanntzugeben. Zwar hatte das Kriegsministerium Lamy gestattet, Soldaten anzuwerben, doch es weigerte sich, das Unternehmen auch zu finanzieren, für das sie ausgesucht worden waren. Vielleicht lag es daran, dass so viel Geld für die beiden anderen Expeditionen ausgegeben worden war, vielleicht daran, dass Flatters noch immer seinen traurigen Schatten warf, oder vielleicht war es eine Geste zur Beschwichtigung der Zweifler, die den Rückzug Frankreichs aus der Sahara forderten. Wie auch immer, Lamy musste private Geldgeber finden. Die einzige private Institution, die seine Reise finanzieren wollte, war die *Société de Géographie de Paris*, die allerdings bereits 300 000 Franc für eine ganz ähnliche Expedition an einen gewissen Fernand Foureau gezahlt hatte. Lamy suchte Foureau auf und überredete ihn, sich seiner Streitmacht anzuschließen. Danach gelang es ihm durch hartnäckige Anfragen, bei der Regierung weitere 500 000 Franc nicht für eine militärische Expedition, sondern, wie es offiziell hieß, für eine wissenschaftliche Erforschung der Sahara lockerzumachen. Am 20. September 1898 um 5.45 Uhr ließ Lamy seine Soldaten in den Zug steigen, der sie von ihrer Garnison in Blida zu der Oase Biskra bringen würde.

An einer Stelle gelegen, wo das Atlas-Gebirge zur Wüste hin abfällt, war Biskra eine der südlichen Endstationen des algerischen Eisenbahnnetzes und dadurch eine Kombination aus Fremdenverkehrsziel und militärischem Rangierbahnhof. Hier wurden Soldaten zusammengezogen, bevor sie in die Sahara aufbrachen. Und hierher kamen schwindsüchtige Europäer, um sich im trockenen Klima zu erholen. So bestand Biskra aus einer bizarren Mischung von Kasernen und Sanatorien – mit den Worten eines Briten, »eine Verbindung von Brighton und Aldershot«[38]. Reisende waren von den Kontrasten fasziniert. Soldaten stapften durch den Staub, Kamelkarawanen schlingerten vorüber, Chaamba in langen Gewändern mischten sich mit arabischen Kaufleuten, und reiche Kurgäste schritten fernab des Gedränges unter Palmen dahin oder schauten reglos von Hotelveranden auf die Wüste und die Aktivitäten derer, die bald hinausziehen würden. Der Ort wirkte geradezu surrealistisch, wodurch er zum perfekten Ausgangspunkt für eine Expedition wurde, die sich ihrerseits als immer absonderlicher erweisen sollte.

7

VON ALGIER ZUM KONGO

Fernand Foureau wurde von Duveyrier als der Mann beschrieben, »der am fähigsten ist, eine erfolgreiche Expedition durchzuführen, um Algerien mit dem französischen Sudan zu verknüpfen«[1]. Eine schillernde Gestalt, war er 1876 mit 26 Jahren nach Algerien gegangen, um sich als Landwirt zu versuchen, doch bald schon hatte Foureau die Scholle verlassen, um sich der Saharaforschung zuzuwenden. Bis 1898 hatte er nicht weniger als elf Expeditionen in die Wüste unternommen (neun davon unter der Schirmherrschaft des Bildungsministeriums) und galt als bedeutendster Saharaspezialist der Welt. Fotos zeigen ihn als hochgewachsenen, hageren, sonnengebräunten Mann, der eine helle Uniform, bestehend aus einer schmalschultrigen Jacke mit rundem Kragen und einer unglaublich bauschigen Hose, trägt, die an den Knöcheln spitz zuläuft; schräg in die Stirn hat er sich einen breitkrempigen Hut gezogen. Mit gekreuzten Armen, vorgeschobenem Kinn und einem Schnurrbart, dessen Spitzen wie zu einem horizontalen Degen gewichst sind, blickt er majestätisch in die Ferne. Man könnte ihn fast für eine Parodie seiner selbst halten, wäre Foureau kein wirklicher Abenteurer gewesen. Rücksichtslos verfolgte er ein einziges Ziel in seinem Leben: »Von Anfang an hatte ich vor, den Kontinent von Norden her anzugreifen, die Sahara zu durchqueren und den Sudan zu erreichen.«[2]

Bis zum Jahre 1898 hatte er 21 000 Kilometer durch Sand und Geröll – 9000 bis dahin von keinem Franzosen betreten – hinter sich gebracht und dabei große Teile des unbekannten Gebiets kartiert, zahllose Breiten- und Längengrade überschritten und sich tief ins Territorium der

Tuareg vorgewagt. Aber da er nur eine kleine Begleitmannschaft besaß, war es ihm nie gelungen, so weit vorzustoßen, wie er es sich gewünscht hätte. Die Truppe war zwar stark genug, um sein Leben zu schützen, aber die Tuareg vermochte sie nicht zu beeindrucken. Jedes Unternehmen endete damit, dass die Nomaden ihn aufforderten umzukehren.

1894 zum Beispiel war er zum Adscher gereist. Die Bewohner machten sich unverhohlen lustig über die Ambitionen Foureaus und diejenigen Frankreichs. »Glauben Sie wirklich, dass im Sudan irgend etwas zu gewinnen ist?« fragte ein Häuptling. »Meinen Sie, dass mit dem Land Handel getrieben werden kann? Warum wollen Sie – die Sie Berge von Gold und Silber besitzen, die Sie das Metall nur zu nehmen und zu Münzen zu prägen brauchen – in ein Land einmarschieren, in dem die Menschen arm sind und in dem man nur mit Hilfe einer Lanze überleben kann?«[3] Noch deutlicher äußerte sich der Mann über die transsaharische Eisenbahn. Er deutete mit dem Arm auf das Felsplateau im Süden und fragte: »Sehen Sie den Berg? Das ist der Tassili. Kein Europäer hat ihn je überquert, und kein Europäer wird eine Eisenbahn über ihn hinweg bauen, solange ein einziger Tuareg des Adscher am Leben ist.«[4] Dann fuhr er mit beeindruckendem technischem Sachverstand fort: »Außerdem sehen Sie ja selbst, wie schwierig es wäre. Es gibt keinen Menschen auf der Welt, der ein solches Unternehmen durchführen könnte.«[5] Foureau erwiderte, er persönlich wolle keine Eisenbahn bauen, sondern lediglich die Berge überqueren, um herauszufinden, was auf der anderen Seite sei. Deshalb wäre er dankbar für einen Führer, der ihm den Weg zum Sudan weisen könne. Man schickte ihn fort.

Foureaus Problem hatte mit Geld zu tun. Es erschien ihm sinnlos und unmöglich, mit geringen Mitteln friedlich durch die Wüste zu ziehen. Aufgrund langer Erfahrung stimmte er dem General Arnaudeau zu, der über Flatters' Expedition geäußert hatte: »Man kann sagen, dass man friedliebend sein möchte. Man kann so friedliebend sein, wie man will. Aber welchen Zweck hat es, sich friedlich ermorden zu lassen?«[6] Damals und auch Jahre später hatte sich niemand um Arnaudeaus Worte gekümmert. Nun jedoch befürwortete Foureau eine Rückkehr zu den alten Methoden. Er schlug vor, die Sahara mit einer Streitmacht zu durchqueren, die stark und unabhängig genug wäre, um auf den Schutz der Tuareg verzichten zu können. Er schrieb: »Ich muss beweisen, dass ich die Mittel habe, ihren Respekt zu erzwingen, dass ich selbständig bin und meine eigene Eskorte habe.«[7] Eine solche Armee erforderte jedoch Mittel, über die Foureau nicht verfügte. Da kamen ihm die Kolonialisten zu Hilfe.

Im Jahre 1874 starb Renoust de Orgeries, Direktor des Amtes für Straßen- und Brückenbau und ein leidenschaftlicher Imperialist. Er hatte zu Lebzeiten ein stattliches Vermögen angehäuft und es zur Gänze der Pariser Geographischen Gesellschaft vermacht. In seinem Testament hinterließ Orgeries genaue Anweisungen darüber, wie sein Erbe auszugeben sei. Es sollte dem Zweck dienen, »die im afrikanischen Innern noch unabhängigen Länder friedlich unter den Einfluss oder den Schutz Frankreichs zu bringen, damit eine homogene Einheit zwischen Algerien und unseren Besitzungen im Senegal und im Kongo geschaffen werden kann«[8]. Nach Beratungen mit Testamentsvollstreckern und Treuhändern sowie mit verschiedenen kriegslüsternen Aristokraten stimmte die Gesellschaft dafür, die Erbschaft Orgeries' an Fernand Foureau auszuzahlen. Es handelte sich um 300 000 Franc, was ausreichte, um Foureau die 150 Gewehrschützen, die ihm für seine Reise erforderlich schienen, anheuern zu lassen und um die Aufmerksamkeit von Major François Lamy zu wecken. Nachdem die beiden Männer einander durch einen gemeinsamen Freund vorgestellt worden waren, beschlossen sie, gemeinsame Sache zu machen und eine Expedition zu organisieren, die so mächtig wäre, dass sie keinen einzigen Schuss zu ihrer Verteidigung abzugeben brauchte. So umfasste die Foureau-Lamy-Expedition, als sie am 23. Oktober 1898 die Oase Wargla verließ, weder die 150 Mann, die Foureau gefordert, noch die 212, die Lamy zunächst aufgestellt hatte, sondern insgesamt 381 gut bewaffnete Soldaten.

Die Abreise war chaotisch. Man musste mehr als 5000 Kisten verladen, die nicht nur Lebensmittel, sondern auch Tabak, Kerzen, Seife, Munition und wissenschaftliche Ausrüstung enthielten. Kästen mit persönlichen Habseligkeiten, Säcke voller Kartoffeln und große Wasserkanister wurden in Satteltaschen verstaut und den Kamelen aufgeladen. Es gab sogar ein aufziehbares Grammophon, das Foureau mitgebracht hatte, um »die Eingeborenen zu verführen«[9]. Die Arbeit wurde durch Sandstürme und Moskitoschwärme, »die uns keine Minute lang in

Die Expedition von Foureau und Lamy bei ihrer Durchquerung der Sahara

Ruhe lassen«,[10] behindert. Aber in der Abenddämmerung verschwanden die Moskitos, und die Expeditionsführer konnten sich am Glanz ihrer Umgebung erfreuen. Sie stellten keine Vergleiche mit dem Koran an, wie Foucauld es getan hatte, doch ergriff sie ein ähnliches Staunen. Eines Abends lief Lamy hinaus, nur um sich den Himmel anzuschauen. »Die Nächte sind wunderbar«, schrieb er, »der Himmel ist von tiefem Blau und mit Tausenden von Sternen gesprenkelt.«[11]

Die Anweisungen, die Foureau, nominell der Expeditionschef, erhalten hatte, waren unklar: »Erforschen Sie die Sahara zwischen Algerien und dem französischen Sudan.« Er nahm an, dass die Erfordernisse der topographischen Forschung einfach dadurch befriedigt werden konnten, dass die Expedition die 2500 Kilometer zwischen Wargla und dem Tschadsee zurücklegte, doch gemäß seinen Befehlen hatte er außerdem vier »Wissenschaftler« angestellt, die unterwegs Beobachtungen vornehmen sollten: Noel Villatte, Astronom, L. Leroy, Fotograf, Jacques du Passage, Naturforscher, und Charles Dorian, Politiker. Keiner von ihnen war besonders tüchtig. Passage wurde nach ein paar Tagen in der

Wüste heimgeschickt, weil er zu jung sei, und Leroy machte zahlreiche Fotos, musste später jedoch die meisten seiner Glasplatten zurücklassen.* Dorian hatte nicht die geringsten Qualifikationen, abgesehen von seinem Wunsch, an der Reise teilzunehmen, und vom Besitz einer Smokingjacke, die, wie er meinte, für einen Hauch von Eleganz sorgen würde. Allerdings waren Forschungen auch nicht das Hauptanliegen der Expedition. So sehr Foureau es auch zu verschleiern suchte, war dies ein Rachefeldzug. Laut der Pariser Geographischen Gesellschaft führte Foureau eine »nationale Expedition, welche … die von Flatters verursachte Legende der Ohnmacht korrigieren [und] diese traurige Erinnerung auslöschen soll … Bei der Reise von Foureau und Lamy [handelt es sich um] die neuerliche und wiedererstandene Flatters-Expedition.«[12]

Wie Foureau und Lamy erwartet hatten, begegneten sie auf ihrem Marsch nach Süden keinem Widerstand durch die Tuareg. Das könnte an ihrer Stärke gelegen haben oder auch daran, dass die Tuareg die Mühe für unnötig hielten. Bei ihrem Versuch, unbesiegbar zu wirken, hatten Foureau und Lamy die Grundregeln des Überlebens in der Wüste ignoriert: wenig Gepäck mitzunehmen, rasch vorzurücken und in kleinen Gruppen zu reisen, welche die kargen Ressourcen der Sahara nicht über Gebühr belasteten. Foureaus und Lamys Expedition hingegen war groß, langsam und schwer beladen. Zudem erwies sie sich trotz der sorgfältigen Vorbereitungen als schlecht organisiert. Das Hauptproblem waren die Kamele. Keiner der Männer verstand mit ihnen umzugehen – ein paar Chaamba-Kameltreiber wurden ohne sichtlichen Erfolg in den Dienst gepresst –, und es gab zu viele von ihnen. Die spärliche Nahrung der Wüste reichte nicht für eine derart große Zahl aus, und die Brunnen (verschmutzt und nach Schwefel stinkend) eigneten sich nicht dazu, die Tiere zu tränken. So verfielen die Kamele zusehends, ebenso wie die Männer, denen sie dienen sollten. Während Foureau und Lamy einerseits für das Terrain zu viele Tiere mitgenommen hatten, besaßen sie andererseits zu wenig für ihre Aufgabe. Die Kamele,

* Die meisten Bilder, die anschließend im Journal der Expedition erschienen, waren von Foureau selbst belichtet worden. Wütend äußerte er sich über die Stunden, die er, nur mit einer Unterhose bekleidet, schweißüberströmt unter einem dunklen Tuch verbracht hatte, während er auf die Entwicklung der Bilder wartete.

obwohl mit schweren Lasten beladen, trugen nicht genug Vorräte für die aufgeblähte Armee, die schließlich in Wargla startete – ein Mangel, der durch die immer schwierigeren Verhältnisse verschärft wurde, mit denen sich die Expedition konfrontiert sah.

Während sich die Männer durch die Felslandschaft vorarbeiteten, klagten sie über ihre knappen Rationen. 200 Gramm Mehl pro Person und Tag sowie eine Portion Datteln konnten ihren Hunger nicht stillen. Foureau und Lamy hatten Nachschubkarawanen organisiert, doch schienen die nie einzutreffen, wenn sie benötigt wurden. Zudem hatte man 20 Scharfschützen vom Stamme der Chaamba angeheuert, die für Frischfleisch sorgen sollten, aber genauso, wie die Kamele zu wenig zu fressen hatten, gab es für die Chaambas kaum etwas, das sie hätten erlegen können. Nach 23 Tagen hatten sie lediglich eine Antilope und 16 Gazellen geschossen.

Trotz dieser Schwierigkeiten erreichte die Expedition die Ausläufer des Hoggar, wo Foureau unbedingt den Schauplatz des Massakers an Flatters und seinen Leuten aufsuchen wollte. Mit einer kleinen Gruppe von Männern ritt er durch Felder »aus unfruchtbarem Schiefer und Granit, eine Landschaft, die den Eindruck unendlichen Kummers hinterlässt«,[13] um sich den berüchtigten Brunnen anzuschauen. Er fand wenig, was er hätte betrauern können. Später besagten Gerüchte, er habe ein Loch entdeckt, in dem die Tuareg die französischen Leichen zu einem Haufen aufgestapelt hätten. In seinem Journal erwähnte er jedoch nur eine Reihe nicht identifizierbarer Knochen, die Reste eines europäischen Schuhs und – 800 bis 1000 Meter nordwestlich der Stätte – einen Oberarmknochen, der, wie er glaubte, von Hauptmann Masson, einem von Flatters' Offizieren, stammte. Foureau baute eine Steinpyramide, schickte eine Botschaft nach Wargla, in der er dem dortigen Befehlshaber riet, die Überreste zu bergen, und ritt dann zurück zu seiner Truppe.

Die Expedition zog weiter nach Süden und verbreitete überall Angst und Schrecken. Eine Schar von 30 Tuareg näherte sich dem Lager und versicherte: »Solange ihr bei uns seid, braucht ihr nichts zu fürchten. Ihr seid in unserem Land, und zwischen euch und uns wird Frieden herrschen. Aber wenn ihr weitermarschiert, können wir nicht für eure Sicherheit bürgen.«[14] Foureau und Lamy lachten. Sie brauchten keine

Garantien der Tuareg, denn sie konnten sich selbst zur Wehr setzen. Die Expedition ließ den Hoggar hinter sich, ohne einen einzigen Schuss zur Selbstverteidigung abgegeben und ohne mehr als ein paar Kamele durch gelegentliche Diebstähle verloren zu haben. Die Berge hatten jedoch wenig Essbares geliefert, und die Vorräte wurden noch knapper. Ein Feldwebel namens Charles Guilleaux sagte: »Wir erfuhren, was Hunger ist. Aber hätten wir gewusst, was uns bevorstand, wären wir überzeugt gewesen, dass es uns noch sehr gutging.«[15]

Vor ihnen lag der schlimmste Teil der Reise: der Ténéré, eine eintönige Ebene aus Fels und Sand, deren Durchquerung einen Gewaltmarsch von mindestens sieben Tagen erforderte. Dieser Strapaze waren die Kamele nicht mehr gewachsen. Hungrig und verwahrlost, gingen sie der Reihe nach ein. »Dies ist eine schreckliche Wüste«, verzeichnete Foureau, »elend, trügerisch und entmutigend für uns unterernährte Seelen. Die Straße ist mit den Skeletten von Kamelen übersät, deren Zahl wir unablässig vergrößern. Ein Kamel bleibt stehen, wir schieben es weiter, es kniet sich auf seine Läufe und bleibt sitzen. Wir haben keine andere Wahl, als das Gepäck von ihm abzuladen und unseren Weg fortzusetzen. Das arme Tier ruht reglos wie eine Statue, eine starre, braune Silhouette, die immer kleiner wird, während wir voranschreiten. Schließlich ist es ein kleiner schwarzer Fleck zwischen dem purpurnen Boden und dem blauen Himmel und späht hinter seinen Leidensgenossen her. Am folgenden Tag liegt es ausgestreckt auf der Straße, ein weiterer Meilenstein auf diesem unversöhnlichen, alles verschlingenden Pfad … Ähnliche Dinge hatte ich bereits auf früheren Expeditionen beobachtet, doch nie in einem derartigen Ausmaß.«[16] Jeder Tod eines Kamels bedeutete, dass die von ihm getragenen Vorräte zurückgelassen werden mussten, und die Männer wurden immer hungriger. Foureau und Lamy trieben sie zu noch größerer Eile an, indem sie die Soldaten um drei Uhr morgens weckten und sie erst um neun Uhr abends Halt machen ließen. Zum Frühstück wurde ein Kessel Tee gekocht. Das Mittagessen bestand aus einer Handvoll Datteln, und am Abend aßen sie unweigerlich eines der am selben Tag gestorbenen Kamele. Doch bald gingen die Kamele schneller ein, als sie verzehrt werden konnten. »Unsere Verluste sind in den letzten sieben Tagen auf über 140 Tiere gestiegen«, schrieb Foureau in sein Journal. »Unter den Bedingungen, denen wir uns ausgesetzt sehen, sind diese Zahlen schrecklich und alarmierend. Es lässt sich nicht bestreiten, dass eine Gruppe von Männern, die ihre Karawane oder ihre Tiere mitten in der Wüste dahinschwinden sieht, unwiderruflich verloren ist. Nichts kann sie retten. Den Männern bleibt nichts anderes übrig, als sich in den Schatten eines Felsblocks zu legen und auf die Erlösung, das heißt den Tod, zu warten.«[17] Eines Nachts wurden sie von einem Schuss geweckt: Ein *tirailleur* hatte sich das Leben genommen.

Trotz allem gelangten sie sicher auf die andere Seite des Ténéré, aber die Kamele starben weiterhin, und bevor die Expedition die üppigeren Gefilde des Aïr im nördlichen Sudan erreichen konnte, ließen die Kräfte der Männer rasch nach. Am 24. Februar 1899 kamen sie im Dorf Iferuan mit nur noch 585 Kamelen zum Stehen. Da Foureau ohne neue Tiere nicht weiterziehen konnte, musste er seine hochgeschätzte Unabhängigkeit aufgeben und um Ersatz feilschen. Unglücklicherweise war er gezwungen, mit Tuareg zu verhandeln, die, wie er befürchtet hatte, seine Abhängigkeit für Schwäche hielten. 500 frische Reittiere wurden versprochen, trafen jedoch nicht ein. Am 8. März fielen zwei von Foureaus Männern Morden zum Opfer. Vier Tage später unternahmen die Tuareg dann einen massierten Angriff auf das unzureichend verbarrikadierte Lager der Expedition.

Am 12. März wurde sich Lamy um sechs Uhr morgens, wenige Minuten nach dem Wecken, »eines großen Rauschens, durchdringender Schreie [und] eines unbeschreiblichen Durcheinanders«[18] bewusst. Er spähte aus seinem Zelt und sah »eine ungeheure Staubwolke … die aus dem Tal 300 bis 400 Meter vor unserem Lager aufstieg«[19]. Es war schwer zu erkennen, was sich abspielte – Staub und Morgennebel begrenzten die Sicht auf 200 Meter –, aber es war nicht schwer zu erraten. Aus dem Dunst brachen vielleicht 100, vielleicht 500 mit Schwertern und Lanzen bewaffnete Tuareg hervor. Begleitet von einer brüllenden Menge schwarzer Fußsoldaten, rasten sie auf ihren Kamelen auf das Lager zu. Viele der Schwarzen hingen an den Schwänzen der Kamele und stachelten sie mit Messern an. Nun endlich hatten die Soldaten Gelegenheit, das zu tun, wofür sie ausgebildet worden waren – und dabei zum erstenmal die beiden Artilleriegeschütze einzusetzen, die sie über mehr als 1800 Kilometer durch die Wüste geschleppt hatten. Lamy betrachtete den Feind mit Geringschätzung, befahl 30 Männern, Position zu beziehen, und wies die Artilleristen an, Kartätschen zu laden. Auf sein Signal hin wurde gefeuert, und Körper stürzten massenhaft zu Boden. »Es rief einen Moment der Verblüffung und des Zögerns hervor«,[20] schrieb er sarkastisch. Auf eine Entfernung von 200 Metern hatten die Tuareg ohne Feuerwaffen keine Chance. Ihre Tapferkeit ließ sie bis auf 50 Meter an die französische Verteidigungslinie vorrücken, doch dort kamen sie zum Stehen. Um 6.25 Uhr war die Schlacht vorbei. Tote Tuareg und ihre Kamele bedeckten den Boden. Kein einziger von Lamys Männern hatte auch nur eine Verwundung davongetragen.

Lamys Sieg gab seinen Männern den moralischen Auftrieb, den sie dringend nötig hatten, und beseitigte die Ermattung, die ihr trostloser Marsch durch die Sahara hervorgerufen hatte. Allerdings konnte auch dieser Erfolg das akute Transportproblem nicht lösen. Als Lamy seine Soldaten zur Sicherung des Geländes ausschwärmen ließ, kamen sie mit ein paar herumirrenden Kamelen, deren Besitzer in der Schlacht gefallen waren, ins Lager zurück, aber damit war der Bedarf bei weitem nicht gedeckt. 90 Tage lang wartete die Expedition in Iferuan und bemühte sich vergeblich, neue Tiere zu kaufen. Die Einheimischen versprachen viel, lieferten jedoch wenig, und unterdessen schwanden die Bestände der Expedition dahin. »Das Tempo, mit dem unsere Kamele sterben, ist einfach entsetzlich«, schrieb Foureau. »Wachsfiguren am Feuer könnten nicht schneller dahinschmelzen.«[21] Nach langen Beratungen beschlossen Foureau und Lamy, dass sie sich selbst helfen mussten, wenn niemand sonst dazu bereit war. In der zweiten Maihälfte und in der ersten Juniwoche brachten sie durch eine Reihe von Razzien die Kamele der Umgebung und dann auch Esel und Ochsen an sich. Ihr Erfolg hielt sich in Grenzen, denn obwohl sie mehrere Dutzend Tiere beschlagnahmten, wurde der Zugewinn durch die anhaltenden Verluste in der ursprünglichen Herde zunichte gemacht. Am 5. Juni waren von den 1004 Kamelen, mit denen sie sich in Wargla auf den Weg gemacht hatten, nur noch 75 übrig.

Während des langen Wartens war es Foureau und Lamy gelungen, dem Herrscher des im Süden gelegenen Agades eine mit Hirse beladene Eselkarawane abzupressen. Sie beschlossen, mit diesen Eseln und den anderen erbeuteten Tieren von Iferuan aufzubrechen und ihren Marsch zum Tschadsee zu vollenden. Das Gepäck wurde auf ein Minimum verringert, man nahm nur Lebensmittel, Munition und Medikamente mit. Der überschüssige Proviant wurde in einer letzten Orgie aufgegessen, bevor man die Reste verbrannte. »Es war eine absolute Katastrophe«,[22] schrieb Foureau traurig. Lamy notierte wütend: »Es war herzzerreißend für uns alle, [alles] zerstören zu müssen, was wir unter derartigen Schwierigkeiten so weit mitgeschleppt hatten, und zu wissen, dass wir einzig um des bösen Willens, der Trägheit, Tücke und Dummheit der Menschen des Aïr zu diesem Opfer gezwungen waren.«[23] Die Männer hatten gehofft, ihre persönlichen Dinge retten zu können, doch diese landeten ebenfalls in den Flammen. Fast bis auf die Haut entblößt marschierte Foureaus und Lamys Expedition am 10. Juni nach Agades ab.

In der öden, gebirgigen Landschaft gab es wenig Vegetation für die Kamele. Die Führer, sieben einheimische Frauen, waren sich des Weges nicht sicher und schlugen häufig die falsche Richtung ein. Die Kleidung fiel den Männern vom Leib, ihre Stiefel nutzten sich ab, und vor allem fehlte es an Nahrung. Hunger und Erschöpfung trieben die Soldaten an den Rand der Meuterei. »Sie hatten keine Angst mehr vor Bestrafung«, schrieb ein Feldwebel, »und auch nicht vor dem Tod.«[24] Als die Expedition Agades am 28. Juli erreichte, nachdem sie täglich 25 Kilometer oder mehr zurückgelegt hatte, kündeten nur noch ihre Waffen davon, dass dies Soldaten der französischen Armee waren; sonst hätte man sie für eine Schar von Vagabunden halten können. Auch die Offiziere gingen barfuß, einige Männer trugen aus alten Dattelsäcken angefertigte Hosen, ein oder zwei Offiziere hatten sich aus Palmenwedeln hergestellte Hüte aufgesetzt, und ihre »Uniformjacken« bestanden aus dem, was ihnen noch an farbigem Stoff geblieben war. Foureau zum Beispiel trug ein purpurnes Unterhemd und Charles Dorian seine Smokingjacke, das letzte Stück seiner Garderobe.

Nach allem, was sie durchgemacht hatten, erschien Agades ihnen wie ein Hafen des Wohlstands und der Ordnung. Es gab dort Minarette, Paläste und Befestigungsanlagen, Häuser, einen Markt und einen Herrscher, der die Aktivitäten der vielen Einwohner kontrollierte. Lamy ließ außerhalb der Stadtmauern das Lager aufschlagen, ein Signalhorn blasen und einen Kanonenschuss abfeuern, um ihre Gegenwart anzukündigen. Der Sultan ritt persönlich herbei, um ihn zu begrüßen, und versicherte, er werde die von der Expedition benötigten Vorräte bereitstellen. Das sei jedoch schwierig, denn die Stadt lebe zur Zeit in Armut. Der erfreute Lamy hielt diese Worte für eine bloße List, um die Preise hochzutreiben, und wartete darauf, dass Agades Kamele und Lebensmittel in Hülle und Fülle lieferte. Aber der Ort hatte nur leere Versprechungen zu bieten. Die Tuareg hatten das einst bedeutende Handelszentrum zu ihrer Vasallenstadt gemacht. Seine Mauern waren eingerissen und nutzlos, sein Markt ein mit Abfall übersäter Sandplatz und sein Sultan eine von den Tuareg ernannte Marionette. Aber damit nicht genug, war der »Sultan«, der sie empfangen hatte, in Wirklichkeit ein mit einem Turban ausgestatteter Stellvertreter, der die Ausländer in Augenschein nehmen sollte, während sich der wirkliche Herrscher in seinem zerbröckelnden Palast verbarg. Als Lamy am 31. Juli noch nichts gehört hatte, ließ er die Moschee durch 200 *tirailleurs* besetzen. Der Sultan überredete sie, sich mit einem Geschenk – Hirse und zwei Kühen – zurückzuziehen. Lamy wartete bis zum 9. August auf die versprochenen Kamele, dann verlor er die Geduld. Er ließ seine Geschütze auf die Stadt richten und schickte die Botschaft aus, dass er feuern werde, wenn er nicht augenblicklich einige Lasttiere erhalte. Daraufhin schickte der Sultan seinen lästigen Besuchern hastig etliche Esel und einen Führer, mit denen sie, wie er hoffte, zufrieden sein würden. Lamy war alles andere als zufrieden, doch er akzeptierte die Tiere, befahl dem Sultan, die Trikolore über seinem Palast hissen zu lassen, und brach am folgenden Tag zu der rund 480 Kilometer im Süden gelegenen Stadt Sinder auf.

Von dort kehrte er bald in übelster Laune zurück. Die Brunnen waren ausgetrocknet gewesen, zahlreiche Esel gestorben, weshalb er wertvolle Kisten mit Nahrung und Munition hatte zurücklassen müssen, der Führer hatte sie nach Norden statt nach Süden geleitet, die Tuareg waren ihrer Kolonne nachts gefolgt und hatten Lamys Wächter so sehr verwirrt, dass sie aufeinander schossen (ein Mann starb im Kreuzfeuer). An den meisten Tagen nahm jeder an Flüssigkeit nur eine einzige Tasse Kaffee zu sich. Am 17. August, als die Reserven auf einen Viertelliter Wasser pro Person geschrumpft waren, hatte Lamy die Kolonne umkehren lassen. Sie legten innerhalb von drei Tagen die gleiche Entfernung zurück wie vorher in acht Tagen und hatten ihr Ziel fast erreicht, als sie von einem »größeren Tornado, als ich ihn mir je hätte vorstellen können, überrascht wurden«, wie Foureau schrieb. Das erste

Zeichen war ein Windstoß von Nordwest. Er erblickte »gewaltig sich auftürmende Staubwolken von einer bösen Kupferfarbe und mit wilden Federn an der Oberseite … die ein gutes Viertel des Horizonts bedeckten. Sie näherten sich mit unglaublicher Geschwindigkeit und rasten mit einer Gewalt, der nichts widerstehen konnte, über uns hinweg … wobei sie alle blendeten, das Gepäck vom Rücken der Kamele fegten und die Mulis umwarfen. Es war unmöglich, ihnen auszuweichen. Sand und kleine Steine flogen aus allen Richtungen auf uns zu. Wir konnten nur ein paar Meter weit sehen.«[25] Die Männer kauerten sich fünfeinhalb Stunden lang zusammen, bis der Sturm sich legte. Am 19. August erreichten sie die Außenbezirke von Agades, wo ein wildes, aus Anlass ihrer Abreise veranstaltetes Fest jäh zum Stillstand kam.

»Dieser Marsch, den schwer beladene Männer bei hohen Temperaturen ohne einen Tropfen Trinkwasser unternahmen«, schrieb Foureau, »hat kaum eine Parallele in der Geschichte der Forschung.«[26] Lamy stimmte ihm uneingeschränkt zu. Nachdem er ihren unkundigen Führer bereits erschossen hatte, konnte man ihn nur mühsam daran hindern, Agades in die Luft zu jagen. Foureau und er begannen nun wochenlange, dem Anschein nach geradezu »endlose Gespräche« mit dem Herrscher der Stadt. Dabei wurde deutlich, dass Agades nichts entbehren konnte. Sie erhielten etwas Proviant – »gerade genug, um uns nicht verhungern zu lassen, doch so wenig, dass wir Schmerzen leiden«[27] –, aber der Sultan lieferte keine Kamele. Lamy verdächtigte ihn, die Tiere nicht herausgeben zu wollen. Wahrscheinlicher ist jedoch, dass er es nicht *konnte*, denn er verfügte nur über genug Lasttiere, um die unmittelbaren Bedürfnisse der Stadt zu befriedigen. Es waren die Tuareg, die Kamele hielten, und nach dem Massaker bei Iferuan hatten sie es nicht eilig, den Franzosen zu helfen.

Gegen Ende September verlor Lamy erneut die Beherrschung. Er ließ die Brunnen besetzen und verkündete, bis er seine Kamele habe, müsse Agades auf Wasser verzichten. Diese Methode funktionierte. Am 17. Oktober war die Foureau-Lamy-Expedition erneut mit einer bunt zusammengewürfelten Schar von Tieren unterwegs, darunter – um dem Sultan, der einen hohen Preis für sie entrichtet haben musste, Gerechtigkeit widerfahren zu lassen – auch eine Reihe von Kamelen, hauptsächlich jedoch Esel und Ochsen. Mittlerweile hatte es geregnet, die Brunnen waren voll, und die Karawane, die zügig 40 Kilometer pro Tag zurücklegte, eilte in Richtung Sinder.

Sie traf am 2. November an ihrem Ziel ein und »wirkte eher wie eine Horde Banditen als eine aus rechtschaffenen Männern bestehende Armeeinheit«[28]. Ihre Schäbigkeit wurde durch den Glanz ihrer Begrüßung noch unterstrichen. Der Sultan von Sinder ritt persönlich zu ihrem Empfang hinaus, begleitet von einer Gruppe bunt gekleideter Reiter, die durch den Staub galoppierten und Gewehre in die Luft abfeuerten. Ein berittenes Orchester vergrößerte den Auflauf und brachte mit Hilfe von Glocken, Trommeln und drei Meter langen Trompeten – »höchst außergewöhnlich«,[29] schrieb Foureau – eine übermütige Kakophonie hervor. Am außergewöhnlichsten war, dass neben den Männern aus Sinder eine Abteilung uniformierter senegalesischer *tirailleurs* mit einem Franzosen, Feldwebel Bouthel, an der Spitze marschierte. Während die Kavalkade in die Stadt zurückkehrte – »ein bewegendes und ermutigendes Schauspiel«[30] –, wo Bouthel die Neuankömmlinge mit frischen Uniformen ausstattete und sie wieder behutsam in die Annehmlichkeiten der Zivilisation einführte, begannen einige Männer zu weinen.

Im Laufe ihres Kampfes mit der Wüste hatten Foureau und Lamy nur kurz über die Rolle nachgedacht, die sie in der umfassenderen Kolonialstrategie Frankreichs spielten. Ihre erste Erinnerung daran, dass sie an einem dreifachen Vorstoß zum Tschadsee teilnehmen sollten, war in Iferuan geweckt worden, wo sie hörten, dass eine französische Streitmacht vom Niger aus in den Sudan vordrang. Sie hatten dem Bericht wenig Beachtung geschenkt, weil sie damals von dringenderen Sorgen geplagt worden waren. Dann, am 20. September, erhielten sie einen seltsamen Brief von einem Leutnant der Zentralafrikanischen Mission. Darin war von Meutereien unter den Soldaten und Krankheiten unter den Offizieren die Rede. Der Leutnant bezog sich auf ein früheres Schreiben, das die Situation detaillierter erkläre, aber es war anscheinend verloren gegangen. »Natürlich verstanden wir nicht, wovon er sprach«, notierte Foureau. »Wir konnten nur mutmaßen, und die Ereignisse, auf die er anspielte, blieben ein trauriges und unergründliches Rätsel.«[31] Der erste Brief erreichte sie schließlich in Sinder. Unterdessen hatte Feldwebel Bouthel sie jedoch bereits auf den neusten Stand gebracht. Seine Erzählung war überaus unerfreulich.

Im November 1898, als Foureaus und Lamys Abreise aus Wargla noch keine zwei Wochen zurücklag, hatten Hauptmann Paul Voulet und Leutnant Charles Chanoine die Ortschaft Kulikoro, rund 640 Kilometer flussaufwärts von Timbuktu am Niger gelegen, an der Spitze der Zentralafrikanischen Mission verlassen. Ihr Ziel war der Tschadsee im Osten, den man nur über mehr als 1500 Kilometer uneroberten und feindlichen Geländes erreichen konnte. Auf dem Papier war die Zentralafrikanische Mission eine kleine Truppe. Ihr Kern bestand aus neun französischen Offizieren und Unteroffizieren sowie aus lediglich 50 senegalesischen *tirailleurs* und 20 sudanesischen Spahis sowie 30 einheimischen Dolmetschern und Führern – viel weniger, als Foureau und Lamy angeheuert hatten. Voulet und Chanoine waren jedoch keine Männer, die sich viel mit Papier abgaben. Notorische Sadisten und senegalesische Rabauken der schlimmsten Art, ließen sie ihren eigenen Launen freien Lauf, wann immer sie die Chance dazu erhielten. Ihre Befehle gaben ihnen reichlich Spielraum. »Ich werde weder behaupten, Ihnen sagen zu können, welchen Weg Sie einschlagen müssen«, schrieb ein ferner Beamter, »noch werde ich Ihnen vorschreiben, wie Sie sich gegenüber den eingeborenen Häuptlingen und der eingeborenen Bevölkerung zu verhalten haben.«[32] Auf dieses Schreiben hin rüsteten sich Voulet und Chanoine für eine Kampagne, deren Dauer und Reichweite sie nicht ermessen konnten, die jedoch ihrer Überzeugung nach ein befriedigendes Maß an Brutalität mit sich bringen würde.

Neben ihren regulären Soldaten heuerten sie 400 Sudanesen als Hilfstruppen an, denen ein Monatssold von 15 Franc sowie alles, was sie erbeuten konnten, versprochen wurde. 800 Träger sollten eine ungeheure Menge von Waffen transportieren: 450 Gewehre, 50 Karabiner, 180 000 Patronen, eine 80mm-Kanone und 100 Granaten. Wie Lamy waren sie so erpicht darauf, unbesiegbar zu erscheinen, dass sie vergaßen, genug Lebensmittel einzupacken. Als Voulet Timbuktu erreichte, zeigte sich der Garnisonskommandeur, Oberstleutnant Jean-François Klobb, gastfreundlich, doch auch beunruhigt. »Ich mache mir Sorgen«, schrieb Klobb. »[Er] scheint loszuziehen, ohne zu wissen, was er tut.«[33] Das stimmte nicht ganz. Voulet hatte die feste Absicht, »die Barbaren und Wilden« des Tschadsees mit Feuer und Schwert heimzusuchen und den mächtigsten Herrscher der Region, Rabi Subair, niederzuwerfen. Dieser hatte kurz zuvor das Territorium südwestlich des Tschadsees annektiert und wurde (natürlich) verdächtigt, im Sold der Briten zu stehen. Voulets Fehler war es jedoch, seine Männer nicht für die gesamte Strecke mit Proviant versehen zu haben. Da er nie einen Feldzug bei derartiger Trockenheit geführt hatte, setzte er voraus, dass seine Leute in der Lage sein würden, sich unterwegs zu versorgen. Doch obwohl der Sudan weniger arm war als die Sahara, konnte man auch dort keineswegs von üppigen Verhältnissen sprechen. Im Senegal hatte die Einheit sich Nahrung verschaffen können und nur eine Lücke hinterlassen, die sich bald wieder schloss. Im Sudan dagegen, wo der Überlebensspielraum geringer war, richtete ihr Durchmarsch Verwüstungen an.

Die Zentralafrikanische Mission verschlang alles auf ihrem Pfad, Lebensmittel ebenso wie Menschen und Tiere. Wenn Voulets und Chanoines Forderungen nicht erfüllt wurden, griffen sie zu Gewalt. Sie ließen jeglichen Widerstand rücksichtslos niedermachen, Dörfer verbrennen und ihre Bewohner umbringen. Manchmal schienen sie Gewalttaten aus reiner Freude daran zu begehen. »Ich gab ihnen alles, was sie haben wollten«, klagte ein Häuptling später. »Sie forderten mich auf, ihnen innerhalb von drei Tagen sechs Pferde und 30 Rinder zu liefern. Das tat ich, aber sie töteten alle, derer sie habhaft werden konnten. 101 Männer, Frauen und Kinder wurden niedergemetzelt.«[34] Die ersten Monate des Jahres 1899 hindurch marschierten Voulet und Chanoine grimmig weiter und ließen eine Spur schwelender Trümmer und abgehackter Köpfe auf Pfählen zurück. Wenn sie gehofft hatten, das Land durch Terror zur Unterwerfung zu zwingen, so scheiterte ihre Taktik. Bald leerte sich das Gebiet vor ihnen, denn die Menschen »flohen so schnell wie möglich beim bloßen Anblick der Trikolore«[35]. Und in dem verlassenen Land fehlten daraufhin Arbeitskräfte und Proviant, die die Expedition benötigte. Die Bevölkerung konnte auf eine Taktik der verbrannten Erde verzichten, denn diese Arbeit nahm ihr die Zentralafrikanische Mission ab, die sich wie ein Drachen vorwärts wälzte.

Während die Lage für ihre Gegner übel war, erging es den Mitgliedern der Mission kaum besser. Wie Douglas Porch schrieb (der 1985 zum ersten englischsprachigen Chronisten dieser schrecklichen Periode des französischen Imperialismus wurde), legten Voulet und Chanoine ihren Männern gegenüber eine empörende Grausamkeit an den Tag. Die Träger wurden als entbehrlicher Abschaum behandelt. Wenn sie erkrankten, enthielt man ihnen die medizinische Versorgung vor, wenn sie einen Fluchtversuch unternahmen, wurden sie erschossen, und wenn sie aus Nahrungsmangel nicht mehr weitermarschieren konnten, enthauptete man sie (um eine Kugel zu sparen). Selbst wenn sie gefügig waren, kam es vor, dass sie aus einer Laune heraus niedergeschossen wurden. Die Grausamkeit war nahezu institutionalisiert. Zum Beispiel wurde ein *tirailleur* hingerichtet, weil er einen Träger nicht mit dem Bajonett, sondern mit einer Kugel getötet hatte. Als der Proviant immer knapper wurde, ließen die Soldaten ihre Frustration an den Führern aus, weil diese sie auf unfruchtbaren Boden geleitet hätten. »Wir hängten sie auf«, schrieb ein Offizier, »und den meisten wurden die Beine von Hyänen abgefressen, da sie so dicht über dem Boden hingen, während die übrigen den Geiern ausgeliefert waren.«[36]

Im April erreichten Gerüchte über die Schandtaten der Zentralafrikanischen Mission schließlich Paris. Sogar nach damaligen Maßstäben – die fast jede Art von Gewalt rechtfertigten – schienen Voulet und Chanoine zu weit gegangen zu sein. Klobb, der gewissenhafte Befehlshaber von Timbuktu, wurde beauftragt, Ermittlungen anzustellen. Er machte sich mit weniger als 100 Mann auf, um Voulet rasch folgen zu können. Aus dem Beweismaterial, auf das er unterwegs stieß – tote Führer, die an Kreuzwegen baumelten, niedergebrannte und verlassene Dörfer, hier 13 aufgehängte Frauen, dort zwei hingerichtete Kinder –, wurde deutlich, dass er nicht hinter gewöhnlichen Fanatikern aus den Reihen der Senegalarmee herjagte, sondern hinter schwer gestörten Männern. Eine weitere Bestätigung dafür erhielt er am 10. Juli, als er, nur wenige Stunden von der Kolonne entfernt, einen Kurier ausschickte, um Voulet mitzuteilen, dass er ihn seines Kommandos enthebe. Dieser erwiderte, er solle es nur versuchen. Klobb sei ein feindlicher Verschwörer, der selbst nach dem Ruhm strebe, den Tschadsee zu erobern. Das wisse er, Voulet, ganz genau, und er werde auf dem ihm beschiedenen Pfad fortschreiten. Keinesfalls werde er sich unterwerfen. »Ich bin entschlossen, lieber mein Leben zu opfern, als mich mit der

Demütigung abzufinden, die Sie mir laut Ihren Befehlen auferlegen sollen«, schrieb er. »Andererseits ziehe ich es vor, alles aufs Spiel zu setzen und auf keinen Fall durch einen dummen Selbstmord meinen Platz einem Intriganten Ihrer Art zu überlassen.«[37] Die Zentralafrikanische Mission zog weiter, genau wie Klobb.

Am 13. Juli, nachdem Voulet 150 Frauen und Kinder zur Vergeltung für den Verlust von zwei *tirailleurs* beim Überfall auf ein Dorf abgeschlachtet hatte, ließ er seine Verfolger wissen: »Wenn der Oberst versucht, meine Kolonne einzuholen, werde ich angreifen.«[38] Klobb marschierte weiter. Am 14. Juli schickte Voulet eine neue Warnung: »Wenn Sie einen Schritt näher kommen, werde ich feuern. Ich werde bis zum letzten Atemzug kämpfen.«[39] Klobb nahm ihn nicht ernst und rückte weiter vor. Am selben Tag bekam er die Mission endlich zu Gesicht. In einer Entfernung von 150 Metern ließ er die Trikolore entfalten, befahl seinen Männern, Aufstellung zu nehmen, und trat dann vor, um mit dem Wahnsinnigen zu verhandeln. Voulet hielt sein Wort und ordnete an, das Feuer zu eröffnen. Klobb wurde durch die erste Salve verwundet und durch die zweite getötet. Seine Männer flohen, als Voulets Soldaten sie mit Bajonetten angriffen. Unter den Verwundeten war Klobbs Stellvertreter, Leutnant Octave Meynier. Voulet kümmerte sich persönlich um ihn und verband seine Wunden, während er sich in wilden »Hetzreden gegen Frankreich, gegen die Regierung, gegen den Oberst« erging. »Zuweilen ließ er ein wenig Reue erkennen, um dann zu neuer Tobsucht, zu einem erschütternden Wahnsinn zurückzukehren.«[40]

Voulet enthüllte das ganze Ausmaß seines Wahnsinns an jenem Abend, als er seinen Offizieren mitteilte, er sei Paris nicht mehr verpflichtet. »Ich bin ein Geächteter, ich verzichte auf meine Familie und mein Land, ich bin kein Franzose mehr, sondern ein schwarzer Häuptling.« Für die Zukunft seiner Truppe skizzierte er einen Plan von atemberaubendem Glanz. »Wir werden ein starkes, uneinnehmbares Reich schaffen, das ich mit einem enormen Strauchwerk ohne Wasser umgeben werde. Um mich zu besiegen, wird man 10 000 Mann und 20 Millionen [Franc] benötigen … Wäre ich in Paris, könnte ich der Herr Frankreichs sein.«[41] Er munterte seine schwarzen Unteroffiziere auf, indem er ihnen Macht versprach. »Mein Land ist dort drüben im Osten«, sagte er, »wir werden es erobern. Ihr seid keine Feldwebel mehr, sondern große schwarze Häuptlinge!«[42] Erschreckenderweise waren seine Pläne gar nicht so weit hergeholt. Männer wie Rabi Subair hatten sich ein Stück Afrika gesichert (ebenso wie Cecil Rhodes und König Leopold von Belgien), warum sollte Voulet mit seiner überwältigenden Feuerkraft nicht das Gleiche tun? Die weißen Offiziere und Unteroffiziere, die zögerten, den Vorschlag ihres Befehlshabers zu akzeptieren, kannten die Antwort. Um so etwas zu bewerkstelligen, brauchte man zumindest eine disziplinierte Einheit und eine Spur von Vernunft. Voulet besaß mittlerweile weder das eine noch das andere.

Voulet und Chanoine ließen die zweifelnden Weißen zurück und marschierten mit den *tirailleurs* und den schwarzen Irregulären einem glorreichen Schicksal entgegen. Innerhalb von Tagen meuterten ihre Männer und töteten die beiden Wahnsinnigen. Die verbliebenen Offiziere übernahmen mehr schlecht als recht den Befehl über die Kolonne und zogen nach Sinder, von wo sie sich, nachdem sie weitere 45 rebellische *tirailleurs* hatten erschießen lassen, in Richtung Tschadsee begaben. Eine 100köpfige Garnison wurde in Sinder zurückgelassen. Es waren diese Männer unter dem Kommando von Feldwebel Bouthel, die Foureaus und Lamys Expedition mit so herzlichem Mitgefühl empfingen, als die am 2. November 1899 aus dem Busch hervorstrauchelte.

Foureau und Lamy waren von Bouthels Geschichte beunruhigt. Ihre eigenen *tirailleurs*, die nahe daran gewesen waren zu meutern, wurden nun von *tirailleurs* bewirtet, die tatsächlich gemeutert hatten. Die Zentralafrikanische Mission zog auf ihrem Pfad der Verwüstung weiter. Foureaus und Lamys Truppe dagegen hatte den Tschadsee, ihr erklärtes Ziel, noch nicht erreicht, und die Trockenzeit stand kurz bevor. Ungeachtet der gastfreundlichen Unterbringung durch Bouthel waren die Leiter der Transsahara-Expedition der Meinung, dringend weitermarschieren zu müssen. Zuerst jedoch galt es, ein paar Dinge zu erledigen. Man zog die Leiche eines französischen Offiziers und seines Dolmetschers aus einem Brunnen und bestattete sie auf gebührende Art. Dann brach Lamy mit einer Gruppe auf, um Klobbs Überreste zur Beerdigung nach Sinder zu holen. Unterdessen schaute sich Foureau in der Stadt um. Das »große und schöne« Sinder mit seinem »angenehmen Aussehen« beeindruckte ihn. Außerhalb der dicken, mit sieben Toren versehenen Mauern erhob sich auf einem steilen Granithügel eine Tuaregfestung. Das Gebäude (das »Frankreich zum Geschenk gemacht worden war«, wie Foureau bescheiden schrieb) diente gleichzeitig als Lagerhaus, und er wanderte staunend durch die nach Gewürzen duftenden Gewölbe. »Inmitten von Baumwolle, Seide, Straußenfedern, Gewürzen etc. sah ich eine Vielfalt unerwarteter Gegenstände, zum Beispiel französische Parfümfläschchen, arabische Bonbonschachteln, Flaschen mit Hunyadi-János-Bitterwasser und Käfige mit lebendigen Zibets, denen der Moschus wöchentlich entzogen wird.«[43] Ihm gefiel auch der Markt von Sinder, der den Platz vor einem der sieben Tore einnahm. Er bestand »aus Reihen von Schuppen, die in kleine Läden geteilt waren. Ein bisschen von allem – von Baumwollstoffen bis hin zu Tabaken, Juwelen, Salz, Kolanüssen etc. – wird hier von nebeneinander sitzenden Negerinnen verkauft.« Aber er übertrieb den Reiz von Sinder, als er die auf den Straßen herumpickenden Geier mit »den verschiedenen Arten von Turteltauben« verglich, die sich »über das ganze Land [verteilen]«[44].

Foureau hatte ein Arkadien beschrieben, während Lamy nur eine verfallende Stadt im Zentrum einer rebellischen Region zu sehen vermochte. Nachdem er Klobbs Überreste geborgen hatte, machte er sich auf, »den Gehorsam gewisser widerspenstiger Häuptlinge zu erzwingen«[45]. Er kehrte mit 300 Pferden und 100 Kamelen zurück, was gerade ausreichte, die Expedition erneut in Marsch zu setzen. Dies sowie ein an Foureau adressiertes Telegramm vom Bildungsminister, das nach Sinder gelangt war und »mich bevollmächtigte, meine eigene Route für den Rückweg zu wählen«,[46] gab den beiden genügend Selbstvertrauen, die Soldaten in Richtung Tschadsee zu führen. Sie starteten kurz vor Neujahr 1900 und stießen fast sofort auf die bekannten Schwierigkeiten. »Unsere unglücklichen Tiere hinterließen ihre Knochen nach wie vor entlang des Weges«, schrieb Foureau, »denn ihr einziges Futter war trockenes Gras, das kaum Nährstoffe lieferte, und was die Versorgung mit Lebensmitteln anging, wurde unsere Situation mit jedem Tag schlimmer.«[47] Auch als sie weniger gnadenloses Terrain erreichten, hörten die Probleme nicht auf, denn das ganze Gebiet war durch den Krieg verbrannt worden. Foureau machte dafür Rabi Subair verantwortlich, der in der Tat der Schuldige gewesen sein mochte, doch auch die Zentralafrikanische Mission war durch diese Region gezogen. In jedem Fall war die Zerstörung entsetzlich. »Sämtliche Dörfer ... waren ausgeraubt und niedergebrannt worden«, schrieb Foureau, »und Haufen von bleichenden Menschenknochen lagen zu allen Seiten.« Von Kukawa, der Hauptstadt von Bornu, die einst 100 000 Einwohner gehabt hatte, war nur noch »eine traurige Ansammlung von Ruinen« übrig. »Zerbröckelnde Mauern, die bereits von Kriechpflanzen bedeckt sind, im Innern der Häuser wachsende Bäume, Tausende von Tongefäßen, zerbrochen oder unversehrt, sind das einzige, worauf der Blick fällt.«[48]

Als sie am 21. Januar 1900 am Tschadsee eintrafen, war Foureau entzückt. »Er ist es wirklich, dieser seit langem erhoffte See, dieses Ziel unserer Mühen in den langen Monaten, dieses Ziel meiner Träume seit mehr als 20 Jahren! Vor uns erstreckte sich eine glänzende Wasserfläche bis hin zum Horizont, den wir durch die Lücken zwischen den zahlreichen Schilfinseln am Rand des Sees sahen.«[49] Das Wasser sei frisch und schmackhaft. Vor allem aber sei die Landschaft fruchtbar genug, um sowohl Menschen als auch Tiere zu ernähren. »Es wimmelt geradezu von Wild«, schrieb Foureau. Er sah Giraffen, Löwen und Elefanten – »die sich als sehr zahm erwiesen« –, und »bei einer Gelegenheit brauchten die Scharen von Antilopen über zehn Minuten, um an unserem Lager vorbeizuziehen«[50].

Foureau tat, als wäre er der erste Weiße, der den Tschadsee gesehen hatte. Das war nicht der Fall. Eine britische Expedition unter Leitung von Chapperton, Denham und Oudney hatte ihn in den zwanziger Jahren, der deutsche Forscher Barth in den fünfziger Jahren des 19. Jahrhunderts erreicht, und im zurückliegenden Jahrzehnt war ein Unternehmer mit einem Dampfer, den er Stück für Stück vom Golf von Benin hatte herbeitransportieren lassen, über ihn hinweggetuckert. Zudem war der Tschadsee nicht so bezaubernd, wie Foureau ihn darstellte, denn er bestand aus einer relativ kleinen Wasserfläche, die von morastigen Schlickflächen umgeben war. Nur an seinem westlichen Ufer ließ sich das Leben als angenehm bezeichnen. Überall sonst lag hinter den niedrigen Sanddünen ein Labyrinth aus Sümpfen und Tümpeln. Foureau, Lamy und ihre Männer stapften um den düsteren See herum, bis sie am Ufer des Schari, der von Süden her in den Tschadsee mündet, auf die Zentralafrikanische Mission stießen. Ungeachtet deren jüngster Vergangenheit – laut Foureau war ihr Leutnant »erfüllt von Begeisterung und Elan, kühn und abenteuerlustig, vor allem ein charmanter und fröhlicher Kamerad«[51] – taten sich die Expeditionsmitglieder mit den Landsleuten zusammen. Zwei französische Armeen waren schlimm genug, wie Rabi Subair am 2. März feststellte, als sie die Stadt Kusri stürmten – »wobei der Feind schwere Verluste an Männern, Waffen und Vorräten erlitt«[52]. Aber am 20. April wurden sie noch durch eine weitere Truppe verstärkt, als die längst vergessene Kongo-Mission, die dritte Marschsäule des französischen Ansturms auf den Tschadsee, am Schari anlangte. Angeführt von dem jungen Marinefähnrich Emile Gentil hatte sich die Kongo-Mission seit 1897 bis zu ihrem Ziel durchgekämpft. Sie hatte große Entbehrungen auf sich genommen und viele ihrer Männer verloren, doch im April 1900 traf sie stolz an ihrem Bestimmungsort ein. Den Veteranen des Sudan und der Sahara war klar, dass die Reise ihrer Gefährten genauso unerfreulich gewesen sein musste wie ihre eigene. »Was für eine seltsame Prozession«, schrieb ein Mann. »Es gibt Schwarze aller Rassen, Männer und Frauen, alle abscheulich, ohne einen Fetzen Kleidung, um ihren Körper zu bedecken. Von Zeit zu Zeit geht ein erschöpft aussehender Soldat vorbei. Auch sie haben gelitten, um sich bis hier durchzuschlagen!«[53] Nun taten sich die drei Kolonnen zusammen, um den Feind auszulöschen.

Der Feind war natürlich im gleichen Maße die afrikanische Landschaft wie Rabi Subair, doch der taugte besonders gut als Sündenbock, und die Franzosen jagten ihn so hartnäckig, als wäre er persönlich für die erlittenen Demütigungen und Entbehrungen verantwortlich. Am 22. April holten sie ihn ein und machten sich daran, ihn in einer Festung am Schari zu vernichten. Es kam zu einer überaus blutigen und grausamen Schlacht. »Überall waren Körper«, notierte ein französischer Feldwebel. »Die Verwundeten standen auf, um ihre letzte Kugel auf uns abzufeuern. Pferde, denen die Eingeweide heraushingen, lagen auf den Wegen. Die Strohhütten standen in Brand und versengten uns das Fleisch ... Überall waren Männer in Nahkämpfe verwickelt. Wir brüllten, wir kämpften, wir stürzten uns auf sie wie wilde Löwen.«[54] Rabi Subairs Männer, obwohl gute Krieger, waren der aufgestauten Raserei eines Lamy und den erprobten Metzeleien der Zentralafrikanischen Mission nicht gewachsen. Die letzten, in die Enge getriebenen Kämpfer wurden aus nächster Nähe niedergemacht, als sie versuchten, über die Mauern zu entkommen. »Es war eine fürchterliche Greueltat, die ich nie vergessen werde«, schrieb einer von Lamys Offizieren. »Diese Menge, die wimmelte und sich drängte – die Männer traten auf die Körper der Gefallenen und kletterten übereinander, um die Brustwehr zu erreichen, von wo eine Kugel sie abstürzen ließ … Kein einziger entkam, und allmählich bildete sich ein Hügel aus Kadavern, von dem ein widerlicher und schaler Gestank nach heißem Blut aufstieg. Ich wandte mich ab, um mich zu übergeben.«[55]

Hunderte von Afrikanern waren umgekommen, im Vergleich zu 25 getöteten und 75 verwundeten *tirailleurs*. Lamy war von einer Kugel in die Brust getroffen worden, doch er lebte noch lange genug, um zu sehen, wie Rabi Subairs Kopf an sein Bett gebracht wurde, bevor auch er starb. Dann schleppte man Zubairs Leichnam in ein nahe gelegenes Dorf, wo »Männer, Frauen und Kinder alle auf ihm herumtrampelten und ihre wilden Schreie ausstießen, so dass morgen früh nichts als ein formloser Klumpen übrig sein wird«[56]. So endete die Eroberung des Tschadsees.

Foureau nahm nicht an dem Massaker teil. Er war am 2. April abgereist und hatte schließlich mit Hilfe von Kanus und Trägern der Kongo-Mission, der er unterwegs begegnete, Brazzaville im Kongo erreicht, von wo er sich zur Küste begab und »nach Frankreich in See stach, glücklich bei dem Gedanken, dass meine Arbeit nun vollendet war«[57]. Am 2. September 1900 traf er in Marseille ein. »Der Kreis hat sich geschlossen«, schrieb er, »die Arbeit ist vollbracht, der so lange angestrebte Traum ist verwirklicht! Lebe wohl, afrikanische Erde, sei gütig und gastfreundlich zu denen, die nach uns kommen!«[58] Aber was hatte Foureau wirklich vollbracht? Er hatte vielen Widrigkeiten getrotzt und sich mit der Durchquerung der Sahara von Algerien zum Kongo einen lange gehegten Traum erfüllt. Außerdem hatte er zoologische und entomologische Studien gesammelt, Belegexemplare für Topographie und Bodenbeschaffenheit des Terrains verzeichnet und anthropologische Beobachtungen von unterschiedlicher Aussagekraft angestellt (über die Frauen von Sinder: »Ihre glänzenden bronzenen Büsten sind insgesamt von tadellosem Bau«[59]). Aber große Teile seiner Route waren bereits von anderen vor ihm erforscht worden, seine vermeintlich wissenschaftliche Mission diente im Grunde dem Ausbau des französischen

Kolonialimperiums, und obwohl er die Sahara durchquert hatte, war es ihm nicht gelungen, sie zu erobern. Vermutlich hatte seine Mission die Tuareg des Hoggar sogar von ihrer Unbesiegbarkeit noch mehr überzeugt, und sie machten sich über die Ohnmacht der Europäer lustig. »Die Mission hat die Sahara nur wie ein Schiff auf dem Meer überquert und nichts als Kielwasser hinterlassen, das sogleich wieder verschwindet«, schrieb ein algerischer Offizier. »Kein Vertrag, kein Gebietsanspruch, keine durchgreifende Tat zeigt, dass wir die Herren sind. Ziehe hindurch, ziehe rasch hindurch, das scheint das Ziel zu sein.«[60] Foureau hatte lediglich dazu beigetragen, dass im Sudan Blut in Strömen vergossen wurde.

Die französische Expansion in den Sudan und in die Sahara sollte dem Handel des Mutterlandes nützen. Das war die Botschaft, die seit über 40 Jahren von Imperialisten verkündet worden waren und auf der der transsaharische Traum beruhte. Doch ob die Transsaharabahn das richtige Mittel war, um den Wohlstand jener Regionen auszubeuten, blieb so ungewiss wie je. Foureaus Einschätzung war negativ: »Was ein geschäftliches Unternehmen dieser Art angeht, das enorme Mengen Kapital binden wird, so habe ich angesichts des kümmerlichen Umfangs des von mir beobachteten Handels sehr bescheidene Gewinnerwartungen.«[61]

Doch unabhängig von der Eisenbahn galt weiterhin der offizielle Kurs: Die Kolonien seien wertvoll, und mit ihnen lasse sich Geld verdienen. Unglücklicherweise waren führende Kapitalisten anderer Meinung. Wie der Kaufmann Ferdinand Laurens bemerkte, schienen französische Unternehmer überhaupt kein Interesse am Sudan zu haben. In der Ausgabe des *Bulletin de la Société de Géographie Commerciale* von 1900 veröffentlichte er eine Analyse der im Sudan gehandelten Waren und ihrer Herkunftsländer. Demnach stammte die Baumwolle aus England und Österreich, der Tee aus Malta, der Zucker aus Österreich, die Glaswaren aus Italien und Österreich, die Eisenwaren aus Deutschland und Österreich, der Schmuck aus Deutschland, Österreich, Italien und Amerika sowie (eine schwere Beleidigung) das Parfüm aus Bulgarien. Er konnte nur eine einzige französische Firma finden, die den Sudanesen Stoff in kleinen Mengen lieferte, nämlich Lemmonier aus Rouen. Alle übrigen Produkte kamen aus anderen Ländern.

Welchen Zweck habe es, fragte Laurens, eine transsaharische Eisenbahn zu bauen, wenn das französische Unternehmertum sich nicht die Mühe mache, die schon bestehenden Handelswege zu nutzen? Die Vorstöße in die Wüste hätten den nationalen Interessen Frankreichs sogar geschadet, weil der Handel dadurch in andere Richtungen gedrängt worden sei. Sämtliche der von ihm genannte Güter hätten ihr Ziel nicht auf dem Seeweg, sondern mit Karawanen aus Marokko und Tripolitanien erreicht. Nichts davon sei durch Algerien transportiert worden. Warum solle man Geld und Leben verschwenden, wenn das einzige Resultat darin bestehe, dass »unsere afrikanischen Kolonien einen Markt für ausländische Produkte bilden«[62]? Er veröffentlichte Namen und Adressen, die französischen Exporteuren von Nutzen sein könnten – Mohammed el Hadj aus Ghat, Mohammed el Alouad el Khadamsi aus Ghadames, Boura el-Arbi, Mevorah Hassem, Raphael Hassoum und Ricardo Cesar aus Tripolis –, aber er erwartete nicht, dass man seinem Rat folgen werde. Bekümmert schloss er sich der in der Heimat wie auch in anderen Ländern vertretenen Meinung an, dass es Frankreich in seinen kolonialen Ambitionen an Entschlossenheit und Initiative fehle: »Es wird Zeit, dass unsere Geschäftsleute, wenn sie nicht direkt Handel an den Ufern des Tschadsees treiben können, wenigstens Absprachen mit denen treffen, die dazu imstande sind. Vielleicht hätten Gentil, Foureau, Lamy und ihre Kameraden dann nicht ausschließlich zum Vorteil von Ausländern um diesen rätselhaften See gekämpft. Wir haben so oft Kastanien aus dem Feuer geholt, die dann von anderen gegessen wurden. Nun sollten wir einige für uns selbst herausholen. Aber es gilt keine Zeit zu verlieren, denn wenn wir zögern, werden wir am Feuer keinen Platz mehr finden.«[63]

Laurens traf den Nagel auf den Kopf. Allerdings glaubte auch er noch der imperialistischen Propaganda, dass Eroberung den Handel fördere. Wer sich vor Ort aufhielt, wusste es besser. Dieses Licht war Foureau bereits aufgegangen, der den kommerziellen Nutzen der Transsaharabahn bezweifelte, jedoch hinzufügte: »Wenn man sie allerdings als Herrschaftsinstrument betrachtet (einige nennen sie eine *imperiale Eisenbahn*, was das gleiche ist), dann haben wir es allein aus diesem Grund mit einem großartigen Projekt zu tun, mit dessen Hilfe man viele Schwierigkeiten beseitigen und zahlreiche Hindernisse ausräumen kann.

Ihre Befürworter verteidigen die Bahn energisch und hoffen inbrünstig, dass ihre Konstruktion der erste Ausdruck des Unternehmertums im 20. Jahrhundert sein wird.«[64] Foureau und Laurens sagten auf unterschiedliche Weise mehr oder weniger das Gleiche. Das einzige Feuer, an dem ihre Nation einen Platz begehrte, war das der imperialen Größe. Alles andere spielte keine Rolle. Frankreich eroberte Afrika um seiner selbst willen.

Die Transsaharabahn blieb ein verlockendes Projekt. Aber selbst wenn es von Persönlichkeiten wie Ferdinand de Lesseps unterstützt wurde – dem Mann, der den Suezkanal geplant hatte und der sich für die transsaharische Rutschbahn aussprach, vorausgesetzt, das gäbe ihm Gelegenheit, schwere Maschinen einzusetzen –, blieb es kolonialpolitisch von untergeordneter Bedeutung. Frankreich wollte in erster Linie die Trikolore über so vielen afrikanischen Ländern wie möglich hissen. Nach Abschluss des mit Großbritannien unterzeichneten Abkommens hatte es seine Grenzen erreicht und nannte damit eine enorme Fläche sein Eigen. Doch gab es noch eine leere Stelle, die sich dem Stift der Kartographen widersetzte. Sie befand sich da, wo Laperrine und andere sie stets vermutet hatten: in den Kerngebieten der Tuareg um In Salah und im Hoggar.

8

»DENK DIR, DASS DU ALS MÄRTYRER STERBEN WIRST«

Im Jahre 1900 veröffentlichte das *Journal of the Royal Geographical Society* einen Artikel über den Zustand von Französisch-Afrika. Der Text umfasste weniger als zwei Seiten und war im hinteren Teil der Zeitschrift neben »Dr. Kandts Vermessungen der Kivu-See-Region« und »Pendelbeobachtungen in Deutsch-Ostafrika« versteckt. Die ersten Sätze lauteten: »Aus neueren Mitteilungen geht hervor, dass die französischen Aktivitäten in der Sahara südlich von Algerien in eine neue Phase getreten sind.«[1] Die Aktivitäten der jüngstvergangenen Jahre bedenkend, hätte ein französischer Leser zu der Ansicht gelangen können, es handele sich hier um ein typisches Beispiel britischen Understatements. Doch weit gefehlt. Zwar war die Zeitschrift der Royal Geographical Society zu beißendem Sarkasmus durchaus fähig, doch bei dieser Gelegenheit hatte der Autor keine Hintergedanken. Er war nicht an der Eroberung des Sudans interessiert und erwähnte die Namen Foureau, Lamy und Gentil kein einziges Mal, ebensowenig wie die Zentralafrikanische Mission. Vielmehr konzentrierte er sich auf Hauptmann Henri Laperrine.

Seit 1897 hatte sich Laperrine fern von den Massakern im Sudan an das Leben in Fort MacMahon gewöhnt. Es war eine einsiedlerische Existenz. Hin und wieder erschien eine Nachschubkarawane aus dem Norden, aber das ließ sich kaum als unterhaltsam bezeichnen. Im Gegenteil, die Ankunft dieser Kolonnen, dezimiert durch Überfälle von Chaamba-

Kriegern, verstärkte das Gefühl der Isolation. Sie machten deutlich, wie weit Fort MacMahon von der westlichen Zivilisation entfernt und wie prekär seine Existenz war. Als ein Mann, der die Einsamkeit suchte, doch sich auch über Gesellschaft freute (er war ein geborener Erzähler), passte sich Laperrine den Umständen stoisch an. An den meisten Tagen war er in seinem Quartier zu finden, wo er die weiß getünchten Wände anstarrte. Manchmal jedoch schlug der Schirokko zu, so dass die schwarzen Garnisonssoldaten und ihre beiden weißen Offiziere unter dem *cafard* litten. »Man wird zappelig und gereizt, ohne zu wissen, warum«, schrieb Laperrine. »Man versteht den kleinsten Scherz falsch und wird unerträglich.«[2] Bei diesen Gelegenheiten fuhr er aus seiner Träumerei auf und schleuderte Gegenstände durchs Zimmer oder beschimpfte die schwarzen Soldaten, weil sie sein Arabisch nicht verstanden. Er sprach zwar fließend Arabisch, doch mit einem französischen Akzent, der, wenn seine Wut sich steigerte, immer stärker und undurchschaubarer wurde.

In den Pausen zwischen dem Schirokko und dem Schweigen fand Laperrine Wege, mit der Langeweile des Dienstes in der Wüste fertig zu werden. Die Soldaten von Fort MacMahon hatten wenig zu tun – und was sie taten, um Angreifer zurückzuschlagen, hatte kaum einen Effekt –, weshalb Laperrine sein fesches Käppi aufsetzte und sie zu Aufklärungspatrouillen hinausführte. Er kartierte zunächst die nähere Umgebung und stieß dann weiter in die Sahara vor, stets in Richtung In Salah. Außerdem legte er Aufzeichnungen an, wo Brunnen und Weidegründe zu finden waren, welche Routen sich am besten für eine einmarschierende Streitmacht eigneten und welchen Charakter die Menschen hatten, denen er unterwegs begegnete. Auf diesen Expeditionen hatte er auch Gelegenheit einzuschätzen, wie wirkungsvoll die seit 1894 in Fort MacMahon stationierten Spahi-Kamelreiter waren. Er war nicht sonderlich zufrieden mit ihrer Leistung.

Das Kamel, das vermutlich im ersten Jahrhundert v. Chr. aus Asien nach Afrika gebracht wurde, ist den Wüstenbedingungen wie kein anderes Tier angepasst und damit ein einzigartiges Beispiel für den technischen Erfindungsreichtum der Natur. Seine Füße sind wie Schwämme und versinken nicht im Sand. Es speichert seine Energie in Form von Fett in einem Höcker, dessen Größe ein genaues Maß seiner Energie darstellt (wird es bis an seine Grenzen strapaziert, verschwindet der Höcker). Sein Magen vermag bis zu 200 Liter Wasser aufzunehmen, und wenn sie verbraucht sind, kann es zwei oder drei Tage lang mit Hilfe der Feuchtigkeit in seinem Körpergewebe überleben. Zudem ist es fähig, ohne bleibenden Schaden mehr als ein Viertel seines Körpergewichts in Form von Flüssigkeit zu verlieren und den Mangel innerhalb von Minuten wieder auszugleichen. Das Blut des Kamels verdickt sich bei hohen Temperaturen nicht wie das anderer Tiere, weshalb es keine Hitzschläge erleidet. Es frisst fast alles: von Gras bis hin zu den Blättern der Wüstenakazie, die als Kameldornakazie bekannt ist. Und es bewegt sich in kraftsparendem Tempo vorwärts: Im Trott legt es etwa sechs Kilometer pro Stunde zurück, wenn es angetrieben wird, schafft es neun, in seltenen Fällen sogar 20 Stundenkilometer. Ganz selten kann es zu hohen Geschwindigkeiten aufgepeitscht werden: Man erzählt von Kamelen, die in zwei Tagen über 300 Kilometer bewältigt haben sollen. Doch seine Belastbarkeit ist trotz seiner großen Ausdauer unberechenbar, denn es erschlafft nicht, wie Tiere es sonst tun, sondern läuft in gleichbleibendem Tempo, bis es unvermittelt zusammenbricht: »Wenn es am Ende seiner Kraft ist, bleibt es plötzlich stehen, hockt sich hin und stirbt mit großer Würde und einem entrückten Ausdruck, als wären seine Gedanken anderswo. Es setzt eine leicht schelmische Miene auf, als wolle es seinem Herrn einen glänzenden letzten Streich spielen.«[3] Hier zeigt sich ein weiterer, verborgener Charakterzug des Kamels, denn obwohl normalerweise gefügig – eine arabische Legende erzählt von einem Kamel, das von einer Wüstenspringmaus an den Zügeln in deren Bau gezogen wird –, ist es seit jeher berüchtigt für seine Neigung, potentielle Reiter abzuschütteln.

Frankreich hatte traditionell wenig Erfolg mit der Verwendung von Kamelen im Militärdienst. Zu Beginn des 19. Jahrhunderts hatte Napoleon versucht, in Ägypten ein Kamelkorps aufzustellen. Da er erwartet hatte, dass sich die Kamele wie Pferde verhalten würden, war er über ihre Gemächlichkeit und Widerspenstigkeit enttäuscht. Auch war es schwierig, Reiter für sie zu finden, denn der schaukelnde Schritt des Kamels machte das Sitzen im Sattel unbequem. Die Soldaten klagten über Seekrankheit, woraufhin Napoleon sie durch Matrosen ersetzte. Aber auch das half nichts. Bei der Eroberung der Oasen im Süden Algeriens experimentierte man noch einmal mit Kamelen, verzichtete dann jedoch aus den gleichen Gründen auf sie. Danach wurden Soldaten gelegentlich gezwungen, auf ihnen zu reiten – Offiziere benutzten gewöhnlich Pferde –, doch im allgemeinen wurden sie nur als Lasttiere eingesetzt oder, wenn die Vorräte knapp wurden, einfach geschlachtet.

Laperrine kannte sich mit Kamelen aus. Er war auf etlichen geritten und hatte von seinen Kontaktleuten im Bureau Arabe viel über sie gelernt. Beobachter staunten darüber, wie gewandt er auf den Höcker springen, die Zügel mit bloßen Füßen packen und das Tier dann mit einem Zucken seiner Zehen lenken konnte. Seine Spahis in MacMahon waren dazu allerdings nicht imstande. Zumeist im algerischen Hochland rekrutiert, brillierten sie auf dem Pferderücken, mühten sich mit Kamelen jedoch ab. Der Sattel war unbequem und das Reiten ungewohnt. Trotz einer speziellen Ausbildung scheiterten sie an den Feinheiten der Kamelpflege: Sie waren nicht fähig, die Tiere anzubinden, sie zu füttern, ihre Wunden zu verbinden oder festzustellen, wann sie eine Ruhepause benötigten. Nach heutigen Begriffen glichen sie Anfängern, die zum erstenmal ein Auto fahren. Sie verstanden mit dem Gaspedal, der Bremse und dem Lenkrad umzugehen, doch vom Getriebe hatten

Henri Laperrine (ca. 1905).

sie nur eine vage Ahnung, und was sich unter der Kühlerhaube verbarg, war ihnen ein Rätsel.

Laperrine versuchte, das Beste aus dieser Truppe von Anfängern zu machen. Bei jedem Ausflug wurde ein weiteres Stück unbekannten Terrains erforscht, und innerhalb von zwei Jahren nach seiner Ankunft hatte er eine Karte des Gebietes zwischen MacMahon und In Salah vervollständigt. Es war zugegebenermaßen keine sehr genaue Karte, da sie unter ständiger Bedrohung durch Angriffe und nur mit Hilfe eines Kompasses hergestellt worden war, doch jeder, der den Tuat und danach In Salah erobern wollte, konnte sie benutzen. Laperrine hätte die Aufgabe am liebsten selbst übernommen, doch dieses Vergnügen blieb ihm verwehrt. Im Jahre 1899 beförderte man ihn, berief ihn nach Frankreich zurück und versetzte ihn an eine Ausbildungsakademie in Sampigny, einem kleinen Dorf in den Vogesen, von wo er ohnmächtig zusah, als sich die Ereignisse in der Sahara genau so entwickelten, wie er es vorhergesehen hatte.

Foureaus und Lamys Expedition endete im Jahre 1900 mit heftigem Schulterklopfen. Doch noch bevor die Gratulationen einsetzten, begriffen die scharfsinnigeren Mitglieder der Kolonialfraktion, dass eine bloße Durchquerung der Wüste die angestrebten Gewinne nicht einbrachte. Sie benötigten den Tuat und In Salah, wenn sie die Sahara kontrollieren wollten. Aber wie konnten sie diese Gebiete in ihren Besitz bringen? Marokko beanspruchte den Tuat nach wie vor für sich, und Großbritannien unterstützte diesen Anspruch weiterhin. Den Sultan von Marokko konnte man ignorieren, denn er hatte weder die Mittel noch den festen Willen, den Tuat zu verteidigen. Aber die Briten stellten sich bekanntermaßen vor ihre ausländischen Klienten, und ein Einmarsch in den Tuat konnte zu einem Krieg führen, den Frankreich nicht wollte. Zum Glück war Britannien 1899 jedoch vollauf mit den Buren in Südafrika beschäftigt. In Erwartung eines leichten Sieges hatte man bereits Medaillen zum Gedenken an die Kampagne geprägt – auf der Rückseite war eine geflügelte Viktoria mit einem Lorbeerkranz in der Hand unter dem Datum 1899 zu sehen –, doch der Krieg dauerte länger als erwartet, und während man bei der Königlichen Münze das Datum von den Medaillen kratzte, hielt Frankreich seine Zeit für gekommen.

Da sich die Furcht noch nicht ganz gelegt hatte, dass eine direkte Invasion in diplomatischen Kreisen ein negatives Echo finden werde, rückte das Militär wie im Fall von Foureaus und Lamys Expedition unter dem Deckmantel der Wissenschaft vor. Ein Geologe aus Algier, ein gewisser Monsieur Flamand, wurde aufgefordert, den Tuat zu vermessen, wobei er natürlich beschützt werden musste. Als er am 28. November 1899 in Wargla aufbrach, hatte er einen kleinen Geologenhammer bei sich und dazu eine Artillerieabteilung und fast 150 Soldaten als Begleitung, die dafür sorgen sollten, dass er seinen Hammer ungestört schwingen konnte.

Es folgte eine makabere Komödie der Irrungen und Wirrungen. Wie man beim Militär im Voraus gewusst hatte, waren die Bewohner des Tuat – nicht die Tuareg, sondern die sesshafte Oasenbevölkerung – empört über das Anrücken einer bewaffneten Kolonne und verteidigten sich heftig. Flamands Eskorte antwortete mit wohlgezielten Salven und präzisem Kanonenfeuer. Ein befestigtes Dorf des Tuat nach dem anderen wurde eingenommen, doch Flamands Männer, die sich ihres Erfolgs nicht völlig sicher waren, riefen die Spahis von Laperrines altem Befehlshaber St. Germain zu Hilfe. Die Spahis kämpften vorbildlich, aber am Ende der Gefechte entdeckten sie plötzlich, dass ihr Proviant nicht für die Rückkehr nach Fort MacMahon ausreichte. Da In Salah der nächstgelegene Versorgungspunkt war, hielt man es für notwendig, den Ort einzunehmen, was nahezu widerstandslos vonstatten ging. Dann kam es zu einer Kette von unvorhergesehenen Ereignissen, und mehr als 1500 Angreifer schlichen vom marokkanischen Atlas herbei, um den Tuat zurückzuerobern. Flamand entsandte einen Kurier nach Wargla und bat um Verstärkung. Diese kam, sah, siegte und entfernte sich, wobei sie eine kleine Garnison zurückließ, die sich sofort bedroht fühlte und erneut Verstärkung anforderte. Eine Infanterieeinheit, unterstützt durch Artillerie, Kavallerie, Pioniere, 1579 Kamele und begleitet von mehr als 2400 Schafen, eilte aus El Golea nach Süden. Nach ihrem Eintreffen hatten die Franzosen endlich das Gefühl, die Oasen in ihren Besitz gebracht zu haben.

Das Ausmaß der durch die Überreaktion angerichteten Zerstörungen blieb nicht einmal in Paris unbemerkt. Eine Zeitschrift schrieb: »Die ganze Sache ergab sich aus dem Ausflug eines friedlichen Geologen,

M. Flamand, der ein wenig zu nahe bei In Salah mit seinem Geologenhämmerchen Steine zerstückelt hatte und von dessen bösen Einwohnern angegriffen worden war. Die Regierung sah sich gezwungen, M. Flamand [und dann] auch die Abteilungen zu beschützen, die einander zu Hilfe gekommen waren, nachdem die erste Abteilung den Geologen unterstützt hatte. Mithin scheint die gesamte Politik unseres Landes in der Sahara nichts als eine Rettungsoperation in mehreren Stadien gewesen zu sein.« Der Autor machte sich über den verantwortlichen Minister lustig: »Wie ein Kind, das sich vor Erwachsenen herausreden möchte, beteuert er, es nicht absichtlich getan zu haben.«[4]

Absichtlich oder nicht, die Tat war begangen worden und nicht mehr ungeschehen zu machen. Deshalb besaßen die Franzosen nun ein weiteres Stück der Sahara. Es war ertragreicher als manches andere – was nicht viel besagte, denn der Jahresumsatz wurde als ungefähr dem »eines Lebensmittelgeschäfts in einer großen Stadt«[5] vergleichbar beschrieben – und stellte einen bedeutenden Zugewinn dar, falls die Transsaharabahn je gebaut werden sollte (natürlich war das Interesse an dem Projekt erneut aufgelebt). Gleichwohl blieben die meisten Franzosen unbeeindruckt vom Zauber der Sahara. Im Jahre 1901, als die Trikolore schlaff, doch triumphierend über dem Tuat hing, waren die einzigen, die sich dafür interessierten, ob die Eroberung behauptet wurde, das Militär, die Eisenbahnplaner und ein aufsässiger Mönch namens Bruder Marie-Albéric.

Als Foureaus und Lamys Expedition 1897 Biskra verließ, bereitete sich Charles de Foucauld – zumindest im Geiste – auf die Wüste vor. In religiöser Hinsicht hatten die vergangenen Jahre ihn enttäuscht. Zwar herrschten im Trappistenkloster Akbès spartanische Bedingungen, aber sie waren nicht so streng, wie er es sich gewünscht hätte. Zum Beispiel hatte der Papst die Verwendung von Butter in der Küche genehmigt, »so dass wir seit ein paar Wochen nicht mehr unsere liebe Zubereitung mit Salz und Wasser allein haben«, schrieb Foucauld. »Sie tun jetzt ich weiß nicht was für fettiges Zeug in unsere Speisen … Du verstehst, wie sehr ich dies bedauere. Etwas weniger Kasteiung heißt Gott etwas weniger geben; ein wenig größere Ausgaben heißt den Armen etwas weniger geben … Und wo soll es ein Ende finden? Auf welcher schiefen Ebene gleiten wir hinab? Möge Gott uns behüten.«[6] Und dann, wie um seinen Kummer zu vergrößern, fand sich das einst entlegene Kloster Akbès im Brennpunkt der internationalen Politik wieder.

Während Frankreich und andere westeuropäische Nationen im Ausland nach Ruhm strebten, festigte die Türkei ihre Autorität durch Gemetzel im Inneren. 1896 rief Abdul Hamid II., Sultan des Osmanischen Reiches und Kalif des islamischen Glaubens, zum Pogrom an den in seinen Ländereien lebenden armenischen Christen auf. Kurdische Hilfstruppen wurden eingesetzt, um in einer überaus blutigen Ausrottungskampagne Hunderttausende von Armeniern zu ermorden. Foucauld wurde Zeuge davon. »Um uns herum herrscht das Grauen: Mord, Brand und Plünderei«, schrieb er. »Viele Christen starben tatsächlich als Märtyrer. Sie wollten lieber den Tod erleiden als den Glauben verleugnen. Das größte Elend herrscht im Lande, dazu der strenge Winter. … Auf Befehl des Sultans hat man seit einigen Monaten 140 000 Christen hingemetzelt. In Marache, der uns nächsten Stadt, hat die Garnison in zwei Tagen 4500 Christen niedergemacht. Auch wir, die Bewohner von Akbès und die Christen der Umgebung, hätten sterben sollen. Ich war dessen nicht wert: Beten Sie darum, dass ich beim nächsten Mal nicht mehr vor den bereits halbgeöffneten Toren des Himmels zurückgestoßen werde.«[7] Als früherer Mann von Welt konnte er es sich nicht verkneifen, einen Kommentar zu der diplomatischen Situation, die solche Grausamkeiten zuließ, hinzuzufügen: »Welche Schmach für Europa! Mit einem Wort hätte es diese Greuel verhindern können und hat es nicht getan. Freilich, die Welt wusste wenig von diesen Ereignissen. Die türkische Regierung hatte die Presse erkauft und gewissen Zeitungen enorme Summen bezahlt, damit nur die amtlichen Nachrichten an die Öffentlichkeit gelangten. Aber die europäischen Regierungen wussten durch ihre Botschafter die ganze Wahrheit.«[8]

Insgeheim jedoch sympathisierte Foucauld mit den Türken. Er verurteilte die Armenier als Unruhestifter und wusste es zu schätzen, dass Soldaten entsandt wurden, um Akbès vor den Kurden zu schützen. Allerdings war der Pogrom ein weiteres Zeichen dafür, dass Akbès ihm nicht die erwünschte Isolierung bieten konnte. Er überlegte, ob er sich an einen noch entlegeneren Ort zurückziehen und einen eigenen Mönchsorden gründen sollte, der strenger und reiner als alle anderen sein und die Selbstverleugnung bis an die Grenzen des Erträglichen treiben würde. Dem Abbé Huvelin gegenüber beschrieb er die Art von Abstinenz, die ihm vorschwebte. Huvelin reagierte negativ. »Es bricht mir das Herz«, schrieb er. »Ihre Regel ist ganz und gar undurchführbar ... Der Papst zögerte, der Franziskanerregel seine Approbation zu erteilen, denn sie erschien ihm zu streng ... Aber diese Regel erst! ... Um ehrlich zu sein, sie erschreckte mich! Leben Sie an der Schwelle einer Gemeinde, in der Erniedrigung, die Sie erstreben ..., aber ich flehe Sie an, machen Sie dies nicht zu einer Ordensregel.«[9] Foucauld folgte seinem Rat. Im Jahre 1897 verließ er Akbès – »wo ich keineswegs gefunden habe, was ich mir wünschte« – und reiste nach Nazareth, wo er sich von einer Gemeinde der Armen Klarissen als Handlanger anstellen ließ.

Foucauld hatte dort leben wollen, »ohne dass jemand wusste, wer ich war, als Arbeiter, der sich von seinen täglichen Mühen ernährte«[10]. Unglücklicherweise erfüllte sich dieser Vorsatz nicht. Seine »Arbeiterkleidung«, die aus Turban, Sandalen und einem blauen Baumwollpyjama mit einem breiten Ledergürtel bestand, an dem ein übergroßer Rosenkranz hing, machte ihn zum Gegenstand unvermeidlicher Neugier (immerhin war er erfreulicherweise fähig, bei einer jungen Europäerin Entsetzen hervorzurufen: »Ich habe solche Angst vor Ungeziefer,«[11] sagte sie zu ihrem Mann, als Foucauld sich näherte). Die Armen Klarissen entdeckten bald, wer dieser seltsam gekleidete Mann wirklich war. Auch merkten sie rasch, wie beschränkt seine handwerklichen Fähigkeiten waren. Nachdem die Klarissen seine Versuche beobachtet hatten, eine

Abbé Huvelin

Mauer zu bauen und sich als Tischler oder Gärtner zu betätigen, teilten sie ihn dazu ein, samstags zu fegen sowie donnerstags und sonntags die Post abzuholen. Auch Foucaulds eigene Schilderung des Lebens in Nazareth entsprach kaum annähernd einem Bild von Arbeit: »Sehr oft zeichne ich den Schwestern kleine Bilder. Gibt es sonst noch Kleinigkeiten zu tun, dann besorge ich sie, aber dies kommt selten vor; gewöhnlich verbringe ich den Tag mit meinen Beschäftigungen in meinem kleinen Raum bei der Sakristei.«[12] Trotzdem glaubte er, nun das Dasein eines Arbeiters zu führen. Triumphierend schrieb er, er sei »ohne andere Papiere als meinen Pass [angekommen], und schon am sechsten Tage fand ich nicht nur einen Lebensunterhalt, sondern unter genau jenen Umständen, wie ich ihn mir so lange Jahre hindurch erträumt hatte. Es war, als wartete dieser Ort auf mich, und das war auch tatsächlich der Fall, denn nichts geschieht rein zufällig. Alles, was geschieht, ist von Gott so gewollt. Ich bin ein Dienender, der Hausknecht und Handlanger einer armen religiösen Gemeinschaft.«[13]

Die Armen Klarissen behandelten ihn mit wohlwollendem Respekt. Sie erhoben keinen Einwand, als er das von ihnen angebotene Quartier ablehnte und sich stattdessen entschied, in einem kleinen Geräteschuppen bei einer Pferdekoppel zu schlafen. Auch bestanden sie nicht darauf – abgesehen von einem behutsamen Hinweis auf die stärkende Wirkung einer Schüssel Suppe –, dass er sich als Lohn mehr als zweimal täglich eine Portion trockenen Brotes erbat. Sie ließen seinen Vorwand gelten, dass er bloß ein Niemand sei, und nahmen es ihm nicht übel, wenn er nicht in der Lage zu sein schien, etwas anderes als die einfachsten Aufgaben zu erledigen. Allerdings gab es Gelegenheiten, bei denen Beobachter durch Foucaulds Verhalten überrascht wurden. Ein auf Besuch weilender Bischof konnte Foucaulds ständige Kriecherei nicht ertragen und verlangte, ihn wieder an die Arbeit zu schicken; ein anderer Gast war erstaunt über seine Versuche, sich selbst die Haare zu schneiden, und nahm an, er habe Ringelflechten; ein dritter war verblüfft, als er Foucauld fragte, warum dieser so glücklich aussehe, und zur Antwort erhielt, dass Kinder ihn auf der Straße mit Steinen beworfen hätten. Sein Beichtvater, die einzige Person, der er neben den Klarissen regelmäßig begegnete, kommentierte: »Er ist ein schrecklich guter Kerl, aber ein großes Licht ist er nicht.«[14]

Wenn Foucauld wenig intelligent wirkte, dann wahrscheinlich deshalb, weil sein Beichtvater ihn nach herkömmlichen Maßstäben beurteilte. Foucauld war ganz und gar rational, er konnte sich scharfsinnig zur Politik äußern, wenn ihm der Sinn danach stand, und hatte noch so viel militärische Kenntnis, dass die Armen Klarissen ihm eine Schrotflinte anvertrauten, mit der er ihren Hühnerstall beschützen sollte. Aber er war nicht an Rationalität, Politik oder Waffen interessiert. Sein erklärtes Ziel bestand in »einer tiefergehenden Besitzlosigkeit und einer größeren Demut, damit ich Jesus noch ähnlicher sein konnte«[15]. In seiner Kammer betete er, dachte über Gott nach, geißelte sich täglich – »nicht schwer, nie bis zum Blute, aber ziemlich lange«[16] – und schrieb Traktate über die Entsagung in sein Tagebuch. Ein Eintrag enthüllt das ganze Ausmaß seiner Morbidität: »Denk dir, dass du als Märtyrer sterben wirst, jeglichen Besitzes ledig, auf dem Boden ausgestreckt, kaum erkenntlich, mit Blut und Wunden bedeckt, gewaltsam und unter Schmerzen getötet … und wünsch dir, es wäre heute … Denk oft an diesen Tod, bereite dich auf ihn vor und beurteile die Dinge nach ihrem wahren Wert.«[17] Die Meinung seines Beichtvaters berührte ihn nicht im Geringsten, genausowenig wie das Schicksal der Hühner der Armen Klarissen, die sämtlich von Schakalen gefressen wurden, während ihr Hüter über den Allmächtigen grübelte.

Foucauld hegte immer noch den Gedanken, einen Orden zu gründen, und im Jahre 1899 vollendete er abweichend von Huvelins Ratschlag den ersten Entwurf eines Regelwerks für »Die Kleinen Brüder vom Heiligen Herzen Jesu«. Weiter ging er nicht, doch allein die Tatsache, dass er seine Gedanken zu Papier brachte, war ein Indiz dafür, dass er wieder einmal Unzufriedenheit über seine gegenwärtige Existenz verspürte. Ein noch deutlicherer Hinweis war der absonderliche Plan, den er im folgenden Jahr ausheckte: Er gedachte, den Berg der Seligpreisung für die Franziskaner zu kaufen und dort ein Sanktuarium zu bauen, in dem er und möglicherweise ein weiterer Priester ihr Leben der Gottesanbetung widmen würden. »Dort oben auf dem Berge, einsam und isoliert, wie ich unter feindlich gesinnten Arabern sein werde, wird mir ein nie versagender fester Glaube nötiger denn je sein. Hier in Nazareth geht mir nichts ab, darum meine ich, dass dort mein Glaube sich stärker betätigen kann. Dort werde ich unendlich mehr für meinen

Nächsten tun können, indem ich das Heilige Opfer darbringe.«[18] Die Vorstellung, den Berg der Seligpreisung kaufen und verkaufen zu können wie jedes andere Grundstück, mag heute ungewöhnlich anmuten. Aber damals wurde er tatsächlich auf dem Markt angeboten, und zwar für 13 000 Franc. Foucauld schrieb sofort an seine Familie und bat sie um das Geld. Sein Plan hatte jedoch Mängel: Selbst wenn er den Berg kaufte und das Sanktuarium errichten ließe, würden die Franziskaner es sich nicht leisten können, ihn zu unterhalten. Auch sahen sie sich außerstande zu garantieren, dass sie einen Priester für ihn erübrigen konnten, und zudem stand nicht fest, ob die Stätte, die er kaufen wollte, tatsächlich der Berg der Seligpreisung war. All das konnte Foucauld nicht abschrecken. »Dadurch, dass ich mich auf so ungewohnte Weise einer besonderen Art von Dasein widme, werde ich vom ersten Tage an zur Zielscheibe des Spottes, der Ablehnung und des Widerspruches werden. Allein in der Wüste, mit einem eingeborenen Christen zusammen, der mir unerlässlich sein wird, kann ich mehr Gelegenheit finden, meinen Mut zu erproben.«[19] Nachträglich fiel ihm außerdem ein, dass der Berg ein guter Platz für die Gründung seines neuen Ordens sein könne.

»Ich bin entsetzt über Ihre Projekte«, erwiderte Huvelin, dem Foucauld seinen Plan unterbreitet hatte. Der Abbé akzeptierte zwar widerwillig das Kaufvorhaben, war jedoch empört über den Gedanken seines Briefpartners, einen Orden ins Leben zu rufen. »Ich sehe nichts als Einwände, und ich fürchte mich vor der Hartnäckigkeit, auf die sich ihre große Hingabe und Frömmigkeit gründet ... Wenn Sie davon Abstand nehmen können, tun Sie es bitte.«[20] Foucauld nahm nicht Abstand davon, sondern wanderte nach Jerusalem, wo er beim Patriarchen um Erlaubnis nachsuchte, eine Gemeinschaft der Kleinen Brüder unter dessen Oberhoheit aufzubauen. Er machte keinen guten Eindruck. Seine Hose, an den Knien vom Beten abgewetzt, war mit Papier geflickt. Seine Sandalen, die ebenfalls abgenutzt waren, hatte er durch Holzplatten ersetzt, die mit Schnur an seine Füße gebunden waren. Sein Gesicht war rot und vom Sonnenbrand geschwollen. Dem Patriarchen gefiel sein Vorschlag genausowenig wie seine Erscheinung. »Wir wollen über Ihr Anliegen nachdenken, ziehen Sie sich für den Augenblick zurück«,[21] verzeichnete Foucauld dessen Antwort. Aber er gab nicht auf. Als das Geld eintraf (zusammen mit einem weiteren Brief von Huvelin: »Lassen

Sie sich nicht in finanzielle Transaktionen verwickeln. Ich verbiete es Ihnen ausdrücklich«,[22] schrieb der Abbé), zahlte Foucauld umgehend 13000 Franc für das Grundstück des Berges der Seligpreisung. Er musste allerdings auf die Eigentumsurkunde verzichten, denn als das Geschäft abgeschlossen war, entdeckte er, dass der Verkäufer das Anwesen bereits einem anderen überlassen hatte.

Es war ein schwerer, wenn auch vielleicht vorhersehbarer Schlag. Seit dem Tod seiner Eltern wurde Foucauld durch eine Mischung aus Impulsivität, Unschuld und Optimismus angetrieben und hatte die unvermeidlichen Enttäuschungen erleiden müssen. Um ein Ziel zu erreichen, über das er sich noch nicht genau im Klaren war, legte er eine Vielzahl von Masken an, die sich nach anfänglichem Enthusiasmus alle als untauglich erwiesen. Als auch sein jüngstes Unternehmen wie eine Seifenblase im Wind zerplatzte, kam er zu der entmutigenden Erkenntnis, dass sein Leben bei den Armen Klarissen, das er zuvor als Meilenstein auf seinem religiösen Pfad ausgegeben hatte, nichts als Heuchelei war. »Jedenfalls kann ich nicht auf unabsehbare Zeit bei den Klarissen bleiben«, schrieb er. »Wäre ich, als ich ankam, unbekannt, wäre ich von wirklichem Nutzen in einer bestimmten Arbeitsstellung gewesen, so hätte es vielleicht gehen können. Aber ich war bekannt, ehe ich eintrat, und wurde gut aufgenommen, weil man mich kannte, und obwohl ich ehrlich mein Brot zu verdienen suche, fühle ich mich nicht am Platz ... Zudem – und dies ist ernster – muss ich, um dem gekreuzigten Christus nachzufolgen, ein Leben des Kreuzes führen, und dies hier ist ein Leben der Freuden. Es ist Friede, Freude, es kann nicht andauern; ich darf unter diesen Freuden nicht dem Schlaf verfallen, sondern muss mit Jesus leiden.«[23]

Im August 1900 reiste Foucauld aus dem Heiligen Land nach Europa ab. Er war sich nicht sicher, wohin sein Weg ihn führen würde, aber er wusste genau, dass er keinem Zweig der organisierten Religion angehören konnte. Wollte er den Leidenszustand, den er für sein Schicksal hielt, erreichen und des Todes sterben, für den er betete, der ihm jedoch immer wieder vorenthalten wurde, so musste er sich selbst ohne Zwang darum bemühen. Noch immer hoffte er, einen Orden zu gründen, aber sein Hauptwunsch war es, das Leben Jesu (wie er es interpretierte) zu führen und, wenn möglich, einem ähnlichen Ende entgegenzusteuern.

Andere durften sich ihm anschließen – das hoffte er inbrünstig –, doch sie würden nicht nach Anweisungen von oben leben müssen noch mit dem Ziel, Menschen zu ihrem Glauben zu bekehren. Vielmehr sollten sie sein wie er: passiv angesichts von Not, Annehmlichkeiten verachtend und nur durch ihr eigenes Beispiel als Vorbild wirkend.

Einen großen Teil des Jahres 1900 hindurch ließ er selbst es an einem solchen Beispiel fehlen. In Frankreich kehrte er zu einem westlichen Lebensstil zurück, kleidete sich auf normale Art, traf sich zum Essen mit Huvelin und anderen Freunden, besuchte seine Familie und unternahm verschiedene Bahnreisen. Doch im September begab er sich zurück zu den Trappisten von Notre-Dame-des-Neiges, wo er in eine Art Ekstase verfiel. »Er benahm sich wie ein Automat«, schrieb ein Zeuge, »sein Geist stieg im immerwährenden Gebet gen Himmel.«[24] Ohne Zögern akzeptierte er nun die Zwänge, die ihn bewogen hatten, zuerst Akbès und dann Nazareth zu verlassen. Er blieb über acht Monate bei den Trappisten und wurde schließlich am 9. Juni 1901 zum Priester geweiht. Aber wieder einmal hatte er seine eigenen Pläne. Wie er sich später erinnerte: »Das göttliche Bankett, das ich nun austeilen sollte, durfte nicht den Verwandten und den Reichen geboten werden, sondern den Lahmen, den Blinden und den Armen, das heißt jenen Seelen, denen keine Priester zur Seite standen.«[25] Wo würde er solche Menschen finden? Wie es der Zufall wollte, an dem einen Ort, wo vermutlich auch die für einen Priester kärglichsten Lebensbedingungen auf der ganzen Welt garantiert waren. »In meiner Jugend hatte ich ganz Algerien und Marokko bereist«, schrieb er. »In Marokko, das so groß ist wie Frankreich und zehn Millionen Einwohner zählt, war im Inneren nicht ein einziger Priester zu finden; in der sechs- oder achtmal so großen Sahara, die viel dichter bevölkert ist, als man früher geglaubt hatte, nicht mehr als ein Dutzend Missionare. Kein Volk schien mir verlassener zu sein als diese Afrikaner.«[26]

Am 9. September 1901 schiffte er sich in Marseille ein und erreichte Algier am folgenden Tag. Bei sich hatte er eine gewisse Menge Zeltleinwand, ein paar leere Säcke, die als Teppiche dienen sollten, ein Seil von 45 Meter Länge und einen Eimer (zum Schöpfen aus Brunnen) sowie ein paar Bücher und das Zubehör für eine eigene Wüstenkapelle.

9

BENI ABBÈS

Algier hatte sich seit Foucaulds letztem Besuch verändert. Es war immer noch weiß, im Vorort Mustapha blühten immer noch die Rosen und Bougainvilleen, und die Straßen waren tagsüber so voll von Menschen und nachts so bedrohlich leer wie bei Foucaulds erstem Eintreffen in der Kolonie. Aber die Besiedlung war in den vergangenen 20 Jahren dichter geworden, und Algier wirkte nicht länger wie eine koloniale Absichtserklärung, sondern wie eine funktionierende Stadt mit all den Arbeitskämpfen und dem politischen Gezänk, wie die für ihre französischen Schwestern typisch waren. Damit nicht genug, war Algier ein aufregender Ort, und im Jahre 1901, als Foucauld sein Eremitengepäck die Stufen vom Kai zur Küstenpromenade hinaufschleppte, wobei ihm ein Bischof und ein Erzbischof vom Orden der Weißen Väter halfen, war es noch aufregender als sonst.

Die Stadt hatte damals zwei Probleme, und ihr Bürgermeister Max Régis verkörperte das dringendere. Régis gehörte einer antisemitischen Partei an, die sich seit der Dreyfus-Affäre in Frankreich bedeckt gehalten hatte, während sie in Algerien noch aktiv war. Am 21. April warf man Steine und feuerte Schüsse ab, als Régis eine seiner Hetzreden hielt. Neun Tage später wurde er in eine Auseinandersetzung mit zwei Zeitungsherausgebern verwickelt, in deren Verlauf Monsieur Tollhouidée von den *Nouvelles* einen Revolver zog und einen Schuss auf Régis' Kopf abgab, wobei Monsieur Labardesque von der *Revanche des Peuples* »Hilfestellung leistete«. Es war nur ein Streifschuss. Am selben Abend begab sich Régis in eine Apotheke, wo er sich zusammen mit zwei Gefährten, die ebenfalls verwundet waren, verbinden ließ. Alle drei Männer kehrten zu dem Café zurück, in dem sie angegriffen worden waren, schlugen es kurz und klein und marschierten laut singend zu Régis' Amtssitz. Der Bürgermeister beschuldigte den Präfekten von Algier, einem harmlosen Liberalen namens Lautaud, seine Ermordung angezettelt zu haben. Dann bezichtigte er Auguste Jonnart, den Generalgouverneur von Algerien, der erst im vorherigen Oktober ernannt worden war, zu sanft mit den Einheimischen umzugehen. Schließlich entließ er drei Polizeidirektoren, weil sie ihn nicht hinreichend beschützt hätten. Daraufhin verbot Jonnart alle öffentlichen Versammlungen, und Lautaud ließ sämtliche antisemitischen Komitees auflösen, weil sie den Frieden bedrohten. Sofort hielt Régis mehrere öffentliche Versammlungen ab, wo er unter dem Jubel des Publikums Flugblätter verteilte, auf denen seine Vorgesetzten als Feiglinge geschmäht wurden. Der kranke und durch die Streitereien erschöpfte Jonnart trat von seinem Posten zurück. Sein Nachfolger Paul Revoil, ein ehemaliger Journalist und einstiger Gesandter in Marokko und Brasilien, übernahm am 22. Mai die Leitung der Polizei, der Gerichtshöfe, des Militärs und der wenigen Beamten, die Algerien besaß, wodurch Régis seine Macht im Grunde verlor. Am 3. Juli trat Régis zurück, um »seine Kampagne gegen den Präfekten Lautaud und gegen die Juden mit größerer Schärfe führen zu können«[1]. Am 15. Juli gab auch Lautaud, der als »Jämmerling, Räuber und Mörder« bezeichnet wurde, sein Amt auf – sichtlich erleichtert, denn er hatte seinen Rücktritt bereits drei Monate zuvor angekündigt. Am 17. Juli wurde Régis durch einen Messerstich in den Hals verletzt, und im anschließenden Handgemenge verhaftete man 30 Personen. So ging es weiter. Französische Zeitungen berichteten kritisch, doch ohne große Verwunderung über die Ereignisse. Ihrer Meinung nach war es das typische Verhalten von Kolonisten.

Das zweite und bedeutendere Problem Algiers bestand darin, dass es immer noch eine fremde, von feindlichen Nordafrikanern umringte Enklave war. Nach außen hin glich es einer geschäftigen, von Menschen jeder Hautfarbe und jeder Religion wimmelnden Hauptstadt. Es sprudelte über vor Leben – das selbst durch eine Sonnenfinsternis am 1. Juni kaum gedämpft wurde –, und seine Industrieproduktion war so weit fortgeschritten, dass sich die algerischen Hafenarbeiter, Afrikaner wie

Europäer, einem Streik ihrer französischen Kollegen anschlossen. Algier bildete weiterhin ein populäres Ziel für Touristen und Kurgäste mit Atemwegserkrankungen. Erst im Frühjahr war General Sir Donald Steward, ein verdienter Recke des Britischen Empire, dort verstorben. Die Stadt war von mehr als 120 000 Hektar Weinbergen umgeben, deren Erträge Frankreich erlaubten, zur Veredelung seiner zweitklassigen Weine auf die billigen spanischen Sorten zu verzichten. Zwischen Algier und Oran lagen Phosphatklippen, die ausreichten, um ganz Europa ein Jahrhundert lang Dünger zu liefern. Im Süden Orans hatte man Ölvorkommen entdeckt, mit denen sich sämtliche Automobile der Welt auf unbegrenzte Zeit betreiben ließen: Zwölf Unternehmen bemühten sich lautstark um Lizenzen. Die Weizen- und Gersteproduktion wuchs wie gewünscht. Die Bevölkerungszahl nahm jährlich um fünf Prozent zu. Mit Glück und Fleiß würde Algerien bald viele Importbedürfnisse Frankreichs zu einem äußerst günstigen Preis befriedigen können und genug Überschüsse besitzen, um zu einem internationalen Exporteur zu werden. Wenn man diese Vorteile betrachtete – was Paris im Jahre 1901 häufig und vernehmlich tat –, glänzte Algier unter den Kolonialhauptstädten wie ein Juwel.

Doch trotz seines unübersehbaren Wohlstands war Algier immer noch eine chaotische Grenzstadt, wie die Affäre um Régis zeigte. Außerdem profitierten längst nicht alle Bevölkerungsschichten vom Reichtum des Landes. Nach dem im November 1901 veröffentlichten Ergebnis einer Volkszählung hatte Algerien 4 774 000 Einwohner, von denen 291 000 Franzosen, 292 000 nichtfranzösische Europäer (hauptsächlich Italiener, Malteser und Spanier) und die Übrigen Afrikaner waren. Dieses Zahlenverhältnis von schwarzer zu weißer Bevölkerung galt als vergleichsweise hervorragend. Keine andere Nation war bei der Ansiedlung weißer Siedler in einer afrikanischen Kolonie so erfolgreich wie die Franzosen, doch keine andere Nation hatte auch so unermüdlich auf dieses Ziel hingearbeitet. Für die meisten imperialistischen Staaten war Afrika ein Lieferant von Rohstoffen und ein Markt für Endprodukte. Weiße Siedler wurden ermuntert, sich das verfügbare Land anzueignen, aber sie kamen in relativ kleiner Zahl und waren eher ein Nebeneffekt der Eroberung als deren Triebkraft. In Algerien dagegen hatte die Kolonisierung durch Siedler Priorität. Weiße Kleinbauern, deren Landraub von einer immer größer werdenden Armee durchgesetzt wurde, verdrängten die einheimischen Landwirte (aus der Volkszählung von 1901 ging hervor, dass das Wachstum der französischen Bevölkerung Algeriens in den vergangenen fünf Jahren vornehmlich auf den Einsatz von weiteren 40 000 Soldaten zurückzuführen war). Sogar in den Außenbezirken, wo vertriebene Algerier bislang ihr Leben hatten fristen können, sahen sie sich durch französische Kolonisten zunehmend in ihrer wirtschaftlichen Unabhängigkeit bedroht. So sollte zum Beispiel das »Mischgemeinde«-System dazu dienen, afrikanische Arbeitskräfte mit der Sachkenntnis der Europäer zusammenzubringen. Dadurch würden – so die Idee – die Arbeitskräfte mit dem Prinzip von Angebot und Nachfrage bekannt gemacht und in das System von Steuern und Sozialleistungen einbezogen werden und damit in die Lage versetzt, die Freuden des Kapitalismus zu genießen. In Wirklichkeit bedeutete es jedoch, dass eine Handvoll Kolonisten tyrannische Macht über 30 000 bis 40 000 Algerier ausübten, deren Land für vermeintlich kommunale Zwecke mit Beschlag belegten und die von den Algeriern erhobenen Steuern für eine Infrastruktur aus Forts und den zu ihnen führenden Straßen und Brücken ausgaben, die allein der Verbesserung ihrer eigenen Sicherheit zustatten kam. Die kleinen Fortschritte in Richtung finanzielle Unabhängigkeit, welche die Algerier machten, wurden von Faktoren behindert, über die sie keine Kontrolle hatten. Zum Beispiel befand sich der britische Markt für Espartogras im Jahre 1901 in einem Tief, wodurch die Existenzgrundlage der Bewohner des Atlas-Hochlandes zerstört wurde. Die Pariser Zeitung *Le Temps* fand kein gutes Wort für das System: »Steuern, Ungerechtigkeit und Demütigungen – das ist im großen und ganzen alles, was den Einheimischen bleibt.«[2] Die Londoner *Times* äußerte sich nicht weniger vernichtend: »Die Einheimischen zahlen die meisten Steuern und bekommen im Austausch wenig genug dafür … Sie befinden sich in einer Situation, in der sie zwischen der Erduldung äußersten Elends und einem Aufstand wählen müssen.«[3]

Der Aufstand begann am 2. Juli 1900 in der Sahara, als fünf italienische Fremdenlegionäre unweit des Tuat enthauptet und Leutnant Lan von den 1. Algerischen Spahis mit einem Speer getötet wurde. Von dort breitete er sich nach Norden aus. Am 28. April 1901 wurde das 80 Kilometer von Algier entfernte Dorf Marguerite, das 150 bis 200 Einwohner zählte, von 400 aufgebrachten Stammeskriegern überfallen. Kaum jemand konnte fliehen. Ein paar Tage später brachte man einen Güterzug zum Entgleisen. Eine Abteilung der Gendarmerie wurde zu Nachforschungen ausgesandt und bis zum letzten Mann ermordet. Kurz darauf geriet eine Kutsche in einen Hinterhalt. Der Fahrer erlitt schwere Verletzungen, und ein Priester empörte sich über eine Kugel, die seine Soutane durchlöchert hatte. Fast täglich erhielten die Kolonisten im Frühjahr 1901 Nachrichten über neue Greueltaten auf dem Lande – hier ein Angriff, dort die Ermordung eines Bauern und seiner Frau –, auf die sie mit Forderungen nach militärischer Unterstützung reagierten. Traf diese Hilfe nicht umgehend ein, griffen sie selbst zu Gewalt. Einige machten englische Missionare verantwortlich, die »von einem Ende des Landes bis zum anderen Verachtung und Hass gegen Frankreich gesät«[4] hätten. Andere meinten, die Anti-Jonnart-Fraktion unter Régis versuche, das liberale Programm des Generalgouverneurs durch Sabotageakte zu untergraben. Jonnart selbst gab Régis die Schuld an den Unruhen. »Es wäre kindisch«, sagte er am 30. April, »verbergen zu wollen, wie ansteckend und tödlich in dieser Kolonie das Beispiel unserer internen Auseinandersetzungen und der Wahnsinn der Rassenverfolgung sein kann.«[5] Doch in Wirklichkeit hatten die Aufstände weder mit der Innenpolitik noch mit britischen Missionaren etwas zu tun (später nahm die Regierung die Vorwürfe zurück und entließ den Präfekten von Constantine, der sie erhoben hatte). Vielmehr wurden die Unruhen durch die französischen Aktionen in der Sahara ausgelöst.

Bei der Eroberung des Tuat und In Salahs hatten die Franzosen beabsichtigt, nicht nur ihre Herrschaft über die Wüste zu festigen, sondern auch einen Einmarsch nach Marokko vorzubereiten. Seit langem war von Politikern zu hören, das Kolonialprogramm in Afrika sei sinnlos und teuer. Im November 1900 erhob der pensionierte Diplomat Paul Henri d'Estournelles de Constant seine Stimme und wiederholte das Argument: »Frankreich hat die Neigung, jedes neu erworbene Gebiet unbedingt erweitern zu wollen, als wäre jeder Kolonialbesitz, so nutzlos und lästig er auch sein möge, von Vorteil. Damit geht es das Risiko ein, die gefährlichsten Konflikte zu provozieren ... Diese Unbesonnenheiten sollten aufhören.«[6] Gleichzeitig war es kein Geheimnis, dass

Marokko nur deshalb seine Unabhängigkeit bewahrt hatte, weil man sich nicht entscheiden konnte, wer es haben sollte. Großbritannien, Frankreich, Deutschland und Spanien – und erstaunlicherweise auch Russland – waren alle an dem Land interessiert. Aber niemand – mit Ausnahme Spaniens, dessen bewaffnete Übergriffe aber so schwächlich waren, dass alle sie ignorierten – war bereit gewesen, das europäische Machtgleichgewicht durch eine unverhohlene Demonstration seiner Kräfte aufs Spiel zu setzen. Nun sah Frankreich seine Chance gekommen. Unter der Voraussetzung, dass Marokko eigentlich längst Teil des französischen Kolonialreichs hätte sein müssen, glaubte man die Argumente gegen eine Expansion ignorieren zu können. Außerdem hielt die französische Regierung eine manipulierte »Provokation« dort für erfolgversprechender, wo ein direkter Einmarsch scheitern mochte. Das andauernde britische Engagement in Südafrika vorausgesetzt, war dazu vielleicht nur ein geringes Maß an Gewalt nötig. Hinzu kam die Tatsache, dass die Grenze zwischen Algerien und Marokko in der Wüste unklar war. All das ließ die französische Kolonialfraktion zu dem Schluss kommen, es sei an der Zeit zuzuschlagen. Als die verschiedenen Kontingente, die zu Flamands Rettung aufgebrochen waren, den Tuat besetzten, eroberten sie deshalb im März 1901 auch die nordwestliche Oase Igli.

Im größeren Rahmen imperialer Poltik war die Besetzung von Igli ein unbedeutendes Ereignis. Die kleine Oase und ihre Bewohner kapitulierten, ohne dass ein Schuss fiel. Für die Militärs war die Einnahme von Igli vernünftig. An der Mündung des Flusses gelegen, der die Tuat-Oasen speiste, war seine Eroberung die logische Fortsetzung der vorangegangenen Operationen. Zudem war es ein notorischer Unruheherd, denn von den anscheinend unkontrollierbaren Stämmen des Atlas, die es auf die transsaharischen Karawanen abgesehen hatten, wurde es stets als erster Ort geplündert. Im Jahre 1894 hatte der marokkanische Sultan Moulai Hassan ein Expeditionskorps gegen die Stämme angeführt, um ihnen Steuern abzupressen, war aber zurückgeschlagen worden und auf dem Rückzug eines schmählichen Todes gestorben. Mithin war die Anwesenheit der Franzosen in Igli wünschenswert. Unglücklicherweise hatten sie jedoch keinerlei Recht, sich in Igli aufzuhalten. Als man sich im Jahre 1845 über den Verlauf der Grenze zwischen Marokko und

Algerien geeinigt hatte, hielten beide Seiten es für sinnlos, die Wüste mit einzubeziehen, verständigten sich aber auf die generelle Regel, dass alle Gebiete westlich einer Linie, die man von der vereinbarten Grenze aus nach Süden bis zu einem Punkt zwischen Aïn Sefra (Algerien) und dem Ort Figuig (Marokko) zog, Marokko und alle im Osten davon zu Algerien gehören sollten. Seitdem waren auf französischen Karten seltsame Dinge geschehen. Mit jedem Jahrzehnt schien die Grenze nach Norden hin zu schrumpfen, bis Aïn Sefra und Figuig, deren Lage 1845 eindeutig definiert worden war, im Jahre 1900 nur noch als unbestimmte Punkte in der Wüste auftauchten. Trotzdem war es weiterhin möglich, eine Linie nach Süden zu ziehen, und gleichgültig, von welchem Punkt sie ausging, lag Igli ungefähr 200 Kilometer westlich davon.

Moulai Hassans Nachfolger Abd el-Asis – ein 20jähriger radfahrender Englandliebhaber, der sich so sehr für technische Spielerei begeisterte, dass er in seinen einstöckigen Palast einen Lift einbauen ließ – ging mit mehr Takt an die Situation heran. Er beklagte sich bei allen Großmächten Europas, dass die Interessen seines Landes verletzt würden, und bat um Hilfe bei der Beseitigung dieser Ungerechtigkeit. Aber er war ein junger Mann, und sein Wesir, ein erfahrener Diplomat, der ihm nützlich hätte sein können, war gerade gestorben. Nun schlugen seine Bitten gegen ihn selbst aus, denn damit konnte Frankreich der Welt die gewünschte »Provokation« vorweisen. Im Jahre 1900 hatten die algerischen Behörden in verdächtiger Abweichung von ihrer früheren Praxis, Privatpersonen an der Grenze zurückzuschicken, einem französischen Reisenden gestattet, durch Marokko zu ziehen. Natürlich war er von Banditen ermordet worden. Die französische Regierung wies darauf hin, dass der Sultan, wenn er sein eigenes Gebiet nicht kontrollieren könne, jemanden brauche, der ihm diese Aufgabe abnahm. Unter diesen Umständen komme die Einnahme von Igli durch die Franzosen vielleicht gerade recht, und der Sultan solle doch bei dieser Gelegenheit schon einmal über eine Entschädigung nachdenken. Die Angelegenheit wurde Paul Revoil übergeben, dessen Ernennung zum Generalgouverneur von Algerien man verschob, damit er den Fall bearbeiten konnte. Der Sultan gab konsterniert nach und nahm gleichzeitig das Angebot für einen Kredit von 7,5 Millionen Franc bei der Banque de Paris et des Pays-Bas an (Amerika und Deutschland erwarteten ihrerseits Entschädigungszahlungen für ähnliche »Provokationen«, und die Einnahmen des Sultans waren gering). Die allmähliche Besetzung Marokkos durch die Franzosen hatte begonnen.

In Paris gefiel diese Entwicklung vielen nicht. Georges Clemenceau, der sich seinen Ruhm nach dem Ersten Weltkrieg als Architekt des Versailler Vertrages erwarb und dessen eigensinnige Verteidigung der französischen Interessen ihm den Spitznamen »der Tiger« einbrachte, hielt sie für unvorteilhaft. »Marokko ist nichts als ein Wespennest«, erklärte er. »Gewiss, wir könnten es besetzen, aber um welchen Preis an Blut und Geld ... [wenn] der Vorwand für die französische Intervention in der Unfähigkeit des Sultans besteht, die rebellischen Stämme niederzuwerfen, so müssen wir selbst diese Aufgabe übernehmen. Das ist keine Kleinigkeit. Die Steuerzahler jedenfalls tun gut daran, Geld für eine Eventualität bereitzulegen, die ganz nahe zu sein scheint.«[7] Clemenceau irrte sich nur in seiner zeitlichen Einschätzung. Es sollte bis 1912 dauern, ehe es Frankreich endlich gelang, Marokko unter sein Protektorat zu stellen. Vorläufig zahlten die Steuerzahler weiterhin ihre Francs, und die Militärs gaben die Beträge weiterhin mehr oder weniger nach Belieben aus. Ein Teil der Mittel wurde darauf verwendet, die Eroberung der Sahara abzuschließen, und ein noch größerer Teil diente dazu, den Marsch auf Marokko vorzubereiten. Vom Süden Orans bis zum Tuat wuchsen die Garnisonen, denn Fremdenlegionäre, algerische *tirailleurs* und Spahis wurden an die marokkanische Grenze beordert. Man brachte die Soldaten in äußerst primitiven Kasernen unter, und Beni Abbès, 30 Kilometer südlich von Igli, war einer der entlegensten Stützpunkte.

Das am 3. März 1901 besetzte Beni Abbès gehörte offiziell nicht zum Tuat, doch es war im Hinblick auf seine Topographie und die Zusammensetzung seiner Bevölkerung nicht von den Oasen des Tuat zu unterscheiden. Rund 1500 Einwohner zählend, lag es im ausgetrockneten Flussbett der Suara (die im marokkanischen Hohen Atlas entsprang und einst überirdisch geflossen war, jetzt jedoch nur noch streckenweise zutage trat). Zu der Oase gehörte ein drei Kilometer breiter Wald von 7000 Palmen, in dessen Schatten Gerstenfelder und Obstgärten mit Aprikosen-, Pfirsich- und Feigenbäumen gediehen. In der Mitte der Oase lag eine befestigte Siedlung mit gepflasterten Straßen, Heimatort der Berberbauern, welche die umliegenden Haine bestellten. Am Rand der Siedlung befanden sich zwei Dörfer: Das eine bestand aus einer Ansammlung von Zelten und beherbergte eine kleine Gruppe von Nomaden, im anderen, einem Slum aus einfachen Hütten, hausten die Sklaven, die sowohl für die Bauern als auch für die Nomaden arbeiteten. Auf einem Plateau außerhalb der Oase glänzte die gerade gebaute *bordj* oder Redoute der französischen Armee in der Sonne. Nach Norden und Osten blickte die *bordj* auf den Westlichen Erg hinaus, dessen bis zu 180 Meter hohe rosafarbenen Dünen sich am Horizont verloren. Im Westen erstreckte sich ein harter, flacher Felsrücken bis nach Marokko. Im Süden zogen sich schwarzer Fels und Schiefer über Hunderte von Kilometern. Und im Südosten floss phasenweise die Suara durch die Regionen Guara, Tuat und Tidikelt, die zusammen den Tuat-Komplex ausmachen, bevor sie unter der Sahara verschwand. Die Gegend war schön, doch einsam. Den nächstgelegenen Versorgungspunkt für die 800 Mann starke Garnison (drei Kompanien algerischer *tirailleurs*, eine Kompanie französischer leichter Infanterie und ein paar Spahis) bildete Aïn Sefra, eine mehrere hundert Kilometer entfernt im Süden Orans gelegene Endstation einer Eisenbahnlinie. Außerdem war die Gegend gefährlich, denn nach wie vor musste man mit Angriffen aus Marokko rechnen. Kurz, Beni Abbès war ein so entlegener und ungemütlicher Ort, wie man ihn sich nur hätte wünschen können.

»Es ist beschlossen worden«, schrieb Foucauld, »dass ich mich in einer französischen Garnison namens Beni Abbès niederlassen soll, einer bedeutenden Oase in der Sahara an der marokkanischen Grenze. Ich soll das Heilige Sakrament weiter in die Sahara hinein nach Süden und Westen tragen, wohin es bis dazumal wahrscheinlich noch nicht gelangt ist, jedenfalls nicht seit der Zeit des heiligen Augustin, um die Ungläubigen durch diese göttliche Gegenwart zu heiligen und die Tröstungen der Religion unseren sterbenden Soldaten zugänglich zu machen. Das ist eine sehr große, sehr schöne Mission, zugleich aber eine, die viel Tugend verlangt … Ich werde tatsächlich der einzige Priester dort sein; der nächste Kollege hält sich einige hundert Kilometer weit auf.«[8]

Wenn Foucauld sagte: »Es ist beschlossen worden«, so meinte er in Wirklichkeit, dass er selbst die Sache arrangiert hatte. Kurz nach seiner

Ordinierung und noch bevor er nach Afrika in See gestochen war, hatte er begonnen, seinen Bekannten beim Militär zuzusetzen. Zuerst schrieb er an Henri de Castries, einen Kriegskameraden aus Bou-Amama-Tagen, und bat ihn um Unterstützung bei der Suche nach einem entlegenen Ort für eine »kleine Siedlung«[9]. Castries hatte ihn an den Leiter des Amtes für einheimische Angelegenheiten in Algier – ebenfalls ein St.-Cyr-Absolvent namens Major Lacroix – weitervermittelt. Lacroix kam Foucaulds Wunsch, »irgendeine *einsame* Oase zwischen Aïn Sefra und dem Tuat«[10] angewiesen zu bekommen, gern entgegen. Castries, Lacroix und anderen gegenüber äußerte Foucauld sich freimütig über seine Pläne, »an der marokkanischen Grenze kein Trappistenhaus, kein großes Kloster, kein Zentrum für Agrarentwicklung, sondern eine bescheidene kleine Einsiedelei zu gründen, wo ein paar arme Mönche von Obst und ein wenig Gerste, geerntet mit ihren eigenen Händen, auf engem Raum in Buße und Verehrung des Heiligen Sakraments leben könnten, ohne ihre Anlage zu verlassen, ohne zu predigen, doch allen Besuchern, gut oder schlecht, Freund oder Feind, Muslim oder Christ, Gastfreundschaft erweisend«[11]. Als er die kirchlichen Stellen um Genehmigung bat, führte er jedoch das konventionellere Argument an, dass französische Soldaten in der Wüste umkämen, ohne die Sterbesakramente zu erhalten. »Die Erinnerung an meine Kameraden, die vor 20 Jahren während der Expeditionen gegen Bou-Amama, an denen ich teilnahm, ohne die letzte Ölung starben, treibt mich zur Abreise in die Sahara.«[12] In einem Zusatz, von dem er wusste, dass er allen Seiten gefallen würde, schrieb er: »Dies ist Evangelisierung nicht durch Worte, sondern durch die Anwesenheit des Heiligsten Sakraments, durch das Angebot des göttlichen Opfers, durch Gebet, Buße und die Verwirklichung evangelischer Tugenden.«[13]

Die Evangelisierung war der Mörtel, der, so hofften die Imperialisten, die Wüste aus einem eroberten Territorium in eine botmäßige Kolonie verwandeln würde. Die Bekehrung von Muslimen zum Christentum wurde nicht nur gefördert, um ihre Seelen zu retten, sondern auch wegen der ganz realen Einsparungen, die dadurch in Hinblick auf die Überwachung der Sahara zu erzielen waren. Die Kirche hatte seit langem auf dieses Ziel hingearbeitet und ihre Absicht im Jahre 1873 mit der Gründung des Ordens der Weißen Väter durch den Bischof von Algier,

Erzbischof Lavigerie, offenkundig gemacht. Dabei handelte es sich um eine Gruppe von Missionaren, welche die Tuareg durch Gottes Wort befrieden sollten (ein ähnlicher Orden für Nonnen, die Weißen Schwestern, wurde geschaffen, um auf den Spuren der Weißen Väter für geistliche Kontinuität zu sorgen). Unglücklicherweise bereitete man den Weißen Vätern einen feindlichen Empfang – was kein Wunder war, denn sie traten als besonders unbarmherzige Missionare auf. Weiß gewandet und bärtig (die Kleidung und die Gesichtsbehaarung waren obligatorisch), ließen sie sich in Algerien und später in Tunesien nieder, bevor sie sich der Sahara zuwandten. »Algerien ist nichts als eine von der Vorsehung geöffnete Tür zu einem barbarischen Kontinent von zwei Millionen Seelen«,[14] predigte der Erzbischof. Finster und autoritär marschierten die Weißen Brüder, unübersehbar die Abgesandten einer Kolonialmacht, vorwärts. Im Jahre 1876 schrieb Lavigerie: »In diesem Moment sind drei unserer Missionare mit den Tuareg unterwegs nach Timbuktu. Sie sind entschlossen, sich für immer in der Hauptstadt des Sudans anzusiedeln oder ihr Leben für die Sache der ewigen Wahrheit zu opfern.«[15] Die Missionare wurden in Stücke gehackt. Auf der nächsten Versammlung der Weißen Väter sangen alle das Tedeum und gelobten, ihre Brüder zu rächen, »die auf dem Felde der Ehre des Apostolats gefallen«[16] seien. Unterdessen stachelte Lavigerie die Missionare durch seine Botschaften an. Im Jahre 1877 schrieb er einem Missionar: »Die Protestanten suchen noch nicht so lange wie wir nach einem Weg durch die Sahara, aber sie finden ihn. Ihr aber, die Ihr durch Gott den Herrn unterstützt werdet, tut nichts. Ihr führt uns ins Leere. Ich verstehe Euch überhaupt nicht.«[17] Um Lavigeries Wünschen nachzukommen, zogen drei Missionare zum Adscher, wo sie erwartungsgemäß ermordet wurden. Lavigerie starb 1892, und mit ihm verschwanden auch die Anzeichen von Fanatismus. Um die Jahrhundertwende hatten die Weißen Väter sich nur in Gegenden angesiedelt, die bereits vom Militär besetzt worden waren – was ihr Ansehen in den Augen derjenigen, die sie bekehren wollten, noch weiter schmälerte. Im Jahre 1901 wurde Charles Guérin, ein asketischer Weißer Vater von weniger als 30 Jahren, zum Bischof der Sahara berufen. Ihm war wohl bewusst, dass seine Diözese zwar die größte der Welt sein mochte, zugleich aber auch die kleinste Zahl an Christen aufwies.

Guérin war begeistert von Foucaulds Plan. Vielleicht würde ein gutes Beispiel Erfolg haben, wo Belehrungen nichts gefruchtet hatten. Zudem wurde Foucaulds mystisches Verständnis des Christentums von vielen Muslimen respektiert. Alle, mit denen der Bischof über die Angelegenheit korrespondierte, ermutigten ihn. Dom Henri, Prior von Stauëli, dem Trappistenkloster außerhalb von Algier, schrieb: »Er schreitet mit Riesenschritten auf dem Weg der Opfer voran und hat den unstillbaren Wunsch, sich der Erlösung der Ungläubigen zu widmen. Er ist zu allem fähig… Seine bloße Gegenwart ist eine beredte Predigt, und obwohl die Mission, zu der er sich berufen fühlt, seltsam erscheinen mag, können Sie ihn mit absolutem Vertrauen empfangen.«[18] Abbé Huvelin äußerte sich genauso enthusiastisch: »Nichts Bizarres oder Außergewöhnliches, sondern eine unwiderstehliche, treibende Kraft, ein starkes Instrument für unbequeme Aufgaben. Entschiedenheit, ein Wille, in Liebe und Opferbereitschaft bis zum Äußersten zu gehen, niemals Verzagtheit, früher ein wenig Strenge, aber das hat sich gemäßigt! Lassen Sie ihn auf sein eigenes Risiko kommen, beobachten Sie ihn bei seinem Tun und fällen Sie Ihr Urteil.«[19] Vielleicht war dies der Durchbruch, den die Weißen Väter benötigten. Guérin reiste aus Ghardaia, der Oase, die den Mittelpunkt seiner Diözese bildete, nach Algier, wo er am 10. September in Begleitung von Erzbischof Livinhac seinen neuen Apostel in Afrika willkommen hieß.

Wie so vieles, was sich in Nordafrika abspielte, war Foucaulds Mission nicht von Paris abgesegnet worden. Im Gegenteil, die sehr antiklerikal eingestellte französische Regierung hätte das Unternehmen wahrscheinlich verboten, wäre sie denn gefragt worden. Aber der Einfluss von Paris war in Nordafrika so minimal und der von Foucaulds Verbündeten so stark, dass es vom Tag seiner Ankunft an weniger als einen Monat dauerte, bis die für seine Reise erforderlichen Dokumente ausgestellt waren. »Sämtliche Schwierigkeiten sind eine nach der anderen beseitigt worden«, schrieb Dom Henri. »Beschützer und Freunde erschienen wie durch Zauberei.«[20] Ausgerüstet mit einer Vielzahl von Genehmigungen stieg Foucauld am 15. Oktober in einen Zug, der ihn über Oran nach Aïn Sefra brachte.

Der holperige Schmalspurschienenstrang durch den Süden Orans führte Foucauld in eine geradezu infernalische Einöde. Seine Tagebücher enthalten keine Beschreibung dessen, was er durch das Fenster seines Abteils dritter Klasse gesehen haben mag, während der Zug langsam nach Süden ratterte, aber die aus der Schweiz gebürtige Reisende Isabelle Eberhardt, die sich im Jahre 1903 auf die gleiche Reise begab, hinterließ eine lebhafte Schilderung:

> Kein Sand und kein Spartgras, nur noch Stein, ein riesiges Chaos aus zerklüfteten Steinen, wie durch eine entsetzliche Sintflut dem Boden entrissen. Spitze Kanten greifen übereinander oder häufen sich zu Türmen auf, furchterregende, ausgezackte Spitzen ragen aus den Felsen, aus den tonhaltigen Hügeln. Korridorartige schmale und tiefe Einschnitte, überlagert von riesigen Steinblöcken, die mit ihrem unsicheren Gleichgewicht jeden Augenblick bereit scheinen, sich abzulösen und den vorüberfahrenden Zug zu zerschmettern.
>
> Das Ganze wirkt, als hätten die düsteren Kuppen, die den Horizont beschließen, einen gigantischen Lavastrom ausgespuckt, der nun das Tal überschwemmt, der erstarrt ist und sich wie eine aufgedunsene, runzlige Kruste um die älteren und härteren Gesteinsmassen gelegt hat; wie die Ruinen einer Stadt, zerstört vom Feuer des Himmels.
>
> Und welch unerhörte Farbskala über all diesen Trümmern! Welch feurige Reflexe! Die matten Rosatöne kaum abgekühlter Eisenschlacke, rostiges Gelb und ockerfarbenes Grün, violette Schimmer von Mangan und dunkel schattiertes Karminrot auf der kalten Tonerde, hervorspringende Venen aus gräulichem Blau und düstere rote Flecken auf den schroff abfallenden Klippen! Die ganze Oberfläche des Gesteins hat einen einheitlichen, rußig-schwarzen Untergrund, als bewahrte sie die ursprünglichen Spuren von Feuer und Rauch.
>
> Die düstere und prachtvolle Kulisse einer versteinerten Feuersglut, eine Mondlandschaft von unsäglicher Trostlosigkeit und tragischer Größe, doch unter dem strahlenden Himmel, im klaren Morgenlicht …[21]

In Aïn Sefra, wo die Eisenbahnlinie endete, war das Bild kaum weniger seltsam. Auf einer schwarzen Hochebene aus Fels und Schiefer lag eine einzige goldene Düne, 600 Meter breit und doppelt so lang, hinter der ein schroffer Berg aufragte. Niemand wusste, wie die Düne entstanden war, ein exotischer Eindringling in der Einöde, der sich ständig wandelte und doch stets seine Gestalt ungefähr beibehielt. Zwischen der Düne und dem Berg verlief ein sandiges Flussbett, das sich nach Regenfällen sporadisch wieder in einen reißenden Strom zurückverwandelte. Auf der unterhalb des Berges gelegenen Seite des Flussbetts lebten rund 200 Nomadenfamilien, die Aïn Sefra zu ihrem Stützpunkt gemacht hatten, in Hütten und Zelten, auf der anderen Seite, unterhalb der Düne, war die französische Garnison in einer Reihe trostloser Baracken untergebracht, zu denen der Bahnhof, die *bordj*, das allgegenwärtige Postamt, ein oder zwei Bars, ein staubiges Hotel und ein paar Wohnhäuser aus Lehm und Wellblech gehörten. Auf einem zentral gelegenen Platz versuchten ein paar importierte Bäume vergeblich, einen Hauch französischer Heimat zu verbreiten. Douglas Porch schrieb dazu: »[Es] war ein grässlicher Ort, noch grässlicher als die meisten grässlichen Viertel, welche die Franzosen in Algier errichtet hatten.«[22]

Foucauld verlor über die mangelnden Reize von Aïn Sefra kein Wort. Wahrscheinlich war ihm die Ästhetik der Kolonialisierung gleichgültig – wie allen anderen offenbar auch. Nicht gleichgültig dagegen war ihm die Tatsache, dass der diensthabende Offizier ihm ein Bett zur Verfügung stellte – er schlief stattdessen auf dem Fußboden – und ihn dann mit einem Pferd und einer bewaffneten Eskorte für die Reise nach Beni Abbès ausrüstete. Er hatte beabsichtigt, die Strecke allein und zu Fuß zurückzulegen, doch überwand er seine Enttäuschung bald. Auf jeder Etappe seines Weges nach Süden wurde er wie eine hochrangige Persönlichkeit behandelt. Als er sich Taghit näherte, einer Garnison auf halber Strecke zwischen Aïn Sefra und Beni Abbès, trabte Rittmeister Susbielle, der Offizier des Bureau Arabe, heran, um ihn zu begrüßen. Der Rittmeister trug eine weiße Uniform und ein himmelblaues Käppi; begleitet wurde er von 15 arabischen Reitern, die er zuvor gewarnt hatte: »Der Mann, den ihr sehen werdet, ist ein französischer Marabut. Er wird unter euch und dem armen Volk der Wüste leben und für immer hier bleiben. Empfangt ihn in Ehren!«[23] Sie taten wie ihnen geheißen. Ein Mann der Eskorte nach dem anderen stieg vom Pferd, kniete nieder und küsste den Saum von Foucaulds Gewand. Dieser war zu Tränen gerührt. An jenem Tag hielt er, um seine Anerkennung durch die edlen Wilden der Wüste zu feiern, seine erste Messe in der Sahara ab. Danach zog er weiter nach Beni Abbès, wo man ihn mit ebenso großer Zuneigung begrüßte.

In welchem Maße Foucauld sich als Figur im kolonialen Schachspiel sah, ist ungewiss. Ihm war jedoch zweifellos bewusst, dass die Evangelisierung der imperialen Sache nützen würde, und bereitwillig ging er auf Guérins Bitte ein, unterwegs nach Beni Abbès verschiedene Oasen auszukundschaften, ob sie sich als Wohnort für die Weißen Väter eignen mochten. Während seines gesamten Aufenthalts in der Wüste lieferte er unaufhörlich Informationen über die Stimmung in der Bevölkerung und darüber, wie sie eventuell bewogen werden könne, die französische Herrschaft zu akzeptieren. Gelegentlich drückte er sich auf eine Weise aus, die einem fanatischsten Rassisten zur Ehre gereicht hätte und die schlecht zu seiner Lehre der Gleichheit vor Christus passte. Doch aller Wahrscheinlichkeit nach benutzte er die Armee genauso für seine Zwecke wie diese ihn. Ihm war klar, dass er die Erlaubnis des Militärs benötigte, um sich in der Sahara niederzulassen, und wenn er dafür mit Informationen bezahlen musste, dann hatte er nichts dagegen, solange es dem Glauben zum Vorteil ausschlug. Ohnehin waren die Interessen von Christentum und Kolonialismus so eng miteinander verflochten, dass er sie kaum voneinander zu unterscheiden vermochte. Was seine rassistischen Ausbrüche anging, dürften sie das Produkt seiner Erziehung und seiner Zeit gewesen sein. Er war ein Mann, dessen persönliche Mission Vorrang vor allem anderen hatte.

In Beni Abbès begann Foucauld mit dem Bau seiner Einsiedelei. Er hatte sich von seiner Familie bereits das Geld für den Kauf eines neun Hektar großen Grundstücks zwischen der *bordj* und der Oase schicken lassen (es kostete 1070 Franc – viel mehr, als es wert war). Mit Hilfe der Garnisonssoldaten, die zwei Quellen säuberten, ein paar Brunnen freilegten, 250 Palmen, einige Feigen- und Olivenbäume und ein Gerstenfeld anpflanzten, um dann eine Kapelle für den Eremiten zu bauen, trat er in eine neue Phase seiner peinvollen Existenz ein.

Die Kapelle war klein, kahl und stickig. In den drei Sommermonaten stieg das Thermometer bis auf 48 °C. »Das Dach ist waagerecht«, schrieb Foucauld, »und besteht aus dicken, unbehauenen Palmstämmen; das sieht recht arm und bäuerlich, aber harmonisch und hübsch aus. Das Dach wird von vier Pfosten, ebenfalls Palmstrünken, getragen.«[24] Nachdem er eine Zeit lang wie ein Hund vor dem Altar geschlafen hatte, zog er sich in eine benachbarte, anderthalb Meter lange Sakristei zurück, die noch unbequemer war. Nach dem Grund gefragt, antwortete er: »Am Kreuz konnte Jesus sich auch nicht hinlegen.«[25] Seine Existenz war im buchstäblichen Sinne abgeschieden, denn er umgab seine Kapelle mit einem Ring aus Steinen, den zu überschreiten er sich weigerte. Anscheinend sah er keinen Widerspruch darin, dass er einen zu seiner Selbstversorgung dienenden Garten hatte anlegen lassen und danach eine Umzäunung, die ihm den Zugang zu dem Grundstück versperrte.

Die Garnison lieferte Foucauld reichlich Proviant, doch er lebte lieber von einem faden Brei aus Gerste und Feigen, ergänzt durch eine kleine Menge Korn, die er zu Hefe mahlte, bevor er sie auf den Steinen seines Feuers backte. Alles Übrige verteilte er in Form von Almosen an die Armen und Bedürftigen von Beni Abbès, die rasch merkten, dass hier etwas zu holen war, und scharenweise über seine Trennmauer trampelten. »Ich will, dass alle Einwohner, Christen, Mohammedaner, Juden und Götzenanbeter, mich als ihren Bruder ansehen«,[26] notierte er. Doch bald empfand er weniger ein Gefühl der Bruderschaft als des Kummers. Schließlich war er in die Sahara gekommen, um allein zu sein, zu meditieren und nach Christi Vorbild zu leben. Stattdessen musste er Lebensmittel, Medikamente und Rat an alle möglichen Leute austeilen. Ursprünglich hatte er um drei Uhr morgens aufstehen und seinen Tag wohltätiger und körperlicher Arbeit (sieben Stunden), Gebeten (zwölf Stunden) und Schlaf (fünf Stunden) widmen wollen. Aber das erwies sich als undurchführbar. Die Zahl der Bittsteller schwoll auf 200 pro Tag an, und Foucauld musste sich bis Mitternacht mit ihren Problemen beschäftigen. Um 4.30 Uhr klopften dann bereits die ersten neuen Besucher an seine Tür. »Mein Leben geht weiter, immer dasselbe«, schrieb er Huvelin, »Arme, Kranke, die nacheinander kommen; innerlich werfe ich mir vor, dass ich dem Gebet und den rein geistigen Dingen nicht genügend Zeit widme; tagsüber hört es nicht auf, an meine Tür zu klopfen.«[27] Zwischen fünf und neun Uhr morgens sowie zwischen 16 und 18 Uhr glich seine Kapelle »einem Bienenkorb«[28].

Diese Umstände erschöpften ihn, doch fand er in seinen ersten Monaten in Beni Abbès trotzdem Zeit, Berichte über die Bewohner zu verfassen. Die Bauern seien gute und arbeitsame Menschen: »Sehr angenehm. Nachdem sie die Ankunft der Franzosen zunächst gefürchtet hatten, scheinen sie nun erfreut darüber zu sein, denn ihnen ist klar, dass sie zum erstenmal seit Generationen die Ernte einbringen können, die früher immer wieder Plünderer sich angeeignet hatten.« Weniger zufrieden war er mit den Nomaden: »Ihrem Charakter nach hart und grausam, sind sie den Franzosen im Innersten äußerst übel gesonnen. Unverbesserliche Muslime, praktizieren sie ihre Religion jedoch sehr nachlässig.«[29] Die Sklaven brachten ihn zur Verzweiflung. Er hatte erwartet, etliche von ihnen sofort bekehren zu können, doch nun schrieb er, sie seien »Suppenchristen«[30], die kein Interesse an irgendeinem Glauben hätten und ihn nur wegen der von ihm verteilten Lebensmittel aufsuchten.

Er verschloss nicht die Augen vor der Ursache für die Apathie der Sklaven und empörte sich über eine Praxis, die deren Knechtschaft fortsetzte. »Den Betreffenden muss deutlich gemacht werden: ›Dies ist nicht legal‹«, schrieb er. »Es ist Heuchelei, dass Ihr Briefmarken und alles andere mit der Aufschrift ›Freiheit, Gleichheit, Brüderlichkeit, Menschenrechte‹ verseht – Ihr, die Ihr Sklaven ankettet und jene auf die Galeeren verdammt, die den Aufdruck auf Euren Banknoten Lügen strafen; Ihr, die Ihr Eltern ihre Kinder raubt und sie in aller Öffentlichkeit verkauft; Ihr, die Ihr den Diebstahl eines Huhns bestraft und den eines Menschen zulasst.«[31] Er nannte erschreckende Beispiele dafür, wie Menschen niedergeknüppelt und dem Hungertod ausgesetzt wurden, und er war außer sich, als einmal mehrere Sklaven bei den Franzosen Zuflucht suchten, nur um zu ihren Herren zurückgeschickt zu werden. Diese schnitten ihnen dann die Sehnen in den Fersen durch, um andere potentielle Flüchtlinge abzuschrecken. »Stimmen müssen sich erheben, damit Frankreich von dieser Ungerechtigkeit und diesen Diebstählen erfährt. Ich habe den Apostolischen Präfekten in Kenntnis gesetzt.«[32] Aber Guérin konnte nichts an der Situation ändern: »Es liegt an einem *Befehl von General Risbourg*, bestätigt von Oberst Billet, dass die Sklaverei fortgesetzt werden kann.«[33]

Foucauld beklagte sich auch bei Castries, der ihm versicherte, er werde sich um die Angelegenheit kümmern. Doch das Militär hatte kein Interesse an der Sklavenbefreiung. Bereits 1853 hatte Generalgouverneur Randon die Haltung Frankreichs den Saharastämmen gegenüber umrissen: »Auch wünschen wir nicht, uns in eure inneren Angelegenheiten einzumischen. Ihr werdet all eure Gebräuche wie bisher beibehalten; wir werden uns nur dann für euer Tun interessieren, wenn es sich um den Frieden und die Rechte der Stämme handelt, die uns ihre

Unterwerfung gelobt haben.«[34] Obwohl Randons Erklärung durch den Vormarsch des französischen Kolonialismus seit langem überflüssig geworden war, diente sie immer noch als Faustregel für jene Offiziere, die sich nicht um moralische Aufklärung und all den anderen Unsinn scherten, welcher die »Bürde des weißen Mannes« ausmachte. Diese Offiziere, die keineswegs die Mehrheit bildeten, deren Einschätzung der imperialistischen Ziele jedoch von brutaler Klarsichtigkeit war, interessierten sich nur für den Landerwerb. Zu ihnen gehörten auch Risbourg und Billet, welche die Besetzung von Beni Abbès geleitet hatten und dafür mit hohen Posten in Oran belohnt worden waren. Zwar schaffte man die Sklaverei im Jahre 1904 endlich ab, und vier Jahre später wurde Risbourg wegen übertriebener Strenge vom Dienst suspendiert. Vorläufig jedoch hatten Randons Worte noch Gültigkeit. Risbourg, Billet und andere sahen keinen Grund, ihre Eroberungen dadurch zu gefährden, dass sie lokale Potentaten verärgerten, für die Sklaven nicht nur kostenlose Arbeitskräfte, sondern auch Statussymbole waren. Deshalb stießen Castries' Anfragen auf taube Ohren.

»Nichts hat sich geändert«, schrieb Foucauld am 28. Juni 1902 in einem Brief an Guérin. »Nicht nur bleiben die schon Versklavten in diesem Zustand, sondern jeden Tag werden Sklaven auch mit voller Kenntnis des Bureau Arabe gekauft und verkauft ... da es sich verpflichtet fühlt, eine solche Situation aus Gründen der Disziplin und wegen der erhaltenen Befehle zu akzeptieren ... Die Obrigkeit wird über das, was sich in Zelten auf dem Erg abspielt, stets hinwegsehen. Sie sagt: Sklaven sind in diesem Land notwendig, denn ohne sie würden die Oasen untergehen. Das trifft nicht zu. Viele wohlhabende Oasen verfügen über keinen einzigen Sklaven ... Die einzigen, die einen hohen Prozentsatz an Sklaven besitzen, sind die Nomaden und die Marabuts, die *nie arbeiten*, die ihr ganzes Leben in Muße verbringen und sich bei jeder Gelegenheit gegen uns erheben. Die Befreiung ihrer Sklaven würde sie zwingen, ein wenig zu arbeiten, was sie zu besseren Menschen machen würde ... Die Sklaven müssen befreit werden.«[35] Guérins Antwort war pragmatisch: »Wir sollten die Umstände, mit denen wir es zu tun haben, sorgsam berücksichtigen und darauf achten, nicht durch große Gesten, die *kein* Ergebnis haben können, jene Mittel einzubüßen, mit denen wir ein wenig Gutes tun können.«[36] Er warnte Foucauld vor übertriebenem Eifer und befahl ihm, sich zu fügen. »Versuchen Sie, ohne von einer Befreiung zu sprechen, [den Sklaven] einzuschärfen, welch göttlichen Lohn harte Arbeit nach sich zieht.«[37]

Guérins Vorsicht rührte von einer kürzlich unternommenen Reise nach Frankreich her, auf der er sich davon überzeugt hatte, wie nachdrücklich die Regierung ihre antiklerikale Politik verfolgte. Zum Beispiel war eine religiöse Institution gezwungen worden, 2000 ihrer Mitarbeiter zu entlassen. Da Guérin eine ähnliche Säuberung in Afrika fürchtete, riet er Foucauld, Ruhe zu bewahren. »Angesichts der öffentlichen Meinung zum Thema der Bekehrung der Muselmanen ist es am besten, nicht die Aufmerksamkeit unserer Umgebung zu erregen.«[38] Als Foucauld ihn erneut nach der Sklaverei befragte, erwiderte Guérin brüsk: »Wir dürfen ... nie in Erwägung ziehen, das, was in diesen Ländern geschieht, offiziell zu kritisieren.«[39] Foucauld setzte seine Kritik trotzdem bis zum 15. Dezember 1904 fort, als er Castries endlich mitteilen konnte: »Die Häuptlinge, die diesen Oasen vorstehen, haben nach allgemeiner Absprache Maßnahmen zur Abschaffung der Sklaverei eingeleitet. Nicht innerhalb eines einzigen Tages, das wäre unbesonnen, sondern allmählich.«[40]

Die Sklaverei war nicht Foucaulds einzige Sorge. Zwar ging er nicht so weit, den Kolonialismus zu verurteilen, doch er wetterte gegen Art und Weise seiner praktischen Durchsetzung: »Es gibt nur Habgier und Gewalt, ohne jeden Gedanken an das Wohl der Völker.«[41] Die Garnison von Beni Abbès imponierte ihm nicht. »Es ist ein Jammer, dass man solche Windhunde hierher schickt«, schrieb er an Lacroix. »Du weißt, was ich damit sagen will, und kannst Dir denken, welche Verachtung sie den Eingeborenen einflößen. An der marokkanischen Grenze sollten wir Truppen haben, die uns Ehre machen, nicht Leute, die jeder verachten muss. Die Europäer sind hierzulande nur durch solche Tunichtgute und durch die Fremdenlegion vertreten.«[42] Glaubt man einem seiner Biographen, so »wurde er zum Gewissen Frankreichs in Algerien«[43], wodurch er sich viele Feinde machte. Aber das berührte Foucauld nicht. In seinem Steinring – er verwandelte ihn in monatelanger Arbeit in eine kleine, baufällige Mauer, über die trotz des obenauf befestigten Stacheldrahts noch immer alle hinwegstiegen – schien er unendlich weit entfernt von Paris, Algier und sogar von Aïn Sefra. Sein tägliches Pensum war so rigoros und derart auf die Anbetung Christi konzentriert, dass ihn politische Ränkespiele an fernen Orten nicht kümmerten. Wie konnte irgendeine Behörde ernsthaft beabsichtigen, einen Mann zu disziplinieren, der von Gerste, Brot, Datteln und Wasser lebte, Komfort verachtete und sich wünschte, so bald und unter so großen Qualen wie möglich zu sterben? Außerdem gab es viele, die ihn unterstützten: Seine Familie, insbesondere seine Cousine Marie de Bondy*, versorgte ihn mit einem regelmäßigen Einkommen, eine Kollekte in der Garnison von Beni Abbès brachte ihm 40 bis 50 Franc pro Monat ein, und die Armen Klarissen von Nazareth schickten ihm getrocknete Blumen, Wäscheklammern, einen Holzlöffel, eine Mausefalle und ein Stück weißen Baumwollstoffs (das er sofort verschenkte). Dom Henri von Stauëli sandte ihm einen Kittel, zwei Hemden, zwölf Handtücher, eine Decke und einen Umhang – allerdings nur als Leihgabe, »damit ich sie nicht weiterverschenken kann«. Offiziere des Bureau Arabe lieferten ihm ebenfalls Decken und Kleidung. »Also siehst Du, dass ich gut ausgestattet bin«,[44] schrieb er Marie de Bondy. Aber auf Mitgefühl und materielle Hilfe konnte er verzichten. Sein innigster Wunsch blieb es, eine Bruderschaft aus Gleichgesinnten aufzubauen. Dieses Vorhaben sollte jedoch immer wieder durchkreuzt werden.

Zwar nannten die Soldaten von Beni Abbès seine Einsiedelei »die Bruderschaft«, aber sie war es nicht in dem Sinne, wie Foucauld sich das wünschte. Er sehnte sich nach jemandem, der seine Last teilte, seine Ordensregel akzeptierte und sich genau wie er selbst erniedrigte. Am 28. April 1902 erhielt er einen Brief von Guérin, der ihn mit Freude erfüllte. Sein Kommentar lautete: »Und jetzt ... sehe ich mich – Priester geworden – ermächtigt, eine neue Ordensfamilie zu gründen, die nach der Regel des heiligen Augustinus und unter dem Namen ›Kleine Brüder vom Heiligsten Herzen Jesu‹ dazu bestimmt ist, bei Nacht und bei Tage die immerwährend ausgesetzte heilige Eucharistie anzubeten, in Einsamkeit und Abgeschlossenheit, in den Missionsländern, in Armut

* Marie de Bondy war die Tochter von Inès Moitessier und, wie einige Biographen meinen, das Objekt von Foucaulds unterdrückter sexueller Begierde. Eine inbrünstige Katholikin, schickte sie ihm Geld, wann immer er es benötigte, und war die Empfängerin seiner intimsten Briefe. Die beiden knüpften eine so enge Beziehung an, dass ihr Sohn seinen Vater später als geistigen Hahnrei bezeichnete.

und Arbeit.«[45] Aber die offizielle Sanktion führte zu keinen greifbaren Ergebnissen, und die Zimmer, die er für seine möglichen Helfer bauen ließ, blieben hartnäckig leer. Er versuchte, seinen Wunsch nach Gesellschaft mit seinen emanzipatorischen Instinkten zu verbinden, indem er mehrere Sklaven kaufte, denen er später die Freiheit gab, in der Hoffnung, sie würden Christen werden. Doch es gelang ihm nur, eine alte, blinde Frau zu bekehren, die nicht völlig bei Sinnen war. Keiner der anderen Sklaven hörte ihm zu. Einer lief davon, ein anderer wurde zu weiterer Unterweisung (er war »zu faul«) nach Algier geschickt, ein dritter, der erst drei Jahre alt war, gelangte ebenfalls nach Algier, und ein vierter kehrte zu seiner Familie zurück. Ein 15jähriger Junge namens Paul Embarek, der am 14. September 1902 gekauft worden war, blieb halbherzig in der Nähe und machte sich als Ministrant nützlich, da die katholische Doktrin die Anwesenheit von mehr als einer Person zur Abhaltung der Messe verlangte, aber er weigerte sich entschieden, das Christentum anzunehmen. »Ein sehr trauriger Bursche«, schrieb Foucauld an Huvelin. »Wenn seine Fehler sich nicht ins Kriminelle auswachsen, werde ich ihn bei mir behalten, denn schließlich behielt auch Christus Judas bei sich.«[46]

Guérin rief ihn sofort zur Ordnung. Obwohl er mehr als ein Jahrzehnt jünger war als Foucauld, schalt er ihn wie einen Schuljungen. Die Beförderung seiner jüngeren Sklaven nach Algier sei sehr anstrengend für die beteiligten Offiziere, von den hohen Kosten für die Weißen Väter, die dann für Unterbringung und Ausbildung aufkommen müssten, gar nicht zu reden. »Ist das der beste Einsatz für die begrenzten Mittel der Mission? Ich glaube nicht.«[47] Wieder betonte er die gefährliche politische Situation der Weißen Väter: »*Ich rate Ihnen sehr eindringlich, mit größerer Besonnenheit zu handeln, und ich flehe Sie an, keine Schritte zu unternehmen, die für offiziell gehalten werden könnten.*«[48]

Diese geringfügigen und nicht sehr erfolgreichen Versuche, die offizielle politische Linie zu unterlaufen, mögen Foucauld ein wenig getröstet haben, aber sie trugen nicht zur Förderung seiner Sache bei. Die Kleinen Brüder, die er zu gewinnen hoffte, benötigten zunächst die Genehmigung Guérins und anderer Amtsträger in der Kirchenhierarchie, und diese Genehmigungen ließen auf sich warten. Vielleicht fürchteten sie infolge des Rufs als Unruhestifter, den Foucauld in manchen Kreisen hatte, er könne zu viel Aufmerksamkeit erregen. Zufrieden damit, dass er das Evangelium verbreitete und ein vorbildliches Leben führte, waren sie über seine geplante Gemeinschaft von Asketen womöglich weniger begeistert. Was, wenn die Seuche um sich griff? Wenn plötzlich überall in der Wüste Eremiten auftauchten, deren rebellische Lehre den Zorn von Paris auslöste und damit das Ende sowohl der militärischen als auch der klerikalen Expansion bedeutete? Zum Glück brauchte man keinen Vorwand, um Foucaulds Wahn einzudämmen, denn er selbst besorgte das. Niemand, und hatte er auch noch so ausgeprägte Veranlagungen zum Einsiedlertum, war imstande, es ihm an Selbstverleugnung gleichzutun, wie Dom Henri in einem Brief an Lacroix bestätigte: »Seine Lebensführung ist so streng, dass gerade diejenigen von den Oberen unseres Ordens, die die aufrichtigste Zuneigung zu ihm fühlen, der Ansicht sind, er sei mehr ein Gegenstand der Bewunderung als der Nachahmung, und fürchten, die Schüler, die sie ihm zuführen könnten, der Entmutigung preiszugeben. Darum wird er wohl allein leben oder sich nach und nach an Ort und Stelle die Mitglieder seiner erträumten Gemeinschaft suchen müssen.«[49] Dom Martin von Notre-Dame-des-Neiges äußerte sich unverblümter in einem Schreiben an Guérin: »Das einzige, was mich [an Foucauld] überrascht, ist die Tatsache, dass er keine Wunder wirkt ... Aber ich muss zugeben, dass ich Vorbehalte hinsichtlich seiner Besonnenheit und Diskretion habe. Die intensive Zielstrebigkeit, die er sich selbst auferlegt und seinen Schülern auferlegen würde, erscheint mir so übermenschlich, dass ich fürchte, er möge einen Schüler durch übermäßige geistige Konzentration in den Wahnsinn treiben, bevor er ihn durch übermäßige Strenge tötet.«[50]

Als sich vier Trappisten nach einem Platz in seiner Bruderschaft erkundigten, entgegnete Foucauld, seine Ordensregel sei »hart und strikt«. Sie müssten »1. bereit sein, sich den Kopf abschlagen zu lassen, 2. gewillt sein, Hungers zu sterben, und 3. ihm trotz seiner Unwürdigkeit gehorchen«[51]. Sie wiesen das Angebot zurück: Auf Unwürdigkeit konnten sie sich einstellen, jedoch nicht auf Unzurechnungsfähigkeit. Im Sommer 1902 wurde er durch seinen rasenden Fanatismus an den Rand des Todes getrieben. Die Unterernährung – damals nahm er nur Brot, Gerstenbrei und Tee zu sich – hatte ihn zu einem Wrack werden lassen.

Haare und Zähne fielen ihm aus. Hauptmann Regnault, der Beni Abbès zugeteilte Offizier des Bureau Arabe, meldete: »Trotz wiederholter dringender Bitten durch die Offiziere der Garnison lehnt er es ab, seine Kost zu ändern. Das Gemüse, das ihm aus der Messe geschickt wird, gibt er im allgemeinen an die Armen oder an seine zeitweiligen Gäste weiter.«[52] Huvelin war entsetzt. »Mein liebes Kind, stärken Sie sich!« schrieb er. »Versagen Sie sich nicht zuviel, essen Sie ein bisschen, nehmen Sie sich die Zeit für den Schlaf, den Sie benötigen, um Ihre Arbeit fortzusetzen.«[53] Foucauld antwortete: »Ich bin faul und gefräßig.«[54] Er schlief und aß noch weniger. Sein Immunsystem funktionierte nicht mehr, und er zog sich auf den Fußboden seiner Sakristei zurück, wo er, von Rheumatismus und sporadischen Fieberanfällen geplagt, liegen blieb. Am Ende beschloss er weiterzuleben. Marie de Bondy scheint die nötige Ermutigung geliefert zu haben. »Meine Cousine de Bondy schickt mir monatlich zehn Franc unter der Bedingung, dass ich sie selber aufesse ... Ich habe das Almosen und die Bedingung angenommen«, schrieb er. »Mein Menü ist: mittags entweder Kuskus oder Brot mit Büchsenmilch, abends Brot und schwarzer Kaffee ... In der Garnison gibt es Offiziere, einen Hauptmann, einen Stabsarzt, noch andere, die sehr nett, sehr gütig zu mir sind und mich mit Zuvorkommenheit überhäufen.«[55] Von Schlemmerei konnte zwar keine Rede sein, aber die neue Ernährung ließ ihn langsam wieder zu Kräften kommen.

Während sich Foucaulds Geist und Körper erholten, gab ihm die Wüste zusätzliche Kraft. »Es ist so gut«, schrieb er an Castries, »auch wenn man aus ganzer Seele für die Menschen betet, die sich auf dieser armen Erde befinden, die Augen sehr hoch über sie zu erheben, hinauf zu dem großen Himmel, dem Bild der Unendlichkeit, für das wir geschaffen sind.«[56] Manchmal schlossen sich ihm die Offiziere des Bureau Arabe an. Rittmeister Susbielle verzeichnete mehrere Besuche bei Foucauld: »Wir setzten uns vor der Bruderschaft auf den Boden, um die große Sanddüne und das große Schweigen der Sahara zu betrachten. Und dort verbrachten wir Stunden, die ich als zu kurz empfand.«[57] Doch am besten waren die frühen Morgenstunden, in denen niemand sonst anwesend war und Foucauld sich der Natur hingeben konnte. »Die Abende sind so ruhig, die Nächte so heiter, der hohe Himmel und die weiten, von den Sternen halb erleuchteten Horizonte sind so friedlich und singen still auf eindringliche Weise vom Ewigen, vom Unendlichen, vom Jenseits, dass man ganze Nächte in dieser Beschauung verbringen möchte. Trotzdem kürze ich die Beschauung ab und kehre nach wenigen Augenblicken zum Tabernakel zurück ... Nichts ist dem Geliebten zu vergleichen.«[58]

Trotz seiner Sonderbarkeit blieb Foucauld in der Garnison und bei den meisten Soldaten der Sahara populär. Sie lieferten ihm Lebensmittel, wenn er krank war, stellten ihm Offiziersburschen, die im Haushalt halfen, schmückten seine Kapelle und brachten dort eine Glocke an, die ihm Marie de Bondy in einem Weinfass geschickt hatte, so dass er die Garnison zur Messe rufen konnte. All das taten sie nicht aus Pflichtgefühl oder weil er als ihr offizieller Kaplan fungierte, sondern aus einem Grund, den einer der Offiziere erläuterte: »Wir liebten Pater de Foucauld vor allem, weil er immer Soldat geblieben war, weil er als Soldat dachte und weil er uns alle als Soldaten beurteilte.«[59]

Wenn Foucauld nicht hungerte oder betete, war er in der Tat ein erstaunlich kriegerischer Mönch. Er wollte seinen Orden in unerobertes muslimisches Territorium führen, möglicherweise um eine bewaffnete Invasion vorzubereiten, und Marokko erschien ihm genauso verlockend wie der Armee. Am 13. April 1902 schrieb er einen Brief an Lacroix, gab eine Einschätzung der französischen Position an der marokkanischen Grenze und befürwortete die Besetzung von Tabelbalet, einer Oase 400 Kilometer südwestlich von Beni Abbès. Der Ort war sowohl ein Handelszentrum als auch ein Eingangstor zum Dra, einer der vielen Regionen in Südmarokko, die dem Einflussbereich des Sultans entzogen waren. Hauptmann Regnault hatte die Oase kurz zuvor ausgekundschaftet, und Focauld war begeistert von den Möglichkeiten, die sie bot. »Ich möchte Sie auf die außerordentliche Bedeutung der jüngst erfolgten Erforschung der Oase Tabelbalet durch Hauptmann Regnault hinweisen«, begann er. »Ein kurzer Blick auf die Karte zeigt die bemerkenswerte Lage dieses Ortes, was aber aus der Karte nicht ersichtlich wird, ist die Möglichkeit, hinzugehen und sich ohne einen Schwertstreich dort festzusetzen ... Die Besitzergreifung bedarf nur eines Wortes vom Generalgouverneur. Erfolgt es, so wird es einer Infanteriekompanie aus der Garnison Beni Abbès (die sich langweilt, weil sie nichts zu tun hat) und einer Schwadron Sahara-Spahis unter dem Vorwand eines

Marsches, eines Manövers oder einer einfachen Erkundung ein Leichtes sein, sich dort zu installieren ... Dadurch würden wir volle Sicherheit erlangen, und bis zu dem Tag, wo wir gegen den Dra und den Tafilelt vorzustoßen wünschen, wird Tabelbalet nicht nur unsere Hauptstadt sein, sondern neue Eroberungen werden von dort aus bedeutend leichter fallen.«[60] Lacroix war nicht bevollmächtigt, derartige Befehle zu erteilen, und reichte den Brief an seine Vorgesetzten weiter. Daraufhin wählte Foucauld eine persönlichere Methode: »Bitte lassen Sie mir die erforderlichen Vollmachten und das Versprechen moralischer Unter-

Laperrine (Mitte) und Foucauld (rechts) in Beni Abbès, 1904.

stützung geben, falls ich einen privaten, ganz inoffiziellen Spaziergang zum Dra oder anderswohin in Marokko unternehmen sollte. Sie werden damit Frankreich, der Zivilisation, dem Allmächtigen Gott und Ihrem alten Freund einen großen Dienst leisten.«[61] Im Dezember trat er auf vorsichtigere Art an Guérin heran: »Oh, was für ein wunderbares Neujahrsgeschenk es wäre, wenn Sie ein Gebet *für die Verbreitung des Glaubens* anordnen könnten! Ich kann nicht aufhören, an jene zehn Millionen Marokkaner – auf unserer Schwelle, fast nebenan – zu denken, die keinen Priester, keinen Missionar, keinen Altar und kein Tabernakel haben und für die der Weihnachtsabend ohne eine Messe kommen und gehen wird! Welch ein Kummer und welche Trauer!«[62] Später fragte er beiläufig: »Sollte eine größere Erkundung in Richtung Westen durchgeführt werden, und sollte ich daran teilnehmen, wenn es mir gestattet wird?«[63] Guérin stimmte im Prinzip zu: »Marokko ist Ihre besondere Berufung. Beten Sie dafür, dass der gütige Jesus ihm endlich das Licht des Evangeliums zuteil werden lässt. Und wenn Waffen den Weg für die Ankunft von Missionaren bereiten können, dann sollte man sie zu diesem glorreichen Zweck verwenden.«[64]

Obwohl das Militär Foucauld als eine Art freiberuflichen Spion benutzte, neigte es dazu, seine strategischen Empfehlungen zu ignorieren. Wie die Beschwerden, die er zum Thema Sklaverei an die Weißen Väter richtete, wurden sie gewöhnlich als »unbesonnen« zu den Akten gelegt – ein Adjektiv, das ihm überallhin zu folgen schien. Aber in diesem Fall zeigte die Armee Interesse an seiner Meinung. Paul Revoil, der Generalgouverneur von Algerien, ließ Hauptmann Regnault zu sich kommen, um mit ihm über Tabalbalet zu sprechen. Außerdem berief er eine andere, dynamischere Persönlichkeit in sein Büro. Die Nachricht über dieses Treffen lieferte Foucauld das erhoffte Neujahrsgeschenk. Am 31. Dezember 1902 schrieb er aufgeregt an Guérin: »Ich habe gerade erfahren, dass Major Laperrine nach Algier beordert worden ist.«[65]

10

LAPERRINES KOMMANDO

Im Juni 1901, drei Monate bevor Foucauld in Algier an Land ging, kehrte Laperrine nach Nordafrika zurück. Er sollte nicht an die marokkanische Grenze, sondern zum Tuat reisen, wo sich eine Situation entwickelte, die den gesamten kolonialen Schwung zu bremsen drohte. Das Problem rührte wie immer von der Unmöglichkeit her, unter Saharabedingungen traditionelle militärische Methoden anzuwenden. Die Armee hatte bereits erkannt, dass ihre Strategie – die Entsendung riesiger, schwerfälliger Kolonnen durch die Wüste, um jeden Afrikaner niederzuschmettern, der Widerstand leistete – untragbar war. Sie mochte kurzfristig wirksam sein, um besiedelte Gebiete einzunehmen, doch sie war völlig wirkungslos gegen einen beweglichen Feind wie die Tuareg. Auch konnten die Oasen die zu ihrer Verteidigung erforderliche Zahl von Männern nicht ohne einen ständigen Strom teurer (und angreifbarer) Nachschubkarawanen ernähren. Eine Eisenbahn hätte das Problem gelöst, aber trotz der Veröffentlichung mehrerer Bücher, die die Vorteile der Transsaharabahn hervorhoben, wurden keine praktischen Schritte zu ihrem Bau unternommen. Paradoxerweise konnte die Transsaharabahn nicht gebaut werden, solange der Tuat sich nicht fest unter französischer Kontrolle befand, und der Tuat konnte nicht kontrolliert werden, solange die Transsaharabahn nicht existierte. Die Armee saß in der Klemme und wusste das – schlimmer noch, die Regierung wusste es auch.

Die Eroberung des Tuat war entsetzlich kostspielig gewesen. Die Rechnung für das Jahr 1900 belief sich auf 20 Millionen und für das Jahr

1901 sogar auf 33 Millionen Franc. All diese Millionen waren zum großen Teil verschwendet worden. Zum Beispiel diente das Budget von 1901 unter anderem dazu, die für die Kampagne benötigten Kamele zu kaufen. Insgesamt hatte man in den algerischen Oasen 35 000 Tiere requiriert, von denen 25 000 verdurstet oder durch Vernachlässigung gestorben waren. In einem besonders eklatanten Fall waren mehr als 9000 Kamele in El Golea versammelt worden, von denen 40 Prozent schon eingingen, bevor sie den Ort verlassen hatten. »Ich glaube nicht, dass es je ein Massaker gegeben hat, das mit dem von 1901 vergleichbar ist«, schrieb ein Saharareisender. »Über Tausende von Kilometern waren die Wüstenpfade durch Kadaver markiert, die weniger weit voneinander entfernt waren als die Telegrafenmasten an einer europäischen Straße. In den ersten Monaten hätte sich ein Blinder durch den Gestank leiten lassen können. Die Schakale und Geier an der Strecke waren von der Größe ihrer Aufgabe überwältigt.«[1] Solche Bilder fanden in der Öffentlichkeit wenig Anklang. Am schlimmsten waren die nachteiligen Folgen, die der Verlust so vieler Tiere auf die Wirtschaft vor Ort hatte. Da man den Stammesangehörigen ihren Lebensunterhalt weggenommen hatte, blieb ihnen kaum etwas anderes übrig, als zum Banditentum zurückzukehren. Die verlockendsten Ziele waren naturgemäß die Dörfer Algeriens (daher die Unruhen von 1901) sowie die Nachschubkarawanen für die Oasengarnisonen. Die Besetzung des Tuat hatte nichts als Kosten und Chaos mit sich gebracht, und auf absehbare Zeit war nur mit weiteren Schwierigkeiten zu rechnen. In jeder Hinsicht – ob finanzieller, politischer, militärischer oder ziviler Art – war der Tuat ein Klotz am Bein der Franzosen. Im März 1901 hieß es in einem Bericht eindeutig: »Bis jetzt [ist es] uns, was Männer, Geld und Kamele angeht, teuer zu stehen gekommen, ein Land zu erobern, das ungesund, arm und kaum fähig ist, seine Bewohner zu ernähren, weil es nur Datteln produziert, und das europäischen Soldaten unbewohnbar erscheint – kurz, das die gebrachten Opfer nicht lohnt.«[2] Die Regierung erklärte unumwunden, dass sich das Militär, falls es seine Kosten nicht senke, aus der Region zurückziehen müsse.

Doch ein Rückzug war undenkbar, denn er hätte eine beispiellose Schmach in der Geschichte des französischen Imperialismus dargestellt und auch den Traum von der Vereinigung Algeriens mit dem Sudan zu-

Laperrine an der Spitze eines Pelotons Kamelreiter der Saharier.

nichte gemacht. Darum wurde Laperrine mit dem neugeschaffenen Titel »Kommandeur der Oasen« ausgesandt, um die Dinge ins Lot zu bringen. Stationiert in Adrar, der Verwaltungshauptstadt des Tuat, hatte er den Auftrag, eine neue Truppe zur Kontrolle der Sahara zu organisieren: ein Kamelkorps, das sich auf die gleiche Art und mit der gleichen Geschwindigkeit wie der Feind durch die Wüste bewegte. Da weder französische noch algerische Soldaten die nötige Fachkenntnis besaßen, musste ein solches Korps unter den Wüstenbewohnern selbst rekrutiert werden. Es war keine neue Idee. »Wenn wir eine wirkliche Kampftruppe haben wollen, muss sie beweglich sein«, hatte ein gewisser Major Victor Pierron im März 1900 geschrieben. »Meiner Ansicht nach sollten die Saharasoldaten weder Spahis noch *tirailleurs* sein, sondern eine Truppe, welche die Eigenschaften der beiden kombiniert: ausgebildet, als Infanterie zu kämpfen, doch befördert von Kamelen, ohne die sich Soldaten in der Sahara nicht bewegen können und nutzlos sind. Aber es lässt sich nicht leugnen, dass eine solche Einheit schwer zu verwirklichen ist und nur so viel wert sein dürfte wie ihr Befehlshaber.«[3] Laperrine, der seinen Mut und seine Führungseigenschaften bewiesen und in Fort MacMahon Erfahrung mit Kameleinheiten gesammelt hatte, wurde für die Aufgabe ausgewählt. Einer seiner Untergebenen kommentierte: »[Die Armee] begriff rasch, dass er der richtige Mann – nein, der einzige – für die Sahara war, und deshalb holte sie ihn zurück.«[4]

Die Zusammensetzung von Laperrines Streitmacht war bereits festgelegt worden. Sie würde drei Kompanien von 300 einheimischen Soldaten und zu ihrer Führung eine kleine Anzahl Unteroffiziere und Offiziere umfassen. Die Kompanien, stationiert in Guara, dem Tuat und dem Tidikelt, würden jeweils unter der einheimischen Bevölkerung rekrutiert werden und aus 230 Infanteristen sowie einer kleineren Gruppe von 70 Nomaden auf Kamelen bestehen. Falls Laperrine je erwartet hatte, dass seine Aufgabe leicht sein werde, so wurde er bald eines Besseren belehrt. Rekruten waren schwer zu finden, besonders im Tidikelt (zwei Jahre nach seiner Ankunft hatte man so wenige Männer angeworben, dass die drei geplanten Kompanien auf zwei reduziert werden mussten), und die Größe der Kameltruppe war seiner Meinung nach völlig unzureichend. Allerdings hatte Laperrine nicht die Absicht, seine Rolle im Tuat auf die eines besseren Rekrutierungsfeldwebels zu beschränken. Er wollte den Tuareg zeigen, wer die Sahara wirklich regierte, und er war überzeugt, dies mit konventionellen Streitkräften bewerkstelligen zu können. Schon bevor seine erste Kompanie aus Saharabewohnern zusammengestellt worden war, skizzierte er Pläne für eine gründliche Säuberungsaktion. In Beni Abbès schrieb Foucauld, Laperrine hege den Ehrgeiz, einen Schlag gegen den Hoggar zu führen, die Wüste vom Tuat nach Timbuktu zu durchqueren und Tabelbalet zu erobern. Es war genau das, was die Regierung nicht wollte. Wie die Größe des Korps vermuten ließ und wie der Kriegsminister ausdrücklich hervorhob, war Laperrine lediglich ein Polizist. Er konnte Patrouillen in den Tuat entsenden, und er durfte eine starke Truppenpräsenz in den eroberten Gebieten aufrechterhalten und die Oasen gegen feindliche Angriffe verteidigen. Aber auf keinen Fall sollte er aggressive Aktionen der Art unternehmen, wie sie Paris kurz zuvor so viel Verlegenheit und so hohe Kosten bereitet hatte. Nur unter diesen Voraussetzungen war seine Ernennung bestätigt worden – eine Tatsache, die er, wie die Behörden erwarteten, zur Kenntnis nehmen würde. Das tat er auch, doch auf die gewohnte koloniale Art: Bereits im März 1902 marschierten französische Soldaten aus In Salah gegen den Hoggar.

Als Laperrine den Adrar erreichte, war er bestürzt. Weit davon entfernt, die Tuareg wie geplant auf die Knie zu zwingen, hatte die Besetzung des Tuat ihren Kampfgeist nur verstärkt. Der *amenoukal* (Oberhäuptling) der Hoggarstämme war kurz zuvor gestorben. Sein Nachfolger war Attici ag Amellal, der Mann, der das Massaker an Flatters' Expedition befohlen hatte. Die Tatsache, dass er die Franzosen hasste, war der Hauptgrund für seine Wahl gewesen (sein Name bedeutete »Leopard unter den Weißen«). Sarkastisch bezeichnete Laperrine die Lage als »nicht glänzend«[5]. Eine Inspektionsreise durch den Tidikelt, die er noch 1901 unternahm, bestätigte sein Urteil. Begleitet von dem Leutnant, der die Garnison von In Salah befehligte, hörte er nichts als Geschichten über geplünderte Karawanen und ruinierten Handel. Die Tuareg, denen er auf den Märkten im Tidikelt begegnete, »waren unverschämt und ignorierten uns. Das machte einen schlechten Eindruck auf mich. Ich erklärte dem betreffenden Leutnant, dass diese Geschichten und alles, was ich sah, nicht mit der Zuversicht seiner offiziellen Berichte in Einklang stünden, und wies ihn an, energisch auf die ersten Anzeichen von Aggression zu reagieren.«[6] Der Leutnant (dessen Namen Laperrine nicht nannte) reagierte energischer auf die implizierte Kritik an seinen Führungsqualitäten als auf die Bedrohung durch die Einheimischen. Ein paar Tage später veranstaltete er eine Razzia, in deren Verlauf er den Verstand verlor, den Anführer seiner einheimischen Soldaten erschoss, einen mit den Franzosen verbündeten Häuptling verwundete und den Tuareg nicht den geringsten Schaden zufügte, bevor er nach In Salah zurückkehrte, von wo er zur medizinischen Behandlung nach Norden geschickt wurde.

Laperrine übertrug Hauptmann Cauvet, seinem alten Freund aus dem Bureau Arabe, den Befehl über In Salah. Als Cauvet die Papiere seines Vorgängers durchstöberte, entdeckte er Hinweise auf »einen übermäßigen Geist der Versöhnung«[7]. In einer versiegelten Truhe lagen Abschriften der zwischen dem Leutnant und Attici gewechselten Briefe.

In einem hatte Attici angekündigt: »Wenn Sie zum Hoggar kommen, werde ich Sie mit Gewalt oder durch List vernichten. Wenn Sie meine Leute daran hindern, sich auf den Märkten mit neuen Lebensmitteln zu versehen, werde ich jede Palme im Tidikelt fällen.«[8] Laperrine war wütend über die Drohung, und sein Zorn steigerte sich noch, als er die Antwort des Leutnants las. »[Cauvet fand] einen Entwurf, den der Wahnsinnige angefertigt hatte ... [Der Text] war sehr blumig formuliert, doch zwischen den Zeilen schien sich ein Friedensangebot zu verbergen. Um seine Worte zu zitieren: ›Ich sehe nicht ein, weshalb der Adler auf dem Felsen und der Löwe in der Ebene nicht unbeschwert zusammenleben können.‹ ... Diese Worte, die einer Garantie gleichkamen, waren ein großes Hindernis für mich, denn es stand fest, dass wir uns in den Augen der Tuareg lächerlich gemacht hatten.«[9] Cauvet und er beschlossen, das Versprechen des Leutnants prinzipiell einzuhalten, doch »bei der ersten Aggression, beim ersten Zeichen von Frechheit«[10] die Märkte des Tidikelt zu schließen und den Hoggar anzugreifen.

Attici ag Amellal lieferte ihnen bald schon einen Vorwand für solche Maßnahmen. Im März 1902 überfiel einer seiner Häuptlinge eine adelige Tuaregfrau und stahl drei ihrer Kamele. Für sich genommen war dies ein nebensächlicher Vorfall – Laperrine selbst beschrieb ihn als »recht unbedeutend«[11] –, aber er hatte weitergehende politische Auswirkungen, denn die Frau stammte aus In Rhar, einer Oase 56 Kilometer westlich von In Salah, und unterstand damit offiziell dem französischen Schutz. Außerdem hatte der Angreifer nicht nur ihre Kamele gestohlen und ihren Sklaven befohlen, sie mit Stöcken zu schlagen, sondern angeblich auch starke Worte benutzt: »Das geschieht Adligen der Tuareg, die das Joch der schmutzigen französischen Ungläubigen akzeptieren«[12] – so jedenfalls lautete Laperrines Version, Cauvet gab eine saftigere Übersetzung. Fraglos handelte es sich um einen Akt der Aggression und eine empörende Beleidigung. »Diese Worte eines der führenden Hoggar-Häuptlinge«, schrieb Laperrine, »zeigten ganz eindeutig, dass sie [obwohl sie der Frau gegenüber geäußert wurden] auf uns abzielten.«[13] Als Provokation genügte das. Am 23. März 1902 verließ eine Einheit von 130 *goumiers* (örtliche Rekruten) In Salah unter dem Befehl eines einzigen Franzosen, Leutnant Gaston Cottonest. Ihr Marschziel war der Hoggar. Laut Cauvet hatte die Expedition eher einen warnenden als einen offensiven Zweck: »Ich glaube, die Tuareg des Hoggar werden ihm aus dem Weg gehen, aber es wird ein gutes Ergebnis für uns sein, wenn wir im Kern ihres Landes herumspazieren können.«[14] Daneben benutzte er die fadenscheinige, bei Kolonialisten aber umso beliebtere Ausrede, dass die Unternehmung »zumindest unter geographischem Aspekt«[15] von Nutzen sein werde. Laperrine war ehrlicher: »Der Auftrag des Offiziers … bestand darin, den an der jüngsten Plünderung beteiligten Stämmen eine scharfe Lektion zu erteilen.«[16]

Die Verantwortung für den Streifzug, der sämtlichen Instruktionen aus Paris zuwiderlief, erwies sich später als strittig. Cauvet erklärte: »Ich hatte keine Befehle. Es gab keine in In Salah. Ich vermied sogar, Laperrine zu fragen, der vielleicht Anordnungen erhalten hatte oder sich verpflichtet gefühlt haben könnte, sie zu erbitten. Deshalb überschritt ich meine Befehle nicht. Diese Unterscheidung mag ein wenig subtil sein, denn ich weiß genau, was die Antwort gewesen wäre, wenn ich vorgeschlagen hätte, meine Leute auf einen Marsch in den Hoggar zu schicken. Aber sie besteht nichtsdestoweniger.«[17] Genauso bestand die Möglichkeit, dass Laperrine bei Cauvets Kampagne ein Auge zudrückte und dass dieser – derselbe Cauvet, der mit Laperrine befreundet war und ihn als Offizier des Bureau Arabe ins Wüstenleben eingeführt hatte – sich revanchierte, indem er die Verantwortung für eine Aktion übernahm, die Laperrine sein Kommando hätte kosten können. Aus dessen eigenen Schriften geht hervor, dass er Cottonests Streifzug nicht nur als längst überfälligen Dämpfer für die Tuareg, sondern auch als Prüfung für die einheimischen Soldaten betrachtete, die später in seinem Kamelkorps dienen sollten. Wer immer den Befehl gab, im April 1902 zog Cottonest in Richtung des Hoggar, während zwei weitere Einheiten – eindeutig auf Befehl von Laperrine – nach Süden und Osten sicherten, um den Zusammenschluss von Nachbarstämmen zu verhindern, die Cottonests Vormarsch hätten blockieren können.

Abgesehen von einem ergebnislosen Scharmützel mit einem Stoßtrupp der Tuareg am 3. Mai erreichte Cottonest den Hoggar, ohne auf Widerstand zu treffen, und am Nachmittag des 7. Mai lagerte er in Tit, einer Oase im Südwesten des Massivs. Hier sandte er Patrouillen aus, um sich vor einem möglichen Angriff zu schützen, und hier tauchten 300 von Atticis Tuareg unter geschickter Ausnutzung ihrer überlegenen

Kenntnis des Geländes plötzlich hinter einer Böschung auf und spalteten seine Einheit. Zuerst hoffte Cottonest, die sich langsam nähernde Menge von Kamelreitern hege freundschaftliche Absichten – er hoffte es sehr, denn zu seiner Bestürzung waren die Tuareg nicht nur mit Schwertern, Schilden und Lanzen, sondern auch mit Gewehren ausgerüstet. Als sie jedoch abstiegen und ihn angriffen, wurde er eines Besseren belehrt. Zahlenmäßig unterlegen und ausmanövriert, wich er mit seinen 70 Mann an einen Felsrücken zurück, um dort sein letztes Gefecht zu liefern. Die Tuareg waren schlechte Schützen und hatten wenig Munition, doch Cottonests ungeschützte Position verschaffte ihnen einen Vorteil. Sie schoben sich von einem Felsen zum anderen immer näher heran. Einer der Krieger war schließlich weniger als 25 Meter von den Franzosen entfernt und schaffte es, Cottonest zu verwunden. Nach einer Stunde wurde der französischen Abteilung die Munition knapp, und sie schien dem Untergang geweiht zu sein. Doch da erschienen wie durch ein Wunder zwei von Cottonests Patrouillen auf dem Schlachtfeld. Die ins Kreuzfeuer geratenen Tuareg flohen und ließen fast 100 Tote und Verwundete zurück. Letztere wurden von Cottonests Männern umgebracht. Zufrieden mit dem Resultat ließ Cottonest seine drei Toten begraben, seine zehn Verwundeten auf ihre Pferde heben und kehrte nach In Salah zurück, wo Laperrine ihm mit einer Schwadron Spahis entgegenritt und ihn in die Stadt eskortierte.

In Paris bejubelten die Kolonialisten den neuesten Erfolg für die Trikolore. Die Regierung war weniger begeistert. Sie versetzte Cottonest nach Frankreich zurück und schickte Cauvet in den vorzeitigen Ruhestand. Am liebsten hätte sie wohl auch Laperrine bestraft, hätte Cauvet nicht die Verantwortung für den Streifzug übernommen. Es wäre zudem befremdlich erschienen, einen so altgedienten Offizier wegen einer Aktion, die schließlich mit einem französischen Sieg geendet hatte, zu maßregeln. Deshalb gab sich die Regierung damit zufrieden, ihre frühere Warnung zu wiederholen. »Was den Kommandeur der Sahara-Oasen betrifft«, sagte der Kriegsminister im Juli 1902, »so soll er sich auf die rein passive Rolle der lokalen Verteidigung beschränken, von der er auf Beschluss der Regierung auf keinen Fall abweichen darf und für welche die Saharakompanien eigens geschaffen wurden.«[18] Laperrines Situation hätte nicht klarer beschrieben werden können, doch seiner Meinung nach gestatteten diese Worte ihm immer noch, die Initiative zu ergreifen.

Die Niederlage in Tit war die schlimmste und demütigendste, welche die Tuareg des Hoggar je erlitten hatten. Abgesehen von dem Verlust an Männern – zahlenmäßig gering, doch ein hoher Prozentsatz ihrer wehrfähigen Bevölkerung – schien es unglaublich, dass sie in einer Schlacht auf ihrem eigenen Territorium von Fremden bezwungen worden waren. Weder hatte sich zu ihren Lebzeiten etwas Derartiges ereignet, noch erzählten ihre Legenden davon. Viele mochten es einfach nicht glauben. Zwei Tage nach der Schlacht kam eine große Schar Tuareg zusammen, um sich persönlich von den Tatsachen zu überzeugen. Sie gruben Cottonests drei Männer aus und errichteten kleine Steinpyramiden über ihren eigenen Opfern, bevor sie zurückkehrten und die Nachricht verbreiteten, dass sie wahrhaftig besiegt worden waren. Noch sechs Monate später besuchten Zweifler die Stätte, um sich zu vergewissern, dass die wilden Behauptungen zutrafen. Doch obwohl die Tuareg eine Niederlage erlitten hatten, sahen sie keinen Grund, ihren traditionellen Lebensstil aufzugeben. Sie überfielen die Tidikelt-Karawanen weiterhin, und im September 1902 beschloss Laperrine, dass der Zeitpunkt für eine erneute Demonstration französischer Macht gekommen war.

Am 1. Oktober marschierte Leutnant Guillo-Lohan mit 200 Mann zu einer »Inspektion« des Hoggar nach Süden. Eine Aggression war damit nicht beabsichtigt, und sie blieb tatsächlich aus, wenn man die Besetzung des einen oder anderen Dorfes, die Erschießung von drei verängstigten Tuareg, die Ergreifung mehrerer Kamele und der sie versorgenden Frauen (die Tiere und die Frauen wurden später in einer Geste guten Willens freigelassen) nicht berücksichtigte. Diesmal handelte es sich tatsächlich nur um eine Demonstration, aber sie verlief äußerst zufriedenstellend. Am 25. November erreichte Guillo-Lohan die Oase Tit. »[Sie] ähnelt wahrhaftig einer Leichenhalle«, schrieb er. »Der Boden ist mit den Leichen von Kamelen und Pferden bedeckt, vor allem in der Senke, wo der Konvoi gelagert hatte.«[19] Er spähte durch die Ritzen der steinernen Tuareggrabhügel und entdeckte Tote, die »ausgestreckt und in voller Bekleidung, genau wie am Tag des Gefechts«,[20] dalagen. Trotz der ausdörrenden Wirkung der Wüste konnte er den Geruch der Verwesung geradezu mit Händen greifen. »Seit der Schlacht sind sechs

Monate vergangen, aber dieser Friedhof ist noch von einem unerträglichen Gestank erfüllt.«[21] Voller Genugtuung darüber, dass die Tuareg »nun von der Realität ihrer Niederlage überzeugt sind, die ihren Stolz stärker verletzt als ihr Herz«,[22] marschierte er mit seinen Männern in den eigentlichen Hoggar hinein.

Douglas Porch hat den Hoggar beschrieben als »ein Land der gezackten Gipfel und Felsschlünde, von Gräben durchzogen und zertrümmert durch Vulkanausbrüche vergangener geologischer Epochen. Aus der Entfernung sieht er so elend aus wie ein geschändeter Friedhof. Die dunklen Felstürme sind bar jeder Vegetation, und die Täler sind mit der Schlacke versteinerter Lavaströme gefüllt. [Der Hoggar] liefert ein Bild der eingefrorenen Gewalt, eine Vision der Hölle oder zumindest eines Landes, das sich den Zorn Gottes zugezogen hat, eine passende Heimat für Teufel und Dämonen.«[23] Guillo-Lohan, der erste Weiße, der dieses legendäre Land sah, hatte einen ähnlichen Eindruck. »Wir durchquerten eine gepeinigte Region, eine Mischung aus Schluchten und trockenen Kliffs, aus steinernen Hochebenen und fleischlosen Hügeln.«[24] Es hatte gerade geregnet. Wäre er ein paar Wochen später eingetroffen, hätte er den Hoggar in voller Blüte gesehen, überzogen von Grün und gesprenkelt mit Tuareglagern. So aber fehlte die Vegetation noch, und während Guillo-Lohan seine Soldaten die schmalen, gewundenen Pfade des Hoggar hinaufführte, hätte er seinen Auftrag fast unerfüllt abgebrochen. »Wir kamen nur langsam voran, denn wir wurden durch die Kolonne gebremst, die sich hinter uns endlos in die Länge zog«, schrieb er. »Ständig mussten wir haltmachen, damit die Nachzügler aufschließen konnten. Die Kamele litten unter dem Regen und dem damit verbundenen Temperatursturz. Mühsam überwanden sie Felsen, die tief in ihre Hufe einschnitten. Viele waren zu erschöpft um weiterzugehen. Sie legten sich hin und standen nicht mehr auf. Wir schnitten ihnen die Kehle durch, damit sie nicht von den Tuareg eingesetzt werden konnten.«[25] Als Guillo-Lohan das Plateau erreichte, war er verblüfft. Über 80 Kilometer hinweg erstreckte sich eine kiesbedeckte Einöde, aus der riesige schwarze Felsnadeln in den Himmel ragten. Es war »wunderbar gespenstisch«[26] – und auch ein wenig beunruhigend. Wie sollte er die Herrschaft über diese verbrannte, windgepeitschte Wildnis erringen? Der Gedanke, seine Soldaten weiter auf die Hochebene zu führen, behagte ihm nicht. Denn dort gab es weder Wasser noch wilde Tiere (wäre er weiter vorgestoßen, wäre er allerdings auf beides getroffen), weder eine Siedlung, die er hätte besetzen, noch einen Häuptling, den er hätte beeindrucken, noch einen Stamm, den er hätte angreifen können. Also entschied er sich für die topographische Alternative: Er würde den höchsten Berg erklimmen, den er sehen konnte, einen steilen Obelisken, der nach Auskunft seiner Führer Ilaman hieß.

Guillo-Lohans Entscheidung war typisch für die damalige Zeit. Um die Jahrhundertwende war die Bergsteigerei eines der populärsten Hobbys in Europa. Aus jedem Land brachen Männer in Nagelstiefeln auf, um die Bergketten der Welt zu erobern. Es war keineswegs ungewöhnlich, dass Armeeoffiziere, wenn sie sich im Ausland am Fuß eines Berges befanden und genug Zeit dafür hatten, dessen Gipfel erkletterten. Aber gewiss war kein Bergsteiger einer solchen Herausforderung je auf ähnliche Art begegnet wie Guillo-Lohan. Da er fürchtete, dass seine einheimischen Soldaten in seiner Abwesenheit desertieren könnten, wies er sie an, ihn zu begleiten (zuvor erklärte er ihnen wenig überzeugend, er müsse sich mit einer Gruppe Tuareg treffen, die auf dem Gipfel lagerten). So begaben sich 200 Männer mit ihrem Marschgepäck und ihren Kamelen den Ilaman hinauf. Sie legten 1850 Meter zurück, bis der Hang ihnen Einhalt gebot. Daraufhin befahl Guillo-Lohan seinen Männern, an Ort und Stelle zurückzubleiben, und setzte den Aufstieg mit einem französischen Unteroffizier und vier afrikanischen *tirailleurs* fort. Während die anderen unten rasteten, arbeitete sich Guillo-Lohan zur Spitze empor. »Es war ein schrecklicher Aufstieg über fast senkrechte Hänge, und die Schwierigkeiten waren weit größer als erwartet. Jeder Griff musste geprüft werden, weil der Fels abbröckelte. Dauernd kämpften die unerfahrenen Alpinisten mit glatten Wänden, die sie nur kraft ihrer Arme bezwangen.«[27] Schließlich erreichten die sechs Männer eine Stelle, von wo aus sie nicht mehr weiterklettern konnten. Rittlings auf einem Bergkamm sitzend »machte [Guillo-Lohan] trotz eines eisigen Windes mehrere nützliche Beobachtungen und bewunderte die prächtige Aussicht über all die Berge«,[28] dann stieg er wieder zu seinen Männern hinunter und führte sie aus dem Hoggar hinaus.

Guillo-Lohans Abenteuer dauerten nicht mehr viel länger. Kaum war die Nachricht von der Aktion nach Algier durchgesickert, befahl der Generalgouverneur die sofortige Rückkehr der Kolonne. Doch zu dem Zeitpunkt, als seine Anweisung Guillo-Lohan am Fuß des Hoggar erreichte, war die »Inspektion« bereits beendet und hatte die von Laperrine erhofften Früchte erbracht. Zusammen mit Cottonests Expedition hatte sie gezeigt, dass eine kleine, gutbewaffnete Einheit die Tuareghorden besiegen und französische Soldaten ungestraft durch das Territorium der Tuareg ziehen konnten und dass Widerstand ihnen gegenüber zwecklos war. Außerdem hatte der Streifzug zu einer so unorthodoxen und geheimen bergsteigerischen Großtat Anlass gegeben, dass nicht einmal der Londoner Alpine Club, der in allen derartigen Angelegenheiten als Schiedsrichter fungierte, einen entsprechenden Bericht veröffentlichte.* In erster Linie jedoch waren Atticis Machtansprüche damit abgewiesen. Er musste sich nach Ghat in Tripolitanien zurückziehen, das unter osmanischer Herrschaft stand. Dort blieb er als feindselige, doch ohnmächtige Präsenz an der algerischen Grenze. Seine Flucht hinterließ eine Lücke in der Hierarchie der Tuareg des Hoggar, und Laperrine hatte bereits einen Mann ins Auge gefasst, der sie füllen konnte.

Während der Wahl, durch die Attici zum Oberhäuptling des Hoggarstammes geworden war, hatte sich ein recht junger Kandidat namens Moussa ag Amastane für Freundschaft mit den Franzosen ausgesprochen. Damals war er unterlegen, doch nach Atticis Verschwinden wurde eine neue Wahl abgehalten, und diesmal setzte sich Moussa durch. Seine erste Tat als *amenoukal* bestand darin, eine Delegation nach In Salah zu schicken und um Frieden nachzusuchen. Laperrine war erfreut und schrieb: »Von dem Moment an, da er mein Diener ist, werde ich dafür sorgen, dass er so einflussreich wie möglich wird.«[29] Er ließ die Märkte in Tuat erneut für die Nomaden öffnen und gab seinen Entschluss bekannt, Moussa den Titel »Amenoukal der Konföderation der Hoggar-Tuareg« zu verleihen. Aber ihm war klar, dass er mehr tun musste, als die Handelsrechte wiederherzustellen und bedeutungslose Ehrungen auszuteilen, wenn er Moussa zu seinem wahren Diener machen und die Rückkehr der Tuareg zu ihren alten Bräuchen verhindern wollte. Laperrine musste zu einer widersprüchlichen Mischung aus

* Erst 1935 vollendeten zwei Kletterer aus Zürich Guillo-Lohans Aufstieg.

Gewalt, Diplomatie und List greifen, da es galt, ständig seine Macht unter Beweis zu stellen und gleichzeitig zu demonstrieren, dass die französische Herrschaft ihrem Wesen nach friedlich war, sowie den Hoggar im Auge zu behalten, ohne gegen die Anweisung zu verstoßen, die ihm untersagte, neue Garnisonen südlich des Tuat zu errichten. Seine Saharakompanien konnten das erste Problem lösen. Aber wie sollte er mit dem zweiten und dritten fertig werden? Da fiel ihm Foucauld ein.

11

EINE EXPEDITION INS INNERE

Laperrine äußerte sich vernichtend über Foucaulds neue Berufung. »Dieser grässliche Huvelin hat meinen Freund Charles in fünf Minuten in einen anderen Menschen verwandelt und einen Mönch aus ihm gemacht«,[1] schrieb er. Aber bei aller Enttäuschung darüber, einen Kameraden zu verlieren, begriff er, dass es auch von Vorteil war, einen Mönch auf seiner Seite zu haben. Im April 1903 entsandte er einen Untergebenen, Rittmeister Nieger, um Foucauld aufzustöbern. »Reiten Sie nach Beni Abbès und sprechen Sie mit Foucauld«, befahl er Nieger. »Er spielt sich als Maurer auf und hat sich eine Einsiedelei gebaut, die er nie verlässt. Er isst nichts, lebt von Spenden und hat trotzdem genug Geld, um aus Marokko kommende Sklaven zu kaufen. Von Marokko ist er besessen. Dort gibt es nichts für ihn zu tun, doch er ist begriffsstutzig und wird von Erinnerungen an seine Jugend geplagt. Er muß überredet werden, hierher zu kommen und sich uns anzuschließen. Er wird der Priester der Tuareg werden und uns sehr nützlich sein.«[2]

Laperrine hatte recht, was seine Einschätzung der marokkanischen Situation betraf. Im Jahre 1902 – nach einer Kampagne, die länger als erwartet gedauert und den Ruf und die Finanzen der Briten in Mitleidenschaft gezogen hatte – trug Großbritannien in Südafrika endlich den Sieg davon. Damit war es wieder in der Lage, als Beschützer Marokkos aufzutreten. Während französische Soldaten in voller Montur an der Grenze herumstolzierten – Oberst Hubert Louis Lyautey aus Aïn Sefra zum Beispiel ritt in einem goldenen und purpurnen Burnus umher, trug Pistolen in Tigerfellhalftern und bewohnte ein Zelt mit orientalischen Teppichen, einer scharlachroten Decke und zwei der imposantesten unter seinem Befehl stehenden Spahis als Wachen am Eingang –, konnte sich Frankreich nicht mehr auf die Gleichgültigkeit seines Nachbarn verlassen. Das hinderte Lyautey und seinesgleichen nicht daran, sich zu brüsten wie je, aber ihre Prahlereien klangen jetzt hohl. So wurde zum Beispiel eine der vielen Empfehlungen Foucaulds an Lacroix, in den Dra einzumarschieren, »aus Angst vor England zur Zeit abschlägig beschieden«[3].

Die Krise wurde beigelegt, als Frankreich und Großbritannien ihre traditionelle Feindschaft überwanden und die Entente cordiale unterzeichneten. Eine der vielen Klauseln besagte, dass Frankreich seine Ansprüche auf Ägypten fallenlassen würde, wenn Britannien dem Sultan von Marokko seine Unterstützung entzog. Da Frankreich keine Möglichkeit hatte, seine Ansprüche in Ägypten durchzusetzen, und da Großbritannien nur beiläufig an Marokko interessiert war, kam die Vereinbarung beiden Seiten zustatten. Aber kaum hatte Großbritannien seine letzte Ambition in Nordafrika aufgegeben, als unglücklicherweise Deutschland seine Absicht erklärte, sich zum Beschützer des Sultans aufzuschwingen. Dieser Schritt machte Frankreich augenblicklich so hilflos wie zuvor. Gerüchte über den bevorstehenden diplomatischen Coup und die wahrscheinlichen Folgen hatten die Sahara bereits erreicht, als Laperrine seinen Mann nach Beni Abbès schickte.

Nieger traf Foucauld am 19. April 1903. Keiner von beiden hielt fest, was während der Begegnung gesagt wurde, doch die Botschaft, die Nieger überbrachte (vermutlich auf taktvollere Art als im Originalwortlaut), schien eine gewisse Wirkung zu haben. Drei Tage später schlug Foucauld in einem Brief an Guérin vor, eine Kolonie Weißer Väter im Tuat zu errichten. Er selbst wolle jedoch an der marokkanischen Grenze ausharren. Laperrine hatte mit dieser Taktik gerechnet. Wie die meisten seiner Kameraden konnte er die Weißen Väter nicht leiden und wollte nichts mit ihnen zu tun haben. Dafür nannte er folgende Gründe: »1. Sie machen dem Militär Schwierigkeiten, wo immer sie sind; 2. wiewohl mutig, sind sie ungeschickt und taktlos und mischen sich in Dinge ein, die sie nichts angehen; 3. sie sind unfähig.«[4] Laperrine benötigte einen Geistlichen, der ihm von Nutzen wäre, einen Rebellen wie Foucauld, dessen christliche Praktiken mit gewissen esoterischen Aspekten des

Islam übereinstimmten. Da der Oberst argwöhnte, Nieger sei vielleicht nicht überzeugend genug gewesen, schickte er einen Brief, dessen Eintreffen Foucauld am 21. Juni in seinem Tagebuch registrierte. Der Inhalt roch nach Manipulation. Es gebe, schrieb Laperrine, eine Tuaregfrau namens Tarichat, die den überlebenden Mitgliedern von Flatters' Expedition geholfen habe. Sie habe Attici den Zugang zu ihrem Zelt verweigert, die Männer gesund gepflegt und ihnen dann geholfen, sich in Sicherheit zu bringen. Inzwischen sei sie 43 Jahre alt, berühmt für ihre guten Taten und unzweifelhaft reif für die Bekehrung. Fast am Rande fügte er hinzu, sie sei extrem einflussreich. Foucauld biss an.

»Ist diese Seele nicht bereit für das Evangelium«?, fragte er sich. »Sollte ich ihr nicht mitteilen, was wir über die Barmherzigkeit wissen – und für die wir Gott danken –, welche sie vor 22 Jahren offenbarte, als sie die Verwundeten zu sich nahm, sie pflegte und beschützte und dann sicher in die Heimat schickte«?[5] Sogleich setzte er einen Brief auf. Der Anfang gelang gut: Foucauld beschrieb die Liebe, die Gott der Menschheit entgegenbringe. In Seinen Augen seien alle Menschen Brüder. Er erkenne ihre, Tarichats, Güte an und liebe sie deswegen (genau, wie die Franzosen sie liebten). Im Himmel werde sie den Lohn für ihre Taten auf Erden erhalten. Doch bald wurden Foucaulds panreligiöse Gefühle von seinem Enthusiasmus in den Hintergrund gedrängt. Am Ende beschwor er die Frau, für seine Seele zu beten, denn sie sei ein verwandter Geist und ebenfalls von Christus angewiesen worden, den leidenden Sterblichen auf diesem Planeten zu dienen. »Ruhm, Segen, Ehre und Lob sei Ihm jetzt und in Ewigkeit«, schloss er. »Amen.«[6] Später überlegte er sich, es sei besser, Guérin den Brief schreiben zu lassen.

Aber Guérin schrieb nicht an Tarichat, sondern an Foucauld, um sich dafür zu entschuldigen, dass die Umstände jegliche Evangelisierung durch ihn selbst oder die Weißen Väter verböten. Die Oberbefehlshaber des Saharakommandos schienen gegenüber seinen – Guérins – Männern eine Antipathie zu hegen, die er nicht verstehe, aber auch nicht bekämpfen könne. Zudem fürchte er immer noch, Aufmerksamkeit auf seinen Orden zu lenken, denn laut Kardinal Livinhac sei die Zukunft für religiöse Institutionen in Frankreich und in den Kolonien düster. »Es ist möglich, dass man *keine einzige* tolerieren wird.«[7] Foucauld antwortete, wenn Guérin die Hände gebunden seien, so gelte das nicht für ihn selbst. Er wolle Tarichat gern besuchen und zugleich bei sämtlichen Tuareg vorsprechen. Seiner Ansicht nach sei es vorteilhaft, wenn er in einer günstig gelegenen Oase unweit des Hoggar eine kleine Zelle bauen könne (er meinte »klein« im buchstäblichen Sinne, denn das Gebäude, an das er dachte, sollte zwei mal zwei Meter messen). Dort könne er ein Leben in Armut (wenn auch nicht nach klösterlicher Art) führen, zwischen den Gebetszeiten die Tuaregsprache (Tamacheq) lernen und die Bibel in die Tuaregschrift (Tinifar) übersetzen. Auch wolle er das Territorium der Tuareg bereisen sowie alljährlich Adrar, In Salah, Beni Abbès, Taghit und alle anderen Orten mit einer französischen Garnison besuchen, die vielleicht die Dienste eines Priesters benötigten. Das gigantische Arbeitspensum bereite ihm keine Sorgen, denn »ein Freund aus den Oasen« habe sich erboten, ihm zu helfen. Guérin riet ihm, sich weiterhin auf Marokko zu konzentrieren, doch Laperrine war überzeugender: Die Tür nach Marokko sei verschlossen, warum also nicht durch die Tür zur Sahara treten? Foucauld blieb eine Weile unschlüssig und entschied sich dann für Laperrine. Dazu trug der schleppende Postdienst bei, der Beni Abbès nur einmal alle zwei Wochen erreichte. Als Guérin ihn aufforderte, nicht abzureisen, kreuzte sein Brief sich mit einem von Foucauld, in dem er ankündigte, er werde aufbrechen, wenn er nichts von dem Bischof höre. Nachdem er Guérins Nachricht erhalten hatte, erwiderte Foucauld, er werde tun, was immer Monseigneur wünsche. Diese Worte kreuzten sich mit Guérins Antwort, Foucauld solle nach Gutdünken verfahren. Der Mönch schrieb, er wolle nach Marokko reisen, und Guérin meinte, er könne sich genausogut in die Sahara begeben. Dann mischte Huvelin sich in die Korrespondenz ein und empfahl Foucauld, sich von seiner Berufung leiten zu lassen, was eine Flut neuer Botschaften zwischen den drei Beteiligten zur Folge hatte.

Immer hektischer wurde der Briefwechsel; die Geistlichen baten einander um Nachsicht, Erlaubnis und Vergebung, untersuchten die Einzelheiten von Foucaulds Vorschlag, analysierten seinen Charakter, fragten sich, ob der Vatikan ihm gestatten werde, selbständig Messen abzuhalten (die Antwort, die noch mehr Briefe nach sich zog, lautete nein), und ersuchten Gott um Anleitung. Über ihren Auslassungen vergaßen sie immer häufiger, was sie am Tag oder in den Wochen zuvor geschrie-

Foucauld und Rittmeister Susbielle vor der Tür der Einsiedelei, 1903.

ben hatten, und begannen sich zu wiederholen. Laperrine verlor die Geduld und ließ Algier wissen, dass er Foucauld seinem Befehl unterstellen werde. »Sie können auf ihn als perfektes Werkzeug der Befriedung und der Moralisierung zählen«, schrieb ein hilfreicher Trappist. »Wo immer er sich aufhält, wird er, in bescheidenerem Maße, für den französischen Einfluss das gleiche tun wie der große Kardinal [Lavigerie] in Tunesien.«[8] Dann forderte Laperrine Foucauld auf, seine Sachen für eine Expedition in die Wüste zu packen. »Ich glaube, dort kann eine Menge Gutes bewirkt werden«, lockte er, »denn auch wenn wir nicht sofort auf Konvertiten hoffen und [die Tuareg] veranlassen können, die christliche *Lehre* anzunehmen, so können wir durch unser Beispiel und den täglichen Kontakt zumindest die christliche *Moral* verbreiten.«[9] Foucauld solle sich einen Konvoi aussuchen: Der eine werde Beni Abbès am 6. September und der andere am 15. Oktober verlassen. »Ich rechne damit, am 6. abzureisen«, schrieb Foucauld in sein Tagebuch.

Doch es kam anders. Die Lage an der marokkanischen Grenze hatte sich verschlechtert – was ganz plötzlich vorkommen konnte –, und Mitte August wurde Rittmeister Susbielle in Taghit vier Tage lang von 9000 Stammesangehörigen aus dem Atlas belagert. Kaum hatte er den Feind zurückgeschlagen, als eine Gruppe von 300 Angreifern an der Karawanenstation El Moungar nördlich von Taghit eine Kolonne aus Spahis und Fremdenlegionären überfiel. Sie töteten die beiden Offiziere und sämtliche Unteroffiziere und ermordeten auch etliche einfache Soldaten. Die Schlacht dauerte keine sechs Stunden, und als Susbielle zur Rettung heranpreschte, waren 36 Mann tot, 49 verwundet und nur noch 20 kampffähig. Keine marokkanische Leiche wurde gefunden. Susbielle ließ ein Massengrab für die toten Soldaten ausheben und nahm die Verwundeten und die Leichen der Offiziere mit zurück nach Taghit, von wo er nach Foucauld schickte.

Foucauld hatte die Versorgung der französischen Soldaten als einen Grund für seine Übersiedlung nach Beni Abbès genannt, weshalb er den Ruf nicht ignorieren konnte (er bezeichnete Susbielles Verteidigung von Taghit als »hervorragendste Waffentat in Algerien seit 40 Jahren«[10]). Also gab er seine Expedition in die Sahara auf und traf am 6. September in Taghit ein, um den Verwundeten geistlichen Beistand zu leisten und die Gräber der Toten zu segnen. Die Krise zwang ihn, seine Pläne zu überdenken. Wenn sich die Situation verschlimmerte, konnte er eine Reise in den Tuat nicht rechtfertigen. Doch im Dezember, als sich die Furcht vor einem Angriff gelegt hatte und die Letzten der Verwundeten genesen waren – keiner starb, was manche Geistliche vermuten ließ, er habe ein kleines Wunder vollbracht –, überdachte er die Sache erneut. Sollte er vielleicht doch in die Wüste ziehen, da kein anderer Priester dazu fähig zu sein schien? Dann wieder hatte er Bedenken wegen der

Aussicht, seine Bruderschaft zugunsten der unbekannten Weiten der Sahara verlassen zu müssen. »Die Gegend ist dort äußerst unangenehm«, schrieb er Huvelin. »Es schaudert mich – ich schäme mich, es zuzugeben – bei dem Gedanken, Beni Abbès und die Ruhe am Fuß des Altars zu verlassen, um Reisen anzutreten, die mir nun größtes Entsetzen einflößen.«[11] Ein paar Zeilen danach fuhr er fort: »In meinem Innern spüre ich zunehmend einen Drang, die Reise zu unternehmen.«[12] Ein ähnliches Einerseits-Andererseits trug er Guérin vor, der genauso mehrdeutig antwortete. Ihre Korrespondenz drohte so verworren wie früher zu werden, bis Laperrine sich einschaltete. Am 10. Januar 1904 werde ein Konvoi aus Beni Abbès aufbrechen, und Foucauld solle sich ihm anschließen. Der Mönch beugte sich dem Druck. »Ich werde am 10. Januar abreisen«, schrieb er Huvelin zaghaft, »wenn ich nichts anderes von Ihnen höre.«[13] Drei Tage nach dem geplanten Abreisedatum wartete er immer noch auf eine Antwort, als Laperrines Männer ihn abholten und zum Tidikelt mitnahmen.

Foucauld war ein wenig empört. Es machte ihm nichts aus, die Oasen aufzusuchen, aber er hatte gehofft, dorthin zu wandern. Nur sein langmütiger Helfer Paul Embarek, der frühere Sklave, sollte ihn mit einem Esel begleiten, der ihre Sachen tragen würde. Doch Laperrine hatte ein Pferd für Foucauld sowie ein Kamel für sein Wasser, ein Zelt, einen Altar, Wein, Brot und alles, was zwölf Monate lang für Messen in der Sahara benötigt wurde, bereitgestellt (Paul Embarek musste vermutlich zu Fuß gehen, wozu Foucauld keinen Kommentar abgab). Unter diesen Umständen erreichten der Mönch und sein Begleiter Adrar, wo Laperrine wartete, um seine Expedition zu beginnen. Von jenem Moment an wurde Foucauld laut einem Biographen Laperrines »zum Vertrauten seines Freundes, häufig zu seinem Berater, stets zu einem verlässlichen Interpreten [seiner] Gedanken und Pläne«[14]. Foucauld hätte sich niemals für einen Spion gehalten, doch genau das war er geworden, und Laperrine entwickelte sich zu einem guten Leitoffizier. Es machte ihm offenkundig Spaß, am Rande des offiziell Sanktionierten zu operieren und Aktionen durchzuführen, die kaum noch seinem Auftrag entsprachen. Er verstand sich vortrefflich auf die Arbeit im Gelände und kümmerte sich nicht darum, ob seine Maßnahmen sofort von oben gebilligt wurden. Wie ein neuer Bugeaud schrieb er: »Ich ermächtige Pater de Foucauld, in den Tidikelt zu kommen. Ich habe zwar kein Recht zu dieser Ermächtigung, hoffe jedoch, dass es mir gelingen wird, mit ein paar energischen Drohbriefen meinen Kopf durchzusetzen. Es ist komisch, wie man sich daran gewöhnt, Fußtritte zu bekommen … Ich mache mir überhaupt nichts mehr daraus und lege sie in einer besonderen Mappe in meinem Archiv ab.«[15]

Seit der Schlacht von Tit hatte Laperrine sich ernsthaft mit der Rekrutierung für seine Saharakompanien beschäftigt. Die Einheiten mussten in erster Linie billig und in zweiter ganz und gar professionell sein. Deshalb nahm er bei der Auswahl seiner Offiziere keine Rücksicht. Aus sämtlichen algerischen Kavallerie- und Infanterieregimentern kamen zahlreiche Freiwillige, die von der Verheißung militärischer Abenteuer angezogen wurden. Laperrine entschied sich nur für die fähigsten und am besten ausgebildeten Männer. Wenn sie die arabische Sprache noch nicht beherrschten, gab er ihnen sechs Monate Zeit, sie zu erlernen. Hatten sie es bis dahin nicht geschafft, warf er sie hinaus. Die Unteroffiziere, traditionell das Rückgrat jeder Armee, wurden mit außerordentlicher Strenge ausgesucht. Laperrine akzeptierte niemanden, der keine tadellose Personalakte hatte, dessen Ausbildung nicht perfekt war und dessen Erziehung den kleinsten Mangel aufwies. Auch mussten die Kandidaten auf ihre Streifen verzichten und sie sich erneut verdienen – in diesem Punkt war er »unbeugsam«[16]. Seine Prioriäten waren klar: Er wollte, dass jeder Franzose die Fähigkeit hatte, den Feind sowohl anzugreifen als auch mit ihm zu sprechen. Was die einheimischen Soldaten anging, so mussten sie sich selbst finanzieren. Mit den 4 bis 5 Franc pro Tag, die er ihnen zahlte, hatten sie – Infanteristen, Spahis oder *méharistes* (die Kamelreiterelite) – die Unterhaltskosten für sich und ihre Tiere zu bestreiten. Die Infanteristen und Kavalleristen verschwanden bald, so dass Laperrine nur ein Kern von *méharistes* blieb. Sie entstammten der einzigen Gruppe, die sich genauso gut in der Wüste auskannte wie die Tuareg: den Chaamba.

Diese Berbernomaden, die sich selbst *Habb er Rih*, »Atem des Windes«, nannten, waren ebenfalls Meister der Wüste. Ihre Fähigkeit, einen Weg durch eine Landschaft zu finden, die den meisten Europäern bar jeden Merkmals erschien, war unvergleichlich. Sie konnten die Sterne wie eine Karte lesen und bestimmten deren Bahn zu jeder Stunde anhand der Konstellationen. Tagsüber richteten sie sich nach der Sonne wie menschliche Kompasse, die sich mit äußerster Genauigkeit in einer eintönigen Horizontschale bewegten. Ihre Kenntnisse als Pfadfinder waren ebenso beeindruckend wie ihr Orientierungssinn. Ein Blick auf die Hufabdrücke eines Kamels verriet ihnen, wie alt das Tier und die Spur waren und manchmal sogar, wie der Besitzer hieß. Auch waren sie abgehärtet gegen das Wüstenleben. Auf ihren feingliedrigen Rennkamelen oder *méharis* konnten sie mit nichts als einer Handvoll Datteln als Stärkung enorme Entfernungen zurücklegen. Sie waren so stolz auf ihre Zähigkeit, dass sie lieber gestorben wären (wozu es manchmal beinahe kam), als zuzugeben, dass sie ein paar Tage weniger als jemand anderes nichts gegessen oder getrunken hatten. Am Lagerfeuer erzählten sie wilde Geschichten von den Strapazen, die ihre Vorfahren und sie selbst überstanden hätten. Ihre Oasen lagen in Südalgerien, und anfangs hatten die Chaamba die Franzosen irritiert, doch während die Besatzungsmacht ihre Kontrolle festigte, wurden ihre Angriffe immer seltener, und beide Seiten gelangten häufig zu einer Einigung. Chaamba-Nomaden hatten Laperrine in Fort MacMahon bei dessen erstem fruchtlosen Versuch geholfen, ein Kamelkorps aufzubauen. Außerdem hatten sie um die Jahrhundertwende bei vielen der Vorstöße in die Sahara als Führer und Fährtenleser gedient und an der Eroberung des Tuat sowie an Guillo-Lohans Marsch zum Hoggar teilgenommen. Gewiss, dafür hatte man sie bezahlt, aber da ihre traditionellen Überfälle riskanter und deshalb seltener wurden, erschien ihnen der Eintritt in Laperrines Saharakorps als verlockende Alternative. Sie würden Kämpfe bestreiten, was ihnen gefiel, noch dazu gegen ihre langjährigen Rivalen, die Tuareg, von denen sie höhnisch als Araber abgetan wurden. Und das Beste war, dass sie dafür auch noch Sold erhielten.

Laperrines Expedition des Jahres 1904 bot ihm Gelegenheit, sich davon zu überzeugen, wie wirkungsvoll seine Saharier als militärische Einheit waren. Daneben ermöglichte sie ihm, Foucauld in Aktion zu beobachten. Mit beidem war er mehr als zufrieden. Die Saharier wurden mühelos mit einer Aufgabe fertig, die ihre Fähigkeiten keineswegs übermäßig beanspruchte. Es waren keine Gefechte erforderlich, und sie brauchten Laperrine nur durch die Gebiete von Stämmen zu begleiten, welche die französische Vorherrschaft bereits anerkannt hatten. Mit ihrer Unterstützung schwamm Laperrine, stets in Bewegung, stets machtbewusst, mit haifischgleicher Diplomatie durch die Tuareggesellschaft. Er begrüßte Stammesoberhäupter mit hochmütigem Respekt und widmete Kindern gefährliche Aufmerksamkeit. Wie er schrieb: »Nichts ist amüsanter und weniger kompromittierend, als mit Kindern zu sprechen und ihnen irgendwelche kleinen Geschenke zu machen. Ihre Mütter schauen zu. Wenn du an ihrem Zelt vorbeigehst, lächeln sie, sagen etwas Freundliches, ihr Vater begrüßt dich, und ganz plötzlich kommt er bei dir vorbei, um dir für das Geschenk an die Kinder zu danken. Das Eis ist gebrochen. Davon abgesehen ist das Kind die Zukunft. Ein Stamm, in dem die Heranwachsenden die französischen Offiziere lieben und sie wie Väter behandeln, heißt sie gern an den Zelten willkommen. In zehn Jahren hast du es mit einer Gruppe junger Männer zu tun, die unseren Ideen, unserer Lebensweise treu sind, und der ganze Stamm gehört dir.«[17] Seine Offiziere nannten ihn den »Kindergeneral«.

Auch Foucauld leistete mittlerweile überaus zufriedenstellende Arbeit. »Er arbeitet hart an seinem [Tamacheq]«, schrieb Laperrine am 19. Februar an Renault, »und er hat mein Archiv geplündert«.[18] Foucauld sah seine Studien als Möglichkeit, das Christentum voranzubringen. Laperrine sah sie als Methode, die französische Herrschaft auszudehnen. Die Geschwindigkeit, mit der sein Lieblingsmönch Tamacheq lernte, freute Laperrine sehr. »Er hat sein Köpfchen angestrengt und begreift gut, dass der Erfüllung jedes Traumes eine gründliche Beherrschung der Sprache vorhergehen muss. Der Araber ist der Erbfeind; wir sind die Eindringlinge, von denen man nichts weiß, aber die Tuareg hassen uns weniger, als sie die Chaamba hassen. Die Zeit wird es weisen.«[19] Auch die Art, wie Foucauld zu seinen militärischen Gewohnheiten zurückkehrte, gefiel ihm: »Jedenfalls war ich sehr froh, wieder ein paar Tage mit ihm zu verbringen. Angesichts des abenteuerlichen Lebens findet sich der de Foucauld von Marokko wieder: Er vermisst seinen Sextanten, kopiert seine Landkarten usw.«[20] Foucaulds Fähigkeit, fast ohne Habseligkeiten auszukommen, entzückte ihn: »Sein Gepäck könnte einem Matrosen zum Vorbild dienen.«[21] Weniger gefiel ihm, dass Foucauld darauf beharrte, lieber zu Fuß zu gehen, als auf einem Kamel zu reiten. Dafür genoss er die Teilnahme des Mönchs an den Abendmahlzeiten der Einheit. Bei diesen Mahlzeiten, die unter den Sternen der Sahara zubereitet wurden, war Laperrine so gelöst wie selten. Unterwegs konnte er sich von ein paar Datteln und einem Stückchen Brot ernähren, doch wenn er entspannt war, wurde er gefräßig und mitteilsam. Dann aß er zuweilen eine ganze Gazellenkeule auf einmal und unterhielt seine Kameraden zwischen den Bissen mit Erzählungen aus der Vergangenheit. Wenn jemand mutig genug war zu erwähnen, er habe diese Geschichten schon einmal gehört, rief Laperrine: »Macht nichts, zum Kuckuck, ich erzähle euch das zu meinem eigenen Vergnügen, nicht zu eurem.«[22] Gern hatte er Foucauld an seiner Seite – »er isst mit uns und gibt einen vortrefflichen Gefährten ab« – und hoffte, dass diese engere Beziehung sich vorteilhaft auswirken würde. »Ich bin sicher, zwischen der Wohltätigkeit, der Verteilung seiner Arzneien und dem Beten wird er Zeit finden, eine höchst interessante Untersuchung des Landes und seiner Bewohner vorzunehmen«, schrieb Laperrine. »Wenn meine Streifen mir nicht erlauben, ihn im Tuareggebiet zurückzulassen, werde ich ihn in Akabli [eine Oase, die Foucauld als mögliche Stätte für eine Einsiedelei ins Auge fasste] oder im Lager von Tidikelt absetzen, lieber aber hätte ich ihn weit weg von uns, so dass die Leute sich daran gewöhnen, ihn ohne schützende Bajonette um ihn herum zu sehen.«[23] Er träumte von glorreichen Dingen: »Ich hoffe, ihn zum ersten Priester des Hoggar zu machen, zu Moussas Kaplan, vielleicht sogar zum Oberhaupt eines Dorfes.«[24]

Die ersten Tuareg, die Laperrine besuchen wollte, waren jene im Adrar der Iforas, südwestlich des Hoggar. Von dort plante er nach Norden zum Hoggar selbst vorzustoßen, um dann nach In Salah zurückzukehren. Es war eine durchaus vernünftige Route, denn sie führte zu sämtlichen Stämmen, die sich unter Moussas Kontrolle befanden und deshalb befriedet werden mussten. Weniger vernünftig war der Umweg, den Laperrine anschließend einzuschlagen gedachte. Nach dem Aufenthalt in den Iforas und vor der Weiterreise zum Hoggar wollte er mit seinen Männern nebenbei zum Sudan marschieren und ein paar Tage in Timbuktu verbringen. Zwar hatte der Abstecher in den Sudan eine gewisse Berechtigung, da die Tuareg der Iforas das Land zuweilen überfielen, doch der Weitermarsch nach Timbuktu ließ sich in keiner Weise begründen. Es handelte sich um reine Eitelkeit. Ohne an der Expedition teilnehmen zu können, hatte Laperrine mit ansehen müssen, wie Foureau und Lamy die Wüste durchquerten. Dann hatte er zugesehen, wie seine sudanesischen Kameraden nach Norden zum Tschad vordrangen, und wieder war er von ihren Abenteuern ausgeschlossen gewesen. Nun wollte er das nachvollziehen, was alle anderen, wie es schien, bereits vollbracht hatten, nämlich von Algerien nach Timbuktu zu marschieren. Aber er dachte an eine elegante Durchquerung ohne Artillerie und Tross, und ohne irgendjemanden unterwegs niederzumetzeln. Das würde die bedeutendste Prüfung für seine Saharier sein und außerdem beweisen, dass Algerien endlich mit dem Sudan vereinigt war und Franzosen ungestört vom nördlichen zum südlichen Ende ihres gewaltigen Reiches reisen konnten. Dazu sollte es jedoch nicht kommen.

Es waren nicht die Tuareg der Iforas, die Schwierigkeiten bereiteten. Verarmt und geschwächt – »nicht selten *sterben* sie vor Hunger«,[25] schrieb Foucauld –, entsandten sie ihren feindseligsten Marabut, der ihre Kapitulation mit gesichtswahrender Verdrießlichkeit übermittelte. Danach setzten sie der Kolonne immer wieder mit Bitten um Proviant und Medikamente zu. Foucauld, der früher jede Begegnung mit den Tuareg aufgezeichnet hatte, hörte nun damit auf. Wie er in seinem Tagebuch erklärte, sparte er Papier, wenn er nur die Tage notierte, an denen er sie *nicht* zu Gesicht bekam. Nein, die Tuareg der Iforas waren harmlos. Vielmehr waren es die Franzosen selbst, die Laperrine Steine in den Weg legten. Am Abend des 16. April 1904 erreichte seine Kolonne die Brunnen von Timiauine an der bis dahin noch unmarkierten Grenze zwischen Algerien und dem Sudan. Eine Einheit Soldaten in staubigen, zerknitterten Uniformen wartete bereits auf Laperrine. Es war eine 25köpfige Abteilung sudanesischer *tirailleurs,* begleitet von zehn Hilfssoldaten, unter dem Befehl von Hauptmann Jean-Baptiste Theveniault.

Wenn es ihnen zupass kam – wie im Fall der Expeditionen von Cottonest und Guillo-Lohan –, jammerten Offiziere des Saharakommandos über die Langsamkeit der Kommunikation zwischen dem Tuat und Frankreich. Da es 40 Tage dauern könne, bis ein Brief von In Salah nach Frankreich gelangte, seien nicht sie für etwaige Abweichungen von der offiziellen Linie verantwortlich, die sich infolge eines derartig säumigen Postdienstes ergeben mochten. Andererseits konnten Nachrichten offenbar viel schneller befördert werden, wenn man es für dringend erforderlich hielt. Zwischen Laperrines Abreise aus Adrar im Februar und seiner Ankunft in Timiauine im April – ein Zeitraum, der angeblich gerade für einen Briefwechsel zwischen den Oasen und Paris ausreichte – hatte die Nachricht von seinem Streifzug das Kolonialministerium erreicht und war nach Senegal und dann in den Sudan übermittelt worden, wonach Theveniault noch Zeit gehabt hatte, eine Expedition zu organisieren und mit seiner Einheit nordwärts nach Timiauine zu marschieren. Gleichzeitig hatte der Befehlshaber von Timbuktu angeordnet, dass der Kommandeur der Oasen sudanesisches Territorium nicht betreten dürfe. Nun wedelte Theveniault mit dem Brief, der diese Order enthielt, vor Laperrines Gesicht.

Während des sich anschließenden, heftigen Wortwechsels wurde Verschiedenes deutlich: Einheiten des Saharakorps waren nicht befugt, so weit nach Süden vorzustoßen; die Tuareg der Iforas streiften gleichermaßen durch die Sahara und den Sudan, und obwohl sie vor Laperrine kapituliert hatten, stand ihre Unterwerfung gegenüber den sudanesischen Behörden noch aus; diese behielten sich, aus Gründen der *amour propre*, vor, auf ihre Weise mit den Tuareg umzugehen; der Sudan fiel unter die Gerichtsbarkeit des Kolonialministeriums, während Laperrine lediglich dem Generalgouverneur von Algerien unterstand; und sollte Laperrine dagegen aufbegehren, würde Theveniault die offizielle Position notfalls mit Gewalt durchsetzen. »Falls Sie beabsichtigen, mit Ihren Leuten weiter vorzudringen, werde ich mich an meine Befehle halten, die dahingehen, die Rechte des Sudan zu wahren, und ich kann keine Verantwortung für etwaige Folgen übernehmen«,[26] lautet eine der Versionen von Theveniaults Warnung. Laperrine, selbst ein ehemaliger westafrikanischer »Rabauke«, hätte sich beinahe auf Theveniaults Herausforderung eingelassen. Allein Foucaulds Eingreifen bewahrte die beiden Männer vor einem Gefecht unter Waffenbrüdern – einmal abgesehen von der Feststellung, dass keiner der beiden zu sagen vermochte, wo Algerien aufhörte und wo der Sudan begann.

Die Begegnung war typisch für das in Französisch-Afrika herrschende Chaos. Überall, ob in Algerien, im Senegal oder im Sudan, schienen die Soldaten ihre Arbeit ohne gemeinsame Strategie zu verrichten. In ihrer Desorganisation spiegelte sich die ambivalente Haltung der französischen Regierung zum Kolonialismus wider: der Wunsch, eine

Hauptrolle zu spielen, und die Scheu vor den Kosten dieser Rolle, die Berufung auf die republikanischen Werte und der nagende Zweifel, ob ihr gegenwärtiges Programm wohl die beste Methode sei, diese Werte zu verbreiten. In militärischer Hinsicht war Afrika ein vortrefflicher Truppenübungsplatz (die meisten französischen Generale des Ersten Weltkriegs lernten dort ihr Handwerk), doch in politischer Hinsicht war es ein Minenfeld. Klugerweise (und vielleicht mit dem Gedanken an Voulet und Chanoine) beschlossen Laperrine und Theveniault, dass dieses Problem von der Regierung gelöst werden müsse. Bei einer frostigen Mahlzeit in Timiauine am 16. April 1904 einigten sie sich darauf, jeweils dahin zurückzukehren, woher sie gekommen waren. Keiner der beiden sollte Kontakte zu den Tuareg der Iforas aufnehmen, bevor ihre Vorgesetzten nicht eine Grenze zwischen den beiden Territorien gezogen hätten.

Am Morgen des 17. April befahl Laperrine seinen Saharakämpfern, zum Hoggar zu reiten, und Theveniault marschierte zurück nach Timbuktu. Ihr Kompromiss hatte eine explosive Situation entschärft, doch Laperrine war wütend. Er fühlte sich in seiner Ehre gekränkt, denn Theveniault hatte die Iforas-Tuareg trotz deren Kapitulation als Feinde behandelt und selbst dann noch brutale Razzien durchgeführt, als seine Einheit mit Laperrines Männern zusammengetroffen war. Der Kommandeur der Oasen war auch in seinem Stolz getroffen, da er seine Aufgabe nicht hatte erfüllen können, die Tuareg zu beschützen. Außerdem war das französische Ansehen beschädigt worden, denn dass es beinahe zum Kampf zwischen den Eroberern gekommen war, hinterließ keinen guten Eindruck bei den einheimischen Stämmen. Foucauld war ebenfalls schockiert über das sudanesische Verständnis von Kolonialismus: »Bei jeder Gelegenheit erfahren wir von einem neuen Akt der Grausamkeit oder des Diebstahls.« Er hatte Theveniault bei ihrer Ankunft, nicht jedoch bei dessen Abreise die Hand geschüttelt. »Ich werde aufbrechen, ohne mich zu verabschieden, denn ich möchte kein Bündnis mit der Ehrlosigkeit schließen«, schrieb er. »Ich werde keine vorwurfsvollen Kommentare abgeben, weil sie erstens der anderen Seite nichts nützen, diese zweitens der Religion entfremden und drittens eine Kluft zwischen ihren und unseren Offizieren schaffen würden.«[27] Allerdings machte er Theveniault in seinem Tagebuch Vorwürfe: »Was ich von den

Offizieren des Sudan sehe, stimmt mich traurig. Sie kommen mir wie Plünderer, Banditen und Freibeuter vor. Ich fürchte, dass dieses große Kolonialreich, das so viele Vorteile – moralische Vorteile, wahre Vorteile – hervorbringen könnte und sollte, zur Zeit nur eine Ursache der Schande ist. Es lässt uns vor den Wilden erröten und veranlasst sie, den Namen Frankreichs und leider auch den Namen des Christentums zu verfluchen. Wir tun nichts anderes, als arme Menschen noch ärmer zu machen.«[28] Hauptmann Theveniault sei »ein Räuber. Aber wir, wir haben nichts als gute, reine, brüderliche Absichten.«[29]

Der Rückmarsch nach Norden zum Hoggar war mühsam. Nach sporadischen Regenfällen bestanden die Quellen von Tinherhor, die sie am 7. Mai erreichten, aus trübem Morast. Man brauchte mehr als drei Tage, um die 300 Kamele zu tränken, und als die Kolonne am 11. Mai um 17 Uhr weiterzog, befand sich in ihren Wasserbehältern genauso viel Sand wie Flüssigkeit. Laperrine entsandte zwei Leutnants und einen Führer, um nach Brunnen Ausschau zu halten, doch der Führer suchte das Weite. Kurz darauf gerieten die beiden Franzosen in einen Sandsturm, der sie nicht nur daran hinderte, sich an den Sternen zu orientieren, sondern auch ihre Spuren verwischte. Es war in erster Linie ein glücklicher Zufall, dass Laperrines Männer sie einholten und sie sicher nach Tinef am Rand des Hoggar brachten.

Hier begann Laperrine nach dem Rückschlag von Timiauine seine Befriedungsaktion von neuem. Er verzichtete darauf, das Massiv zu besteigen, sondern zog am westlichen Rand des Hoggar von einer Oase zur nächsten und nahm dabei Unterwerfungsbezeugungen entgegen. Foucauld war sein allgegenwärtiger Helfer. Er assistierte den »Wissenschaftlern« der Expedition (unqualifizierte Offiziere, die verwirrt die Anzeigen ihrer Barometer und Thermometer ablasen und die Werte notierten), indem er Skizzen von der Umgebung anfertigte. Wenn Laperrine die formelle Kapitulation der Häuptlinge entgegennahm, saß Foucauld heiter zu seinen Füßen. In jeder Oase verteilte er Almosen in Form von Geld oder Waren (gewöhnlich Baumwollstoff), um dem Volk die Großzügigkeit der neuen Oberherren zu demonstrieren. Und in seinem Tagebuch sammelte er zahlreiche Informationen, die, so hoffte er, dem Kolonialprogramm nutzen würden. Die winzigen Seiten (135 mal 88 Millimeter, bedeckt von Diagrammen und vertikalen Anmerkungen, die mit einem Bleistift bzw. schwarzer oder violetter Tinte hingekritzelt sind) zeigen ihn als unerschöpflichen Pfadfinder des Glaubens. Sie sind übersät mit endlosen, sich häufig wiederholenden Ratschlägen für künftige Evangelisten: wie sie ihren Tag organisieren, zu welchen Zeitpunkten sie ihre Gebete sprechen, wie sie Wasserschläuche herstellen, welche Kleidung sie tragen und wie sie die Einheimischen behandeln sollten. Genau wird beschrieben, welche Kamele zu verwenden seien: Missionare sollten niemals ein *méhara* wählen, denn es sei zu schnell für einen Mann, der meditierend neben ihm einherwandere. Andererseits sollten sie auch die billigste Möglichkeit, nämlich das Packkamel, vermeiden, denn dieses sei zu langsam und ungebärdig. Deshalb empfehle sich eine Kreuzung zwischen den beiden, das *demi-méhara*. Foucauld beschreibt, welche Geschenke zu verteilen seien: im Notfall Geld, doch vorzugsweise Baumwolle, Mehl, Weizen, Gerste und vor allem Datteln. Sämtliche Arten von Obst und Gemüse seien knapp, und wenn ein Reisender genug Platz habe, solle er Paprika, Tomaten, Karotten, Gurken, Rote Bete, Rüben, Zwiebeln, Kürbisse und Wassermelonen sowie ein paar Dattel-, Feigen-, Aprikosen- und Pfirsichschößlinge einpacken, auch Mispeln seien beliebt. Sein Tagebuch enthält eine Tabelle der geltenden Wechselkurse: Zwei Franc entsprachen vier Meter Baumwolle, ein *qsaa* (2 ½ Liter) Weizen war 1,25 Franc wert, die gleiche Menge Gerste kostete einen Franc. Wenn Missionare Datteln bestellten, sollten sie ihre Order verdoppeln, weil der Spediteur die Hälfte der Fracht für sich verlange. Foucauld listete im Einzelnen auf, wie viel an wen zu verteilen sei: zwischen 50 Centime und einem Franc pro Besuch an die ärmsten Personen, wenn man sie seltener als zweimal jährlich besuche, eventuell auch mehr. Für jeden Monat seines geplanten Aufenthalts solle der Missionar außerdem zum Beispiel 130 Nadeln, 50 Taschentücher und eine Schere bei sich haben. Auch die für jeden Missionar unerlässliche Apotheke wird aufgelistet: Zinksulfat für Augenkrankheiten, Quecksilber für Syphilis, Jodkalium für Rheumatismus, Chinin für Fieber, Wismut für Darmbeschwerden und eine Reihe nicht spezifizierter Arzneien für andere besonders verbreitete Krankheiten wie Gonorrhöe, Bronchitis, Leistenbruch und Schlangenbisse.

So aufschlussreich Foucaulds Tagebuch hinsichtlich der praktischen Aspekte der Evangelisierung in der Wüste auch sein mag, vermittelt es doch ein leicht verzerrtes Bild. Foucauld führte es nur, weil Guérin ihn dazu aufgefordert hatte, denn alle Weißen Väter waren gehalten, ähnliche Journale zu führen und in regelmäßigen Abständen zur Inspektion einzureichen. Also dachte Foucauld beim Schreiben in erster Linie an seinen Bischof. Trotz seiner Entscheidung, in die Sahara zu gehen, hoffte er insgeheim, doch noch eine Stelle in Marokko zu finden. Daher erweckte er in seinen Berichten den Eindruck scheinbarer Sorglosigkeit, weil er vielleicht fürchtete, dass ein allzu offen zur Schau gestellter Enthusiasmus seine Aussichten im Westen beeinträchtigen könne. Aber sein starkes Interesse an der Sahara ließ sich nicht unterdrücken. Er untersuchte jede Oase auf ihre Eignung als Einsiedelei und registrierte die Fruchtbarkeit ihres Bodens, die Fläche ihres Weidelands sowie die Frische und Zuverlässigkeit ihrer Brunnen. Gefiel ihm eine Oase, zeichnete er Skizzen ihrer Lage und zählte Grotten auf, in denen eine religiöse Gemeinde Zuflucht finden könne, sowie Klippen, auf denen ihre Gebäude am imposantesten wirken würden. Und wenn er von den Männern sprach, die an solchen Orten wohnen würden, sah er sich als ihren Führer.

Foucauld war fasziniert vom Hoggar. Als er ihn am 17. Mai 1904 von Tinef aus zum erstenmal zu Gesicht bekam, beschrieb er seinen Wunsch, »im Kern des Tuareglandes das Sanktuarium, die Bruderschaft vom Heiligsten Herzen Jesu zu gründen ... Ich biete mein Leben für die Bekehrung der Tuareg, der Marokkaner, aller Menschen der Sahara, aller Ungläubigen«.[30] Immer wieder entdeckte er geeignete Orte. »Ich werde mich im Hoggar niederlassen«, teilte er Leutnant Besset mit, einem Untergebenen Laperrines. »Kommen Sie mit mir. Die Tuareg lieben Sie. Laperrine wird Ihnen dort ein Kommando geben. Einer meiner Freunde, ein Trappist in Stauëli, ist Arzt. Er wird sich mir anschließen. Er wird die Leiber versorgen, ich werde mich um die Seelen kümmern, und Sie werden die weltliche Macht ausüben.«[31] Sein geplantes Königreich der Seele war ein Scherz, aber nicht ohne ernsten Beiklang. Am 26. Mai erreichte Laperrines Kolonne Tit. Auf den ersten Blick war Tit ein hervorragender Ort für eine Bruderschaft. Das Wasser war sauber und blieb nicht aus, der Boden reich und kultivierbar. Eine Gruppe von Mönchen konnte dort in völliger Unabhängigkeit leben, und da Tit an einer bedeutenden Handelsroute lag, hätten sie Gelegenheit, jeden

Durchreisenden an ihrem Glauben teilhaben zu lassen. Aber Tit war zugleich der denkbar schlechteste Ort für eine Niederlassung, denn seine Symbolik ließ sich nicht leugnen. Es wäre äußerst undiplomatisch für einen Franzosen gewesen, sich dort niederzulassen, wo die Tuareg ihre größte Demütigung erfahren hatten. Nur ein gefühlloser Narr oder ein Kolonialist der überheblichsten Sorte hätte das in Erwägung gezogen. Vielleicht hatte Foucauld etwas von beidem, denn er schrieb in sein Tagebuch: »Tit scheint mir der günstigste Ort für eine Mission zu sein, da es den wahren Kern des Hoggar und des gesamten Tuareglandes bildet ... Ich bitte Laperrine offiziell um Erlaubnis, hier zu bleiben. Seine Antwort erwarte ich morgen oder übermorgen.«[32] Laperrine sagte nein.

Stattdessen brachte er Foucauld zu Tarichat, der Tuaregwitwe, deren Gutherzigkeit Foucauld in die Wüste gelockt hatte. »Sie ist zwischen 40 und 50, würdevoll, schweigsam und bescheiden«,[33] kommentierte er. Aber sie schien nicht am Christentum interessiert zu sein und auch keinen Brief von Guérin empfangen zu haben. Foucaulds Ausführungen über die Vorzüge der französischen Herrschaft weckten nur ihre Erinnerung an einen *tirailleur* namens Amer, »den sie gerettet und in sein Vaterland zurückgeschickt und der ihr versprochen hatte, ihr zum Dank ihr Gewicht in Geld zu senden«. Der Mönch legte unschuldige Empörung an den Tag: »Sie hat jedoch nie einen Centime gesehen!«[34] Laperrine nötigte ihn zur Eile.

Am 12. Juni teilte sich die Kolonne. Die eine Hälfte unter Rittmeister Roussel sollte die Inspektion fortsetzen, während die andere unter Laperrine nach In Salah zurückkehren würde. Nach zweitägiger Bedenkzeit entschied sich Foucauld, Roussel zu begleiten. Als Laperrine zustimmte, war Foucauld außer sich vor Freude: »Er gab sein aufrichtiges Einverständnis und wies Roussel sogar an, bei einer eventuellen Begegnung mit Moussa über meine sofortige und eindeutige Berufung in den Hoggar zu verhandeln. Dann verließ er mich, nachdem er mich in den vergangenen fünf Monaten mit Freundlichkeiten jeder Art überhäuft hatte ... und sagte, er hoffe mich im Hoggar wiederzusehen.«[35] Laperrine schrieb seinerseits an Cauvet: »Ich lasse Foucauld in der Sahara zurück. Er lernt Tuareg und hat Arzneien und zwei Kamele. Wenn Comte de Foucauld, Kavallerist, einstiger Forschungsreisender, davongelaufener Trappist, Kaplan bei Moussa oder jemand anderem ähnlichen Ranges wird, so ist das keine kleine Angelegenheit.«[36]

Moussa allerdings tauchte nicht auf. Damals besaß er offenbar weder die Kleidung noch die Eskorte, die seiner Eitelkeit genügt hätte. Also zogen Foucauld und Roussel in den folgenden drei Monaten durch die Siedlungen des Hoggar und hielten ein nichts sagendes Treffen nach dem anderen ab. Sie besuchten insgesamt 300 Dörfer, manche auf Höhe des Meeresspiegels gelegen, andere weit oben in den Bergen, und die Ältesten begrüßten sie mit einer Mischung aus Pomp, Stolz und Naserümpfen. In Bu Ali (»erträglicher Empfang«) forderte der Häuptling Tee als Geschenk, in Tiuririn (»unvergleichlicher Empfang«) waren es 20 Sous. In Ansegluf (»guter Empfang«) »befahl mir ein durchreisender Marabut aus Sauia Reggan (begleitet von einem sogenannten Verrückten, der 1000 Dinge wollte), ihm Streichhölzer, Kaffee und eine Kerze zu geben«[37]. Fast jeder Ort schien sich für eine Missionsgemeinde zu eignen, und Foucauld ließ Roussel in seinem Namen bei den Häuptlingen deshalb anfragen. Seine Gesuche scheiterten stets. Zum Beispiel betonte er am 29. Juli in Ideles (»Höhe ungefähr 1000 Meter. Sehr günstige Stelle … Srir ag Bedda bereitete uns einen guten Empfang«) in seinem Tagebuch: »*Monsieur Roussel fragte ihn, ob ich in Ideles bleiben dürfe. Er sagte: Nein.*« Das Gleiche ereignete sich am 4. August in Taseruk (»etwa 2000 Meter über dem Meeresspiegel; kalt; regnet häufig; schneit«): »*Monsieur Roussel fragte Si Mohammed ben Otman, ob ich in Taseruk bleiben dürfe. Er erwiderte: Nein.*« Die Absagen erbitterten Foucauld. In seinem Tagebuch nannte er Si Mohammed ben Otman einen eitlen, dummen jungen Schwätzer. Aber seiner Cousine Marie de Bondy gegenüber äußerte er sich pragmatischer: »[Ihr Empfang] ist nicht ehrlich. Sie beugen sich der Notwendigkeit. Werden sie in der Lage sein, zwischen Soldaten und Priestern zu unterscheiden und universale Brüder in uns zu sehen?«[38]

Am 20. September erreichten Roussel, Foucauld und ihre Saharier In Salah. Sie hatten über 5000 Kilometer zurückgelegt und waren erschöpft. Aber Foucauld brannte immer noch vor fieberhafter Energie. Sofort beantragte er die Genehmigung, zum Hoggar zurückzukehren. Als sie ausblieb, marschierte er mit Paul Embarek nach El Golea und von dort zu Guérins Hauptquartier in Ghardaia. Die Weißen Väter, die ihn empfingen, hätten ihn fast für einen bettelnden Derwisch gehalten: »Wir hätten unmöglich zu sagen vermocht, welches der Eingeborene und welches der Weiße war, denn beide hatte die Sonne gleichermaßen verbrannt, wäre nicht das auf Pater de Foucaulds Gandura aufgenähte rote Herz gewesen und der von seinem Ledergurt herabhängende Rosenkranz.«[39] Ausgedörrt und hager, wurde er wie ein heißes Stück Kohle nach Ghardaia gebracht.

12
DEM HOGGAR ENTGEGEN

Als das Ende des Jahres 1904 näher rückte, konnte man auf dem Sandpfad von Ghardaia nach El Golea drei Gestalten erkennen. Sie bewegten sich langsam in einer Art Pfeilformation. Die hinteren beiden ritten auf Kamelen, während vor ihnen ein einzelner Mann zu Fuß dahinstapfte und dabei die Zügel seines Kamels um die Hand geschlungen hielt. Wie sie so dahintrotteten, sprachen die Reiter gelegentlich ein paar Worte miteinander. Der Fußgänger betete Ave-Marias. Zu jeder vollen Stunde schlug einer der Reiter an ein Essgeschirr, das an seinem Sattel hing. Dann drehte sich der Mann vor ihnen um, ohne stehen zu bleiben, nickte dankend und setzte seine Litanei fort. Charles de Foucauld (der seine Uhr vergessen hatte) geleitete zwei Weiße Väter nach El Golea.

Am Neujahrstag 1905 erreichte die scheppernde Karawane ihr Ziel, wo sie von Laperrine begrüßt wurde. Seit der Major sich im Juli des vorangegangenen Jahres von Foucauld getrennt hatte, war er sehr fleißig gewesen. Die Expedition von 1904 hatte sich allerdings nicht als ungetrübter Erfolg erwiesen. Eine Reihe von Tuaregsiedlungen war »befriedet« worden, und die Saharier hatten ihren Dienst anstandslos versehen. Doch Laperrines Bemühungen, Foucauld im Hoggar unterzubringen, waren gescheitert, denn die aktuellen Befehle besagten, kein Priester dürfe in der Sahara wohnen, wenn er sich nicht in der Nähe einer Garnison aufhalte. Und dieselben Befehle verboten die Gründung einer Garnison südlich des Tuat. Hätte Moussa ihn zum Bleiben aufgefordert, wäre es etwas anderes gewesen. Aber Moussa war nicht erschienen, was ebenfalls ein Problem darstellte, denn Laperrine wollte die Unterwerfung des *amenoukal* unbedingt auf dessen eigenem Territorium entgegennehmen. Hinzu kam das beschämende Treffen in Timiauine. Um sich zu rechtfertigen sowie um den Status der Tuareg der Iforas und die Position der Missionare im Tuareggebiet zu klären – und auch, um Urlaub zu machen –, war Laperrine nach Frankreich gereist. Statt, wie er erwartet hatte, wegen Ungehorsams gemaßregelt zu werden, erhielt er nur einen milden Tadel und dann sogar die Beförderung zum Oberstleutnant. Zudem forderte man ihn auf, seine vorzügliche Arbeit fortzusetzen. Inzwischen war er wieder in der Sahara und ließ sich etliche unerledigte Aufgaben durch den Kopf gehen.

In El Golea sowie anschließend auf dem Rückweg nach Adrar entwarf Laperrine mitreißende Bilder von politischen und religiösen Eroberungen. Im Jahre 1905 würde eine weitere Befriedungsexpedition stattfinden, diesmal nicht unter seinem eigenen Befehl, sondern unter dem eines neuen Mannes, den er in In Salah eingesetzt hatte: Rittmeister Jean Dinaux. Er versicherte seinem Gefährten, Dinaux sei überaus fähig und genau der richtige Mann, um Moussa aufzuspüren und für Foucauld eine Bleibe im Hoggar zu finden. Wenn Foucauld erst einmal unter den Tuareg sesshaft geworden sei, könne er zu einem Magneten für andere Missionare werden. Ob Weiße Väter oder Weiße Schwestern, alle seien willkommen. Sie würden herbeiströmen, sobald sie von Foucaulds Anwesenheit erführen. Und die Behörden hätten keine Einwände dagegen, dass er sich im Hoggar niederließ. Alles sei geregelt! Aber es empfehle sich, nicht offen über diese Dinge zu sprechen, damit sie nicht an die Ohren derjenigen gelangten, die solche Träume nicht teilten. In einem rosigen Glühen der Verschwörung bewegten sich die beiden Männer auf den Tuat zu.

Bevor Foucauld sich zum Hoggar aufmachte, wollte er sich eine Weile in seiner Einsiedelei in Beni Abbès erholen. Außerdem musste er Guérin konsultieren – ein Verfahren, das den üblichen Austausch von Briefen erforderte und zusätzlich dadurch kompliziert wurde, dass Foucauld seine Botschaften kodiert verschickte. Zum Glück teilte Guérin diesen von Laperrine inspirierten Geheimhaltungsdrang (obwohl sich aus seiner Korrespondenz schließen lässt, dass er mehr Zeit damit verbrachte, sich Sorgen über das Schicksal der Weißen Väter als über die Seelen möglicher Konvertiten zu machen) und gewöhnte sich rasch an das einfache 82-Worte-Substitutionssystem. Das Resultat lohnte die Mühe, denn Foucauld hatte ihm eine erhebende Nachricht geschickt. Kaddour (Laperrine) erwarte, dass mehrere Säcke Wolle (Weiße Schwestern) innerhalb von 18 bis 24 Monaten im Hoggar eintreffen würden, und habe bereits eine Liste von Oasen aufgestellt, wo man sie ansiedeln könne. Sie sollten bei ihrer Ankunft in der Lage sein, Tamacheq zu sprechen, die Tuareg Französisch zu lehren und ein Musikinstrument zu spielen – eine Fertigkeit, die Tuaregfrauen hoch schätzten. Die Mehlsäcke (Weiße Väter), die als verstockt galten, seien problematischer. Gleichwohl habe Laperrine keinen Zweifel daran, dass er eine Beschäftigung für sie finden werde, selbst wenn sie als Wanderpriester herumziehen, Medikamente, Almosen, Geschenke und Predigten verteilen, Waisen helfen und Gelegenheitsarbeiten machen müssten. Dieser gewaltige Fortschritt für den Glauben stünde nur unter einem einzigen Vorbehalt: Die Weißen Väter würden ihn selbst finanzieren müssen. »Reden Sie nicht einmal von Geld!« warnte Laperrine. »Unter keinen Umständen wird es gezahlt werden. Darum zu bitten kann nur unwillkommene Aufmerksamkeit wecken.«[1]

Laperrine war unaufrichtig. Er wusste genau, dass das winzige Budget der Weißen Väter für Missionen zum Hoggar nicht ausreichte. Ohnehin wollte er gar nicht, dass sie dort auftauchten. Was er sich wünschte, war ein Mönch mit militärischer Ausbildung, der Bericht über die Tuareg erstatten konnte, während er sie gleichzeitig zum Christentum bekehrte. Mithin brauchte er Foucauld, und er war entschlossen, ihn für seine Zwecke einzuspannen, auch wenn er der Priesterschaft gegenüber falsche Versprechungen abgeben musste.

Mittlerweile hatte Foucauld einen gewissen Ruhm errungen. Viele der in der Sahara dienenden Franzosen mochten seine Religion ablehnen, doch bewunderten sie seinen Eifer und seine Zähigkeit. Sie respektierten die Art und Weise, wie er sich dem Wüstenleben angepasst, doch die wesentlichen Züge seines europäischen Charakters bewahrt und wie er sich den Einheimischen angenähert hatte, ohne sich vereinnahmen zu lassen. Außerdem war er im Gegensatz zu anderen lästigen Geistlichen ehemaliger Offizier und folglich »einer von ihnen«. Im derben Milieu des Garnisonslebens betrachtete man Foucauld mit Zuneigung. Er war zu einer Art Maskottchen der in Afrika stationierten

Truppe geworden. Und nicht nur die Soldaten bewunderten ihn, denn die Nachricht von seiner Mission hatte sich überall in Frankreich verbreitet, wo die bedrängten Gläubigen sie als ermutigendes Signal empfanden. Eine fromme Frau aus Lyon schrieb, sie habe ihr Leben als Opfergabe für ihn dargeboten – was Foucauld akzeptierte und weshalb er ihrer bis zu ihrem Tod im Jahre 1912 täglich in seinen Gebeten gedachte. Er genoss so hohe Wertschätzung, dass General Lyautey von Aïn Sefra beschloss, ihm einen Besuch abzustatten. Die beiden waren einander im Jahre 1903 bereits einmal begegnet, doch der General, neugierig geworden durch die Bemerkungen seiner Offiziere – »die ihn [Foucauld] tief verehren«[2] –, wollte einen weiteren Blick auf den Mann werfen.

Als Foucauld Beni Abbès am 24. Januar 1905 erreichte, schloss er die Türen seiner Bruderschaft. Er wollte seine geistlichen Möglichkeiten nutzen, um ganz allein zu Jesus zu beten und Seinen Rat zu der bevorstehenden Sahara-Expedition zu erbitten. Die einzigen Personen, die eintreten durften, waren Paul Embarek und Marie, die alte, blinde schwarze Frau, die von ihm getauft worden war und die mehr als zwölf Monate auf seine Rückkehr gewartet hatte. Vier Tage später platzte Lyautey in seine Meditationen hinein. Sein Gefolge und er nötigten Foucauld, sie zur *bordj* zu begleiten, wo der Mönch an einer wilden, weinseligen Abendmahlzeit teilnehmen musste. Danach spielte Lyautey eine Auswahl schlüpfriger Lieder auf dem Grammophon von Beni Abbès. Boshaft wartete er darauf, dass Foucauld sich empfahl, doch dieser überraschte ihn. »Ich beobachtete den Pater«, schrieb Lyautey, »und sagte mir: Er steht sicher auf und geht. Er ging aber nicht, sondern lachte sogar mit!«[3] Am folgenden Tag wohnte Lyautey mit seinen Offizieren der Messe in der Bruderschaft bei. »Eine armselige Hütte war das und die Kapelle ein schmaler, mit Schilf gedeckter Korridor auf Säulen! Den Altar bildete ein Holzbrett, und der einzige Schmuck war ein Stück Kaliko mit einem Christusbild. Kerzenhalter aus Zinn und eine flache Sardinenbüchse, die zwei ehemalige Mundwasserflaschen zum Ausspülen des Kelchs enthielt. Mit den Füßen standen wir auf Sand. Nun, ich habe nie eine Messe so gelesen gehört, wie Pater de Foucauld sie las. Es war einer der größten Eindrücke, die ich im Leben hatte.«[4]

Abgesehen von seiner Neugier hatte Lyautey einen praktischen Grund für den Besuch bei Foucauld. Er wollte ihn für einen möglichen Abstecher nach Marokko ins Auge fassen. *Reconnaissance au Maroc* war immer noch der bei weitem zuverlässigste Text über jenes unbekannte Land, weshalb Lyautey meinte: »Wir werden nie müde, seine Dokumentation zu Rate zu ziehen.«[5] Aber als er den Pater in seiner Einsiedelei erblickte, begriff er, dass dessen Berufung im Süden lag. »Jenseits der bescheidenen Lehmwände war eine Vision von der Weite der Sahara, jener Sahara, deren Sand in Wellen an die Tür der Kapelle schlug, einer Sahara, in der die Kraft jenes Gebets wahrhaft herrschte.«[6] Lyautey konnte Laperrine nicht besonders gut leiden und war empört über die Art, wie dieser Befehle missachtete, aber er bewunderte dessen Tüchtigkeit und teilte dessen Ziele. Nun forderte er Foucauld auf, nicht mehr an Marokko zu denken und sich lieber auf Laperrines Auftrag in der Sahara zu konzentrieren. Nach einem langen Gespräch, in dem die beiden Männer viele Gemeinsamkeiten entdeckten, verließ Lyautey Beni Abbès mit tiefem Respekt vor dem »Maskottchen« seiner Armee. »Er ist die erhabenste geistliche Gestalt, der ich je begegnet bin«, notierte der General. »Ich hege nicht den geringsten Zweifel daran, dass Foucauld einen bedeutenden Platz in der Weltordnung einnehmen wird.«[7]

Hin und her gerissen – Guérin riet ihm nämlich, in Beni Abbès zu bleiben –, erkrankte Foucauld und zog sich in seine Zelle zurück. Er konnte nicht entscheiden, was die bessere Lösung war: Still und abgekapselt das Leben von Nazareth zu führen oder sich einem aktiveren Dasein in der Sahara zu widmen. In Briefen an Huvelin und Guérin erklärte er sein Dilemma. Die Tuareg bräuchten ihn; sie hätten keinen Priester, und er sei der Einzige, den die Obrigkeit in die Gegend hineinlasse. Es sei seine Pflicht, dorthin zu gehen. Aber Beni Abbès sei sein Heim, seine Berufung, die Stätte, die er für seinen Orden ausgewählt habe. Die Briefe gingen hin und her, doch keiner gab ihm wirkliche Befriedigung. Inzwischen blieb Foucauld auf seinem Lager, behandelte seine Zahnschmerzen, sein Fieber und seine Neuralgie und wartete darauf, dass Gott, Guérin, Huvelin, Laperrine oder *irgendjemand sonst* ihm sagte, was zu tun sei. Laperrine reagierte als Erster. »Die Tuareg haben keinen Priester«, schrieb Foucauld, »und bisher hat man keinem Priester gestattet, dorthin zu ziehen. Ich jedoch habe nicht nur die Genehmigung erhalten, sondern bin sogar eingeladen worden ... Nur ich kann dorthin reisen. Sollte ich etwa ablehnen?«[8] Am 3. Mai schloss er sich einem Konvoi an, um mit Laperrines Protegé Dinaux im Tuat zusammenzutreffen.

Aber nicht nur Foucauld wurde allmählich zur einer Art Kultfigur. Das Gleiche galt für Laperrine und seine Saharier. Sie hatten einen vielfach beneideten Ruf für ihr ungezwungenes Denken und ihr geradliniges Handeln erworben. Als Eliteeinheit waren sie der Fremdenlegion – damals kaum mehr als eine Bande verzweifelter und schlecht bezahlter Gangster, die jeden von ihren Offizieren für notwendig gehaltenen Gewaltakt durchführte – weit überlegen. Wenn es einen Mann nach Abenteuern dürstete, wenn er der Schinderei der Garnisonspflichten und der Langeweile der marokkanischen Grenze – wo es allerdings bald recht lebhaft wurde – entgehen wollte, dann beantragte er eine Versetzung zu den Sahariern. Ein Rekrut schrieb: »Es steht mir frei, meine Ambitionen in einem Land auszuleben, in dem gesunde Abenteuer noch möglich sind. Ich kommandiere, und ich organisiere. Vor dem Ende einer Expedition brauche ich keine Meldung zu erstatten. Die Post geht selten ein – Gott sei Dank! Ich möchte nichts über Europa hören, wo ich ein winziger Stock in der Strömung wäre. Hier bin ich einer der Ersten in einer Epoche, in der jeder unter einer neuen Verwaltung beginnt.«[9] Ein anderer drückte sich intellektueller aus: »Der Stil eines Sahariers ist nicht der eines *roumi* [das afrikanische Wort für einen französischen Siedler], sondern er besteht darin, sich keinem Vorurteil der provinziellen Kleinbürger anzuschließen und sich vor allem durch nichts schockieren zu lassen.«[10] Genau diese Argumente waren es, die auch Leutnant Guy Dervil verführt hatten.

Beni Abbès war für Foucauld ein Quell des Trostes, während Dervil es im Jahre 1904 als Hort nicht zu überbietender Langeweile empfand. Er war ein junger Spahi-Offizier, den man vor kurzem aus Aïn Sefra versetzt hatte. »Stunde folgt auf Stunde, manchmal unterbrochen vom Signal zu einer Razzia, die stets vergeblich ist, oder dem Eintreffen eines Nachschubkonvois«, hielt er fest. »Jeden Tag strecke ich mich vor Sonnenuntergang ein wenig im Sand am Ende der Mauer aus und schaue stets nach Süden, bis es zu dunkel ist, um etwas zu erkennen. Mein ziemlich passives Leben ödet mich an. Ein leidenschaftlicher Wunsch quält mich: dorthin zu gehen, über den Horizont hinaus, weiter, immer weiter. Ich träume von langen Patrouillen, von Razzien, von der Verfolgung der Tuareg, der ›Männer des Schleiers‹, und in meinem Geist erwäge ich tausend Pläne und mehr, um diesem Gefängnis zu entkommen.«[11] Als ein Unteroffizier der Saharier in den Ort kam, um den Sold für seine Einheit abzuholen, war Dervil fasziniert. Der Mann hatte einen geschorenen Schädel, einen zottigen Bart, trug keine Schuhe, und im Gürtel seiner Gandura steckte ein Dolch. Aber er sprach perfektes Französisch und brachte seinen Wunsch, das Geld mitzunehmen, sehr entschieden zum Ausdruck. Dervil bot an, es für ihn zu zählen. Zweieinhalb Stunden später hatte er sich durch 4000 Franc aus unterschiedlichem Metall, die mehr als 34 Kilo wogen, hindurchgearbeitet. »Ich wusste nicht, worauf ich mich eingelassen hatte!« schrieb er. »Da sind Münzen jeden Kalibers, aus jeder Epoche, aus jedem Land, von jedem Wert: Maria-Theresien-Taler (Bou Tyr), Dublonen, Duros, 4-Franc-Münzen (Bou Medva, mit gekreuzten Kanonen), 3-Franc-Münzen, zwei Franc 50, zwei Franc, ein Franc 25, ein Franc: 18, 14, 10, 8, 5, 4, 2 und ein Sou. Manche Münzen waren geteilt, damit man ›Wechselgeld‹ hatte!«[12] Die Romantik des Geldes und die ruhige Autorität, mit welcher der schäbige Unteroffizier es entgegennahm, gaben für Dervil den Ausschlag. Er führte ein Gespräch mit Laperrine, der ihm zwei Fragen stellte: Könne er fließend Arabisch sprechen? Habe er sich je etwas zuschulden kommen lassen? Dervil bejahte in beiden Fällen. Laperrine lachte und erwiderte, es gebe für den Leutnant einen Posten im Tidikelt. »Dort können Sie nicht viel Unheil anrichten.«[13] Dervil begab sich befehlsgemäß zum Tidikelt und wurde im Mai 1905 von Rittmeister Dinaux aufgefordert, ihn auf einer Inspektion des Hoggar zu begleiten. Doch bevor sie aufbrachen, mussten sie bei den Brunnen von Wan Thora auf Foucauld warten.

Dinaux verzeichnete das Eintreffen des Mönchs am 8. Juni 1905: »De Foucauld schritt rasch dahin. Er ging tief gebückt und zog eines seiner Lastkamele hinter sich her, während Paul das andere führte. Sein hageres, von den tiefliegenden Augen mit dem durchdringenden Blick und seinem breiten Lächeln erleuchtetes Gesicht war von einem unordentlich auseinander strebenden Bart umrahmt, den er selbst mit einer Schere stutzte. Er trug Sandalen aus Kamelleder, die er selbst verfertigt hatte und nach Art der Saharahirten mit einem durch die Zehen hindurchlaufenden Riemen befestigte.«[14] Dervil, der Foucauld in Beni

Abbès begegnet war, ihn jedoch nie im Feld gesehen hatte, lieferte eine eindringliche Beschreibung: »Er ist recht klein. Ein kurzer, ergrauender Bart umrahmt ein Gesicht, dessen hervorstehende Wangenknochen die Magerkeit betonen. Vorn ist er überwiegend kahl. Seine Augen, in tiefen Höhlen unter dichten Brauen, haben einen merkwürdigen Ausdruck, eine Mischung aus Bescheidenheit und Autorität, aus Intelligenz und Selbstverleugnung. Ich meine, dass sie zu Festigkeit, wenn nicht sogar zu Strenge fähig sind.«[15]

Diese Expedition unterschied sich von jener des Jahres 1904. Nicht nur Soldaten und Chaamba-Kamelreiter gehörten dazu, sondern auch vier Zivilisten, deren Aufgabe darin bestand, das Terrain für eine Telegrafenverbindung durch die Sahara zu vermessen. Es handelte sich um zwei Geologen, Professor Gautier und Monsieur Chudeau, die beide Erfahrungen mit der Wüste gesammelt hatten und vernünftige Männer waren. Aber außer ihnen gab es noch Monsieur Etiennot, einen Inspekteur von Telegrafenmasten, und seinen Assistenten. Der von allen verabscheute Etiennot war ein inkompetenter Vermesser, und er borgte sich dauernd die Karten der Offiziere, um sie zu kopieren und als seine eigenen auszugeben. Sein Auftrag missfiel ihm, und er tröstete sich mit Absinth, den er mit niemandem teilte. Etiennot war ein dicker, herrischer Mann mit ausgeprägt antiklerikalen Ansichten, und wenn er seinen Assistenten nicht schikanierte, hackte er gern auf Foucauld herum, den er Bruder Charles nannte (die Saharier bezeichneten ihn stets als Pater). Eines Tages schritt er auf den Mönch zu und fragte: »Na, Bruder Charles, Sie reden wohl nicht viel?« Daraufhin entgegnete Foucauld: »Das liegt daran, dass ich geschwätzige Menschen nicht ausstehen kann, Monsieur.«[16] Die Offiziere kicherten über die Abfuhr.

Es war ein großes Unglück für den Bequemlichkeit liebenden Etiennot, dass Laperrine Rittmeister Dinaux befohlen hatte, seine Tour mitten im Sommer durchzuführen. Denn in diesem Zeitraum kamen die meisten Garnisonen zur Ruhe. Die Offiziere nahmen kalte Duschen, spielten hin und wieder Tennis und vertrödelten die Nachmittage in Gesellschaft von »Ehefrauen«, die sie sich unter der lokalen weiblichen Bevölkerung ausgewählt hatten (in In Salah hielt Dervil sich eine 13jährige halbblütige »Ehefrau«, die ihn 300 Franc gekostet hatte. Angeblich gab sie ihm Unterricht in Tamacheq. Foucauld, der viel Zeit damit verbrachte, die Versorgung illegitimer Sprösslinge von französischen Soldaten zu organisieren, teilte ihm mit: »Ich habe nur einen Ratschlag für Sie. Vermeiden Sie es, Kinder zu haben«[17]).

Keine Handelskarawanen durchquerten die Sahara mitten im Sommer, so groß die finanzielle Verlockung auch sein mochte. Sogar die Tuareg blieben im Schatten ihrer Zelte und bewegten sich so wenig, wie es der Zustand ihrer Weidegründe zuließ. Nur ein Verrückter wagte sich in die sengende Hitze der schlimmsten Saharasaison hinaus. Aber Laperrine wollte Moussa beweisen, dass seine Saharier jedem Feind, einschließlich des Klimas, gewachsen waren. Die Franzosen seien in der Lage, sich zu jedem beliebigen Zeitpunkt in jede beliebige Gegend aufzumachen.

Die Kolonne zog mit einer Tagesgeschwindigkeit von 40 Kilometern nach Süden, und Foucauld schritt mit manischer Entschlossenheit neben ihr her. »Unsere Reiseetappen dienten ihm dazu, seine Selbsterniedrigung auf die Spitze zu treiben«, notierte Dinaux. »Das Tempo einer Abteilung von Kamelreitern ist beträchtlich höher als das eines Fußgängers. Der Priester folgte uns bis an die Grenze der Erschöpfung, wobei er Litaneien rezitierte und seine Perlen zählte. Wenn das Terrain schwierig war, erhöhte er die Geschwindigkeit. Von fünf Uhr morgens brannte die Sonne gnadenlos nieder, und die Temperatur lag zwischen 40 und 50°C im Schatten. Jeder von uns schluckte pro Tag neun bis elf Liter Wasser, geschöpft aus Teichen, in denen Vieh geplätschert hatte. Und der Pater folgte uns mit hohem Tempo.«[18] Laut Dervil waren Foucaulds tägliche Anstrengungen geradezu übermenschlich. Er stand 15 Minuten vor allen anderen auf, um die Messe zu zelebrieren, und nach einem harten Tagesmarsch beschäftigte er sich mehrere Stunden lang mit seiner Schreibarbeit, die endlos zu sein schien. Unterwegs von Beni Abbès nach In Salah hatte er endlich seine Tamacheq-Übersetzung der Evangelien fertig gestellt, und nun arbeitete er an einem Tamacheq-Lexikon (in den neunziger Jahren des 19. Jahrhunderts waren eine Tamacheq-Grammatik und ein Französisch-Tamacheq-Wörterbuch veröffentlicht worden, doch Foucauld hielt sie für unzureichend). Außerdem fertigte er Aufzeichnungen von Legenden, Dichtung und mündlicher Überlieferung in allen Einzelheiten an, zu deren Mitteilung er die Tuareg bewegen konnte.

Foucauld, von Natur aus kein Gelehrter, nannte zwei Gründe für seinen Eifer, von denen der erste bewundernswert weitsichtig war: Er könne sich eine Zeit vorstellen, in der die industriellen Werte Europas und Amerikas die Welt beherrschen und fragile Gesellschaften wie die der Tuareg überschwemmen würden. Bevor es dazu kam, wollte Foucauld das Wissen der Tuareg zu Papier bringen und einen Fundus ihrer Kultur schaffen, der dem Ansturm gewachsen wäre. Sein zweites Motiv allerdings bestand darin, die Verwestlichung zu fördern, gegen die er sich in anderer Hinsicht wehrte. Er hatte erlebt, wie widerwillig sich die Araber mit der französischen Herrschaft abfanden, und empfand ihnen gegenüber eine Aversion. Ihm lag daran, die Tuareg dem Einfluss der Araber zu entziehen und sie dem islamischen Glauben zu entfremden, den sie ohnehin nur halbherzig praktizierten, um ihnen stattdessen die Schönheiten des Christentums nahe zu bringen. Seiner Meinung nach schwankten die Tuareg zwischen Edelmut und Wildheit, und nur französische Missionare konnten den Ausschlag zu Ersterem geben. Um wirkungsvoll zu agieren, müssten Evangelisten die Sprache und Geschichte des zu bekehrenden Volkes kennen, und Foucauld hoffte, dass seine Sammlungen dabei eine Hilfe wären.

Foucauld bewunderte die edle Wildheit der Tuareg, doch im Grunde waren sie ihm kaum sympathischer als die Araber. »Gleich diesen [den Arabern] haben sie sich nur der *Macht* unterworfen. Gleich den Arabern sind sie von äußerster Unwissenheit, und gleich den Arabern haben sie einen gewalttätigen Charakter und ebensolche Sitten, deren nur die Gewalt Herr werden kann.« Aber er gab die Hoffnung nicht auf: »Mit Hilfe von Unterweisung und Gesetzen würden sie schneller als die Araber zu zivilisierten Menschen werden. Sie sind charakterlich viel weniger in sich selbst befangen, fröhlicher und wissbegieriger. Was sie von uns scheidet, ist ihre ungeheure Unwissenheit; sie nennen uns einfach ›Heiden‹, womit sie leider nur zu oft recht haben, und sehen uns als Wilde mit mörderischen und blutrünstigen Sitten an. Ganz allgemein haben sie die ungeheuerlichsten Vorstellungen von uns, und über unsere Lebensgewohnheiten sind die unglaublichsten Geschichten bei ihnen in Umlauf. Sie selbst halten sich für die zivilisiertesten und vollkommensten Menschen der Welt … Dennoch sind sie wirkliche Barbaren durch ihre Unwissenheit … Sie sind die Nachkommen Chams und sehen aus wie alte Ägypter, sind groß und schlank und sehr weißhäutig und sprechen eine uralte Sprache, auf die sie sehr stolz sind ... Was sie brauchen, das ist innere Erleuchtung, Sänftigung ihrer Sitten und Herzensdemut – denn ist nicht Demut Wahrheit und Stolz der Bruder der Unwissenheit?«[19] Politisch gesehen mündete das alles in ein Streben nach einer Saharakolonie, die aus dem in Algerien sich rasch entwickelnden Chaos herausgelöst war. Und genau das schwebte Laperrine vor, als er Moussa zum Oberhaupt der »Konföderation der Tuaregstämme« ernannte.

Professor Gautier, ebenfalls ein angesehener Forscher, ritt neben Foucauld her, um mit ihm zu plaudern. Sein erster Eindruck war folgender: »Nichts an ihm lässt seine militärische Herkunft erkennen. Er war ein Mönch von Kopf bis Fuß, gekennzeichnet durch Selbstverleugnung und Demut.«[20] Während sie eine zunehmend kahle und abschreckende Landschaft durchquerten, tat Foucauld nichts, was diesen Eindruck verwischt hätte. Als sie an einem Berg vorbeikamen, den Gautier für eine der bedrohlichsten Naturerscheinungen hielt, die er je gesehen hatte, seufzte Foucauld: »Wie schön er ist!«[21] Ein paar Minuten später begann der Mönch, in Erinnerungen zu schwelgen. Er erkundigte sich danach, was aus verschiedenen Gestalten seiner Jugendzeit geworden sei. »Sie wissen nicht, was aus ihnen geworden ist?«, gab Gautier zurück und klärte ihn auf. Foucaulds alter Geschichtsprofessor sei nun Bildungsminister, und sein Professor für Sprache und Literatur sei Mitglied der Académie Française. Dann unterhielten sie sich über die Schauspielerin Sarah Bernhardt. »Ich habe sie mehrmals gesehen und bewunderte sie sehr«, meinte Foucauld. »Aber Sie wollen doch nicht sagen, dass sie noch lebt und immer noch auf der Bühne auftritt? Ist so etwas denn menschenmöglich?«[22] Gautier versicherte ihm, sie sei in guter Verfassung und weiterhin häufig auf der Bühne zu sehen, obwohl sie 60 Jahre alt sei und ein wenig hinke. Foucauld verarbeitete die Nachricht schweigend. »Tatsächlich!« sagte er schließlich.

Dinaux' Kolonne folgte mehr oder weniger der gleichen Route wie Laperrine im Jahre 1904, nämlich direkt nach Süden bis Timiauine, dann nach Norden zum Hoggar. Die Einheit bewegte sich auf militärische Art, das heißt, sie lagerte jede Nacht in einer karreeförmigen Verteidigungsstellung, und die Posten wechselten alle paar Stunden (Foucauld wurde die stillste Ecke zugewiesen, wo er bis zwei Uhr morgens ungestört betete). Aber der Angreifer waren nicht die Tuareg, sondern die Sahara. Die erste Etappe der Reise bewies, wie gefährlich es war, sich im Hochsommer hinauszuwagen. Die Brunnen, die ohnehin nie viel hergaben, lieferten nun noch weniger Wasser, und die Kolonne hatte ihre Vorräte bald erschöpft. Die ersten Kamele starben, und Etiennot tobte Dinaux gegenüber: »Die Nachwelt wird hiervon erfahren. Wenn wir dem Tod entgehen, werde ich alle wissen lassen, dass wir Ihretwegen fast gestorben wären.«[23] Foucauld bot ihm seine letzten Schlucke Wasser an, einen lauwarmen, nach Teer schmeckenden Schleim, den der Mann ohne ein Wort des Dankes hinunterkippte. Es gelang Dinaux, ihn zu beruhigen, aber er selbst war genauso besorgt wie Etiennot. Er befahl den Soldaten Halt zu machen und schickte sechs Chaamba voraus, die nach Brunnen suchen sollten. Dann setzte er sich auf einen Liegestuhl und harrte ihrer Rückkehr.

Fast zwei Tage lang schmorte die Kolonne reglos im Sand. Das Thermometer stieg auf 54 °C im Schatten. Der Dolmetscher, ein algerischer Jude, verfiel ins Delirium. Dervil, dessen Mund so ausgetrocknet war, dass nicht einmal die alte Methode, einen Kiesel zu lutschen, Speichel erzeugen konnte, war sicher, dass sie sterben würden. Selbst die Chaamba hielten der Belastung nicht stand. Zwei von ihnen taumelten hinaus in die Wüste, doch Dinaux zerrte sie zurück und befahl seinen Posten, jeden zu erschießen, der zu entkommen versuchte. Dervil beschreibt einen völlig nackt auf dem Boden liegenden Mann, dessen »Rippen so sehr hervorstachen, dass er wie ein Skelett aussah«[24]. Als die sechs Kundschafter zurückkehrten, nachdem sie die Brunnen von In Sisa ausfindig gemacht hatten – weniger durch eigenes Geschick als durch die Witterung der Kamele – kam es zu einem Krawall, da sich die Männer um die geschwollenen Wasserschläuche stritten. Acht Stunden später erreichte die Kolonne In Sisa. Unter normalen Umständen hätten die französischen Offiziere jeden ausgelacht, der diese fauligen grünen Tümpel voller Kamelkot als Brunnen beschrieben hätte. Jetzt dagegen warfen sie sich hinein und stritten mit ihren Männern und ihren Kamelen um einen Schluck Flüssigkeit. Keiner von ihnen war je so weit nach Süden vorgestoßen und hatte so lange Zeit in der Wüste verbracht.

In Sisa war eine Einführung in das Leben von Laperrines Kamelkorps, die sie nicht vergessen würden.

Am 15. Juni trafen sie in In Usel endlich auf den schwer zu fassenden Moussa. Foucauld beschrieb seinen ersten Eindruck: »Sehr gut, sehr intelligent, sehr offen … bestrebt, als muslimischer Liberaler das Richtige zu tun, doch auch ehrgeizig und hingezogen zu Geld, Vergnügen, Ehre. Um es zusammenzufassen, Moussa ist ein guter und frommer Muslim, verfügt über die Ideen, die Lebensweise, die Qualitäten und Laster eines logischen Muslim und ist dabei so freimütig, wie er sein kann. Er wünscht sich sehr, Algier und Frankreich zu besuchen.«[25]

Foucauld mochte Moussa wegen dessen Ehrlichkeit und respektierte ihn als möglichen Verbündeten. Aber er war auch misstrauisch und argwöhnte, der *amenoukal* werde die Franzosen beim kleinsten Anzeichen dafür, dass ihre Kontrolle über die Sahara schwächer wurde, im Stich lassen. Er hatte gute Gründe, vorsichtig zu sein, denn Moussa war ein gewandter Politiker, und er hatte sich während Laperrines Expedition von 1904 unter anderem deshalb nicht gezeigt, weil er in Tripolitanien mit Attici und dessen Bande entwurzelter Krieger Unterhandlungen geführt hatte. Seine Entschuldigung, nicht das richtige Gewand für ein Treffen mit Laperrine zu haben, rührte daher, dass einer von Atticis Handlangern während der Gespräche sein Gepäck geplündert hatte. Diese Verletzung seines Stolzes trug wahrscheinlich in erster Linie dazu bei, dass er die französische Herrschaft akzeptierte. Wenn Attici gegen ihn war, würde er sich mit den Ausländern verbünden, die gegen Attici waren.

Elf Jahre später wusste Foucauld immer noch nicht, in welchem Maße er Moussa trauen konnte. »Er ist ein eingefleischter Lügner und Betrüger und hat viele andere Fehler, darunter den, dass er versucht, aus jeder Gelegenheit einen Vorteil für sich zu schlagen«,[26] schrieb der Mönch im Jahre 1915. Aber vielleicht war er zu unnachsichtig. Moussa stand bis zum Ende seines Lebens loyal zu den Franzosen (ihm wurde der Orden der Ehrenlegion verliehen), und selbst wenn er sich nur aus Eigeninteresse so verhielt, war dies kein Grund, ihn zu kritisieren. Laperrine gab eine viel freundlichere Einschätzung ab: »Er zögert nicht, wenn er dazu aufgefordert wird, offen seine Meinung zu sagen, selbst wenn seine Ansichten nicht mit unseren übereinstimmen. Er ist sehr

Kamelreiter aus dem Hoggar.

ehrerbietig und betont, dass er seine Meinung nur deshalb äußert, weil wir ihn darum bitten, und nicht, um uns zu widersprechen … [Er] ist einerseits sehr gierig nach Geld und Ehren und amüsiert sich andererseits wie ein Kind, sobald er sich wie zu Hause fühlt. Denn die Legende von den majestätischen und gefühllosen Tuareg gerät ins Wanken, wenn man dafür sorgt, dass sich diese Nomaden entspannen.« Insgesamt sei Moussa »der breiten Mehrheit sehr überlegen«[27].

Moussa trat den sofortigen Beweis seiner Loyalität an. Am 10. Juli verabschiedete sich Dinaux in Timiauine von den Zivilisten. Etiennot wackelte – zur enormen Freude seiner Mitreisenden – auf seinem Kamel gen Norden und sagte nicht einmal Lebewohl. Ihm folgte sein geplagter Assistent, der ohne Wissen seines Vorgesetzten einen von sämtlichen Offizieren unterzeichneten Brief bei sich hatte. Darin wurde bestätigt, wie erbärmlich er von Etiennot behandelt worden war. Gautier und Chudeau setzten ihren Weg nach Süden fort. Eigentlich hätten sie von einem sudanesischen Führer begleitet werden sollen, doch der Mann war nicht erschienen, weshalb Moussa drei seiner Leute für diese Aufgabe abstellte. Die beiden Geologen erreichten den Niger unversehrt, was von Dinaux und Laperrine nicht nur als glänzender Triumph über die Sudanesen, sondern auch als Beweis für Moussas Vertrauenswürdigkeit angesehen wurde. Zudem war es, ohne dass die beiden es ahnten, ein zusätzlicher Anreiz für Moussa, sich mit den Franzosen zu verbünden. Ein paar Wochen vor seiner Kapitulation hatte Paris eine Grenze zwischen Algerien und dem Sudan gezogen, wobei den Afrikanern wie im Fall fast jeder in Europa festgelegten afrikanischen Grenze keine Aufmerksamkeit geschenkt wurde. Diese Grenze durchschnitt das Territorium der Tuareg der Iforas und trennte ihre Wüstenlager von den Weidegründen im Sudan, die durch den Monsun bewässert wurden. Moussa war über diese Entscheidung verärgert gewesen, denn sein Volk war in den Zeiten, in denen der Hoggar völlig austrocknete, ganz und gar von jenem Weideland abhängig. Aber dadurch, dass er seine Männer durch den Sudan geschickt hatte, bewies er seinen Anhängern, dass er, so wie die Franzosen die Wüste nach Belieben durchquerten, deren willkürliche Grenzen auf ähnliche Weise überschreiten konnte – allerdings nur mit Laperrines Unterstützung. Moussa lernte, die Fäden der Kolonialpolitik ebenso geschickt zu ziehen wie die der heimischen Politik.

Als Dinaux darauf zu sprechen kam, dass Foucauld sich im Hoggar niederlassen wolle – er sei ein Mann, der die Einsamkeit liebe und nichts anderes vorhabe, als die Sprache und die Bräuche der Tuareg zu erforschen –, erhob Moussa keine Einwände. Im Gegenteil, er hieß Foucauld mit offenen Armen willkommen. Wenn ein Franzose im Hoggar lebte, würde dies Moussas gute Absichten erneut bestätigen. Außerdem würde er über eine Geisel verfügen, falls sich die Beziehungen verschlechterten. Er kannte den perfekten Ort für den »christlichen Marabut«: ein verarmtes Dorf namens Tamanrasset irgendwo in der Einöde. Foucauld hörte den Namen zum erstenmal, aber er reagierte so, als hätte man ihm die Richtung zum Heiligen Gral gewiesen. Durch irgendeinen merkwürdigen Instinkt – vielleicht durch eine göttliche Eingebung – erkannte er Tamanrasset als sein Schicksal. Seine Briefe, die stets eine gewisse Unentschiedenheit verraten hatten, waren nun von Entschlossenheit geprägt. »Ich werde dort sofort eine Hütte bauen«, schrieb er seiner Cousine, »und ich werde ein armes und zurückgezogenes Leben führen und nur versuchen, den göttlichen Arbeiter von Nazareth nachzuahmen.«[28] Fünf Tage später, am 11. August, kam Dinaux' Kolonne in Tamanrasset an.

13

»ICH WÄHLE TAMANRASSET«

In der Mythologie der Tuareg hatte Gott die Berge der Welt geschaffen, indem er Steine nach der vorüberwirbelnden Erdkugel warf. Schließlich war er des Spiels müde geworden und hatte den Rest an Steinen aus seiner Hand in die Wüste geleert. Das dabei entstandene Felsengewirr war der Hoggar. Irgendwann später hatte ein vorübergehender Riese mit seinem Säbel auf den Hoggar eingeschlagen und in dessen südlichen Ausläufern eine tiefe Spalte hinterlassen. Und als noch später die Menschen in der Sahara eintrafen, waren sie dankbar für die Tat des Riesen, denn diese Spalte bot ihnen ein Tor zum kühlen Hochland. Reisende, die von Süden kamen, bevor sie das Tor durchschritten, stießen auf ein Plateau bar jeder Vegetation, das an allen Seiten von Hügeln umgeben war. Im Osten, Süden und Westen ragte der rote Granit der unteren Hänge des Hoggar auf, im Norden erhob sich Berg um Berg des Massivs und gipfelte schließlich in dem 3000 Meter hohen Obelisken des Llaman. Quer über die Hochebene führte von Nordost nach Südwest ein ausgetrocknetes Flussbett, in dessen Schluchten und Tümpeln sich während der Regenzeit Wasser sammelte. Für die Tuareg war das Plateau nur eine Wasserstelle, doch ein paar *harratins* rangen dem Boden mühevoll ihre Existenz ab. Gewöhnlich brachten sie eine Weizenernte und in guten Jahren zudem eine Gemüseernte ein. Es war ein unsicheres Dasein, das wie alles in der Sahara vom Wetter abhing. Im Unterschied zu den Nomaden, die in schweren Zeiten einfach zu besseren Weidegründen aufbrachen, waren die *harratins* sesshaft. In Dürreperioden konnten sie nur abwarten und beten. Die Tümpel waren tief, und wenn sie austrockneten, konnte man im Flussbett nach Wasser graben. Doch nur eine kleine Bevölkerung vermochte damit drei oder vier Jahre lang ihr Leben zu fristen. Danach starben die *harratins*, wenn es nicht regnete. Dieser Ort hieß Tamanrasset.

»Ich wähle Tamanrasset!«, schrieb Foucauld in sein Tagebuch. »Tief in den Bergen, im Herzen des Hoggar, fern von allen großen Zentren ... wird es dort wahrscheinlich nie eine Garnison, eine Telegrafenstation oder irgendwelche Europäer geben, und es wird noch lange dauern, bis man eine Mission hat. Ich wähle diesen *verlassenen* Platz, und hier werde ich bleiben.«[1] Mit Hilfe von Dinaux' Männern baute er als vorübergehendes Obdach eine *zeriba*, eine Hütte aus Palmenzweigen, und begann dann, eine dauerhaftere Einsiedelei zu errichten, deren Wände aus Steinziegeln bestanden, die mit Schlamm verputzt wurden. Nach seinem eigenen Plan angefertigt, maß sie 23 mal zwei Meter und ragte zwischen den *zeribas* von Tamanrasset wie eine rechteckige Sphinx hervor. Der einzige Raum diente als Schlafzimmer, Esszimmer, Büro, Bibliothek und Vorratskammer und war durch eine Wand von einer winzigen Kapelle getrennt. Darin stand ein Altar, hergestellt aus einer Packkiste, auf der mancher Besucher Platz nahm, bevor Foucauld ihn durch eine Handbewegung aufscheuchte. Die Fenster waren Löcher ohne Vorhänge oder Glasscheiben, ein Brett davor diente dazu, sich vor Sonne und Wind zu schützen. Es gab nur eine einzige Tür, die man auf halber Höhe in die Mauer eingelassen hatte, um Schlangen und Skorpione fernzuhalten. Dieses Haus nannte Foucauld seine »Fregatte«. Später fügte er eine zwei Quadratmeter große Schilfhütte hinzu, die als Küche und als Gästezimmer zugleich diente, darüber hinaus einen äußeren Gang, in dem er manchmal schlief, weil das unbequemer war, und einen kleinen Raum, in dem er Getreide und Datteln lagerte. »Ein bisschen merkwürdig ist es ja«, räumte er ein, »doch sehr praktisch.«[2]

In der Nähe der Fregatte überbrachte Moussa am 25. August 1905 im Rahmen einer langwierigen Zeremonie Dinaux seine offizielle Kapitulation. Dafür erhielt er einen scharlachroten Burnus, 15 Gewehre, eine jährliche Pension von 5000 Franc und das vage Versprechen eines Urlaubs in Paris. Moussa seinerseits erbot sich, Steuern zu zahlen, die französischen Gesetze aufrechtzuerhalten und sich um Foucauld zu kümmern. Für Laperrine im fernen In Salah war es ein bedeutsames

Die erste Einsiedelei in Tamanrasset.

Ereignis. Endlich hatten sich die Tuareg unterworfen, und damit konnte er den Hoggar als französisches Territorium reklamieren. Für Dinaux dagegen blieben Zweifel: War Moussa zu trauen? Konnte er Foucauld in dessen Obhut zurücklassen? Durfte er die Verantwortung dafür übernehmen, einen Franzosen allein in der Sahara auszusetzen? Tamanrasset war 700 Kilometer oder 60 Tagesreisen von der nächsten französischen Garnison entfernt, die Post würde wahrscheinlich nur einmal im Monat eintreffen, und wenn irgendetwas schief ging, hatten die Saharier keine Chance, Foucauld zu retten. Von diesen Zweifeln geplagt, setzte Dinaux seine Expedition am 4. September fort. Als er jedoch am 15. Oktober zu einer letzten Kontrolle zurückkehrte, glühte Foucauld vor Eifer und war entschlossen, in Tamanrasset zu bleiben. Beruhigt brach Dinaux von neuem auf. »Wir ließen ihn auf der Schwelle seiner kleinen Einsiedelei aus Stroh und Lehm zurück, allein mit seiner Frömmigkeit, seiner Güte und Stille!« schrieb Dervil. »Viele Monate lang hatte ich im Umkreis eines Heiligen gelebt, ohne es zu ahnen, wie ich zugeben muss. Jetzt erst sehe ich die Größe eines Charakters, der so vollkommen war, dass seine Vollkommenheit nicht ins Auge fiel.«[3]

Aus In Salah schickte Dinaux einen Bericht an den Generalgouverneur von Algerien, um die Ergebnisse seines Unternehmens zu skizzieren. Darin schrieb er: »Pater de Foucaulds Ruf der Heiligkeit und seine bisherigen Erfolge in der Krankenheilung werden mehr für die Ausbreitung unseres Einflusses und die Gewinnung der Stämme für unsere Ideen tun als eine ständige Besetzung des Landes.«[4] Laperrines Plan hatte funktioniert. Die Sahara war an Frankreich gefallen – oder wenigstens der Teil der Sahara, der ihn interessierte –, und wenn die Trikolore noch nicht über dem Hoggar wehte, so würde es bald der Fall sein. Denn der Fahnenmast war bereits errichtet.

Bei ihren Versuchen, Foucauld von Frankreichs kolonialen Zielen zu distanzieren, behaupten seine Verteidiger häufig, sein Interesse an der Wüste sei rein geistlicher Art gewesen. Er habe sich erstens wegen ihrer Einsamkeit und zweitens wegen der Zahl der dort lebenden potentiellen Konvertiten für die Sahara begeistert. Diese Argumentation ist allerdings widersprüchlich. Im Hoggar lebten so wenige Tuareg, dass Foucauld die meisten nach einiger Zeit beim Namen kannte, doch gerade diese Bekanntschaften, die, wie er hoffte, zu Bekehrungen führen würden, wirkten der von ihm gesuchten Einsamkeit entgegen. Solche Widersprüche entwerten diese Argumentation jedoch nicht, denn darin spiegelt sich wider, wie sehr Foucauld selbst sich im Unklaren über sein künftiges Schicksal war. Manchmal wollte er in seiner Meditation allein gelassen werden, dann wieder spürte er einen Drang hinauszugehen und das Evangelium zu verbreiten. Mit diesem Paradox sollte er für den Rest seines Lebens ringen. Es trifft jedoch nicht ganz zu, dass Foucauld sich nur mit religiösen Angelegenheiten beschäftigt hätte. Er bewahrte sich genug Forscherinstinkt, um Lacroix eine detaillierte Widerlegung von Etiennots Bericht über die Anlage einer Telegrafenverbindung zu schicken und eine praktischere Route vorzuschlagen (die tatsächlich gewählt wurde). Außerhalb der Einsiedelei hängte er mehrere Barometer und Thermometer an den einzigen Baum von Tamanrasset und notierte täglich die Messwerte für Wissenschaftler in Frankreich. Und beinahe vom ersten Tag an widmete er sich der Aufgabe, die Tuareg zu unterjochen.

Sein Tagebucheintrag vom 23. Oktober – der erste Eintrag nach Dinaux' Abreise eine Woche zuvor – ist eine umfassende Liste von Methoden, wie die Bewohner des Hoggar »zivilisiert« werden könnten. In den für seine Texte typischen Abschnitten und Unterabschnitten beschrieb Foucauld seine Pläne für Moussas Untertanen. Er wollte den Kindern französische Bräuche und die französische Sprache beibringen lassen. Zu diesem Zweck schlug er vor, Mustergemeinden französischer Bauern anzusiedeln, um den Männern die europäischen Tugenden der harten Arbeit zu vermitteln. Außerdem sollten Frauen aus Südalgerien in den Hoggar geschickt werden, um ihre Geschlechtsgenossinnen im Weben von Wolle, Kamel- und Ziegenhaar zu unterrichten. Der Hoggar brauche einen *jardin d'essai*, und man sollte jährliche Märkte sowie Agrarausstellungen und Wettbewerbe abhalten, für welche die französische Regierung Preise stifte. Zudem benötige man französischsprachige Kaufleute und Handwerker, um Sättel, kleine Lederwaren und Holzschüsseln herzustellen (die Tatsache, dass Tamanrasset nur einen einzigen Baum besaß und dass Foucauld ihn schon mit Beschlag belegt hatte, tat seinen Erwartungen für die Drechslerzunft keinen Abbruch). Auch solle sich ein Arzt in Tamanrasset niederlassen, um bei Bedarf den von der ungewohnten Plackerei erschöpften Tuareg wieder auf die Beine zu helfen. Voraussetzung für die Verwirklichung dieser Pläne sei, dass Moussa den Franzosen gegenüber unbedingt loyal bleibe und seine Macht und sein Einfluss sich nicht verringerten. Moussa solle regelmäßig Bildungsreisen nach Frankreich unternehmen und sein Volk allmählich umformen, nicht per Diktat, sondern indem er jeden verheißungsvollen Ansatz reich belohne; er müsse stark bleiben und über eine Armee verfügen, die Angriffe von außen zurückschlagen und eine Rebellion von innen unterdrücken könne – mehr Gewehre seien ein guter Anfang. Vor allem habe Moussa zu begreifen, dass für sein Leben fortan nur eine Person wichtig sei: Laperrine.

Foucaulds Eintrag vom 23. Oktober 1905 endet mit einem Verzeichnis unter der irreführenden Überschrift »Vermischtes«. Diese erstaunliche Liste hat ganz allein Moussas Verhalten Laperrine gegenüber zum Thema. Der Kommandeur der Oasen hätte den Text selbst nicht besser zu formulieren vermocht:

> A) Am besten gewinnt Moussa die Zuneigung des Obersten, indem er ihm sein Herz wie einem Bruder öffnet, als wäre er die eine Person auf der Welt, die Moussa am innigsten liebt und zu der er das größte Vertrauen hat.

B) Wahrhaftig hat er unter Muslimen wie Christen keinen besseren, treueren, zuverlässigeren und selbstloseren Freund als den Oberst. Er kann ihm uneingeschränkt vertrauen.
C) Ich rate ihm, dem Oberst seine Freundschaft und seine Vertrauenswürdigkeit zu beweisen. Das Erstere wird dadurch bewerkstelligt, dass er den Oberst wie einen alten Freund empfängt, mit dem er immer so bald und so rasch wie möglich zusammentreffen möchte. Seine Vertrauenswürdigkeit kann er dadurch beweisen, dass er sogleich erklärt, warum er im Vorjahr nicht mit dem Oberst zusammengekommen ist.
D) Ich rate ihm ... sich lange bei dem Oberst aufzuhalten, ihm sein Herz zu öffnen und ihm ewige Freundschaft zu schwören, denn der Oberst wird [Adrar] nicht vor seinem Tod verlassen und bis dahin einen immer höheren Rang einnehmen, was auch dem Schutz der Tuareg zugute kommen und ihnen nützen wird.
E) Alle Moussa betreffenden Angelegenheiten unterstehen dem Oberst. Nicht einmal in Algier oder Paris wird etwas ohne vorherige Konsultation mit dem Oberst unternommen, denn er weiß besser als jeder andere, was am vorteilhaftesten für die Tuareg ist, und alle haben bedingungsloses Vertrauen zu ihm. Alles wird entweder durch den Oberst oder auf sein Ersuchen oder seinen Rat hin eingeleitet. Sämtliche Angelegenheiten sollten durch [Adrar] erledigt werden. Durch jedes andere Verfahren, sei es über Algier oder über Paris, ist nichts zu gewinnen. Selbst wenn Moussa eine vernünftig erscheinende Bitte an Algier oder Paris richtet, wird man dort nicht ja oder nein sagen, ohne dem Oberst zuerst zu schreiben, und man wird keine Entscheidung fällen, bevor man die Antwort des Oberst nicht erhalten und seinen Rat befolgt hat.[5]

Die Liste setzte sich fort. F) war eine Einladung: Moussa müsse nach Frankreich reisen und einige anständige Christen kennen lernen. G) war eine Warnung: Habgier sei den Franzosen verhasst, deshalb dürfe Moussa nie etwas für sich selbst, sondern nur für sein Volk erbitten. H) war eine Drohung: Je bereitwilliger Moussa und sein Stamm ihre Unterwürfigkeit zur Schau stellten, »desto glatter wird alles abgewickelt, was Moussa und den Hoggar betrifft, desto seltener werden wir den Hoggar aufsuchen, desto seltener werden wir intervenieren und in desto höherem Maße wird alles in Moussas Händen bleiben«. I) war ein Befehl: Moussa solle Franzosen *nie* daran hindern, in den Hoggar zu reisen. J) war eine Gedächtnisstütze: Wer seien Moussas beste Freunde?

Keine anderen als Foucauld und Laperrine – »ich, der ihn liebe, weil Gott es mir befohlen hat, und der Oberst, der ihn liebt, weil er gut ist«. K) war eine Unschuldsbeteuerung: »Ich habe keinen Kontakt zu irgendjemandem in der Regierung. Der Marabut ist *tot* für die Welt und lebt allein um *Gottes willen.*« L) erklärte die Befehlshierarchie: Wenn Moussa keine Verbindung zu Laperrine aufnehmen könne, solle er nach Leutnant Nieger fragen, denn »Monsieur Nieger wird rasch im Rang aufrücken und stets an den Tuareg interessiert sein … Er ist ein enger Freund des Obersten und sehr sympathisch. Moussa kann ihm gegenüber völlig aufrichtig sein, ihm vollauf vertrauen und ihn nötigenfalls um Rat bitten, als wäre er sein Bruder.« Bei M) fiel Foucauld nichts mehr ein. Sogar für einen so unermüdlichen Listenschreiber war das Alphabet, was Moussa anging, zu lang. Er hinterließ eine Lücke, die er später ausfüllen wollte, und fuhr mit Z) fort: »Die drei Dinge, die mir für die Tuareg am wichtigsten erscheinen, sind *Bildung*, die Gewohnheit des *Arbeitens* und *solide Familienwerte.*«[6]

Foucauld sollte enttäuscht werden. Zwar wurde Moussa ein zuverlässiger Marionettenherrscher, denn er hatte aufrichtige Furcht vor der Großmacht mit ihren fliegenden Kolonnen von *méharistes*, die nun den Tuat besetzten. Er respektierte Laperrine und erkannte Foucauld als dessen Stellvertreter an. Sein Volk war jedoch weniger vertrauensvoll. Die zunächst argwöhnischen Stammesangehörigen gewöhnten sich bald an den seltsamen christlichen Marabut, der uneingeladen in ihren Lagern erschien, und sie suchten ihrerseits seine Einsiedelei auf, um Lebensmittel und Medikamente zu erbitten. Aber sie blieben misstrauisch einem Mann gegenüber, den der Feind in ihre Mitte gesetzt hatte. Sie tolerierten ihn nur, weil er Moussas Schutz genoss, und verschwanden beim ersten Anzeichen dafür, dass er vom Christentum reden wollte. Foucaulds Traum, den Hoggar zu einer Kopie des ländlichen Frankreich zu machen, war zum Scheitern verurteilt. Die Schulen, die Märkte, die Handwerker, die Agrarausstellungen, die Preisverleihungen – nichts davon würde Wirklichkeit werden. Auch die Wahrscheinlichkeit, einige Tuareg zum Christentum zu bekehren, war gleich null. Sogar der gefügige Moussa weigerte sich, über einen anderen Gott als den seinen zu sprechen. Von Laperrine kam keine Nachricht. Foucauld fühlte sich im Stich gelassen und wurde nervös. »Betrachten Sie mich hier als tot und begraben mit Christus in Seinem Leben in Nazareth«,[7] schrieb er Huvelin bereits am 26. Oktober. Zu Weihnachten war er äußerst deprimiert und verfiel in einem Brief an seine Schwester in Nostalgie: »Wie fern liegen die Weihnachts- und Neujahrsfeste unserer Kindheit! Welche Sorgen haben wir seitdem erlebt!«[8] Im Juli 1906 ging es ihm nicht besser, denn er schrieb Huvelin: »Ich bin feige und teilnahmslos ... sehr halbherzig in meinen Gebeten, bis an die Grenze der Beschämung. Mein Leben ist trübe, lauwarm und leer. Das Beten macht mir Mühe. Kaum habe ich begonnen, muss ich schon mit dem Schlaf oder unerträglichen Gedanken ringen. Diese Schwierigkeit kehrt unablässig wieder.«[9]

Foucauld war genauso wenig gefeit gegen den *cafard* wie jeder andere Franzose, doch in seinem Fall wurde dieser Zustand durch die Einsamkeit verschlimmert. In Beni Abbès hatte er in der Garnison Trost finden können, in Tamanrasset hingegen fehlte ihm ein Gefährte – abgesehen von Paul Embarek, dem freigekauften Sklaven, der ihm als Messdiener zur Seite stand. Wenig ist über diese rätselhafte Gestalt bekannt, die in den Fußstapfen ihres Gebieters wandelte. In Foucaulds Briefen und Tagebüchern wird Embarek als nutzloser Faulenzer, als unvermeidliches Übel bezeichnet – »da ich niemand sonst habe, bin ich sozusagen mit Handschellen an ihn gefesselt«,[10] teilte der Pater Marie de Bondy mit. Zeitgenössische Memoiren erwecken den gleichen Eindruck. Gautier, der Embarek während der Expedition von 1904 begegnet war, schilderte ihn als einen primitiven Tölpel, »der hinter den Lastkamelen mit einem Knüppel in der Hand herging und etwas rezitierte, das, wenn man genau hinhörte, der katholischen Liturgie entnommen war«[11]. Er habe die bewundernswerte Fähigkeit, alles zu essen, was vor ihn hingestellt wurde, und war es auch noch so ungesund. Deshalb bescheinigte Gautier ihm nicht nur eine eiserne Konstitution, sondern auch das Fehlen eines religiösen Gewissens. »Paul beachtete weder die Ernährungsvorschriften der entwickelten Religionen noch auch nur die Tabus des Fetischismus. Er hing keiner Religion an, was in der Sahara besonders unnatürlich war. Vermutlich war er über die Grenzen des Christentums und des Islam auf neutrales Territorium vorgedrungen«[12] (Pauls mangelnde Skrupel in Ernährungsfragen könnten natürlich auch eine ganze Menge damit zu tun gehabt haben, dass es nichts Anständiges zu essen gab, wofür dieselben Personen verantwortlich waren, die ihm Abfälle auftischten und sich dann über ihn lustig machten, weil er diese Mahlzeiten verschlang). Laut Gautier lehnte Foucauld es ab, Paul zu taufen, weil das Sakrament sonst geschändet worden wäre. Überhaupt duldete der Mönch ihn nur, weil die Messe nicht ohne einen Helfer zelebriert werden durfte. »Dieser kleine Gauner weiß gar nicht, welche Sorgen er mir bereitet«,[13] schrieb Foucauld an Gautier.

Doch obwohl Foucauld kein gutes Wort für ihn übrig hatte, muss Paul Embarek ein Mann von außergewöhnlichen Qualitäten gewesen sein. Er war während eines Überfalls auf den Sudan geraubt, in Beni Abbès versklavt, von Foucauld befreit (seine Arbeitsbedingungen bedacht, war »befreit« allerdings nicht unbedingt das richtige Wort) und dann von diesem neuen Herrn kreuz und quer durch die Wüste geschleppt und dabei nicht von ihm in die Kirche aufgenommen worden, deren Vorschriften er, Paul, zu befolgen hatte. Embareks Leben war nicht nur von ständigen Ortswechseln geprägt, sondern auch überaus mühselig. Wenn Foucauld beschloss, nicht durch die Sahara zu reiten, sondern zu Fuß zu gehen, war Paul an seiner Seite; wenn Foucauld um zwei Uhr morgens aufstand, um die Messe zu zelebrieren, erhob sich Paul ebenfalls; wenn Foucauld aufwachte, um seine Morgenandacht zu verrichten, konnte auch Paul nicht mehr weiterschlafen. Er teilte jede Kümmernis seines Gebieters und wurde dafür mit einem Tageslohn von 0,5 qsaa (1100 Gramm) Weizen oder zwölfeinhalb Sous entschädigt – wenn möglich, mit Ersterem, denn Foucauld hielt Bargeld für eine Einladung zur Sünde. Die Paul auferlegte Disziplin war noch strenger als die Foucaulds, denn er hatte sie nicht selbst gewählt und wäre als Sklave in vieler Hinsicht besser bedient gewesen. Für all das wurden ihm lediglich seine tägliche Portion Getreide und Foucaulds vager Vorwurf, er sei »unmoralisch« zuteil. Am 17. Mai 1906 suchte er das Weite.

Man ist geneigt zu vermuten, dass Foucauld den Wert von Pauls Gesellschaft zu schätzen lernte, nachdem er sie verloren hatte. Aber das war nicht der Fall. Zwar betete er für Pauls Seelenheil, doch er sah sich eher um einen Diener als um einen Freund gebracht. »Paul hat die Bruderschaft heute morgen verlassen«, schrieb er in sein Tagebuch. »Möge Gott mir helfen, die Heilige Messe zu zelebrieren.«[14] Am 3. Juni wurde er durch die Ankunft Adolphe de Calassanti-Motylinskis gerettet, eines französischen Offiziers, den er während der Bou-Amama-Kampagne kennen gelernt hatte und der seither ein berühmter Linguist geworden war. Als Arabischprofessor in Constantine und Leiter der von der algerischen Regierung betriebenen städtischen Medrese – oder Islamschule –, war Motylinski in den Hoggar gereist, um Tamacheq zu studieren. Er assistierte Foucauld gern bei der Messe, was umso willkommener war, als er am Pfingstsonntag eintraf. »Gott hat ihn mir gerade zur rechten Zeit geschickt, damit ich die Messe nicht länger entbehren muss«,[15] schrieb Foucauld erleichtert. Außerdem konnte Motylinski ihn bei der Herstellung seines Französisch-Tamacheq-Wörterbuchs unterstützen. Vor allem aber war der Professor ein guter Gesprächspartner und sorgte durch seine Eskorte von Chaamba-*méharistes* für eine gewisse Sicherheit.

Foucauld hatte bereits beschlossen, sich nicht ausschließlich in Tamanrasset aufzuhalten, sondern jedes Jahr einige Zeit in Beni Abbès zu verbringen und unterwegs die abgelegenen Tuareggebiete sowie den Tuat zu besuchen. Das traf sich gut mit Motylinskis Plänen, und so machten sich die beiden Männer im Juli zu einer dreimonatigen Reise durch die Wüste auf, die sie letztlich nach In Salah führte. Foucaulds Stimmung besserte sich sofort. »Ich finde dieses Wüstenleben zutiefst erfreulich«, notierte er. »Es ist so angenehm und gesund, sich in der Einsamkeit, von Angesicht zu Angesicht mit ewigen Dingen, niederzulassen. Man fühlt sich von der Wahrheit durchdrungen.«[16] Foucauld und Motylinski stellten eindrucksvolle ethnologische Forschungen an, und die Ergebnisse wurden im Jahre 1908 unter Motylinskis Namen veröffentlicht (Foucauld weigerte sich, an diesem Ruhm teilzuhaben). Sie machten Aufzeichnungen zu allen denkbaren Themen. Zum Beispiel hielten sie die physischen Eigenheiten der Tuareg fest: Die Angehörigen eines Stammes hatten blaue Augen, die eines anderen rote oder blonde Haare. Auch verzeichneten sie den Aberglauben der Stämme: Von Zähnen zu träumen war ein Omen des Todes, wer sich die Füße kratzte, würde bald weiterziehen, ein Meteor kündigte den Tod eines Häuptlings an, Eulen über einem Lager waren ein schlechtes Zeichen, Reisende sollten am Montag, Donnerstag, Freitagnachmittag oder am Sonntag aufbrechen, wenn einen der Bart juckte, hieß es, dass man Butter essen werde, wenn es regnete, während die Sonne schien, hielten die Schakale eine Hochzeit ab. Die beiden vermerkten, dass die Tuareg fünf unterschiedliche Bezeichnungen für das Schwert hatten und dass eine brauchbare Klinge für 50 *mitkal* verkauft wurde – was dem halben Preis eines männlichen Sklaven und einem Viertel des Preises einer hübschen Sklavin entsprach. Die Männer beschrieben den Fastenmonat Ramadan, der bei den Tuareg, die stets unter Nahrungsmangel litten, als »schwarzer Monat« bekannt war. Der Verzehr von Käse im Sommer verursachte angeblich Fieber, und heiße Butter diente zur Behandlung von Wunden. Sie widmeten sich den Migrationsgewohnheiten der Stämme: »Gleich edlen Frauen haben Ziegen nicht die Kraft, die Wüste zu durchqueren.«[17] Und sie führten zahlreiche Wüstentiere auf, »von den Wölfen, mit denen man am besten nichts zu schaffen hat, bis zu den Mäusen, deren Farbe die trüben Wassers ist«[18].

Am 11. August 1906 wollte Foucauld während eines kurzen Aufenthalts in Tamanrasset gerade über die schlangensichere Schwelle in seine Einsiedelei steigen, als er von einer Hornviper in den Fuß gebissen wurde. Er verlor das Bewusstsein, kam jedoch zu sich, als einer von Motylinskis Chaamba die Wunde mit einem glühenden Eisen ausbrannte. Es dauerte einen Monat, und er musste dreimal zur Ader gelassen werden, bis er wieder gehen konnte. Aber dieser Zwischenfall hinderte ihn nicht daran, sich nach In Salah aufzumachen. Er erreichte es am 5. Oktober und trennte sich dort von Motylinski, der nach Constantine zurückkehrte. Foucauld setzte seinen Weg nach Beni Abbès fort, wo ihn alle überschwenglich begrüßten. Die alte, blinde Marie, seine einzige Konvertitin, kam ihm unter Tränen entgegen. Die Garnison veranstaltete ein Diner zu seinen Ehren – er selbst lehnte die Einladung ab –, und seine Kapelle, die in den zwölf Monaten seiner Abwesenheit fast vom Sand verschüttet worden war, wurde freigeschaufelt. Danach reiste er nach Aïn Sefra, wo er den Zug nach Algier nahm, um Gespräche mit Livinhac und Guérin zu führen. Dann trat er die Rückreise über Ghardaia und El Golea an, bevor er wieder in In Salah und schließlich in Tamanrasset eintraf.

Wo immer Foucauld erschien, löste er eine Sensation aus. Sein Äußeres hatte durch die Askese einen sonderbaren Glanz bekommen, und in den staubigen Siedlungen von Französisch-Algerien ging ein seltsames Glühen von ihm aus. In einem Zeitalter des Haaröls und des Zahnpulvers, der dampfgetriebenen Verkehrsmittel und der Maschinengewehre, der Großmächte und der großen Pläne, als jede Zeitung täglich über Fortschritte in Wissenschaft, Diplomatie, Kriegführung und Motorflug berichtete, als kohlebefeuerte Küchenherde neue Gipfel der Raffinesse erreichten und die Bergleute, welche die Kohle förderten, endlich bessere Arbeitsbedingungen verlangten, kurz gesagt, als die Welt im Fortschritt begriffen war, schien Foucauld als Einziger rückwärts gewandt. Mit Glatze und Zahnlücken, erblindend, ohne offensichtliches Interesse an bedeutenden Ereignissen und schon gar nicht an den alltäglichen Freuden des Fortschritts zu Hause, war er ein Anachronismus – allerdings ein sehr exotischer. In Großbritannien unterhielt Rudyard Kipling das Publikum mit mystischen Geschichten über Indien, die Franzosen hingegen hatten keinen solchen Redner, noch besaßen sie Indien, aber dafür hatten sie die Sahara und Foucauld. Von der Vielzahl entrüsteter und selbstgefälliger Tagebücher, die damals von Offizieren in jedem Winkel des französischen Kolonialreiches in Afrika geschrieben wurden, hob sich Foucauld durch sein Schweigen ab. Er war ein wirklicher Mann, der wirkliche Arbeit leistete, und das fand bei den Menschen Anklang. Außerdem gefiel er ihnen, weil er am katholischen Glauben festhielt. Im Jahre 1906 hatte die französische Regierung Kirche und Staat endgültig voneinander getrennt, den religiösen Einrichtungen sämtliche Subventionen entzogen und die Geistlichen gezwungen, für sich selbst zu sorgen. Durch seine völlige Gleichgültigkeit alldem gegenüber war Foucauld in gewissen Kreisen zu einem Helden geworden.

Zum Beispiel war er ein Held für Lyautey, den brutalen Salonlöwen des französischen Imperialismus, der ihn in Aïn Sefra persönlich mit einer Ehrengarde von 15 Offizieren empfing. Lyautey beschrieb ihn mit Worten, die den mehr als 20 Jahre zuvor von Laperrine geäußerten stark ähnelten: »Er kam mir arm und vernachlässigt vor, obwohl er früher doch so elegant gewesen war. Und das entsprach seiner Absicht. Nichts war von dem ehemaligen Foucauld übrig. Doch, etwas schon: seine Augen, die schön und erleuchtet wirkten. Die Offiziere verehrten ihn. Er ritt barfuß neben ihnen her. Ich hatte ihm ein Zimmer zur Verfügung gestellt … Er schlief auf dem Fußboden.«[19] In El Golea begegneten die Weißen Schwestern Foucauld sogar mit noch mehr Verehrung. Schockiert über seinen leichenhaften Zustand päppelten sie ihn auf, flickten seine Kleidung, flochten Ledersenkel in seine Sandalen – sie waren von Palmenblättern zusammengehalten worden – und brachten ihm bei, Oblaten für die Messe zu backen. In seiner Verzückung ließ Foucauld die Oblaten anbrennen, und die Schwestern fanden ihn zufrieden lächelnd in der verqualmten Küche vor.

Foucauld lächelte, weil er endlich einen Gefährten ausfindig gemacht hatte. Seit einiger Zeit schien sein größter Wunsch der Erfüllung näher gekommen zu sein. In den vergangenen Jahren hatte sich eine Reihe von Kandidaten – die Foucauld in seinen verschlüsselten Briefen an Guérin sämtlich als »Gérard« (oder gelegentlich als »Félix«) bezeichnete – um Aufnahme in seine Bruderschaft beworben. Doch die »Gérards« waren entweder zurückgewiesen worden oder hatten es sich anders überlegt, als sie entdeckten, was die Aufgabe mit sich brachte. Manchmal waren ihnen auch so anstrengende Vorbereitungen aufgetragen worden, dass sie das Interesse verloren hatten und weitergezogen waren. Aber im Jahre 1906 hatte Guérin einen Mann in seinen Diensten, der ein idealer »Gérard« zu sein schien. Es war ein junger Bretone namens Michel, der, nachdem er in einem Zouavenregiment und dann drei Jahre bei den Weißen Vätern gedient hatte, ein Leben in größerer Abgeschiedenheit suchte. Guérin hielt ihn für zu unzuverlässig, was seine eigenen Zwecke anging, aber da Michel zäh und entschlossen wirkte und die äußerliche Romantik von Foucaulds Berufung ihn bezaubert hatte, dachte der Bischof, er habe es vielleicht mit einem geeigneten Kandidaten für seinen Freund zu tun. Als Foucauld Algier besuchte, sprach er deshalb mit ihm über den neuen »Gérard«, und als sich der Mönch begeistert zeigte, schrieb Guérin ein paar Zeilen an Michel: »Ich glaube, ich habe eine Gelegenheit für Dich ...«[20]

Michel lag im Bett, als er die Einladung erhielt, und erholte sich anscheinend von einem Malariaanfall – in manchen Gebieten des algerischen Tell gab es trotz eines umfassenden Entwässerungsprogramms noch genug Sumpfland, um die Krankheit zu etwas Alltäglichem zu machen –, aber er warf seine Decken beiseite und nahm die Herausforderung an. Mit arabischen Gewändern bekleidet verließen Foucauld und er Algier in einem Eisenbahnwaggon dritter Klasse, der langsam in Richtung der neuen Endstation Colomb-Béchar ratterte. Danach reisten sie mit einer kleinen Eskorte nach Beni Abbès. Michel war bald ernüchtert, denn schon Colomb-Béchar gefiel ihm nicht: »Offiziere der Garnison erwarteten meinen verehrten Superior und nahmen ihn als Gast auf, während ich, wie abgemacht, in einer bescheidenen Herberge wohnte.«[21] Auch der Kameltreiber, den Foucauld angeheuert hatte, war nicht nach seinem Geschmack: »Dieser vielleicht 30jährige Mann, ein früherer Sklave aus Timbuktu, war Trinker, eigensinnig, faul, verlogen, naschhaft, von ekelhafter Unsauberkeit und ohne Religion.«[22] Immerhin war er aufgeregt angesichts der dreitägigen Reise nach Beni Abbès: »Am nächsten Morgen betraten wir mit einer kleinen Eskorte die Wüste und erreichten nach drei Tagen glücklich Beni Abbès. Die Soldaten waren immer ein paar Schritte vor uns und durchsuchten sorgfältig jeden Busch, jede mögliche Deckung in der Landschaft, um sicher zu sein, dass sich keine Karawanenräuber darin verbargen.«[23] Dafür konnte er die Unterkunft nicht ausstehen, die Foucauld ihm bei ihrem Eintreffen zu bieten hatte: »Die ... Zellen waren so eng und niedrig, dass ein Mann von mittlerer Größe leicht die Decke berühren und mit ausgebreiteten Armen beide Wände erreichen konnte. Kein Bett, kein Stuhl, kein Tisch, kein Betschemel! Man schlief völlig angekleidet auf einer Matte.«[24] Mit Bedauern fügte er hinzu, dass ein prächtiges leeres Zimmer für Besucher reserviert sei. Da Foucauld beschlossen hatte, Kerzen zu sparen, mussten sie ihr gesamtes Leben bei Tage führen. Ihre Mahlzeiten waren langweilig und monoton. Nach einer Lesung aus dem Neuen Testament »setzten wir uns auf Matten vor die Pfanne, die auf dem Boden stand. Der Pater, der Neger und ich aßen schweigend aus der Pfanne und tranken aus dem gleichen Becher.«[25] Das Menü war wenig abwechslungsreich: Es gab in Wasser – oder seltener in Kondensmilch – gekochten Kuskus mit etwas Gemüse und zerstoßenen Datteln. Servietten, Tischtücher, Teller, Messer und Gabeln fehlten, und jede Mahlzeit dauerte höchstens 20 Minuten einschließlich eines längeren Tischgebets am Anfang und am Schluß. Immerhin zündete Foucauld am Weihnachtstag seine sorgsam gehorteten Kerzen an und lud die Offiziere und Soldaten der *bordj* zur Mitternachtsmesse ein. Sie füllten seine winzige Kapelle und drängten sich auch innerhalb der Umzäunung, während Foucauld den Ritus in seiner von Kerzen erleuchteten Hütte zelebrierte und mehr als 100 Männer den Wechselgesang unter den hellen Wintersternen anstimmten.

Das Leben wurde merklich schwerer für Michel, als Foucauld und er Beni Abbès am 27. Dezember 1906 verließen und tiefer in die Wüste marschierten. Tagsüber lag die Temperatur bei angenehmen 15 bis 20 °C, doch nachts fiel sie unter den Gefrierpunkt. »Häufig fanden wir am Morgen das Wasser in den Krügen gefroren und die Erde mit einer leichten Eisschicht überdeckt. Von Zeit zu Zeit wirbelte ein heftiger Wind dichte Staubwolken auf und warf uns Sand und kleine Steine ins Gesicht.«[26] Zuweilen erhielten sie Obdach in einem Dorf, doch meistens »mussten wir unter freiem Himmel nächtigen. Ein Loch, das wir mit den Händen in den Sand gruben, war unser Bett. In unsere Decken eingewickelt und doch vor Kälte starr, warfen wir uns die ganze Nacht hin und her, um Wärme und Schlaf zu finden.«[27] Eines Tages lud Foucauld die Offiziere seiner Eskorte zum Spaß ein, die Mahlzeit mit ihnen zu teilen. »Sie nahmen an«, schrieb Michel, »waren aber während der ganzen Mahlzeit in großer Verlegenheit, aßen mit Widerwillen und waren schnell satt. Ich glaube, sie verspürten nach einem zweiten solchen Festmahl wenig Lust.«[28] Mit gelindem Entsetzen beschrieb Michel die manische Sparsamkeit seines Herrn. Während er die Aufbereitung von Pappkisten zu Bücherregalen und die Verwendung von alten Briefen und Umschlägen als Schreibpapier durchaus verstand, war er doch ein wenig verstört, als Foucauld seine verschlissene Kleidung zerschnitt und ihn aufforderte, die Fetzen als Hand- und Taschentücher zu benutzen. Über Foucaulds Äußeres notierte Michel: »Er liebte Spott und Verachtung um Christi willen. Absichtlich trug er ein Gewand, das ihn der Verhöhnung aussetzte. Seine nackten, durch die Kälte aufgesprungenen Füße steckten in mächtigen Sandalen. Er trug ein kurzes, oft zerrissenes und beschmutztes Baumwollkleid und schnitt sich ohne Spiegel Haare und Bart selbst. Das abschätzige Urteil der Menschen bereitete ihm keine Sorge, denn er wollte einzig Gott gefallen.«[29]

Michel versuchte tapfer, sich der Lebensweise seines Herrn anzupassen. »Inmitten dieser schweigsamen und toten Natur fielen uns geistige Sammlung und betrachtendes Gebet ganz leicht. Der Pater las jeden Morgen bei Sonnenaufgang auf einem tragbaren Altar die Heilige Messe, meist unter freiem Himmel, nur einige Male bei heftigem Sturm unter dem für die Nacht aufgerichteten Zelt.«[30] Aber nach ihrem Eintreffen in In Salah hielt Michel es nicht mehr aus. »Schon bei der

Abreise von Algier fühlte ich mich unwohl und wurde zwei Monate nach dem Abmarsch von Beni Abbès ernstlich krank. Ich konnte unmöglich die anstrengende Fußreise durch das Sandmeer fortsetzen, musste daher zu meinem großen Bedauern in In Salah zurückbleiben und auf die Missionstätigkeit bei den Tuareg verzichten.«[31] Der Garnisonsarzt stellte ihm ein Attest aus, das ihn von allen weiteren Forschungen befreite, und er kehrte »reichlich mit Geld und Lebensmitteln versehen unter der Obhut vertrauenswürdiger Männer«[32] heim. Foucauld behauptete, nicht überrascht zu sein. »Von Beginn der Reise an ... merkte ich, dass er nicht bei mir bleiben konnte«, schrieb er Guérin. »Ich schicke ihn nicht wegen seiner *sehr realen* körperlichen Schwäche zu Ihnen zurück, sondern weil seine Schwäche im Geiste zu groß ist, als dass er die notwendigen Fortschritte machen könnte ... Er ist ein gutes Kind, voller *guter Absichten*, doch über die Maßen begriffsstutzig und ohne Verständnis für seinen eigenen Charakter.«[33] In anderen Berichten meinte Foucauld: »Er ist außergewöhnlich unintelligent und ungebildet.«[34] – »Seine körperliche und seelische Schwäche ist eine schwere Bürde ... Sehr beschränkter Geist. Sehr wenig Offenes in seinem Charakter. Ich habe im Sinn, ihn fortzuschicken, sofern er sich nicht ernstlich anstrengt und wirkliche Fortschritte macht.«[35]

Michel, der seine Mühen später ausführlich schilderte, war »tief erbaut« von Foucaulds »glühendem Eifer für die Seelen, seiner Nächstenliebe, seinem Glaubensgeist« und auch davon, »dass Pater Foucauld alle sittlichen Tugenden in einem heroischen Grad ausgeübt hat«[36]. Aber manche Aspekte von Foucaulds Charakter beunruhigten ihn: »seine gänzliche Losschälung von allen irdischen Dingen ... seine furchtbar strenge Abtötung« und sein diktatorisches Wesen. »Der Wahrheit zuliebe muss ich erwähnen, dass ihm von Zeit zu Zeit, wenn etwas nicht nach seinem Willen ging, ein ungeduldiges Wort entschlüpfte.«[37] Wenn man zwischen den Zeilen liest, so wird deutlich, dass Michel in In Salah nicht wegen der Anstrengungen des Wüstenlebens (das ihm allerdings nicht im Geringsten zusagte) noch wegen des Gedankens an die mönchische Abgeschiedenheit (später schloss er sich dem Orden der Karthusianer an, deren keineswegs leichte Regel er bis zu seinem Tod im Jahre 1963 einhielt) umkehrte, sondern wegen der Unmöglichkeit, Seite an Seite mit einem derart fanatischen Zuchtmeister zu leben.

Foucaulds lange Jahre der Selbstlosigkeit – oder Selbstsucht, wie manche sagen würden – schienen ihm die Fähigkeit genommen zu haben, eine dauerhafte Beziehung anzuknüpfen. Er konnte nur auf abstrakte Art mit Menschen umgehen, indem er sie durch das Prisma seines Glaubens sah. Zum Beispiel erschienen ihm die Tuareg, an die er Almosen und Arzneien verteilte, weniger als Individuen (wiewohl er ihre Namen pflichtbewusst in seinem Tagebuch festhielt) denn als Figuren in seinem persönlichen religiösen Spiel. Auch seine Beziehung zum französischen Militär, obwohl gut, war recht distanziert. Er hatte nichts dagegen, die Ziele von Männern wie Laperrine und Lyautey zu fördern, doch nur dann, wenn es seiner eigenen Sache diente – was glücklicherweise der Fall war. Sogar seine engsten Freundschaften wurden hauptsächlich im Briefwechsel gepflegt. Seine Vorstellung von einer neuen Ordensregel war weder unpraktikabel noch ging sie über die Grenzen der menschlichen Belastungsfähigkeit hinaus. Nach seinem Tod sollte der Orden der Kleinen Brüder prosperieren (und tut es noch heute), doch der Pater war zu individualistisch, um mehr als dessen Gründer sein zu können. Zu Foucaulds Lebzeiten war Michel der Einzige, der nicht nur theoretisches Interesse daran zeigte, ein Kleiner Bruder Jesu zu werden.

Trotzdem war Foucauld deprimiert über Michels Abreise. Auch bedrückte ihn die Nachricht, die ihm Laperrine am 14. März 1907 in In Salah überbrachte: Motylinski sei zu Beginn des Monats in Constantine an Typhus gestorben. Daneben erhielt er eine Mitteilung von Guérin, der ihn wissen ließ, dass ein weiterer »Gérard« seine Meinung geändert habe. Als er Tamanrasset nach einem langen Umweg über Timiauine – er hatte einer Transsahara-Expedition unter Rittmeister Edouard Arnaud und Leutnant Maurice Cortier geholfen – erreichte, verschlimmerte sich seine Depression. In seiner Abwesenheit hatte Moussa bewiesen, wie sehr er Foucaulds Rolle als Laperrines Repräsentant schätzte, indem er Tamanrasset zu seiner Hauptstadt machte. Die kleine Gruppe von Hütten, die Foucauld zurückgelassen hatte, war nun zu einer ausgedehnten Zeltstadt geworden. Man hatte neue Brunnen gegraben und größere Ackerbauprojekte in Angriff genommen. Moussa plante auch, einen Markt und Geschäfte einzurichten. »Muss ich an einen einsameren Ort fliehen oder darauf warten, dass die Hand Jesu meinen Einfluss leichter verbreitet?«[38], überlegte Foucauld. Letzten Endes entschied er sich, in Tamanrasset zu bleiben – und er hatte kaum eine andere Wahl, denn schließlich hatte er selbst Moussa geraten, Märkte aufzubauen und seine Landwirtschaft zu intensivieren. Doch andere Entwicklungen, die Moussa ebenfalls eingeleitet hatte, behagten ihm noch weniger. Um nicht ganz und gar als Marionette zu erscheinen und um die antifranzösischen Elemente in seinem Volk zu besänftigen, hatte Moussa ein Programm der Islamisierung in Gang gebracht. Foucauld schrieb empört an Guérin: »Er hat Nutzen daraus geschlagen, dass unsere Organisation des Hoggar bisher recht verschwommen und ungewiss ist – eher die eines kleinen Königreichs mit eigener Regierung, wenn auch tributpflichtig, als die eines direkt von uns verwalteten Staates – und ihn hastig zu einem muselmanischen Land gemacht.«[39] Am schlimmsten sei, dass Moussa in Tamanrasset eine Moschee und eine Schule baue. Da Laperrine ihm die Vollmacht zur Steuererhebung eingeräumt hatte, plane Moussa, einen Zehnten zur Finanzierung beider Institutionen einzuziehen. »Das ist sehr ernst«, schrieb Foucauld. »Bis jetzt haben die Tuareg, da sie keine sehr inbrünstigen Muselmanen sind, leicht mit uns Bekanntschaft geschlossen und geben sich ganz vertraut und freimütig. Aber wenn der schlechte, eingeengte, verschlossene Geist des Tuat und des Tidikelt, der uns gegenüber so voller Antipathie ist, erst einmal Wurzel fasst ... wird es ganz anders aussehen. Man muss fürchten, dass die Bevölkerung des Hoggar in ein paar Jahren viel feindseliger sein könnte als heute. Im Moment ist sie misstrauisch, furchtsam und wild, wenn der muselmanische Einfluss des Tuat die Oberhand gewinnt, wird in ein paar Jahren eine tiefe und dauerhafte Feindschaft herrschen.«[40]

Foucaulds Elend wurde dadurch noch verschlimmert, dass er die Messe nicht ohne einen Ministranten abhalten konnte. Vor und nach dem Neujahr 1908 sind seine Tagebucheinträge voll von Worten des Bedauerns. »Keine Messe, denn ich bin allein«, ist eine immer wiederkehrende Klage. Guérin und Livinhac hatten sich mit dem Problem beschäftigt. Auf feinstem Pergament schrieben sie eine Petition, in der es hieß, man möge Foucauld die gleichen Privilegien einräumen wie im Gefängnis wirkenden Priestern. Die Petition wurde nie vorgelegt, doch ein Weißer Vater, der zufällig durch Rom reiste, sprach das Thema gegenüber dem Papst an.

Am 31. Januar 1908 teilte Laperrine seinem Freund mit, dass die Erlaubnis erteilt worden sei. »*Deo gratias! Deo gratias! Deo gratias!*«, jubelte Foucauld. »O Gott, wie gut Du bist! ... Morgen werde ich die Messe feiern können. Weihnachten! Weihnachten! Danke, mein Gott!«[41] Aber aufgrund der psychischen Belastung, die sich aus dem Verlust eines Jüngers und aus der Ansammlung zahlreicher Muslime in der Nähe seiner Einsiedelei ergab, hatte er bereits seine physische Grenze überschritten. Im Januar sprach er gegenüber Guérin vorsichtig von »einem großen Rückschritt meiner Gesundheit«[42]. Er habe »zuerst eine überwältigende Erschöpfung mit vollständigem Appetitsverlust und dann etwas in meiner Brust oder, besser gesagt, in meinem Herzen verspürt, das mich bei der geringsten Bewegung so sehr keuchen ließ, dass man hätte wähnen können, das Ende sei nahe«[43]. Zugleich bat er Laperrine um eine Lieferung Kondensmilch.

Laperrine wusste sofort, dass etwas im Argen lag. »Ehrwürdiger Vater«, ließ er Guérin am 3. Februar wissen, »dieser Brief beunruhigt mich sehr, denn wenn er zugibt, ermattet zu sein, und mich um Kondensmilch bittet, muss er an einer schweren Krankheit leiden ... Ich werde ihn ermahnen und ersuche Sie um Ihre Vollmacht, ihm mitzuteilen, dass Buße bis zum Selbstmord nicht erlaubt ist.«[44] Acht Tage später, nachdem drei Kamelladungen Lebensmittel nach Tamanrasset entsandt worden waren: »Ein paar Zeilen in aller Schnelle, um Sie über de Foucauld zu unterrichten ... Er ist kränker, als er zugibt, und hatte Ohnmachtsanfälle. Die Tuareg, die ihn vorzüglich gepflegt haben, sind besorgt. Nun geht es ihm besser. Ich habe ihm eine Moralpredigt geschickt, denn ich bin der festen Überzeugung, dass seine übertriebenen Bußübungen eine Menge mit seiner Schwäche zu tun haben, und die strapaziöse Arbeit an seinem Wörterbuch dürfte für den Rest verantwortlich sein ... Ich meine, es ist unerlässlich, dass Sie bei seiner kommenden Rückkehr nach Norden Ihre Enterhaken nach ihm auswerfen und ihn ein oder zwei Monate in Ghardaia oder in Maison Carrée behalten, damit er seinen Höcker wieder füllen kann – verzeihen Sie die Sahara-Ausdrucksweise.«[45]

Im März hatte Foucauld sich so weit erholt, dass er einen schadenfrohen Bericht darüber verfasste, wie Moussas Islamisierungskampagne gescheitert sei. Man habe die Moschee nicht bauen können, und der Mann, den Moussa mit der Eintreibung des Zehnten beauftragt habe, sei mit dem Geld durchgebrannt. Dadurch ziehe das gesamte Projekt nur noch Spott auf sich. »Seine Bemühungen sind völlig und erbärmlich fehlgeschlagen. Damit nicht genug, sie haben sogar den umgekehrten Effekt erzielt ... Nur die Erinnerung an ein unerfreuliches Abenteuer und an die Schrecken des ... Zehnten ist geblieben. Lasst uns beten und Buße tun.«[46] Im Juni entdeckte er jedoch, dass Moussa in Tamanrasset eine Unterkunft für sich selbst baute. Es war ein imposantes Haus aus Lehmziegeln, und mehrere seiner Verwandten hatten den Plan, Moussa nachzueifern. Wiederum konnte Foucauld den *amenoukal* nicht wegen seines Wunsches verurteilen, eine Siedlung von Dauer zu errichten, denn nur so ließen sich die wirtschaftlichen Tugenden praktizieren, die der Mönch befürwortete. Aber er fühlte sich unbehaglich, denn er sah ein, dass er sich nicht für die von ihm vorgeschlagenen Programme eignete. Während die »Zivilisation« – genau wie sein Orden der Kleinen Brüder – manche Vorzüge zu haben schien, hatte Foucauld mehr Freude an dem Ideal als an der Realität. Im tiefsten Innern war er ein Romantiker, der an dem Traum vom edlen Wilden festhielt und die Einsamkeit, die er im Hoggar vorgefunden hatte, bewahren wollte. Als die Ergebnisse seiner Arbeit sowohl seine Abgeschiedenheit als auch den vermeintlichen Adel seiner Wilden bedrohten, wandte er sich ferneren Gegenden zu. Zwar behagte es ihm nicht sehr, Tamanrasset zu verlassen, nachdem er dort sesshaft geworden war – »ich werde alt«, räumte er im Jahre 1907 ein –, aber er hielt es für nützlich, nicht an einem einzigen Ort zu verharren. »Bin ich auch nicht Pfarrherr, so ist doch dieser Erdenwinkel sozusagen meine Pfarrei. Nun beträgt sein Durchmesser von Norden nach Süden 2000 Kilometer, von Osten nach Westen aber 1000 Kilometer.«[47] Auf die Frage, welchen Zweck es habe, durch eines der leersten Gebiete der Erde zu reisen, antwortete er: »Unzweifelhaft ist die Sahara keines der am dichtesten besiedelten Länder, aber letztlich enthalten die Oasen einschließlich der Tuareg 100 000 Menschen, die ohne jegliches Wissen Jesu geboren werden, leben und sterben ... Er gab sein Blut für sie, und was unternehmen wir?«[48] Dann begann er, wie es seine Gewohnheit war, Dinge aufzuzählen, welche die Weißen Väter tun könnten. Er wollte, dass sie eine Organisation getarnter Priester schufen, die in Zivilkleidung durch das

Land wandern und die Einheimischen durch Akte der Gutherzigkeit überraschen sollten. Außerdem wünschte er sich einen Propagandaapparat, »so etwas wie einen Dritten Orden«, der die Aufgabe hatte, die Ungläubigen zu christianisieren, denn »die Schnelligkeiten des Nachrichtenwesens und die Erforschung der gesamten Welt bieten nun relativ leichten Zugang zu allen Menschen«[49]. Unkonventioneller war seine Idee, Scharen von männlichen und weiblichen Missionaren in die Wüste und andere heidnische Regionen zu schicken, aus denen vielleicht christliche Gemeinden erwachsen würden. »Sie könnten entweder hier und dort ausgewählt oder in Gruppen gesammelt werden, damit sie eine gemeinsame Vorbereitung erhalten.«[50] Foucauld räumte ein, dass seine Pläne noch nicht ausgereift seien. »Aber jedenfalls muss etwas unternommen werden ... Die gewaltige Sahara lässt sich nicht mit 10, 15, 20 oder 30 Priestern bekehren, selbst wenn man sie erhielte. Deshalb muss man andere Helfer finden.«[51]

Während Foucauld seine Krankheit überwand, erforschte er die Randgebiete von Tamanrasset erneut. Laperrine, der ihn in jenem Sommer mit einer Kolonne *méharistes* besuchte, war beeindruckt. »Es geht ihm sehr gut, und er glüht vor Gesundheit und Frohsinn ... Am 29. Juni galoppierte er an der Spitze einer Gruppe von Tuaregreitern wie ein Unterleutnant in mein Lager. Er ist bei ihnen populärer denn je und weiß sie mehr und mehr zu schätzen. Andererseits hat er sehr wenig Achtung vor den dort ansässigen Negern, die alle faul und nichts als Schmarotzer seien.«[52] Laperrine konnte Foucaulds Unruhe über das Leben in Tamanrasset verstehen, denn er selbst machte in Adrar etwas Ähnliches durch. Wie viele Häuser die Tuareg bauten, ob sie sich der Landwirtschaft widmeten oder Nomaden blieben, kümmerte ihn weniger. Das Einzige, was ihn interessierte, war ihre Loyalität Frankreich gegenüber. Zwar hatte er nichts an Moussas Fortschritt auszusetzen – nach Foucaulds Meinung dagegen war der *amenoukal* fett und selbstzufrieden geworden –, doch er wusste nicht, in welchem Maße der Mann zum Gesetzesvollstrecker taugte. Da war zum Beispiel der bedauerliche Vorfall, der sich weniger als ein Jahr nach Moussas offiziellem Treueeid abgespielt hatte.

Als Foucauld und Motylinski im Jahre 1906 ihre ethnologische Expedition durchführten, hatten sie den Tuareg einen Sou für jede ihnen mitgeteilte Legende geboten. Die Tuareg, die auf Geld stets positiv reagierten, hatten daraufhin Geschichten dutzendweise angebracht. Dabei kümmerten sie sich jedoch nicht um deren zeitlichen Rahmen. Neben Erzählungen aus der fernen Vergangenheit lieferten sie Berichte über Raubzüge, die sich kaum einige Wochen zuvor ereignet hatten. Neuere Geschichten waren für die Zwecke der Franzosen unbrauchbar, aber sie zeichneten alles auf. Eines Tages wurden ihre Forschungen durch einen Angehörigen ihrer Chaamba-Eskorte unterbrochen, der schrecklich zugerichtet ins Lager taumelte. Er war nackt, hatte mehrere Kopfverletzungen, und in seiner Brust steckte ein Speer. Erstaunlicherweise sollte er sich vollständig erholen. Noch erstaunlicher war, dass ein paar Tage später ein Mann eintraf, der den beiden Franzosen die Einzelheiten des Überfalls schilderte. Auf der Suche nach Feuerholz war der *méhariste* einem Tuareg begegnet, der ihn aufforderte, auf eine Gazelle in der Ferne zu schießen. Während er das Tier aufs Korn nahm, jagte der Tuareg ihm seinen Speer von hinten durch den Körper. Danach – die Position des Speers war unverändert – kämpften die beiden Männer mit Händen und Zähnen, bis der Tuareg seinen Gegner schließlich mehrere Male mit einem Stein am Kopf traf. Als der *méhariste* tot zu sein schien, zog er ihm die Kleidung aus und nahm dessen Gewehr und Munition an sich. Am erstaunlichsten von allem war, dass Foucauld und Motylinski ihrem Gewährsmann einen Sou zahlten, ihm für seine Mühe dankten und seine Geschichte in ihre Sammlung aufnahmen.

Ihre Einstellung schien zu besagen: »So etwas passiert eben.« Laperrine war anderer Meinung. In einer befriedeten Wüste durfte so etwas nicht passieren. Er wollte den Tuareg zeigen, wer der Herr im Haus war, aber dazu war er nicht in der Lage, wenn er in Adrar herumsaß. Energischere Expeditionen mussten unternommen werden, um seine Entschlossenheit zu demonstrieren, die Sahara gefügig zu machen. Seine Methode sei direkt, wie er in einem Brief an Cauvet erläuterte: »Vielleicht geht mir ein Ruf der Grausamkeit voraus, der Ruf eines Mannes mit eiserner Faust. Aber ich stehe auch im Ruf, mein Wort zu halten, ob es nun eine Drohung oder ein Versprechen ist ... *Eh bien*, diese Einstellung hat mir in der Vergangenheit gute Dienste geleistet, und ich verlasse mich darauf, dass Sie mir helfen, die Erfolge fortzusetzen. Folgendes habe ich den Tuareg jedesmal erklärt, wenn sie gekommen sind, um sich ein Bild von mir zu machen: ›Vergesst alles, was im Tidikelt geschah, bevor Frankreich es besetzte. Erinnert euch nur an die Streiche, die ihr uns seitdem gespielt habt, und an die Vergeltung, rasch oder langsam, doch stets unvermeidlich, die darauf gefolgt ist. Erinnert euch vor allem an das, was seit meiner Ankunft im Jahre 1901 geschehen ist. Ich erwarte, mich jederzeit und überall ungehindert durch die Sahara bewegen zu können ... Wenn die Menschen mir ein lächelndes Gesicht zeigen, verspreche ich, sie als Freunde zu behandeln. Wenn sie feindselig sind, verspreche ich, ihnen die Nase zu zertrümmern.‹«[53] Während Foucauld und Motylinski im Hoggar Geschichten sammelten, hatte Laperrine seine Prinzipien in die Tat umgesetzt.

14
WEISSER MARABUT

1906 rissen sich Interessenten um Konzessionen für die Ausbeutung der reichhaltigen Mineralvorkommen Algeriens, die mit jedem Jahr durch neue Entdeckungen besser erschlossen wurden. Die Sahara dagegen blieb vorerst unangetastet. Ein paar weitsichtige Geologen vermuteten, dass sie noch größere Gewinne abwerfen würde als die Gebiete im Norden – was sich später bestätigte –, doch man legte ihre Berichte zu den Akten. Die Region war zu fern und zu unsicher, als dass sie Investoren hätte anziehen können, und die französische Regierung weigerte sich, die Finanzierung selbst zu übernehmen. Es gab jedoch ein Bergwerk, das bereits ausgebeutet wurde und keine zusätzlichen Investitionen benötigte. Es lag im Niemandsland mehrere hundert Kilometer westlich des Hoggar und genauso weit südlich von Adrar. Für diejenigen, die sich nicht scheuten, Karawanen zu organisieren, war es relativ zugänglich. Es hieß Taudeni und lieferte Salz.

Taudeni war einer der größten wirtschaftlichen Aktivposten der Sahara. An kaum einem Ort in der Wüste ließen sich reinere Natriumvorkommen finden. Zwar gab es größere Salzmärkte – zum Beispiel Bilma –, doch ihre Produkte waren verunreinigt. Foureau notierte, das Salz von Bilma habe bei ihm eine heftige Magenverstimmung hervorgerufen, und die meisten seiner Offiziere hätten es verschmäht, obwohl sie wegen Salzmangels unter Muskelkrämpfen litten. Kamelkarawanen mit Tausenden von Tieren waren seit Jahrhunderten zweimal jährlich vom Sudan nach Taudeni gezogen, um die wertvollen Salzbrocken abzuholen und nach Timbuktu zu transportieren, wo sie gegen Goldstaub,

Elfenbein, Sklaven, Straußenfedern, Tabak, Teppiche, Lederwaren aus Marokko und Datteln aus dem Tuat eingetauscht wurden. Übertriebene Schilderungen dieses Handels hatten in Europa die Illusion entstehen lassen, Timbuktu sei ein afrikanisches El Dorado, dessen Straßen mit Gold gepflastert seien. Wie Laperrine und alle anderen Besucher wussten, war Timbuktu jedoch nur ein öder Handelsplatz, der sich von allen übrigen im Sudan nicht unterschied. Aber die Stadt hielt ihre Beziehungen zu Taudeni aufrecht, und Salz war weiterhin ihre wertvollste Ware. Seitdem Karawanen nach Taudeni geschickt worden waren, hatten sudanesische und marokkanische Streitkräfte um die Kontrolle über das Bergwerk gekämpft. Gewöhnlich hatte sich der Sudan durchgesetzt, doch im Jahre 1906 war eine neue Situation entstanden.

Obwohl Taudeni theoretisch innerhalb der Grenzen der neuen französischen Kolonie Sudan lag, gehörte es in Wirklichkeit niemandem. In der Periode des Chaos nach der Besetzung durch Frankreich hatte Taudeni für sich selbst sorgen müssen – und genau das tat es, indem es die Salzproduktion fortsetzte. Seines gewohnten Schutzes beraubt, war es dann jedoch zur Beute marokkanischer Angreifer geworden, welche die Salzkarawanen ungestraft überfielen. Laperrine machte Taudeni zu seinem nächsten Objekt der Befriedung. Die Behörden in Algier verboten ihm, die Stadt aufzusuchen, aber er kümmerte sich nicht darum. Vielmehr teilte er ihnen mit, er werde eine Inspektionstour durchführen und rechne irgendwann mit ihrer Genehmigung. Dann forderte er drei Offiziere und 75 *méharistes* auf, sich für eine lange Reise zu rüsten. Die Abteilung verließ Adrar am 26. März 1906 mit 140 Kamelen und Proviant für 90 Tage. Jeder Soldat hatte 500 Gramm Mehl, 80 Gramm Zucker, 50 Gramm Kaffee, 33 Gramm Butter und 20 Gramm Salz bei sich. Fleisch hoffte man unterwegs durch Jagd zu erhalten. Außerdem verfügten die Männer über jeweils zwei Wasserschläuche, die für vier Tage ausreichten, sowie über acht Metallbehälter mit einem Vorrat von 350 Litern für den Fall, dass die Brunnen trocken waren. Und der stellvertretende Befehlshaber, Leutnant Nieger, hatte auch Barometer, Kompasse, Sextanten und andere Geräte zur Kartierung der Route bei sich. Mit zwei vertrauenswürdigen Tuareg als Führern ritten Laperrines *méharistes* von Adrar nach Südosten in Richtung des Hoggar, wo sie nach Südwesten zum Sudan abbogen.

Laperrine hatte die sudanesiche Grenze bereits überquert, als er eine aufgeregte Botschaft aus Algier erhielt: Wenn er Taudeni wirklich aufsuchen wolle, so habe er die Erlaubnis, doch müsse man ihn warnen, dass die sudanesischen Behörden beschlossen hätten, Taudeni ihrerseits zu befrieden, und wahrscheinlich bereits dort seien. Weiter hieß es, der Geologe Chudeau, den Laperrine zwei Jahre zuvor mit nach Süden genommen hatte, begleite die Sudanesen und benötige eine Eskorte von Taudeni zum Tuat und dann nach Algier. Laperrine war verärgert. Nicht genug damit, dass man ihm das erhabene Ziel seiner Expedition weggeschnappt hatte, sah er sich auch noch dazu verurteilt, das Kindermädchen für einen Mann zu spielen, der bereits zum zweitenmal die Sahara durchquerte, was ihm, Laperrine, noch kein einziges Mal gelungen war. Missmutig ergänzte er seine Vorräte und schlug den Weg nach Taudeni im Nordosten ein.

Es war ein schrecklicher Ritt. Die Wüste trocknete aus, da seit vielen Jahren kein Regen gefallen war, und die Weidegründe, falls man sie überhaupt so bezeichnen wollte, waren zumeist kahl. Sämtliche Brunnen, auf die sie stießen, waren entweder leer oder enthielten kein trinkbares Wasser. Die Wasserschläuche der Männer waren alt und schäbig; viele leckten und mussten fortgeworfen werden. Die Metallbehälter mit der Wasserreserve befanden sich in keinem besseren Zustand. Vier waren, wie sich herausstellte, so rostig, dass man sie nicht mehr verwenden konnte; auch aus zweien der übrigen vier Behälter tröpfelte Wasser. Die Kamele wurden schwächer. Am 20. Mai, nur noch ein paar Dutzend Kilometer von Taudeni entfernt, erreichte die Truppe Hassi Guettarra, dessen Brunnen klares Wasser spendete und wo sich erstaunlicherweise ein Stück Weideland fand. Aber während sie sich erholten, erspähten drei ihrer Vorposten eine kleine Gruppe von Männern, deren Silhouetten am Horizont schimmerten. War es eine Karawane, was Laperrine eventuell die Chance gab, um neue Wasserbehälter zu feilschen? Oder war es der Feind? Weder das eine noch das andere, wie sich herausstellte. Während die Gruppe näher kam, erkannten Laperrines Kundschafter die typischen kegelförmigen Mützen und die Straußenfedern der sudanesischen *tirailleurs*.

Diese heruntergekommene Schar unter dem Befehl von Leutnant Cortier befand sich auf der östlichen Etappe einer von mehrfachen

Richtungswechseln bestimmten Tour, die sich wie das Spiegelbild zu Laperrines Marsch ausnahm. Cortier hatte ursprünglich geplant, mit den Sahariern zusammenzutreffen und sie nach Taudeni zu geleiten. Dadurch wäre die Erinnerung an 1904 durch eine Demonstration der Einigkeit ausgelöscht worden und man hätte gleichzeitig bewiesen, wie nahtlos die verschiedenen Abteilungen des französischen Kolonialismus zusammenarbeiteten. Aber die Wüste hatte den Plan zunichte gemacht. Den Sudanesen fehlte die Fachkenntnis der Saharier, und sie hatten Timbuktu in einer solchen Eile verlassen, dass ein großer Teil ihres Gepäcks zurückgeblieben war. Zudem hatten sie nicht nur Lebensmittel und wissenschaftliche Geräte vergessen, sondern auch Chudeau! Ihre wenigen Vorräte hatten sie überwiegend in Taudeni verzehrt, und nachdem sie zehn Tage auf Laperrine gewartet hatten, war der Kommandeur in klimatisch freundlichere Regionen entschwunden und hatte es Cortier überlassen, die Saharier zu begrüßen. Nun jedoch musste Cortier sich entschuldigen, weil seine Männer weder die Kraft noch die Nahrungsmittel besaßen, um nach Taudeni zurückzukehren und dann auch noch Timbuktu zu erreichen. Falls die Saharier irgendwelche Vorräte entbehren könnten, wäre er ihnen sehr dankbar. Laperrine hatte einen Wutausbruch, was für Cortier eine neue und denkwürdige Erfahrung war. »Der Oberst brachte seine Ungeduld zum Ausdruck«,[1] schrieb er nervös. Doch nachdem Laperrine sich beruhigt hatte, ließ er zu, dass die beiden Einheiten fraternisierten. Gemeinsam verbrachten sie zwei Tage, an denen er sich sehr gastfreundlich zeigte. »Zu jeder Mahlzeit saß der Oberst einer Tafel vor, der Europäer aus beiden Abteilungen angehörten. Die *tirailleurs* und Chaamba ... taten [unterdessen] ihr Bestes.«[2] Doch keine Sekunde lang ließ er einen Zweifel daran, wer das Kommando führte. »Die beiden Lager gruppierten sich um den Brunnen«, schrieb Cortier. »Im Norden waren die Algerier mit ihren geräumigen, luftigen Zelten, ihrem massiven Konvoi, ihrer langen Reihe von Kamelen, zwischen denen die Chaamba arrogant einherschritten. Sie trugen große weiße Hemden und rote Schärpen, die sich mit Munitionsgürteln kreuzten – ein zugleich malerischer und schneidiger Anblick. Im Süden waren die Sudanesen, beschämt in ihrem engen, kleinen Lager, ohne Gepäck, fast ohne Lebensmittel ... die *tirailleurs* trugen khakifarbenes Leinen, und ihr Stolz wurde nur durch ihre roten Ledermützen gerettet, die mit einer Doppelreihe geringelter Straußenfedern geschmückt waren.«[3] Gleichwohl »herrschte die größte Herzlichkeit«[4], und als sich die beiden Kontingente am 22. Mai voneinander trennten, damit Cortier seine Männer in südliche Richtung nach Timbuktu führen und Laperrine seine Reise nach Taudeni fortsetzen konnte, tranken sie einander zum Abschied zu und feuerten Salven in die Luft. Ihre Begegnung »war ein prächtiges Beispiel der Tatkraft und Ausdauer«, schrieb einer von Laperrines überschwenglicheren Biographen, »eine schöne Demonstration des französischen Glaubens und Enthusiasmus, die in unserer Kolonialgeschichte kaum ihresgleichen haben dürfte«[5].

Laperrine war anderer Ansicht. Die Sudanesen waren ihm auf dem Weg zu seinem Hauptziel zuvorgekommen und hatten ihn ungewollt sogar um die Verwirklichung seiner Nebenaufgabe gebracht. Es gab für ihn nichts zu befrieden, kein Geologe brauchte nach Algier eskortiert zu werden, und er befand sich mit 78 Mann und ihren Kamelen in einer wasser- und nahrungslosen Wüste. Aber es gab eine Möglichkeit, seine Ehre zu retten. Zwischen Taudeni und Adrar lagen die rollenden Dünen des Erg Schesch. Kein Franzose hatte den Erg je überquert, und hier konnte Laperrine die Fähigkeiten seiner *méharistes* unter Beweis stellen. Außerdem wäre es das erste Mal, dass eine Expedition den Tuat Richtung Osten verließ und von Westen her zurückkehrte – ein eindeutiger Beweis dafür, dass die Franzosen die Wüste beherrschten. Als er Taudeni Ende Mai erreichte, wurde er allerdings unschlüssig. Von den 140 Kamelen, mit denen er aufgebrochen war, konnten nur noch 50 als gesund bezeichnet werden. Die Übrigen waren entweder tot oder kurz davor einzugehen. Er hatte kaum noch Proviant, seine übel zugerichteten Wasserbehälter waren undicht und seine Männer am Ende ihrer Kräfte. »Unsere Situation war, ohne zu übertreiben, nicht glänzend«,[6] gab Laperrine zu. Wenn er wollte, konnte er über den Hoggar hinweg auf derselben Route zurückkehren, die er auf dem Hinweg genommen hatte, doch dazu musste er Tausende von Kilometern durch ein Gelände zurücklegen, in dem es sowohl an Wasser als auch an Weidegründen fehlte. Die Alternative bestand darin, über die wenigen hundert Kilometer des Erg Schesch nach Norden zu eilen, wo das Wasser des Brunnens von Tnihaia nach Aussage seines Führers den Leib aller Trinkenden anschwellen ließ. Die sicherste Route war unzweifelhaft jene, die er gerade hinter sich gebracht hatte: Die Brunnen und die Weiden für die Kamele mochten kümmerlich sein, aber wenigstens existierten sie, und falls ihm die Nahrung ausging, gab es dort Wildbret. Andererseits würde es seiner Schätzung nach nur zehn Tage dauern, den Erg Schesch zu durchqueren. Er besaß genug Lebensmittel für diesen Zeitraum, und wenn die Brunnen brauchbar waren – in Tnihaia musste er sich auf sein Glück verlassen –, konnte er im Triumph heimkehren. Der Erg Schesch barg Gefahren, doch Laperrine beschloss, dass sich das Risiko lohne. Sie füllten ihre Wasserschläuche aus dem Brunnen von El Biar am Rande von Taudeni und brachen am 2. Juni zum Tuat auf.

»Ein sehr anstrengender Tag, sengende Hitze, kein Weideland«,[7] verzeichnete Laperrine. In den folgenden drei Tagen blieb die Situation unverändert. Die Chaamba, die darin wetteiferten, wer am längsten ohne Wasser auskäme, begannen ohnmächtig zu werden. Laperrine befahl ihnen, nachts zu marschieren und tagsüber zu schlafen, um Flüssigkeit zu sparen. Wenn Kamele liegenblieben, wies er seine Männer an, sie aufzuessen. »Die Frage war, ob ich Männer oder Tiere opfern sollte. Ich zögerte nicht.«[8] Am 5. Juni waren sie nur noch 16 Kilometer von Tnihaia entfernt und hatten kaum noch Wasser. Nun luden sie alles ab, was nicht lebensnotwendig war, und hasteten zu dem Brunnen. Die Soldaten behielten nur Proviant für sieben Tage und jeweils einen Liter Wasser bei sich, während die Offiziere zusätzlich eine kleine Notreserve mitnahmen. Die Reste ihres Proviants, ihre Munition, die leeren Metallbehälter »und alles Hinderliche«[9] – darunter Niegers Instrumente – wurden vergraben, damit man sie später wieder bergen konnte. Nach einem elfstündigen Gewaltmarsch erreichten sie Tnihaia am Morgen des 6. Juni um 5.35 Uhr.

Laperrine warnte seine Männer, vorsichtig zu sein, doch sie tranken trotzdem aus dem Tümpel, der fast reines Chlor enthielt. »Wir waren nicht irregeführt worden, was die Qualität des Wassers in Tnihaia betraf«, schrieb Laperrine in seiner offiziellen Meldung. »Es war ekelhaft, wie Reinigungsmittel … allen schwollen Gesicht, Hände und Füße bis zu einem gewissen Grad, manchen erging es besonders schlimm.«[10] In einem späteren Bericht, den er der Pariser Geographischen Gesellschaft schickte, versuchte er, das Ereignis herunterzuspielen. »Die Folgen für den menschlichen Organismus waren sehr unangenehm, doch auch merkwürdig ... Franzosen wie Einheimische schwollen übermäßig an. Es war ein höchst unterhaltsames Schauspiel, wenn man das Erstaunen beobachtete, mit dem jeder seine Kameraden am Morgen musterte.« Daneben beschrieb er die Art und Weise, wie das Wasser auf den Gesichtern trocknete und eine »dicke Schicht aus reinem, weißem Salz« hinterließ. Nur in seiner offiziellen Meldung erwähnte er allerdings, dass sogar ihre Kleidung durch den hohen Säuregehalt des Wassers verätzt wurde.

Am liebsten wäre Laperrine sofort weitergezogen, doch er musste die Kamele zurückschicken, um die am Vortag vergrabenen Vorräte holen zu lassen. Danach galt es, die Tiere zu füttern. So lagerten sie vier Tage lang an diesem unerträglichen Ort, während die Kamele auf einem dürftigen Stück Weideland grasten. Als sich die Kolonne am Abend des 11. Juni endlich in Bewegung setzte, schwankten die *méharistes* wie Stoffpuppen, denn der Durst und die Chlorvergiftung hatten sie fast bewusstlos werden lassen. »Dieses Stadium war entsetzlich«, schrieb Laperrine. »Ausgetrocknet und immer noch unter dem [Chlor] leidend, ritten die Männer völlig nackt. Dem Delirium nahe, weigerten sich einige, den Weg fortzusetzen, und ließen sich zu Boden fallen, um dort zu sterben. Wir mussten sie auf ihre Kamele schnallen und sie manchmal sogar schlagen, bis sie das Bewusstsein wiedererlangten.«[11] Vier Tage später erreichten sie eine Oase, wo es zwar sauberes Wasser, aber kein Weideland gab, weshalb sie nicht lange dort bleiben konnten. Nach weiteren drei Tagen kamen sie an einen Brunnen mit Weideland, doch war sein Wasser beinahe so ekelhaft wie das von Tnihaia. Während die Kamele grasten, dörrten die Männer im Gestank von Chlor und Salpeter. Ihr nächster Stopp, Bir el Hadjhadj, war der letzte vor dem Tuat. Dort trafen sie am 1. Juli ein. Normalerweise lieferte Bir el Hadjhadj schmackhaftes Wasser aus einem 15 Meter tiefen Brunnen. Aber da hier seit langem keine Karawane mehr Halt gemacht hatte, war der Brunnen zusammengebrochen. In brennender Hitze gruben sie 28 Stunden lang, bis sie endlich auf eine neue Quelle stießen.

Mittlerweile wurden sie nicht nur von Durst, sondern auch von Hunger geplagt. Seit Tnihaia hatte Laperrine die Rationen seiner Männer zunächst einmal und dann noch einmal halbiert. Nun waren sämtliche Vorräte verbraucht. Also befahl er ihnen, die schwächsten Kamele zu schlachten. An Kuskus und Datteln gewöhnt, waren sie dem Proteinstoß nicht gewachsen. »Ich konnte ihnen nichts als Fleisch geben«, erklärte Laperrine. »Sie waren ausgehungert und aßen ohne jede Mäßigung ... fast alle zogen sich Ruhr zu.«[12] Zwei *méharistes* starben. Der Führer und ein junger Rekrut schnappten sich einen ungewaschenen Kamelmagen und ließen ihn aufs Feuer fallen, bevor sie ihn verschlangen. Beiden Männern wurde so übel, dass sie sich über eine Woche lang nicht bewegen konnten. Am 8. Juli schleppte sich die Kolonne endlich in das Tuat-Dorf Zauiet Sidi Abdelkader, und am 9. Juli traf sie in Adrar ein. Die Reise aus Taudeni hatte nicht zehn Tage, sondern über einen Monat gedauert.

Laperrine – ein wenig beschämt zwar, doch nicht geläutert – behauptete, die Expedition sei ein voller Erfolg gewesen. Man habe Taudeni von seinen Unterdrückern befreit, die Begegnung der beiden französischen Streitkräfte habe einen »enormen moralischen Effekt«[13] auf die Einheimischen gehabt, ein unbekanntes Stück Wüste sei erforscht worden, und Nieger habe die Position vieler Brunnen kartiert und dadurch die künftige Abhängigkeit von Führern reduziert. Auf dem Papier nahmen sich die Dinge vortrefflich aus. Er war der Gebieter über die Oasen und die gesamte algerische Wüste südlich davon. Aber Papier ist geduldig. Im Jahre 1904 hatte die Pariser Geographische Gesellschaft Niegers Bericht veröffentlicht, in dem es hieß: »Die Tuaregfrage kann als mehr oder weniger abgeschlossen angesehen werden ... Wir erwarten, dass sich die Komplikationen im Zusammenhang mit ihrer kürzlich erfolgten Kapitulation mit ein bisschen Geduld friedlich lösen werden.« Drei Jahre später besaß dieses Stück Papier noch so viel Autorität wie ein Fidibus.

Seit 1904 hatte der abtrünnige Tuareghäuptling Attici wiederholt Vorstöße nach Algerien unternommen, französische Einheiten überfallen, wo er sie fand, und Marabuts entsandt, um Moussas in ihrem Glauben nachlassende muslimische Untertanen aufzumuntern. Bei alldem hatte er großen Erfolg. Im Jahre 1907 sahen sich die französischen Streitkräfte an der tripolitanischen Grenze bedroht, und der Hoggar, früher ein halb anarchisches Gebiet, stand, wie Foucauld meldete, kurz davor, zu einem wohl geordneten muslimischen Königreich zu werden. Laperrine reagierte mit einer Absichtserklärung: »Die Taktik ist klar. Wenn wir diese Menschen bedrohen und belästigen, lassen sie uns in Ruhe, und wir gewinnen moralisch wieder die Oberhand. Wir müssen weitermachen, bis sie um Gnade bitten. Andererseits müssen wir jene willkommen heißen, von denen die ersten Friedensgesten ausgehen, damit andere versucht sind, ihrem Beispiel zu folgen. Es handelt sich um Zuckerbrot und Peitsche. Wir lassen ihnen die Wahl.«[14]

Da Moussa nicht zufrieden stellend auf das Zuckerbrot reagiert hatte und da es Attici nie angeboten worden war, schlug Laperrine nun beide mit der Peitsche. Im Juni 1908 erhielt er die Genehmigung, einen Militärposten 50 Kilometer östlich von Tamanrasset einzurichten, von wo aus er jederzeit gegen die Tuareg des Hoggar vorgehen konnte. Er nannte den Posten Fort Motylinski – zunächst hatte er ihm den Namen Fort Foucauld geben wollen, doch der Mönch ließ es nicht zu –, und im Unterschied zur Mehrzahl der Lehmziegelgebäude, mit denen Frankreich die Wüste übersäte, hatte diese Festung ihren Namen tatsächlich verdient. Auf einem 1800 m hohen Felsen inmitten eines breiten Tales gelegen, dominierte Fort Motylinski sein Umland. Es war ein finsteres, mit Zinnen versehenes Bauwerk, das sich mit den Kreuzritterkastellen im Nahen Osten oder den Burgen am Rhein vergleichen ließ. Wenn Reisende die Tore gewahrten, aus denen jederzeit eine Kavallerieeinheit hervorstürmen konnte, zogen sie eilig ihres Weges. Fort Motylinski wirkte so abschreckend, dass sein Befehlshaber, Leutnant Sigonney, wenig zu tun hatte. Manchmal führte er Routinepatrouillen nach Tamanrasset, doch hauptsächlich regelte er Dispute zwischen den *harratins* des Tales und kümmerte sich um seinen Garten. »Sein Ehrgeiz beschränkt sich darauf, Kastanien anzupflanzen«, schrieb ein Offizier, der ihn im Jahre 1911 besuchte. »Er hat ein Dutzend davon, und die größte ist nur 30 Zentimeter hoch, aber er ist stolzer auf sie als Eiffel auf seinen Turm.«[15] Foucauld hätte es nicht zugegeben, doch Fort Motylinski war in höherem Grade als alle heimliche Agitation durch die Marabuts dafür verantwortlich, dass Moussas Islamisches Königreich des Hoggar im Keim erstickt wurde.

Attici bereitete den Franzosen größere Probleme. Da Tripolitanien, wenn auch nur nominell, Teil des Osmanischen Reiches war, durfte Laperrine räuberische Tuareg nicht über die Grenze hinweg verfolgen. Auch konnte er die Türken nicht auffordern, selbst mit Attici abzurechnen, denn ihr Einfluss war derart geschrumpft, dass sie, ähnlich wie der Sultan von Marokko, außerhalb der großen Küstenzentren die Kontrolle fast vollständig verloren hatten. In der südlichen Wüstenregion machten die Bewohner mehr oder weniger, was sie wollten. Dabei unterstanden sie nur der offiziellen Aufsicht der Konsuln von Mursuk, Ghat und Ghadames, die Atticis Aktivitäten bestenfalls ignorierten oder ihm schlimmstenfalls sogar hilfreich zur Seite standen. Laperrines Möglichkeiten waren begrenzt. Zwischen April und August 1908 führte er seine *méharistes* zum Adscher, wo er an der algerisch-tripolitanischen Grenze seine Peitsche knallen ließ und am Rand des Tassili-Plateaus im Norden des Hoggar eine weitere Festung, Fort Polignac, errichtete, um Überfälle abzuwehren. Attici mochte drohend in den Dünen lauern, aber Laperrines Männer würden auf ihn warten. Genau wie Foucauld.

In den folgenden Jahren machte Foucauld Laperrine auf jeden kleinen Wandel innerhalb der Bevölkerung des Hoggar aufmerksam. Ein Mann namens El Mahdi »lebt hier von seinen Untaten«[16], Moussas Berater Ba Hamou sei »ein Mann von schlimmem Einfluss«[17], und Ba Hamous Cousin Hadj Ali sei von bösen Geistern besessen und vermutlich außerdem ein Geheimagent. Der Mönch lieferte Laperrine Informationen über Moussas Pläne – opportunistisch, aber insgesamt unverdächtig – und warnte ihn, dass sich die Tuareg der Feinheiten des Islam zunehmend bewusst würden. Dafür machte er teils den sich entwickelnden Handel zwischen dem Tuat und dem Hoggar verantwortlich, der es den Marabuts gestatte, ihre Lehre ungehindert zu verbreiten, teils Atticis Übergriffe aus Tripolitanien: »Wir müssen die Marabuts aufmerksamer beobachten als sonst, nicht die aus diesem Land, sondern die aus Tripolitanien. Die Türken entsenden … Emissäre der niedrigsten Art, um falsche Gerüchte zu verbreiten und die Bevölkerung aufzuhetzen.«[18] Aber Foucauld lieferte nicht bloß Nachrichten über die Tuareg. Er hatte stets erklärt, dass die Besatzungsmacht aus Männern von tadellosem Charakter bestehen müsse. Sowie sie Anzeichen mangelnder Vollkommenheit erkennen ließen, machte er Meldung. Ein Offizier, der mit einheimischen Frauen anbändelte, wurde auf Foucaulds Rat hin entlassen. Als ein anderer, der für seine Brutalität bekannt war, nach Tamanrasset kam, weigerte sich Foucauld, mit ihm zu sprechen. »Er ist ein ehrloser Mann, ich möchte ihm nicht die Hand geben. Und da ich mich nicht weigern kann, einem französischen Offizier vor den Tuareg die Hand zu schütteln, verschwinde ich lieber!«[19] Er hielt sich 48 Stunden lang am Rande des Ortes auf, bis der Mann weitergereist war.

Abgesehen davon, dass er Laperrine Bericht erstattete, wachte Foucauld auch über den Betrieb von Fort Motylinski, das er in gewisser Hinsicht wie seine Domäne behandelte, und belästigte dessen jungen Befehlshaber, Leutnant Sigonney, mit ständigen Anregungen. Seine Ratschläge waren zwar von »bewundernswertem Takt, außerordentlicher Besonnenheit und Demut«[20], doch auch von unwillkommener Beharrlichkeit. Sogar eine Biographin, die Foucauld besonders viel Bewunderung entgegenbrachte, musste zugeben: »Diese inoffizielle übergeordnete Autorität des Priesters, dessen fortgesetztes Dazwischentreten in verwaltungstechnischen und politischen, zuweilen sogar in militärischen Fragen anzuerkennen erforderte überragende Eigenschaften [von Seiten des Leutnants].«[21] Gleichwohl schien Foucaulds Einmischung positive Ergebnisse zu zeitigen. Immer häufiger hieß es in seinen Briefen an Laperrine: »Nichts Neues an der politischen Front.«[22]

In dieser Periode war Foucauld, wie ein Beobachter kommentierte, »der wahre Häuptling der Hoggar«[23]. Seine Kenntnis des Landes und der Menschen erlaubte es den Franzosen, Fort Motylinski zu bauen. Er war es, der Steuerermäßigungen und Arbeitsplätze für Bedürftige organisierte, der Büchsenmilch für kranke Kinder, Saatgut für die *harratins* und Teerprodukte zur Behandlung der Kamelräude bestellte. Auch Moussa schrieb er mehr oder weniger vor, was zu tun sei. »Sein Einfluss ist sehr groß«, meinte Laperrine. »Der *amenoukal* Moussa trifft keine wichtige Entscheidung, ohne ihn zuerst zu befragen.«[24] Daneben vermittelte Foucauld zwischen den Bewohnern des Hoggar und der Besatzungsmacht. Manchmal spielte er sogar den Heiratsvermittler für französische Soldaten, die sich in Tuaregfrauen verliebt hatten, doch da sämtliche »Verlobungen« platzten, hatte es den Anschein, dass die Soldaten nicht im selben Maße wie Foucauld eine dauerhafte Verbindung anstrebten. Laperrine spottete immer noch über seinen Enthusiasmus. »Der Kerl hat immer den Allmächtigen auf seinem Nachttisch«,[25] bemerkte er (der Scherz wurde von anderen aufgegriffen: Zum Beispiel schrieb Gautier, als er eine gemeinsame Reise mit dem Mönch machte,

Foucauld in Beni Abbès, 1903.

dieser wickele Gott in ein großes weißes Tischtuch ein, bevor er Ihn in seine Satteltasche stecke). Aber sein Beitrag zur kolonialen Sache war nicht zu übersehen. Foucaulds erklärtes Ziel bestand darin, »Frankreich Land und Gott Seelen zu geben«[26]. Wenn ihm das Letztere auch misslang, so hatte er mit Ersterem keine Mühe. »Er gab stets ausgezeichnete Ratschläge«, schrieb Laperrine, »und war der Haupturheber bei der Befriedung der Tuareg im Hoggar.«[27] Andere stimmten dem Oberstleutnant zu: »Er war der zuverlässigste, der diskreteste und vertrauenswürdigste aller Nachrichtenoffiziere ... Seine Hauptcharakteristik war, dass er immer und unter allen Umständen in erster Linie ein Beamter des Büros für einheimische Angelegenheiten blieb ... Er wird stets das Muster und Vorbild für jeden Beamten des *Service des Affaires indigènes* einer jeden Kolonialmacht sein.«[28]

Trotz solcher Anerkennung verspürte Foucauld hinsichtlich seiner Position in Tamanrasset Unbehagen. Er wollte herumreisen, mehr vom Tuat sehen – kurz zuvor hatte er ein Haus in In Salah gekauft – und Beni Abbès besuchen, wo sich Hausmeister um seine ursprüngliche Einsiedelei kümmerten und wo ihn die üppigen religiösen Weidegründe Marokkos lockten. Seine Unruhe steigerte sich im August 1908 noch, als er von Greueltaten in Casablanca, an der Atlantikküste Marokkos, erfuhr. Seit seiner Thronbesteigung im Jahre 1900 hatte Sultan Abd el-Asis kaum Freunde unter seinen Untertanen gewonnen. Infolge internationaler Verträge, auf die er keinen Einfluss hatte – und hoher Kredite, auf deren Aufnahme er durchaus Einfluss hatte –, war er weitgehend zu einer Marionette geworden. Frankreich war sein Hauptgläubiger, Pariser Banken hatten Filialen in Marokko, die Zollbeamten in jedem größeren Hafen waren Franzosen, ebenso wie die Polizisten. Angezogen von niedrigen Lebenshaltungskosten und der Aussicht auf rasche Gewinne ließen sich Europäer in großer Zahl an der Küste nieder. Der Groll der einheimischen Bevölkerung spitzte sich im Juli 1907 zu, als eine französische Bergwerksgesellschaft in Casablanca eine Eisenbahnstrecke neben einem muslimischen Friedhof verlegte. Empört erhoben sich die Bürger der Stadt gegen die ausländischen Eindringlinge. Die Szenen von Vergewaltigung, Mord und Zerstörung waren so furchtbar, dass die Franzosen sich verpflichtet fühlten, auf ähnliche Art zurückzuschlagen. Lyautey schickte eine Einheit seiner härtesten Männer nach

Casablanca, wo sie ihrem Geschäft mit der üblichen Brutalität nachgingen. Zu dem Zeitpunkt, als sie einen Sicherheitsbereich eingerichtet hatten, waren Hunderte von Marokkanern tot, und der internationale Hafen befand sich fest in französischer Hand. Foucauld hätte mit Bestürzung auf das Blutvergießen reagieren sollen. Stattdessen war er gereizt, weil man ihn nicht als Berater hinzugezogen hatte. »Ich hatte General Lyautey gesagt, wenn er mir telegrafierte, würde ich mich sofort einfinden, *wo immer* eine wichtige Expedition stattfände«,[29] beschwerte er sich bei Guérin.

Um Foucauld Gerechtigkeit widerfahren zu lassen: Ursache für seinen Ärger war weder Blutdurst noch der Wunsch, an einer Art Kreuzzug teilzunehmen. Er freute sich über französische Erfolge, verlor jedoch allmählich das Interesse an der Evangelisierung, sei es in Marokko oder im Hoggar. Dies machte er in einem Brief an Guérin deutlich: »Zu den Tuareg über Jesus zu predigen – ich glaube nicht, dass Jesus das möchte, weder von mir noch von einem anderen. Wir müssen sehr vorsichtig handeln, sehr behutsam, um sie kennenzulernen, um Freundschaft mit ihnen zu schließen, um sie beizeiten nach Gottes Willen, vielleicht in Jahrhunderten, ans Christentum heranzuführen.«[30] Später erklärte er: »[Unsere Mission ist es,] jeden Menschen als geliebten Bruder zu betrachten. Um den Geist des Streits aus unserer Mitte zu verbannen, hat Jesus uns gelehrt, wie Lämmer unter Wölfen zu wandeln und nicht zu den Waffen zu greifen.«[31] Nein, sein Ärger rührte wahrscheinlich von Langeweile her – oder vielleicht vom *cafard.* Von Natur aus ein aktiver Mann, brauchte er ein Ziel, auf das er hinarbeiten konnte. Aber Ende 1908 schien jedes Ziel entweder unnütz oder unmöglich fern zu sein. Die Tuareg zeigten kein Interesse am Christentum, und es mochte, wie Foucauld einräumte, Hunderte von Jahren dauern, bevor sie es taten. Jedenfalls hatte er in seinen sieben Jahren in der Wüste im Grunde niemanden bekehrt. Und obwohl er täglich bis zu zehn Stunden Tamacheq übersetzte, gab es immer noch so viel zu tun. Außerdem hatte er neben seinen linguistischen Studien mit einer archäologischen Untersuchung vorislamischer Artefakte und Gemälde begonnen, die im Hoggar reichlich vorhanden waren. Düster schätzte er, dass es weitere zehn Jahre dauern mochte, die Aufgaben zu beenden, die er sich selbst gestellt hatte – und selbst dann würde die Arbeit unvollkommen bleiben. Der einzige Fortschritt, zu dem er sich beglückwünschen konnte, war die täglich zurückgelegte Strecke auf dem Weg zu seinem eigenen Tod. Aber während er das Unvermeidliche gern akzeptierte, konnte er es schwerlich als sein eigenes Werk ausgeben (er aß nun gut und war trotz seiner äußerlichen Hinfälligkeit überraschend kräftig). Kein Wunder, dass er sich nach Marokko sehnte. Zumindest hatte Lyautey Ergebnisse vorzuweisen.

Vor Besuchern verbarg Foucauld seine Depression hinter einem stets gegenwärtigen Lächeln. Es täuschte sogar Laperrine, der in einer Denkschrift von 1913 ein hübsches Bild von der Existenz des Einsiedlers zeichnete: »Häufig werde ich gefragt, was Foucauld tun könne, um sich die Zeit zu vertreiben. Für ihn ist es ein Geschenk des Himmels, wenn er ein paar älterer Damen des Tuaregadels habhaft werden kann, denn sie sind am beschlagensten, was die Stammestradition betrifft. Bei solchen Gelegenheiten gibt es nichts Unterhaltsameres als zuzusehen, wie er, den Bleistift in der Hand, Hof hält inmitten einer elitären Versammlung von Matronen, die auf dem Boden sitzen und über alles mögliche plaudern, während sie ihren Tee schlürfen und eine Pfeife rauchen.«[32] Foucaulds Briefe ließen jedoch ein weniger gemütliches Bild entstehen und enthüllten einen Mann, der von der Furcht vor Alter, Einsamkeit und Scheitern gequält wird. Die Weißen Väter hatten ihm keine »Gérards« mehr zu bieten. Niemand aus Constantine wünschte, in Motylinskis Fußstapfen zu treten. Die Archäologen von Algier wollten ihre Frauen nicht verlassen und hatten Angst, sie in die Wüste mitzunehmen. »Im Winter ist die Reise *bezaubernd*«, lockte Foucauld vergeblich. »Eine Frau wird über das Klima, die malerische Lage und die Möglichkeit, ihrem Ehemann bei seiner zivilisatorischen Arbeit zu helfen, entzückt sein.«[33] Und von der nächstgelegenen Bahnstation aus brauche man mit Maultier, Pferd oder Kamel nur 50 Tage für die Reise. Aber niemand ging auf sein Angebot ein. »Die Einsamkeit ist mir so lieb, doch wie viele Dinge könnten getan werden, wäre ich nicht allein«, schrieb er Marie de Bondy am 20. September 1908. »Es geht mir gut, aber ich habe das Gefühl, alt zu werden. Meine Arbeit wird immer langsamer und ist die eines müden Mannes. Ich habe jetzt mein 50. Jahr erreicht. Das spüre ich, und ich hätte gern andere um mich herum, die an meinen Platz treten können, wenn ich nicht mehr bin.«[34]

Eine letzte Hoffnung blieb ihm noch: ein junger Orientalist namens Louis Massignon, der damals in Kairo studierte und mit dem Foucauld seit 1906 korrespondierte. Zuerst war Massignon, der nicht an Gott glaubte, nur an Foucaulds linguistischen und anthropologischen Studien interessiert gewesen, doch in letzter Zeit hatten seine Briefe einen verblüffenden – und für Foucauld angenehmen – religiösen Eifer erkennen lassen. Die Wende war im Jahre 1908 eingetreten, als Massignon auf einer archäologischen Exkursion bei Bagdad von Banditen entführt worden war. Sie drohten ihm mit Folter und Mord, da sie ihn fälschlich für einen Spion hielten, und Massignon dachte daran, sich umzubringen. Dann hatte er jedoch eine Vision. Mit seinen eigenen Worten: »Selbstmordversuch aus unglaublichem Selbsthass; Augen geschlossen und ein plötzliches Gefühl der Ehrfurcht vor einem inneren Feuer, das ein Urteil über mich fällt und mein Herz verzehrt, die Gewissheit einer reinen, unauslöschlichen, schöpferischen Erscheinung, die meine Strafe aufgrund der Gebete von unsichtbaren Besuchern in meinem Gefängnis aufhebt, deren Namen plötzlich hervorbrechen ... *Foucauld*!«[35] Kurz darauf ließen die Banditen ihn ohne jede Erklärung frei, behandelten ihn mit ausgesuchter Gastfreundschaft und schickten ihn auf den Heimweg. »Von Gnade umgeben«, beschrieb Massignon sein Abenteuer in einem Brief an Foucauld, der mit den Worten endete: »Wie ich litt, als Gott mich bekehrte! Mein ganzes Leben wollte er zu Seinem machen!«[36] Einen besseren Helfer konnte man sich nicht vorstellen. Hier war jemand, der Erfahrung mit dem Islam gesammelt, der in arabischen Ländern gelebt hatte und den Drang verspürte, Gott sein Leben zu weihen – ein Mann mehr oder weniger wie Foucauld selbst. Nach einer kurzen Korrespondenz einigten die beiden sich auf ein Treffen in Paris, wo sie über ihre Standpunkte sprechen wollten.

Foucauld hatte lange gezögert, nach Frankreich zurückzukehren. Es barg Erinnerungen, enthielt Verlockungen und konnte ihn von seinen aktuellen Aufgaben ablenken. Als seine Verwandten ihn zu der Reise drängten, entgegnete er schroff: »Reisen aus Familiengründen laufen dem Mönchsgesetz diametral zuwider ... Als ich die Trappisten verließ, wählte ich mir eine noch strengere, nicht eine weniger strengere Daseinsform als die ihre. Überdies sind derartige Reisen ein sehr schlechtes Beispiel.«[37] Aber im Jahre 1909 ließ seine Entschlossenheit nach.

Vielleicht dürfe er sich erlauben, seine Verwandten zu besuchen. Außerdem diente die Reise nicht nur dem Vergnügen, denn er musste sich eine Meinung über Massignons Tauglichkeit als Gefährte bilden, und er wollte um Unterstützung für seine neueste Idee werben: die »Union der Brüder und Schwestern vom Heiligsten Herzen Jesu«. Diese Vereinigung hatte ihre Ursprünge in dem »Dritten Orden«, mit dem er schon früher an Guérin herangetreten war, und sie sollte aus einer Gruppe von männlichen und weiblichen Laien bestehen, deren Aufgabe es sein würde, christliche Werte nicht durch Lehre oder Predigt zu verbreiten, sondern einfach dadurch, dass sie »Christus in ihrem Leben in der Wüste erwiesen«[38]. Die Union würde den »dreifachen Zweck« haben, »Christen dahin zurückzuführen, dass sie ein Leben in Übereinstimmung mit dem Evangelium führen, dass sie untereinander die Liebe zur heiligen Kommunion fördern und eine Bewegung zur Bekehrung Ungläubiger stiften, vor allem aber zur Erfüllung der strengen Pflicht jedes christlichen Volkes, den Ungläubigen in seinen Kolonien eine christliche Erziehung zu geben«[39]. Und vielleicht konnte die Union – was allerdings eine zu große Hoffnung sein mochte – als Zwischenstadium für diejenigen dienen, die sich Foucaulds strengerem Orden der Kleinen Brüder anschließen wollten. Am Weihnachtstag 1908 verließ Foucauld Tamanrasset; er ritt und wanderte durch die Oasen Ghardaia, Laguat und El Golea nach Biskra, von wo er mit dem Zug nach Algier fuhr. Dann ging er an Bord eines Schiffes nach Marseille und nahm von dort einen Zug zur Hauptstadt. Am 18. Februar 1909 setzte er den Fuß auf den Bahnsteig in Paris.

Die meisten französischen Offiziere, die nach einer längeren Dienstzeit in den Oasen zur Zivilisation zurückkehrten, fühlten sich fehl am Platze. Verglichen mit dem Leben in der Sahara kam ihnen sogar Algier wie eine turbulente Metropole vor. Hager, sonnenverbrannt und offensichtlich nicht vertraut mit dem Leben in der Stadt, wurden sie durch die einfachsten Dinge des westlichen Daseins in Verlegenheit gebracht: unter Bettlaken zu schlafen, über Teppiche zu gehen, Türen abzuschließen, Schuhe zu kaufen, Schlips und Kragen zu tragen, sich zum Diner umzuziehen und, was am seltsamsten war, zum Abendessen auszugehen. Für die meisten war diese Übergangsperiode nur von kurzer Dauer. In der Regel erhielt ein Saharier wenigstens einen Monat Urlaub im Jahr, und es kam selten vor, dass jemand mehr als zwei Jahre fern der Heimat diente oder sein Land und seine Familie völlig vergaß. Foucauld dagegen hatte Frankreich seit acht Jahren nicht mehr gesehen und bis kurz vor seiner Abreise überhaupt nicht an eine Rückkehr gedacht. Ihm erschien Paris wie ein fremder Planet. So vieles hatte sich seit seinem letzten Aufenthalt in der Stadt geändert. Auf den Straßen herrschte mehr Betrieb, die Luft war stärker von Smog vernebelt und die Beleuchtung protziger. Autos, elektrisches Licht und Telefone, im Jahre 1901 noch Neuheiten, waren nun Teil des Alltags. Auf Plakaten wurde für Produkte geworben, von denen er nie gehört hatte, und Zeitungen brachten unverständliche Nachrichten über die neuesten politischen, geschäftlichen und sportlichen Entwicklungen. Das Wetter – es war ein kalter Winter – verstärkte den Eindruck der Fremdartigkeit noch. Der Himmel war grau, die Bäume schwarz, Schnee rutschte von den Dächern herunter und bildete schmutzige Haufen auf den Pflastern. Immer noch in sein Wüstengewand gehüllt, doch durch Hut und Mantel vor der Kälte geschützt, stapfte Foucauld durch das matschige, verräucherte Paris jenes Februars.

Zuerst besuchte er Marie de Bondy in ihrem Haus in der Avenue Percier 10. Dann begab er sich zu Huvelin, der krank zu Bett lag, doch genug Kraft hatte, um der Union der Brüder und Schwestern vom Heiligsten Herzen seinen Segen zu geben. Danach sprach Foucauld mit Massignon und umriss seine Zukunftsvision. »Solange wir in den nichtchristlichen Gläubigen, die wir ›zu bekehren‹ versuchen, nicht den Menschen respektieren, verraten wir Gott. Die Bekehrung ist kein Frachtbrief, den wir dem Gewissen anderer anheften. Vielmehr handelt es sich um eine Vertiefung der besten Züge ihrer eigenen religiösen Hingabe.«[40] Massignon gestattete Foucauld, ihn zu einer Nachtwache in der Basilika Sacré-Coeur zu führen. Dort kamen ihm die ersten Zweifel. Es war »eine langsam verstreichende, dunkle, kahle, trostlose Nacht in jenem eisigen, erhabenen Grab«,[41] notierte Massignon. Am folgenden Morgen besuchten Foucauld und er die Messe in der Kirche St. Augustin, und während Massignon darauf wartete, dass Foucauld seine Robe anlegte, akzeptierte er die Einladung eines anderen Priesters, bei dessen Zeremonie zu ministrieren. In jenem Moment tauchte Foucauld aus der Sakristei auf. Später schrieb Massignon, der Gesichtsausdruck des

Paters habe den Ausschlag für seine Entscheidung gegeben. Foucauld war verärgert und eifersüchtig, weil sein Schüler wagte, die Messe mit jemand anderem zu zelebrieren. Massignon sah ein, dass Foucauld einen zu individualistischen Charakter hatte, um seine Last – deren Gewicht nur er allein kannte – mit einem anderen zu teilen. Höflich erklärte Massignon, er sei sich nicht sicher, ob er ein Kleiner Bruder werden wolle. Immerhin schloss er sich der Union der Brüder und Schwestern vom Heiligsten Herzen an, und als eines ihrer ersten Mitglieder begleitete er den Gründer zu einer Audienz beim Kardinal von Paris, von dem Foucauld sich die Billigung seiner Quasi-Bruderschaft erhoffte. Die beiden Männer wurden zu Seiner Eminenz geleitet, und alle Anwesenden schwiegen eine Zeit lang, bis der Kardinal fragte: »Wie es scheint, haben Sie die Trappisten verlassen.« Foucauld bejahte. »Das Beste, was Sie tun könnten, wäre, zu ihnen zurückzukehren«,[42] meinte der Kirchenfürst. Nach weiteren Minuten des Schweigens wurde die Audienz beendet.

Aber Foucauld gab nicht auf. Er verabschiedete sich von Massignon und kaufte eine Fahrkarte nach Viviers, der Diözese, in der er zum Priester geweiht worden war und deren Bischof, Monsignor Bonnet, weit mehr Verständnis für ihn hatte. »Ich billige Ihren Plan und wünsche ihm uneingeschränkten Erfolg«, sagte Bonnet. »Ich werde Ihnen mit meinen armseligen Gebeten helfen. Die Aufgabe ist es wert, ihr alles in unseren Kräften Stehende zu widmen.«[43] Bonnets Kräfte waren, für sich genommen, nicht sehr groß, wie er einräumte: »Auch wenn Gott will, dass er [der Plan] verwirklicht wird – auf wie viele Schwierigkeiten wird er stoßen, und wie viel Leid wird erforderlich sein, bevor er einen Platz in der Sonne der Heiligen Kirche erringt!«[44] Mit diesem verzagten Segen reiste Foucauld aus Viviers nach Grasse zu seiner Schwester Marie. Sie hatte mittlerweile sechs Kinder und erinnerte kaum noch an die Frau, die er zuletzt im Jahre 1901 gesehen hatte. Sie war dicker, deprimiert und gebrechlich geworden, und obwohl sie tapfer für die Bedürfnisse ihrer Kinder sorgte, verbrachte sie immer mehr Zeit entweder in der Kirche oder mit der Lektüre eines Buches. Jean-Jacques Antier, einer der neueren Biographen Foucaulds, schrieb: »Wie er bezahlte sie nun für die Tragödien ihrer Kindheit.«[45] Nach ein paar kummervollen Tagen in Maries Gesellschaft kehrte er am 8. März 1909 nach Algier zurück. Seine Reise hatte wenig erbracht und war entmutigend gewesen, aber das schien für Foucaulds Laufbahn typisch zu sein. Er stimmte Bonnets Einschätzung zu: Wenn die Aufgabe schwer sei, »gibt es keinen Grund zurückzuweichen. Im Gegenteil, das sollte ein Anreiz dazu sein, wacker zu arbeiten.«[46]

Immerhin war sein Aufenthalt in Frankreich nicht ohne interessante Aspekte gewesen. Bevor er Paris verließ, hatte er Marie de Bondys 21jährigen Sohn François aufgesucht. Er war von ihr gewarnt worden, François sei ein Verschwender. Er habe seine Religion verloren und ruiniere sich nun selbst, genau wie einst Foucauld. Sie bat ihn, den Jungen zum Glauben zurückzuholen. Foucauld ging auf ihre Bitte ein und klopfte am 25. Februar an die Tür von François de Bondys luxuriöser Junggesellenwohnung (er hatte bereits am 24. Februar einen Versuch gemacht, doch François war mit einer Tänzerin der Folies-Bergère beschäftigt gewesen). François öffnete vorsichtig die Tür.

> Der Wind heulte [schrieb François], es war kalt und scheußlich. Der Schnee schmolz auf den Straßen. Ich sah die schwarze Silhouette eines seltsamen kleinen Priesters. Er betrat das Zimmer, und Friede trat mit ihm ein. Der Glanz seiner Augen und vor allem jenes überaus demütige Lächeln hatten Besitz von seiner ganzen Person ergriffen. Abgesehen von dem intelligenten, forschenden Blick, gemildert, wenn auch nicht verdeckt durch die entschlossene Selbstverleugnung, die seinem Gesicht eingeprägt war, blieb nichts von dem Charles de Foucauld, an den ich mich erinnerte. Infolge des erbarmungswürdigen schwarzen, gefütterten Mantels, der sein Missionarsgewand fast völlig verbarg, stand vor mir ein kümmerliches Exemplar des weltlichen Priesters. Nur auf seiner Brust konnte ich etwas von dem groben weißen Stoff erkennen, auf dem sich das Kreuz und das kirschrote Herz abhoben. In der Hand hielt er einen kläglichen Klerikerhut, der durch den Matsch gerollt sein musste, denn er war mit Schmutzstreifen überzogen. Und ich betrachtete jenen abgezehrten Kopf, das Gesicht des Klausners die Zeitalter hindurch, seinerseits ohne jegliches Alter, faltig und verwittert, den schütteren kleinen, grauschwarzen Bart, das kurzgeschorene Haar und den grauen Schädel.

Foucauld unterhielt sich mit François über dessen in Kürze erwarteten Roman – jeder junge Mann aus François' Gesellschaftskreisen schrieb damals einen Roman – und empfahl sich dann in einem Anflug von Heiligkeit, der den jungen Mann aufwühlte.

> Nachdem er fort war, ging mir dieser ungewöhnliche Besucher nicht aus dem Sinn. Im Zimmer lag ein Segen auf ihm, und etwas Liebliches und ungeheuer Friedliches schwebte noch um mich herum. Er hatte nichts gesagt, was mich hätte erschüttern können. Eine unglaubliche Freude ging von ihm aus … Ich, der ich die »Genüsse des Lebens« gekostet hatte und die Hoffnung hegen durfte, die Tafel für eine gute Weile noch nicht verlassen zu müssen, sah ein, dass die Summe meiner Befriedigungen, verglichen mit dem vollkommenen Glück des Asketen, nicht mehr wog als eine winzige Feder, und in mir stieg ein seltsames Gefühl nicht des Neides, sondern des Respekts auf.
>
> Warum sollte er diese mysteriöse Gewalt über meinen Geist haben? Er machte – genausowenig wie er sich bemühte, Muslime zu bekehren – keinen Versuch, mir Moralpredigten zu halten. Vielleicht liebte er in mir das, was er selbst über den Enthusiasmus wusste – obwohl meiner auf etwas gerichtet war, das seinen Idealen zuwiderlief …
>
> Während der Dauer jenes Besuchs hatte ich Charles von einem Glanz umgeben gesehen, der weder hell noch eigentlich sichtbar, sondern nur durch irgendeinen Sinn, den wir noch nicht identifizieren können, wahrnehmbar zu sein schien. Soviel Glaube, Hoffnung und Wohltätigkeit teilte ihm jener Nimbus mit, den Maler, die sich nur an das Auge wenden können, mit Hilfe von goldenen Strahlen darstellen. Stille Musik, heilsame Wellen, die Seligkeit und Träume mit sich bringen. [So] hat sich die Minute mit Charles in mir verewigt.[47]

Das Gespräch konnte François nicht von seiner hedonistischen Lebensweise abbringen, aber es liefert eine Momentaufnahme von der verwirrenden Kraft, die Foucauld nun besaß. Auch andere bezeugten die seltsame Macht seiner Gegenwart und beschrieben sie als etwas, das er nicht heraufbeschwor, sondern das einfach vom Kern seines Wesens ausging. Heutzutage mögen Zyniker auf die Macht des Fanatismus hinweisen, doch im Mittelalter hätte man von einem Heiligenschein gesprochen.

15

DSCHANET

Foucauld fühlte sich durch seinen Aufenthalt in Frankreich gestärkt. Neue Entschlossenheit hatte alle Müdigkeit verdrängt. Er verbrachte einen Monat in Beni Abbès und reiste dann weiter nach Tamanrasset. Unterwegs machte er ein paar Tage Halt in In Salah, wo er am 11. Mai anlässlich der Fahnenparade durch einen bravourösen Auftritt glänzte: »Er beherrschte den Horizont mit der eleganten Haltung eines einstigen Kavalleristen und rezitierte laut das Vaterunser, wie es nie jemand rezitiert hatte.«[1] Er war nach der Reise nicht erschöpft, wie er erwartet hatte, sondern angenehm munter, und am 11. Juni fegte er energisch den Staub aus seiner »Fregatte« (seiner Baracke in Tamanrasset). In der zweiten Jahreshälfte widmete er sich Jesus und, wenn die Gebete es zuließen, der Erforschung des Hoggar. Er drängte Massignon, ihn zu besuchen. »Das Klima ist wie in Frankreich, ohne den Schnee, den Regen und das Eis und genauso gesund«,[2] hieß es in einem seiner Briefe (das entsprach nicht ganz der Wahrheit, denn der Hoggar erlebte nun das vierte Jahr ohne Regen, und die *harratins* kamen um). »Wenn Sie wollen, können Sie ein monastisches Leben und ein apostolisches Leben vor Gott führen, während Sie den Anschein erwecken, sich nur dem fleißigen Leben eines *savant* zu widmen.«[3] Nach den Bitten schlug er einen gröberen Ton an: »Sie werden mir folgen und meinen Platz einnehmen, wenn der richtige Zeitpunkt kommt, und bis dahin werden Sie sich als Laie ausgeben.«[4] Aber Massignon machte Ausflüchte, und Foucauld musste sich für den Rest des Jahres mit seinem Eremitendasein abfinden. Am 31. August 1909 war er wieder unterwegs und unternahm eine weitere Reise mit Laperrine.

Die beiden vergangenen Jahre waren für den Kommandeur der Oasen gut verlaufen. Laperrine hatte nicht nur Fort Motylinski und Fort Polignac anlegen können, sondern auch einen kleinen Sieg in der heimlichen Schlacht um den Vorrang errungen, die sich zwischen der Sahara und dem Sudan abspielte. Obwohl sich die beiden Kommandos auf eine gemeinsame Grenze geeinigt hatten, obwohl (offiziell) bestes Einvernehmen zwischen ihnen herrschte und obwohl einzelne Offiziere tatsächlich sehr gut miteinander auskamen, war ein gewisses Gefühl der Antipathie nicht völlig ausgeräumt worden. Die Vereinigung von Laperrines und Cortiers Streitkräften auf sudanesischem Territorium im Jahre 1906 hatte Ersteren Timiauine nicht vergessen lassen, wo er von den Sudanesen so rüde daran gehindert worden war, nach Timbuktu zu reisen. Doch im Jahre 1908 wurde seine überlegene Kontrolle über die Wüste anerkannt, als die Sudanesen Leutnant Sigonney zu einem Treffen nach Agades einluden. Auf der Tagesordnung standen zwei Fragen: Wie die Garnison von Fort Motylinski den Sudan vor Übergriffen durch tripolitanische Banditen und Tuareg zu schützen vermochte und wie die beiden Kolonien in Zukunft am besten zusammenarbeiten konnten. Besonders freute Laperrine die Tatsache, dass die Sudanesen Probleme mit einigen ihrer nördlichen Stämme hatten und dankbar sein würden, wenn Sigonney seine *méharistes* auf dem Weg nach Süden durch deren Territorium führte. Die Stämme wurden ausreichend eingeschüchtert, damit sie sich ruhig verhielten, und das einwöchige Treffen, aufgelockert von schmetternden Musikfestivals, endete mit allseitigen Gratulationen. Während der Rückkehr unterstrich Sigonney seinen Triumph noch, als er einer Gruppe Tuareg aus dem Hoggar begegnete, die sich an die Grenze zurückgezogen hatten. Dorthin begaben sie sich stets, wenn der Hoggar von einer Dürre heimgesucht wurde, doch ihre Abwesenheit hatte Moussas Position geschwächt, weshalb Sigonney sie nach Hause zurücktrieb. Laperrines Adjutant, ein junger Offizier namens Léon Lehuraux, der später eine ganze Reihe chauvinistischer, aber fachkundiger Bücher über die Sahara vorlegte, konnte seine Schadenfreude nicht verbergen: »Wieder einmal erkannten [die Tuareg], dass wir sie überall aufspüren konnten und dass zwischen den Sahariern und den Sudanesen eine dauerhafte Entente cordiale herrschte.«[5] Das Einvernehmen wurde 1909 sogar noch herzlicher, als die Sudanesen Laperrine baten, einige noch offene Fragen zu klären. Wie sollten sie den Karawanenverkehr durch die Sahara regeln? Was sollten sie tun, um einen regelmäßigen Postdienst zwischen den beiden Kolonien herzustellen? Was sollten sie im Hinblick auf das Überschreiten der Grenze durch Nomaden und ihre Herden unternehmen? Ein weiteres Treffen war erforderlich, diesmal mit dem Oberst persönlich. Es sollte in Gao am Niger abgehalten werden.

Durch die Wahl von Gao suchten die Sudanesen ihr Gesicht zu wahren. Der für den Bezirk Haut-Sénégal und Niger verantwortliche Offizier, Oberst Venel, wollte die Differenzen zwischen den beiden Kolonien beilegen. Er wusste, dass es Laperrines großer Ehrgeiz war, von In Salah nach Timbuktu zu reisen, aber ihn in die Stadt zu bitten wäre ein allzu beschämendes Zugeständnis gewesen. Deshalb entschied sich Venel für Gao, einen Vorposten östlich von Timbuktu, dessen Lage an der Nigerschleife (»La Boucle«), wie der Oberst hoffte, seinen Mangel an Bekanntheit wettmachen würde. Gao war außerdem so weit nördlich gelegen, dass es zum Einflussbereich der halbnomadischen Tuareg des Sudan gehörte, welche wie die von Sigonney ein Jahr zuvor bezwungenen Stämme eine Demonstration französischer Stärke nötig hatten. Laperrine akzeptierte den Vorschlag und verließ In Salah am 8. April mit 15 *méharistes*. Moussa persönlich diente ihm als Führer. Nachdem sie den Westrand des Ténéré umgangen hatten, erreichten sie Gao am 12. Juni.

Lehuraux jubelte: »Das Eintreffen der Chaamba an den Ufern des Niger war ein sensationelles Ereignis. Nie hatten sich die Tuareg der *Boucle* vorgestellt, dass die Algerier, mit denen ihre Gefährten im Hoggar und Adscher so oft blutige Kämpfe geführt hatten, ihre Kamele eines Tages im *Bahr*, wie die Saharanomaden den Fluss nennen, tränken würden.«[6] Was Lehuraux nicht erwähnte, war der klimatische Unterschied. Laperrine hatte seine Männer aus der trockenen, von Krankheiten relativ verschonten Wüste an den feuchten, verseuchten Tropenrand geführt. Vorläufig waren sie in Sicherheit, doch Flussblindheit, Bilharzie, Dengue-Fieber, Gelbfieber und Malaria warteten nur ein paar Tagesreisen flussabwärts. Und Venel wollte, dass Laperrine diese Reise antrat. Er hatte seinen Plan geändert und wollte sich nun in seiner regionalen Befehlsstelle in Niamey treffen. Unbeeindruckt ließ Laperrine seine

Männer in Gao zurück und nahm ein Kanu nach Niamey, wo Venel und er eine Woche lang über ihre Standpunkte diskutierten. Als sie vom Verhandlungstisch aufstanden, hatten sie sich nicht nur über ihre administrativen und strategischen Erfordernisse geeinigt, sondern auch eine gemeinsame Grenze gezogen (zu Laperrines Vorteil). Der Vertrag von Niamey – unter dieser Bezeichnung wurde er später von der französischen Regierung ratifiziert – stellte möglicherweise eine bessere Methode zur Aufteilung des Kontinents dar als das übliche Verfahren, in einer Hauptstadt im fernen Europa Linien auf einer Karte zu ziehen. Trotzdem ist es seltsam und lässt an einen Roman von Joseph Conrad denken, wenn man sich zwei weiße Männer in Tropenuniform vorstellt, die sich in einem stickigen Büro am Ufer des Niger über einen Tisch beugen und ganz allein entscheiden, wo ein Staat beginnt und wo er aufhört. Falls sich Laperrine oder Venel solche Gedanken machten, wurden sie von Lehuraux jedenfalls nicht geteilt. Er schrieb, all das diene »der Verbesserung des französischen Prestiges in Afrika«[7].

Laperrine verließ Niamey am 21. Juni, kehrte zu seinen *méharistes* zurück und ritt mit ihnen nach Norden zum Hoggar, wo er mit Foucauld zusammentraf, um Tamanrasset und dessen Umgebung zu inspizieren. Bis dahin hatten die Tuareg ihn durch ihre Loyalität beeindruckt. Moussa war ein perfekter Führer gewesen, und eine Reihe der Häuptlinge vom Hoggar hatten 800 Kilometer zurückgelegt, um ihn auf der letzten Etappe zu begleiten. Sogar ihre Frauen und Kinder hatten sich vor Laperrines Zelt aufgestellt, um ihn zu begrüßen. Überhaupt gab es nichts an den Tuareg auszusetzen. Allem Anschein nach waren sie so ergeben wie seine eigenen Chaamba. Es war Laperrines Plan gewesen, »Macht zu zeigen, um sie nicht einsetzen zu müssen«[8], um eine Anleihe bei Lyautey zu machen. Diese Politik erwies sich als so erfolgreich, dass die Tuareg die Schwäche des kümmerlichen Trupps von *méharistes*, mit dem er in Tamanrasset einritt, als Symbol der Freundschaft interpretierten. Wenn sich die Franzosen in so geringer Zahl in den Hoggar vorwagten, dann respektierten sie offensichtlich ihre Verbündeten und waren bereit, sich unter deren Schutz zu begeben. Zudem machte sich Laperrines Ruf als »Kindergeneral« allmählich bezahlt. »Sie wussten die Tatsache zu schätzen, dass ich all ihre Verwandten kannte: Ehefrauen, Kinder, Mädchen, junge Männer. Eine ununterbrochene Prozession stieg zu meinem Lager herauf.«[9] Überglücklich über den Erfolg seiner Maßnahmen, reiste Laperrine wie ein nachsichtiger Kriegsgott durch den Hoggar und teilte überall Geschenke und Wohlwollen aus. Dabei verharrte Foucauld an seiner Seite, dolmetschte, gab Rat und gelegentlich Anweisungen.

Am 30. September 1909 kehrte Laperrine nach In Salah zurück, nachdem er sechs Monate außerhalb der Oasen verbracht hatte. Die Tour war in jeder Hinsicht erfolgreich gewesen, und er war voll des Lobes für seine *méharistes.* »Während der gesamten Reise hätte ich nicht zufriedener mit allen sein können«, schrieb er in seinem offiziellen Bericht. »Franzosen, Araber und Tuareg legten den gleichen Eifer an den Tag, zeigten den größten Mut und ertrugen klaglos die strengen Entbehrungen, die ich ihnen auferlegte.«[10] Aber er hatte nichts anderes erwartet, denn dies war die einzige Haltung, mit der man die Wüste bezwingen könne. Diesen Sachverhalt versuchte er auch den Behörden in Algier und Paris einzuschärfen. »Wer nicht einen derartigen Streifzug kommandiert oder an einer ähnlichen Kontrollaktion teilgenommen hat, kann sich den ausgezeichneten Charakter unserer Saharier nicht vorstellen«, unterstrich er. »Ihr Widerstandswillen angesichts von Erschöpfung, Hunger und Durst ist eine Sache der Selbstachtung. Nie ist eine Klage zu hören, selbst wenn die Zustände derart sind, dass der Anführer sich gezwungen sieht, dauernd das Wunder der Laibe und der Fische zu wiederholen. Wenn ich die Abendbefehle verlas, musste ich oft Anweisungen wie folgende anschließen: Aus diesem oder jenem Grund werden wir nicht zu dieser, sondern erst zu jener Zeit frische Vorräte erhalten. Ich habe euch Lebensmittel gegeben, die vom 15. bis zum 30. April reichen sollten, nun aber müsst ihr damit bis zum 8. Mai auskommen. Ich habe euch Wasser für drei Tage gegeben, doch nach den neuesten Informationen hat es den Anschein, dass wir erst am Mittag des fünften Tages einen weiteren Brunnen erreichen werden. Ihr müsst sparsam mit eurem Wasser umgehen etc. ... Wie diese Befehle wohl von jeder anderen Kompanie in der Sahara aufgenommen worden wären?«[11] Er betonte auch, dass seine Männer Krankheiten abtaten, die in einer normalen Einheit sogleich als Vorwand für eine Hospitalisierung gedient hätten. »[Selbst wenn sie krank sind,] marschieren sie weiter, solange sie aufrecht gehen können, und wenn sie einmal zugeben, unpässlich zu sein, dann bedeutet dies in Wirklichkeit, dass sie dem Tode nahe sind. Häufig sterben sie nach ihrer Ankunft im Lazarett oder sogar, bevor sie dort eintreffen. Einige lassen Anzeichen von Skorbut erkennen, andere leiden in ihren letzten Tagen unter plötzlichen Anfällen von Schwindsucht, aber die Diagnose der Ärzte ist immer die gleiche: Diese Männer haben sich bis zur Erschöpfung angetrieben, sie haben mehr gegeben, als ihre Konstitution vertragen konnte. *Ich kann mir keine bessere Lobrede vorstellen.*«[12]

Bürokratischen Nachfragen zuvorkommend, warum die *méharistes* so schwer zu leiden hatten, wies Laperrine darauf hin, dass ihnen kaum eine andere Wahl bliebe. »Unsere Arbeit als Saharier fordert diese übermenschliche Anstrengung ... Ein sanfter Umgang mit den Männern steht nicht zur Debatte, denn der Auftrag, den wir erhalten haben, zwingt uns, das Unmögliche von ihnen zu verlangen. Die Behörden sollten ihre Dienste anerkennen und sie entsprechend entschädigen.«[13] Er lenkte die Aufmerksamkeit der Regierung auf die Tatsache, dass die in In Salah stationierten 44 Franzosen und 356 Chaamba eine Gegend mit einem Radius von 800 Kilometern abpatrouillieren mussten und er selbst auf seiner gerade abgeschlossenen Reise nach Gao ein Gebiet von der Größe Frankreichs, Spaniens und Portugals zusammen durchquert hatte. Die einzige Reaktion war eine Botschaft, in der es hieß, der Kriegsminister benötige keine Geographielektionen. Er habe Laperrine schließlich nicht aufgefordert, Gao zu besuchen, und würde sich freuen, wenn der Oberst eine Erklärung zu Berichten liefern könne, die von der osmanischen Botschaft über Ereignisse an der tripolitanischen Grenze übermittelt worden seien.

Das war Laperrines Untergang. Die Grenze zu Tripolitanien glich der zwischen Algerien und Marokko. In den dichter bevölkerten Küstenregionen gab es eine klar markierte Grenzlinie, doch im Innern der Wüste, wo Tripolitanien an Algerien stieß, war das nicht der Fall. Im Jahre 1909 hatten Frankreich und das Osmanische Reich in Erwartung eines endgültigen Vertrags, auf den die Diplomaten schleppend hinarbeiteten, die Existenz einer neutralen Zone vereinbart, in der keine der beiden Seiten Souveränität beanspruchen konnte. Frankreich war jedoch eine vermögende Industrienation, während das Osmanische Reich einen desorganisierten Anachronismus am Rande des Bankrotts darstellte.

Diese Tatsache spiegelte sich in der neutralen Zone wider. Sie umfasste kein französisches Territorium und erstreckte sich so weit nach Tripolitanien hinein, dass sie Ghat, eines der südlichsten Handelszentren des Landes, nahezu erreichte. Das Abkommen, das auf dem Papier so gut aussah, war in der Praxis eine Illusion. Die Türken schickten weiterhin Patrouillen in die neutrale Zone, als gehöre sie ihnen, und richteten in deren Mitte sogar eine Garnison ein. Außerdem unterstützten sie Atticis vertriebene Tuaregkrieger bei ihren Vorstößen auf französisches Territorium, boten den Senussi Zuflucht und rüsteten sie mit Waffen aus. Diese in Algerien entstandene Bruderschaft muslimischer Fundamentalisten war durch ihre politischen und religiösen Motive ein potentiell viel gefährlicherer Feind als die Tuareg. Auch die Franzosen taten so, als gehöre das umstrittene Gebiet ihnen. Von Fort Polignac aus ritten immer wieder Patrouillen in die tripolitanische Wüste. Gelegentlich stießen beide Seiten aufeinander, zuweilen mit grotesken Folgen. Als eine französische Einheit einmal eine von türkischen Offizieren geführte Karawane angriff, mussten die Franzosen das heruntergefallene Gepäck aufsammeln und es den Eigentümern zurückgeben. Für Laperrine war die Situation unerträglich. Bevor er nach Gao abreiste, befahl er Rittmeister Nieger, mit einer Abteilung *méharistes* nach Fort Polignac aufzubrechen und von dort aus seine Soldaten bis zum Äußersten anzutreiben. Nieger hatte Carte blanche, doch Laperrine machte ihn auf Dschanet aufmerksam, eine strategisch wichtige Oase unweit von Ghat, wo er neue Vorräte für Fort Polignac besorgen konnte, ohne den langen Trott nach und von In Salah hinter sich bringen zu müssen. Nieger strapazierte seine Soldaten tatsächlich bis zum Äußersten, und zwar auf einer Expedition, die in ihrer Mischung aus geographischem und militärischem Ehrgeiz ein Sinnbild der Herrschaft Laperrines über die Sahara war.

Nieger verließ In Salah Anfang April. Die traditionelle Route nach Fort Polignac führte nordöstlich von In Salah nach Temassinin und dann weiter entlang einer Reihe bekannter Brunnen. Nieger beschloss, das Dreieck zu vollenden, indem er das unfruchtbare und bis dahin unerforschte Tassili-Plateau überquerte. Diese Hochebene aus schwarzem Stein, übersät mit Felsbrocken jeglicher Größe, schien die Legende der

Tuareg zu bestätigen, dass die Sahara aus einer Laune Gottes entstanden sei. Nach europäischer Auffassung wurden Felsen von Gletschern in Bewegung gesetzt, doch die Felsen des Tassili sprachen einer so ordentlichen Erklärung Hohn. Einige hatten die Größe von Kathedralen, andere waren kleiner als Dominosteine, und das Ganze sah aus wie das Resultat eines chaotischen, jahrhundertealten Pétanqueturniers, bei dem die Kugeln von göttlicher Hand auf die Landschaft geschleudert und in unregelmäßigen Abständen in Schluchten gefegt worden waren. Brunnen waren rar, denn man hatte die meisten zerstört, um Angreifer abzuschrecken, und die übrig gebliebenen waren größtenteils verschmutzt. Nieger konnte sich nicht auf die Führer verlassen, da seit Jahrzehnten niemand diesen Weg zurückgelegt hatte, weshalb er sich allein mit dem Kompass zurechtfinden musste. Dr. Robert Hérisson, den Laperrine zur Begleitung der Expedition abgeordnet hatte, war entsetzt.

Hérisson, erst seit kurzem in In Salah stationiert, war sich seiner Position als Neuankömmling sehr bewusst: Da man sein Gepäck unterwegs gestohlen hatte, war er nur mit einem Cello eingetroffen und hatte 20 Tage lang geborgte arabische Gewänder statt einer Uniform tragen müssen. Gleichwohl war er auf seine erste Wüstenreise nicht vorbereitet. Seine Beine und sein Rücken schmerzten davon, jeweils zehn bis zwölf Stunden ohne Unterbrechung auf einem Kamel zu hocken. Bald war er der rein fleischlichen Ernährung überdrüssig, zumal das Fleisch, während es trocknete, eine seltsam grüne und purpurne Färbung annahm. Auch das Wasser widerte ihn an. »Wenn ich eine Feldflasche an den Mund setze, dreht sich mir beim ersten Schluck der Magen um«, schrieb er. »Ich verspüre Abscheu vor allem, was aus dieser Flüssigkeit gemacht wird: Suppe, Kaffee, Tee. So trinke ich nur das, was ich unbedingt brauche, um zu überleben. Ich kann nicht verhindern, dass ich jedesmal leise aufstöhne, wenn ich die ekelhafte Brühe hinunterschlucken muss. Im Laufe der Zeit wird es immer schlimmer. Nach den ersten Tagen war der beste Teil verschwunden. Das Wasser konzentriert sich durch Verdunstung und Versickerung, wird dunkler und dickflüssiger. Der Geschmack nach Leder, Teer und ranziger Butter ist überwältigend.«[14] Der Mangel an Hygiene störte ihn. Es gab kein Wasser zum Rasieren oder Waschen, und obwohl sich die Männer nach Art der Tuareg verhüllten, waren ihre Gesichter bald von Sand überzogen, der sich in ihren Augen, Ohren und Nasenlöchern sammelte und klebrigen Schlamm in ihren Mundwinkeln bildete. Über ihnen kreisten große schwarze Krähen, die sich bei jedem Halt der Kolonne in Schwärmen auf sie stürzten, um auf die Höcker der Kamele einzuhacken. Hérisson schlief unter freiem Himmel, und unter dem gefalteten Burnus, der ihm als Kissen diente, verwahrte er einen geladenen Revolver, da er jede Nacht mit einem Überfall der Tuareg rechnete. Als die Gruppe einmal sechs Tage lang kein Frischwasser fand, dachte er ernsthaft, sie seien zum Untergang verurteilt. Aber er tröstete sich damit, dass er, wäre er in Frankreich geblieben, an Lungenentzündung oder Typhus hätte sterben können.

Immerhin hatte ihr Dasein einen gewissen barbarischen Glanz, beispielsweise als sie zwei Antilopen rösteten, welche die Chaamba erlegt hatten. »Es war ein beeindruckendes Schauspiel. In der Dunkelheit, erhellt durch das flackernde rote Licht eines lodernden Holzfeuers, bewegten sich Männer hin und her, die abgerissen, mager, schwarz und ausgetrocknet, seit einer Ewigkeit ungewaschen und mit Patronengurten umwickelt waren sowie Messer an den Gürteln hängen hatten. Die beiden ausgeweideten Kadaver, das Feuer, die aufsteigenden und niedersinkenden Schatten und über allem der enorme, azurblaue Himmel, übersät von silbernen Sternen – es war wie das Leben in der Steinzeit.«[15]

Manchmal kam es zu Stürmen, wie Hérisson sie so dramatisch noch nie erlebt hatte. Am Mittag wurde der Himmel jäh schwarz, Blitze knisterten zwischen den Felsen, gewaltige, heiße Regentropfen klatschten herunter und verwandelten die ausgedörrte Erde innerhalb von Sekunden in Klumpen wie aus feuchtem Stoff. Dann brannte die Sonne genauso plötzlich wieder auf sie ein. Nach einem dieser Regengüsse befahl Hérisson seinem Burschen, seine Kleidung in einem Teich zu waschen, der sich zwischen den Felsen gebildet hatte. Der Mann walkte ein Hemd ein paar Sekunden lang und drapierte es sich dann über den nackten Rücken, während er das nächste bearbeitete. Bei Temperaturen bis zu 50 Grad trocknete das erste Hemd in der Zeit, in der das zweite gewaschen wurde. Er war kaum fertig, als der Teich bereits verdunstete. Darauf folgten die Abende, an denen das Thermometer unter null Grad fiel und unvertraute Konstellationen an einem immer noch blauen

Himmel glitzerten. In der Sahara wurde der Himmel, wie Hérisson notierte, nie völlig schwarz, nicht einmal bei Nacht.

So wundersam ihre Natur sich darbot, so anregend wirkte die Wüste auch auf den Intellekt. Bevor Hérisson In Salah verließ, hatte Laperrine ihm mitgeteilt, er habe nicht nur die Aufgaben eines Arztes, sondern auch die eines Naturwissenschaftlers zu erfüllen. Alles, was für die Professoren in Algier von Interesse sein könne, müsse aufgezeichnet werden: botanische, anthropologische und geologische Details sowie vor allem jede Information, die zu einem besseren Verständnis der Tuareg und ihrer Vergangenheit beitrage. Hérisson begegnete wenigen Tuareg aus dem Adscher, und alle die er traf, weigerten sich, Geld, Lebensmittel oder Schutz zu akzeptieren, und schworen Frankreich ewige Feindschaft. Was ihre Vergangenheit betraf, so lehnten sie hochmütig ab, als er sie mit einem Stück Eidechse bewirten wollte, das die Chaamba gebraten hatten. Sie äßen keine Eidechsen, denn diese seien Reinkarnationen ihrer Vorfahren. Aber Hérisson hatte ein dickes Fell und ließ sich durch eine solche Abfuhr nicht beirren. Vielmehr konzentrierte er sich auf das vorhandene Material: Überall ließen sich Spuren des prähistorischen Lebens entdecken. In Höhlen und unter Felsüberhängen fand er uralte Gemälde von Antilopen, Buckelrindern, Kamelen und Straußen, deren Schönheit er vergeblich in seinem Journal wiederzugeben suchte. Steinerne Pfeilspitzen, Äxte und andere Geräte waren überall in so großer Zahl verstreut, dass er aufhörte, sie zu sammeln. Auf dem Plateau befanden sich Steinhaufen, die Hérisson zuerst für Wegmarkierungen hielt, doch als er sie abtrug, stieß er auf Menschenknochen, die bei der Berührung zu Staub zerfielen. Er wusste nicht, woher die Relikte stammten, aber er vermutete, dass sie in eine viel ältere Epoche als die der Tuareg gehörten. Die Dimensionen der Landschaft und die Vielzahl der Grabstätten vermittelten ihm den Eindruck, durch die Asche einer toten Stadt zu wandeln. Das Gefühl, ein unbefugter Eindringling zu sein, war erdrückend.

Am 19. April 1909 landete eine kleine graue Schwalbe, die nordwärts in Richtung Europa unterwegs war, auf der Metalltruhe mit Hérissons medizinischen Instrumenten. Sie war so erschöpft, dass er sie in die Hand nehmen, ihr Wasser geben und sie dann auf den Ast eines nahe gelegenen Baumes setzen konnte. Am folgenden Tag war sie verschwunden. »Es war sehr seltsam«, schrieb er. »Wäre ich abergläubisch, könnte ich glauben, sie sei ein Geist gewesen, der sich von meiner Gesundheit überzeugen wollte, um zu erfahren, ob er uns fort von diesem Ort führen oder uns weiterziehen lassen sollte.«[16] Er brauchte nicht lange auf eine Antwort zu warten. In den ersten Maitagen, nachdem die Abteilung einen Monat auf dem Tassili-Plateau verbracht hatte, schleppten sich ihre Kamele nach Fort Polignac hinein.

Für Nieger war der Treck nichts Besonderes gewesen, Hérisson dagegen empfand ihn als Triumph. »Zwar hatten wir nicht Amerika entdeckt«, schrieb er, »aber nur mit einem Kompass ausgerüstet hatten wir neue Gebiete der Wüste erschlossen, die noch niemand auf solche Art zu überqueren gewagt hatte.«[17] Fort Polignac konnte schwerlich als Teil der Zivilisation bezeichnet werden. Der Bau war nicht abgeschlossen, und gefangene Tuareg aus dem Adscher wuchteten noch die letzten Lehmziegel an ihren Platz. Aber das Fort war groß und sicher, innerhalb seiner Mauern gab es Nahrungs-, Munitions- und Wasservorräte – Laperrine hatte es um einen Brunnen herum errichten lassen –, und, was für Hérisson am wichtigsten war, er fand dort Gesellschaft. Der Befehlshaber war ein fröhlicher Leutnant namens Nivelle, wie Hérisson in den Zwanzigern, und machte dem Neuling in jeder Hinsicht Mut. Hérisson brauche sich nicht im Geringsten blamiert zu fühlen, weil er sein Gepäck verloren habe. Genau das Gleiche sei auch ihm, Nivelle, zugestoßen, und ihm sei nicht einmal etwas so Nützliches wie ein Cello geblieben. Bei seiner Ankunft in In Salah habe sein ganzer weltlicher Besitz aus einem Sonnenschirm und einem Siphon bestanden. Die beiden jungen Männer schlossen Freundschaft, und abends kletterten sie die Seile und Bretter hinauf, die von den Bauarbeitern verlassen waren, um von den unvollendeten Festungsmauern aus zu beobachten, wie die Sonne lodernd über dem Tassili unterging.

Nieger gewährte Hérisson nur ein paar Tage Erholung, bevor der Marsch nach Süden in Richtung Dschanet fortgesetzt wurde. Nivelle und seine 50 *méharistes* kamen mit, ebenso eine Infanterietruppe und eine 80mm-Kanone, die Nieger aus Wargla herbeibeordert hatte. Für Hérisson gab es bald neuen Grund, sich zu fürchten. Sie marschierten durch bewaldete Engpässe, die ideal für einen Hinterhalt geeignet waren.

Schießwütig feuerten sie auf alles, was sich bewegte, und hätten fast eine Ziegenherde dezimiert, die durch die Büsche raschelte. Aber als sie sich Dschanet näherten, befahl Nieger völlige Stille. Sie schoben sich geräuschlos vor, mieden jeden Kontakt mit Angehörigen der Stämme aus der Umgebung und erreichten schließlich die Spitze eines Hügels, der Ausblick auf ihr Ziel bot. Die Oase wirkte recht friedlich, doch auf ihrem kleinen Fort flatterte eine osmanische Fahne. Während einer von Niegers Feldwebeln den Palmenhain auskundschaftete, wobei er mit seinem Gewehr in der Hand über mehr als einen Meter hohe Dornenzäune sprang, bereitete sich Hérisson auf sein erstes Gefecht vor. Über die rechte Schulter hängte er sich seinen Beutel mit medizinischer Ausrüstung und über die linke einen Lebel-Karabiner und 100 Patronen. »Die Bewohner von Dschanet hatten nie etwas vom Roten Kreuz gehört«, schrieb er nervös. »Es war zu spät – und vielleicht nicht der beste Zeitpunkt –, um es ihnen zu erklären.«[18]

Als Niegers Feldwebel zurückkehrte, hatte es den Anschein, als könne man auf Hérissons Dienste verzichten. Unkonventionell und mit bemerkenswerter Ehrlichkeit teilten die Bewohner von Dschanet mit, sie seien unentschlossen, ob sie kämpfen sollten oder nicht. Die eine Hälfte brenne auf den Kampf, die andere Hälfte sei bedauerlicherweise nicht so begeistert. Nieger ließ ihnen die Antwort zugehen, sie hätten eine halbe Stunde Zeit, einen Entschluss zu fassen. Unterdessen sollten sie auf einen kleinen weißen Felsen von etwa drei mal vier Meter Größe achten, der im Norden der Festung lag und ungefähr genauso weit von seiner Position entfernt war wie Dschanet. Er ließ seine Kanone ausrichten und rasch hintereinander drei Granaten in den Felsen hineinfeuern. »Die Einwohner erklärten sich ausnahmslos zu Freunden Frankreichs«, notierte Hérisson. »Sie hissten die weiße Fahne und schickten eine neue Delegation aus, um ihre guten Absichten zu bekräftigen.«[19] Nivelle führte seine *méharistes* in das Fort hinein und zog persönlich die Trikolore auf. Nachdem seine Männer in der Moschee gebetet und einen Koran geküsst hatten, der angeblich im Besitz eines Heiligen gewesen war, führte er sie ebenso wieder hinaus. Anschließend kehrten die Franzosen nach Fort Polignac zurück.

Es war eher eine Provokation als eine Eroberung, doch obwohl die militärischen Auswirkungen der Aktion unbedeutend gewesen sein mochten, hatte sie weitreichende diplomatische Konsequenzen. Paris hatte Laperrine nicht den Befehl erteilt, auf Dschanet vorzurücken. Und da die Kommunikationswege in Tripolitanien besser waren als in Algerien, erfuhr die verärgerte Regierung zuerst von den Türken, was vorgefallen war. Sie erhoben keine besonderen Einwände gegen die Aktion, aber solche Dinge unterlagen der diplomatischen Etikette, und Laperrine hatte dagegen verstoßen. Als er von der Gao-Expedition nach In Salah zurückkehrte, las er die Briefe und begriff wie viele Offiziere des Saharakommandos vor ihm, dass seine Zeit abgelaufen war. Um seine Entlassung hinauszuzögern, beantragte er eine Versetzung nach Frankreich. Dem Antrag wurde stattgegeben, und am 8. November wurde er zum Obersten des 18. Jägerregiments in Lunéville ernannt. Die Versetzung sollte jedoch erst im folgenden Sommer wirksam werden, und bis dahin streifte Laperrine weiterhin durch die Sahara. Er informierte niemanden über seine bevorstehende Abreise.

Eines seiner ersten Probleme in jenem Winter wurde Foucauld. Nachdem der Mönch sich 1909 unterwegs von Laperrines Expedition getrennt hatte, war er in den Hoggar gewandert, um einen Unterschlupf zu finden, wo er seine Übersetzungen vollenden konnte. Am besten geeignet schien ihm der Assekrem zu sein, ein sich 2700 Meter über den Meeresspiegel erhebender Felsgipfel. Der Berg war zwar einsam, aber nicht völlig verlassen, denn wenn es regnete, trieben die Tuareg ihre Herden unten an den Hang, wo die Tiere das Gestrüpp fraßen. Foucauld kehrte nach Tamanrasset zurück und bat Laperrine um Hilfe beim Bau einer kleinen Steinhütte. Dieser lehnte ab, denn er wollte nicht, dass Foucauld zum Assekrem zog oder auch nur in Tamanrasset blieb. Seine Kundschafter hatten ihm mitgeteilt, ein Adscher-Kampftrupp sei unterwegs, weshalb es sich empfahl, dass Foucauld die Region eine Zeit lang verließ. *Méharistes* sammelten alle, die französischen Schutz begehrten, doch Foucauld rührte sich nicht von der Stelle. Hérisson, inzwischen Sanitätsoffizier in Fort Motylinski, schrieb: »Er will allein in seinem Quartier bleiben, unbewaffnet, unbewacht, unter dem Schutz Gottes. Mir ist klar, dass er entschlossen ist, sich ermorden zu lassen. Es ist das Ende, das er erahnt und nach dem er sich sehnt.«[20]

Der Angriff vom Adscher blieb jedoch aus, und im Frühjahr 1910 gab Laperrine den Bitten Foucaulds nach. Er entsandte eine Gruppe Maurer

Schaukampf der Tuareg mit takoubat *(Säbeln). In der Mitte als Zuschauer Laperrine und Foucauld.*

aus Fort Motylinski, die eine primitive Steinbaracke für seinen Freund bauten. Gleichzeitig unternahm er einen letzten Streifzug durch den Hoggar. Er wollte herausfinden, auf wie viele Männer er sich verlassen konnte, wenn es galt, den Hoggar gegen Angriffe aus Tripolitanien zu verteidigen. Deshalb ordnete er eine *fantasia* an, das heißt eine zeremonielle Inspektion von Moussas Soldaten. Die *fantasia* sollte im *oued* oder Wadi Tmeriri abgehalten werden, einem Flussbett, das in einem der Hochtäler des Hoggar lag und mit Dickichten aus Ethelbäumen überzogen war. Laperrine bezog Position auf einem kleinen Hügel unterhalb des Wadi und wartete zusammen mit Foucauld, Sigonney und ein paar anderen Offizieren auf die Vorführung. Aus einem Nachbartal schoben sich Moussas Männer, deren weiße Schilde durch die Zweige hindurch funkelten, in das Flussbett vor. Dann wurde auf Laperrines Kommando hin die Kriegstrommel geschlagen. 500 Männer stürzten zwischen den Bäumen hervor, jagten auf die Franzosen zu und verhielten im letzten Moment in einer Staubwolke. Laperrine ließ sich nichts anmerken, aber im Stillen war er entzückt über die Vorführung. Die letzte *fantasia* war im Sudan veranstaltet worden und hatte mit dem Tod eines französischen Obersten, eines seiner Ordonanzoffiziere und mehrerer Zuschauer geendet.

Hérisson begleitete Laperrine und Foucauld auf dem Streifzug und beschrieb ihren Tagesablauf:

> Man breitete im Schatten eines Baumes oder im Zelte des Obersten eine große Decke auf dem Boden aus. Alle Franzosen der Nachbarschaft waren zur Mahlzeit eingeladen. Jeder brachte sein Besteck und seinen Becher selber mit. War alles bereit, so setzte sich jeder an einen beliebigen Platz, und der Koch reichte die Platte herum. Pater Foucauld brachte mittags immer eine Flasche weißen Muskateller, seinen Messwein, mit. Man protestierte, sooft man die Flasche sah: »Aber, Pater, Sie berauben sich, Sie erschöpfen Ihre Vorräte! Nein, diesmal trinken wir ihn nicht.« Der Pater lachte und versicherte: »Sie können ihn ruhig trinken, ich bringe nur, was ich entbehren kann.« Natürlich trank man den Wein mit größtem Vergnügen.
>
> Bei Tisch gab es keine ernsten Gespräche. Man erzählte, lachte und neckte den Koch. Der Oberst, ein guter Plauderer, wusste eine Menge angeblich wahrer Anekdoten zu erzählen. Pater Foucauld lachte mit. Überschritt die Geschichte die erlaubten Grenzen, so hörte er nicht mehr zu und schien an andere Dinge zu denken. Dann macht wohl jemand darauf aufmerksam, dass die Unterhaltung »etwas frei« werde und der Pater daran Anstoß nehmen könnte. Entschuldigte man sich aber bei ihm, so hatte er »nicht Acht gegeben und gar nichts gehört«. Er war kein Spielverderber!
>
> Machte er eine Rundreise mit uns, so fand er sich mit seinem Negerdiener und einem gemieteten Kamel ohne Zelt und ohne Feldbett ein. Er schlief, in seine Decke eingewickelt, auf dem Boden. Oft ließ er uns, um Zeit zu sparen, vorausreisen, verdoppelte seine Märsche, legte bis 80 Kilometer am Tag zurück und erreichte uns am vereinbarten Ort. Wenn möglich, schlug er noch unerforschte Wege ein. Wie einst auf der Marokkoreise fertigte er dann auf kleinen Papierstückchen eine Menge Aufzeichnungen und ganz unscheinbare, aber überaus genaue und scharfe Skizzen an, die er dem Oberst überreichte.[21]

Abends machte Foucauld manchmal einen Spaziergang mit Hérisson und gab ihm Ratschläge zu praktischen Aspekten des Lebens im Hoggar. Hérisson geriet in seinen Bann. »Ganz im Gegensatz zu dem, was gewöhnlich bei berühmten Männern gilt, wuchs die Bewunderung für die Persönlichkeit des Paters, je besser man ihn kannte.«[22]

Vielleicht war es ein Glück für Laperrine, dass er nach Frankreich zurückkehren sollte, denn hinter der Fassade seiner Ungezwungenheit und Heiterkeit befand er sich kurz vor dem Zusammenbruch. Der Mann, der die schreckliche Reise durch den Erg Schesch überlebt, der die Sahara in alle Richtungen durchquert und der seine *méharistes* von In Salah in den Sudan geführt hatte, war nun an seine Grenzen gelangt. Auf seinem letzten Streifzug durch den Hoggar wurde er immer langsamer und stieg alle zwei Stunden von seinem Kamel ab, um sich auszuruhen. Vielleicht litt er an einer milden Form der Tuberkulose – ein paar Jahre zuvor war er in einem Alpenkurort gewesen –, aber vermutlich war er bloß erschöpft. Hérisson beschrieb, wie Laperrine nach einem Tagesritt von 80 Kilometern Schreibarbeiten erledigte, sobald man sein Zelt errichtet hatte. »Er setzt sich hin, entwirft seine Befehle, liest seine Berichte, schreibt an den Minister, den Gouverneur von Algerien oder an die Zeitungen. Er ist unermüdlich. Ich bewundere die Einheitlichkeit seines Lebens. Er widmet es ganz und gar der Arbeit.«[23] Außerdem verzeichnete Hérisson, dass Laperrine durch lange Gewohnheit an Schlaflosigkeit litt. Einmal betrat ein Offizier seine Unterkunft und zog sich sogleich auf Zehenspitzen zurück, als er den Oberst mit dem Oberkörper auf seinem Schreibtisch liegen sah. Plötzlich ertönte eine Stimme von hinten: »Ich schlafe nicht.«[24] Sogar Foucauld räumte ein, dass der Oberst seine Kräfte überstrapaziert hatte. »Laperrine gibt sich grenzenlos aus«, schrieb er. »Er hat alle, die unter seinem Befehl stehen, durch seine wunderbare Energie und Tatkraft beeindruckt. In den letzten sechs Jahren waren das Arbeitspensum der Offiziere unter seinem Kommando sowie das, was vom militärischen, administrativen, geographischen und kommerziellen Gesichtspunkt aus vollbracht wurde, geradezu ohne Beispiel.«[25]

Der Respekt, den man Laperrine entgegenbrachte, war unglaublich. Nach der Aktion in Dschanet fragte Hérisson seinen arabischen Burschen, was er tun würde, wenn ein heiliger Krieg zwischen dem Westen und dem Islam ausbräche. »Ihnen die Kehle durchschneiden«,[26] erwiderte der Mann. Daraufhin erkundigte sich Hérisson, warum er Frankreich überhaupt diene. Die Antwort lautete, er diene nicht Frankreich, sondern Männern wie Laperrine und Nieger, die Krieger seien und die Sahara verstünden. Als Laperrine die Wüste im Juni 1910 verließ, ein paar Jahre später gefolgt von Nieger, glaubten ihre Anhänger, sie seien verraten worden. »Unsere Offiziere gaben Frankreich die Kolonien, die es widerwillig akzeptierte, wobei sie ihre Karrieren in dem Wissen aufs Spiel setzten, dass die Regierungsbürokratie sie all ihren Bemühungen zum Trotz verleugnen und beschuldigen würde«, schrieb Hérisson. »Diese Männer [in der Regierung] handeln wider eine Tradition, derer sie über alle Maßen unwürdig sind.«[27] Foucauld war genauso entrüstet. »Seit dem Alter von 21 Jahren hat [Laperrine] keine drei Jahre in Frankreich verbracht... Er war es, der Frankreich *gegen dessen Willen* und seine eigene Karriere riskierend die Sahara schenkte, und er ist es, der unsere algerischen Besitzungen mit unserer Kolonie im Sudan vereinte.«[28]

Laperrine und Foucauld sollten einander in der Sahara nie wieder begegnen. Sie setzten ihre Korrespondenz fort, und Laperrine tat sein Bestes, um dafür zu sorgen, dass Foucaulds Ratschläge an die zuständigen Behörden weitergeleitet wurden. Bei ein oder zwei Gelegenheiten schaute Foucauld, während er seine Gemeinschaft der Laienmissionare organisierte, in Lunéville vorbei. Doch ab 1910 war Laperrine ein Teil der Kriegsmaschinerie Frankreichs, das sich auf den lange erwarteten Konflikt mit Deutschland vorbereitete. Sein letzter Akt als Kommandeur der Oasen bestand darin, Moussa die versprochene Reise nach Frankreich zu ermöglichen. Begleitet von Nieger und einer kleinen Gruppe von Würdenträgern der Tuareg, wurde dem *amenoukal* des Hoggar eine umfassende Demonstration französischer Macht zuteil. Die Reiseroute sollte, wie ein Zeitgenosse abschätzig bemerkte, »eher Staunen erregen als das Herz rühren; es war ein Besuch, wie ihn nur Gouverneure anordnen können, die kein väterliches Verantwortungsgefühl haben«[29]. Moussa beobachtete Bajonettangriffe und Artillerieübungen: »Menschen mit solchen Vernichtungsmitteln müssen verrückt sein, wenn sie gegeneinander Krieg führen«,[30] sagte er fassungslos und wurde dann auf eine schwindelerregende Tour durch Waffenfabriken, Gestüte, Paläste und Nachtclubs geschickt. Man zeigte ihm Wasserfälle, wogende Felder, Herden von dicken, fügsamen Rindern und das Moulin Rouge. Foucaulds angeheiratete Verwandte beherbergten den Gast auf ihrem Landgut, und bei einer Militärparade in Longchamps heftete ihm ein General den Orden der Ehrenlegion an die Brust.

Moussa war unbehaglich zumute. »Frankreich ist nichts als ein riesiger Garten«, teilte er Hérisson später mit. »Friede herrscht unter den Massen. Die hastenden, aufgeregten Menschen, denen Du auf der Straße begegnest, überfallen Dich nicht und rauben Dich nicht aus. Du kannst unter zahllosen Fremden kommen und gehen, ohne zu Deiner Sicherheit ein Schwert oder einen Dolch bei Dir haben zu müssen. Gott muss die Franzosen lieben, weil er ihnen solchen Wohlstand gewährt hat. Aber wir konnten es nicht erwarten heimzukehren, in unser Land, zu unseren Familien, um bei unserem eigenen Volk mit unseren Dienern, unseren Ziegen und unseren Kamelen zu sein.«[31] Als er in Marseille an Bord seines Schiffes ging, wusste er die Macht Frankreichs zu schätzen und fragte sich voll aufrichtiger Verwunderung, warum es diese Macht in der Sahara verschwendete. »Ich habe Ihre Schwester getroffen und zwei Tage in ihrem Haus verbracht«, schrieb er Foucauld. »Ich habe Ihren Schwager getroffen. Ich besuchte ihr Anwesen und ihr Château. Und Sie, Sie leben in Tamanrasset, als wären Sie arm.«[32]

16

DER EREMIT VOM ASSEKREM

1910 war ein schlechtes Jahr für Foucauld. Zu dem Verlust von Laperrine kam im Mai der Tod von Guérin und Lacroix und im August der von Huvelin hinzu. Foucauld versuchte, das Beste aus der Situation zu machen. Zum Beispiel schrieb er über Guérin: »Wie glücklich ist er, dass er so jung, mit nur 37 Jahren, heimgerufen worden ist.«[1] Aber Marie de Bondy teilte er mit: »All diese Lücken lassen mich einer Zukunft entgegensehen, die vielerlei Hindernisse bereithalten mag.«[2] Und in einem anderen Brief: »Der Eindruck, meiner Aufgabe nicht gewachsen zu sein, vertieft sich. Ich werde immer müder, ich habe mehr Arbeit vor mir, als ich erledigen kann, und um mich herum ist so vieles nicht in Ordnung.«[3] Er packte Vorräte für 18 Monate ein und zog sich der Ablenkung halber zum Assekrem zurück, um sein Tamacheq-Wörterbuch mit Moussas Sekretär und Dolmetscher Ba Hamou (derselbe Mann, den er Laperrine gegenüber als ›schlimmen Einfluss‹ bezeichnet hatte) zu vollenden. Die Kapelle am Assekrem, kaum mehr als ein Steinkorridor mit zwei Fensterhöhlen und einem Altar am einen Ende, war alles andere als gemütlich. Man brauchte eine Stunde, um 490 Meter bergab zu steigen und den nächstgelegenen Brunnen zu erreichen. Er führte so wenig Wasser, dass Foucauld, wenn eine Antilope vor ihm eingetroffen war, eine weitere Stunde warten musste, bis er sich wieder gefüllt hatte. Doch dafür bot sich von hier ein Ausblick, der einem Alpinisten Tränen des Neides entlockt hätte. Überall erhoben sich die zerklüfteten, noch nie bestiegenen Gipfel des Hoggar, in ihrer Schroffheit so schön wie die schneebedeckten Schweizer Alpen. In den Stunden vor der Morgendämmerung, wenn die Saharabrisen am stärksten wehten, stand Foucauld auf seiner Bergspitze und schaute in die Unendlichkeit. »Die Aussicht ist über alle Beschreibung erhaben. Ihr großer Anblick lenkt die Gedanken auf Gott, und ich vermag kaum die Augen von diesem Bild zu wenden, dessen Schönheit und Unendlichkeitsgehalt so unmittelbar an den Schöpfer der Welt gemahnen. Zugleich sagt mir seine wilde Einsamkeit, dass ich mit Ihm allein bin ... Von meinem Fenster aus sehe ich über die Berge hin und beobachte, wie dahinter die Sonne aufgeht. Ich bin auf dem höchsten der Gipfel und habe eine wunderbare Aussicht nach Süden und Westen, und wenn ich den Sonnenuntergang sehen will, brauche ich nur ein paar hundert Meter weit zu gehen. Wenigstens jeden zweiten Tag erhebt sich ein starker Wind, so dass man sich am Meeresstrande glaubt.«[4]

Er bat seine Freunde, sich seinetwegen keine Sorgen zu machen. »Was Lebensmittel anbetrifft, komme ich mir vor wie Noah in der Arche oder wie jemand, der sich auf eine sechzehnmonatige Seereise begibt, ohne irgendwo anzulegen.«[5] Aber nach sechsmonatiger Arbeit, in deren Verlauf er bei seinen Übersetzungen große Fortschritte machte, war er gezwungen, den Assekrem zu verlassen. Einer der Gründe war, dass Ba Hamou, der schlimme Dolmetscher – der in Wirklichkeit ein pragmatischer und langmütiger Mann gewesen zu sein scheint –, erklärte, er halte es nicht mehr aus. Zudem waren beide Männer schwer krank. Foucauld hatte zwar Proviant für 18 Monate eingepackt, aber er bestand lediglich aus Mehl, Kuskus, Zucker, Salz, Pfeffer, Datteln und Kaffee. Da es ihnen an Frischfleisch und Gemüse fehlte, litten beide Männer nun unter Skorbut. Als Foucauld sich mit einem Mann auf einer langen Seereise verglichen hatte, hatte er ihre Lage durchaus realistisch eingeschätzt.

Seine Rückkehr nach Tamanrasset verschaffte Foucauld die nötigen Vitamine, um wieder zu Kräften zu kommen, und die nötige Gesellschaft, um nicht an seiner Seele Schaden zu nehmen. Obwohl er das Leben in Abgeschiedenheit selbst gewählt hatte, klagte er während seines Aufenthalts in der Sahara stets über Einsamkeit. Nach außen meinte er damit das Fehlen eines Gefährten zum Gedankenaustausch, innerlich den Verlust seiner Eltern. Aber ein Teil von ihm sehnte sich auch nach europäischer Gesellschaft, obwohl er das entschieden bestritt. Nieger notierte: »Eines Abends, als wir vor seiner schäbigen Hütte spazieren gingen, bemerkte er: ›Ich habe einen Abscheu vor der Welt und ihrer Heuchelei.‹ Er sprach von unserer Welt. Ich kann nicht glauben, dass er jene der Tuareg meinte, deren Fehler und Laster er so gut kannte und deren moralisches Niveau höher als unseres war.«[6] Dabei handelte es sich jedoch ebenfalls um Heuchelei, denn wenn Foucauld nicht über seine Einsamkeit wetterte, beklagte er die moralische Verworfenheit der Tuareg, zum Beispiel in einem Brief an Sigonney vom 3. Juli 1910: »Ihr Erstaunen über die Moral der Tuareg überrascht mich nicht. Sie sind

Pater Foucauld vor seiner Einsiedelei (ca. 1915).

unserer Erfahrung so fremd, dass wir es kaum glauben mögen. Im Grunde ist es eine Gesellschaft von Apachen: Die Männer leben von Raub, während die Frauen ihnen applaudieren und so leben, wie es ihnen gefällt.«[7] In Wahrheit war Foucauld froh, andere Europäer um sich zu haben, und dass sie im Winter 1910/11 so zahlreich kamen, trug dazu bei, seine nachlassende Tatkraft wiederherzustellen.

Hérisson war ein häufiger Besucher in Tamanrasset. Manchmal brachte er sein Cello mit, das, obwohl zerbeult, angebrochen und verformt, immer noch eine Melodie hervorbrachte. Foucauld missbilligte derlei Frivolitäten, konnte sein Interesse jedoch nicht verbergen. Einmal marschierte er beim Empfang des Arztes aus seiner Hütte hinaus und wollte sofort wissen, womit sich Hérisson in Fort Motylinski beschäftigt habe. Dieser erwiderte, er habe ein wenig Arabisch und ein bisschen Tamacheq gelernt sowie einen Fall von Bronchitis, einen anderen von Rheumatismus und einen dritten von Syphilis kuriert. Außerdem habe er auf seinem Cello gespielt. »Es ist Zeitverschwendung, Cello zu spielen«,[8] knurrte Foucauld und stieß das krumme Instrument mit dem Finger an. Doch er war verblüfft, als Hérisson erklärte, Tuaregfrauen hielten sein Cello für einen musikalischen Giganten, verglichen mit ihren einsaitigen Violinen. Einige von ihnen hätten sich ein paar langsame Walzer angehört und dann einer Pockenimpfung zugestimmt.

Nieger, dem wie Laperrine das baldige Ende seiner Dienstzeit in Afrika bevorstand, war ein weiterer häufiger Besucher der »Fregatte«. Im Unterschied zu Hérisson, der von heiteren Anekdoten überquoll, beobachtete Nieger den Pater mit dem scharfen Auge des Soldaten. »Er hatte einen eisernen Willen und hielt seine Ungeduld im Zaum. Wenn er eine Meinung zum Ausdruck brachte, hob er kaum die Stimme. Nur in Momenten der Krise kamen seine Reflexe eines Kavallerieoffiziers zum Vorschein. Dann ließen seine Gesten Energie und Entschlossenheit erkennen, und seine Stimme und seine Pläne bildeten einen überraschenden Kontrast zu seiner sonstigen Sanftheit. Nur wenn es der Sache diente, nahm er Kontakt mit uns auf. Seine Freundlichkeit konnte seine Ungeduld über sinnlose Besuche nicht verbergen. Seine Nachsicht und seine Geduld waren unterschiedlich dosiert: unglaublich hoch für Kinder und gewöhnliche Menschen, ansonsten je nach dem geistigen Niveau seines Gesprächspartners abnehmend.«[9]

Als Foucauld in Tamanrasset eintraf, hatte er geschrieben: »Solange Frankreich nicht in einen europäischen Krieg verwickelt wird, dürfte dieser Ort wohl Sicherheit bieten; bräche aber ein europäischer Krieg aus, besonders einer, in dem das Waffenglück sich gegen Frankreich wendete, so würde es wahrscheinlich im ganzen Süden, hier so gut wie anderswo, zu Aufständen kommen.«[10] Frankreich befand sich noch nicht im Krieg, aber der europäische Frieden war bereits erschüttert, und Afrika wurde in den Konflikt hineingezogen, wie Foucauld vorhergesagt hatte. Die Großmächte, die über Europas Schicksal entschieden, waren Großbritannien, Frankreich, Deutschland, Österreich-Ungarn, Russland und das Osmanische Reich, und diese sechs kontrollierten auch die Geschicke einer Mehrheit der Weltbevölkerung. Sollte eine von ihnen fallen – und einige standen am Rande des Zusammenbruchs –, würde es, was den Kolonialbesitz betraf, zu einer Kettenreaktion kommen – mit möglicherweise katastrophalen Folgen. Im Jahre 1909 begann das Osmanische Reich zu bröckeln.

Die Jungtürken, die in jenem Jahr die Macht in Konstantinopel an sich rissen, beabsichtigten, den korrupten Staat zu demokratisieren und den autokratischen Sultan zu einem konstitutionellen Monarchen zu machen. Mit Letzterem hatten sie Erfolg, und bis zu einem gewissen Grade auch mit ihren Demokratisierungsplänen. Aber dafür opferten sie eine jahrhundertealte Tradition und damit das einzige Element, das die vielen peripheren Nationen an Konstantinopel band. Im Laufe der folgenden Jahre wurden die Randgebiete des Osmanischen Reiches zu einer willkommenen Beute für alle, die sie haben wollten. Russland unterstützte Bulgarien bei dessen erfolgreichem Streben nach Unabhängigkeit, Österreich-Ungarn schob sich verstohlen nach Bosnien vor, und Italien, das bis dahin eher ein Außenseiter gewesen war, demonstrierte Großmachtambitionen, indem es Tripolitanien besetzte. Am 4. Oktober 1911 bombardierte die italienische Flotte Tripolis und danach auch Bengasi, bevor Italien eine 100 000 Mann starke Streitmacht entsandte, die mit einer türkischen Armee kurzen Prozess machte, deren Stärke kaum ein Drittel davon betrug. Am 18. Oktober 1912 unterzeichneten Rom und Konstantinopel den Friedensvertrag von Ouchy, und wie die meisten anderen Nationen Europas hatte Italien endlich seinen Platz an der Sonne gefunden.

Für Frankreich hatte die politische Neuordnung Nordafrikas unterschiedliche Folgen. Einerseits konnte es seine Grenze dadurch klammheimlich ausdehnen, so dass Dschanet zu einem Teil Algeriens wurde. Aber andererseits sahen sich die Senussi, welche die türkische Herrschaft von vornherein abgelehnt hatten und über die Ankunft der Italiener nun noch zorniger waren, in ihrem Widerstand ermutigt. Von wandernden Marabuts aufgehetzt, verbündete sich die islamische Bevölkerung Tripolitaniens mit den Senussi. Durch abwechselnde Angriffe auf Italiener und Franzosen wurde das von Laperrine sorgfältig aufgebaute Herrschaftssystem zunichte gemacht. Die Wut der Einheimischen, die sich zuerst in Tripolis entladen hatte, griff auch auf die Wüste über. Immer häufiger kam es zu Grenzzwischenfällen, und im Winter 1911/12 wurden zwei französische Patrouillen durch Senussikrieger massakriert.

Die Situation ließ Foucaulds am wenigsten christliche Eigenschaften hervortreten. »Solche Übergriffe sollten streng bestraft werden«, riet er einem General. »Sie sind inspiriert, wenn nicht tatsächlich angezettelt von diesem verfluchten Abidine, den Sie von Timbuktu her kennen müssen. Ich an Ihrer Stelle würde alle verfügbaren *méharistes* nehmen, sie nach Südmarokko schicken, wo er sein soll, den Übeltäter fangen, sofort an die Wand stellen und ihm ein Dutzend Kugeln durch den Leib jagen.«[11] Verglichen mit den Senussi erschienen Attici und seine Männer wie bloße Opportunisten, und als sie von *méharistes* aus In Salah in die Flucht geschlagen wurden, sandte Foucauld dem Garnisonskommandeur einen Brief mit Glückwünschen: »Die Flucht Atticis ... berührt niemanden als ihn selber. Für uns ist sie das Beste, unter der Bedingung, dass weder ihm noch Sidi ag Khatkhat erlaubt wird, je auf französisches Territorium zurückzukehren, und die Weisung ergeht, sie ohne weiteres zu erschießen, wenn sie es trotzdem tun. Die Ausweisung ist das Beste, was geschehen konnte, und noch besser ist, dass sie selbst daran schuld sind ... Hätten wir sie getötet, so hätte das einen üblen Nachgeschmack hinterlassen, aber durch ihre dauernde Ausweisung unter Androhung der Todesstrafe erledigt sich alles nach Wunsch.«[12]

Er machte sich kaum Sorgen wegen möglicher Auswirkungen der Unruhen auf den Hoggar. »Die Tuareg, die sehr laue Moslems sind«, versicherte er seiner Cousine, »betrachten den heiligen Krieg, die Türken und Italiener mit derselben Gleichgültigkeit.«[13] Das stimmte nicht ganz, denn Marabuts der Senussi hatten bereits begonnen, über die Handelsrouten der Sahara vorzudringen, wobei sie sich manchmal an Armeekolonnen anhängten. Aber im Allgemeinen traf seine Einschätzung zu. Die Tuareg hatten in jenem Winter viel wichtigere Dinge im Sinn. Erstens hatte es in Tamanrasset seit 20 Monaten nicht geregnet, und zweitens waren die beiden Ernten von 1911 (Weizen im Frühjahr, Hirse im Herbst) durch Heuschrecken ruiniert worden. »Deshalb fehlt es an Nahrungsmitteln und auch an Kleidungsstücken, da man sich diese sonst aus dem Erlös von Butter und Schlachttieren verschafft.« Die Kindersterblichkeit liege bei 25 bis 30 Prozent, und die Menschen seien »in großer Not«[14], wie Foucauld schrieb.

Das kümmerte Paris nicht. Warum sollte es sich wegen einiger Raubüberfälle an einer Grenze beunruhigen, von deren Existenz kaum jemand wusste und an der man wenig Interesse hatte? Italien war eine moderne Industrienation, der es nicht schwer fallen sollte, eine Handvoll zerlumpter Rebellen niederzuwerfen. Und falls sich der Aufstand auf die algerische Sahara ausweitete, waren Laperrines *méharistes* in In Salah, Fort Polignac und Fort Motylinski mühelos in der Lage, mit ihnen fertig zu werden. Überhaupt waren die Franzosen sehr zufrieden mit Nordafrika, denn im März 1912 hatte Lyautey ihnen endlich Marokko übergeben – nicht auf einem Tablett als Kolonie, sondern, was noch bequemer war, auf der Anrichte als Protektorat, das heißt als saftigen Braten, von dem sie sich nach Belieben bedienen konnten, während der neu eingesetzten Marionettenregierung nur die abgenagten Knochen blieben. »Algerien, Tunesien, Marokko, der Sudan, die Sahara – was für ein wunderschönes Reich!«, triumphierte Foucauld. »Vorausgesetzt, wir zivilisieren es, französisieren es ... In 50 Jahren wird dieses Reich eine prächtige Erweiterung Frankreichs sein.«[15] Nach Einschätzung von Paris waren seine Besitzungen ungefährdet.

Die Wüste, zuvor ein Sperrgebiet, das Nichtarmeeangehörige nur mit Genehmigung aus Algier oder Paris passieren konnten, wurde für alle Europäer geöffnet. Viele kamen und auf vielerlei Art. Der Berliner Kaiserliche Aeroclub meldete Interesse an einer Durchquerung der Sahara per Flugzeug, Luftschiff und Auto an. Im Februar 1912 erfuhr Foucauld, dass ein polnischer Philosoph, der sich von nichts als Datteln ernähre, zu Fuß von Algier nach Timbuktu unterwegs sei. Im Dezember berichtete die *Times*, ein gewisser General Bailloud habe die 200 Kilometer zwischen Biskra und Tuggurt mit einem sechsrädrigen, propellergetriebenen Schlitten zurückgelegt (danach scheint man nie wieder von diesem wundersamen Gefährt gehört zu haben). Und natürlich brach einmal mehr eine Gruppe von Landvermessern auf, um eine Route für die Transsaharabahn zu kartieren.

Diese Gruppe, welcher der allgegenwärtige Chudeau angehörte, wurde von *méharistes* unter dem Kommando von Nieger und einem gestrengen Leutnant namens Paul Duclos begleitet, der gerade nach In Salah versetzt worden war. Anders als Hérisson war er mit voller Ausrüstung eingetroffen und brannte darauf, Karriere zu machen. Er hielt die Operation für Zeitverschwendung. Eingedenk der Bemühungen von Ferdinand de Lesseps, der zwischen 1881 und 1891 insgesamt 20 000 Menschenleben und Millionen von Francs für den gescheiterten Bau des Panamakanals aufgewendet hatte, fragte Duclos sich, wie verantwortlich denkende Franzosen den Plan einer Transsaharabahn ernsthaft erwägen konnten. »Die Bevölkerung der gesamten Sahara reicht nicht aus, um einen einzigen Zug pro Jahr zu füllen«,[16] beklagte er sich bei seinem Vater. Duclos hatte keinen guten Eindruck von den Vermessern und beschrieb sie als »unersättliche Kleinkinder«, die mehr Zeit mit »Säugen« als mit der Arbeit verbrächten. Als sie den Hoggar im April erreichten, hätte er einem der Beteiligten den Hals umdrehen mögen. »Er lehnt sich im Sattel zurück, als wäre er ein Stück Gepäck. Er schützt seine Augen mit einer Brille, Musselin und einer Kapuze. Von Zeit zu Zeit befiehlt er den Einheimischen, Steine zu sammeln, und bewegt sich nur, wenn er etwas trinken muss. Das ist anscheinend die Methode, eine Eisenbahn zu bauen.«[17] Auch Foucauld beeindruckte ihn nicht sehr. Als Nieger ihn anwies, den Mönch aus Tamanrasset abzuholen, schrieb Duclos: »Ich habe den Eremiten mitgebracht … Wahrscheinlich werden wir ihn die Sünde der Völlerei begehen lassen, denn normalerweise lebt er von gekochter Hirse mit daruntergemischten Datteln. Er bot mir etwas davon mit den Worten an, es sei nicht sehr schmackhaft, aber so nahrhaft, ›und das Wasser hier ist so gut, und die Sonnenuntergänge so wunderbar!‹ Das Wasser schmeckte schal, wie ich fand, und die Sonne schien mir in einer Baumwollhaube statt in einem Glorienkranz unterzugehen. Der Eremit treibt die missionarische Barmherzigkeit auf die Spitze, wenn er die Elemente so unverdient preist.«[18]

Unbekümmert ob des Zynismus des Offiziers eilte Foucauld den Assekrem hinauf, um die Barometer einzusammeln, die er dort im Vorjahr zurückgelassen hatte. Dann verbrachte er zwei Wochen damit, Messungen vorzunehmen und den Expeditionsmitgliedern topographische Ratschläge zu geben. Er hielt die Transsaharabahn für ein ausgezeichnetes Projekt, und zwar sowohl als Priester – »Die Eisenbahn ist ein mächtiges Instrument zur Verbreitung der Zivilisation, und die Zivilisation hilft der Christianisierung. Wilde können keine Christen sein!«[19] – wie als Imperialist: »Sie ist notwendig, um unser afrikanisches Reich zu schützen und uns zu befähigen, nötigenfalls so viele Soldaten wie möglich zum Rhein zu transportieren.«[20] Nach seinem Aufenthalt in Niegers Lager kehrte Foucauld nach Tamanrasset zurück, während Duclos sich knurrend nach Süden wandte.

Die Durchquerung der Sahara war für die Franzosen inzwischen eine fixe Idee. Seit den Tagen von Foureau und Lamy empfand man sie als eine Art politischer, praktischer und persönlicher Herausforderung. Politisch gesehen handelte es sich um eine Demonstration französischer Macht. In praktischer Hinsicht gab es immer etwas, das in der Wüste noch fehlte – Straßen, Telegrafenverbindungen, Eisenbahnen –, und für jeden, der die Wüste kennengelernt hatte, wurde ihre Durchquerung zu einer persönlichen Herausforderung. Diese Leistung hatte etwas geradezu Übermenschliches: Wer durch die Sahara reiste, sah Dinge, die kaum ein Sterblicher je zu Gesicht bekam, und kämpfte mit einer Umgebung, deren extreme Bedingungen sich mit denen der Erdpole vergleichen ließ. Sollten Peary, Shackleton, Scott und andere doch mit ihren Vorstößen in unerreichte nördliche oder südliche Breiten prahlen – Frankreich hatte die Sahara.

Das scherte Duclos nicht im Geringsten. Er hasste fast alles an der Reise. Die Tuareg mit ihren Schilden und Speeren kamen ihm wie Schauspieler aus einer komischen Oper vor, und er behauptete, ihre einzige gute Eigenschaft bestehe darin, sich vor einer Kamera natürlich benehmen zu können. Das Land sei wie die Tuareg »eher hässlich als malerisch, eher trostlos als wild«[21]. Agades, das Ziel der Expedition, beschrieb er als »eine verlauste Stadt, genauso armselig wie In Salah, bloß ohne den Sand«[22]. Auf dem Rückweg versicherte er, »dass einige der Brunnen nichts enthielten, was der chemischen Formel H_2O entsprach«[23]. Für das Wasser hatte er nur ein einziges Wort übrig: »*Pouah*!« (in seinem Tagebuch benutzte er die Wendung »*eau natronée*«, die durch ihren Anklang an die Natronbäder, in denen ägyptische Pharaonen mumifiziert wurden, den Eindruck der Fäulnis noch unterstreicht). Er hasste die ausgedehnten Ritte, bei denen er sich einen Musselinschleier, der einst weiß gewesen war, doch nun graue Schweißflecken aufwies, um den Kopf schlang. Nach einem Schluck salzigen Wassers versuchte er »ein Mann zu werden, für den die Außenwelt nicht existiert – oder wenigstens murmele ich mit wachsender Besessenheit vor mich hin, ich sei zu einem solchen geworden. Aber dauernd macht das Kamel irgendeine Bewegung oder ein einzelner Lichtstrahl dringt durch meinen Schleier und meine Chauffeurbrille, um mich eines Besseren zu belehren.«[24] Wenn die Truppe Halt machte, bemühte er sich, alles zu verdrängen, indem er sich in seinen Burnus wickelte: »Wirklich, diese trockenen, heißen Winde verbrennen einem die Haut. Irgendein Schutz ist unerlässlich.«[25] Nach einer kurzen Pause ging die Tortour weiter, und er gelangte schließlich nach Dschanet, das er als militärisch unhaltbar kritisierte. Auch sei der Mangel an Annehmlichkeiten dort noch entsetzlicher als in Agades oder In Salah.

Duclos mag verbittert gewesen sein, und vielleicht dramatisierte er die Beschwerlichkeit seiner Reise über Gebühr, aber seine Beschwerden waren nicht unberechtigt. Die meisten Franzosen empfanden Reisen durch die Wüste als fremdartig und unangenehm. Die Mahlzeiten waren langweilig, denn sie bestanden zumeist aus Büchsensardinen, das Wasser war fast immer schmutzig und der Tagesablauf monoton. Mit Duclos' Worten: »Wenn es stimmt, dass die tägliche Wiederholung der gleichen Handlungen auf gleiche Art den Bourgeois vom Künstler unterscheidet, dann gibt es keinen größeren Bourgeois als einen Saharier auf dem Marsch.«[26] Allerdings hatte die Durchquerung dieses wasserlosen Ozeans etwas unzweifelhaft Erhabenes, und Duclos beschrieb es trotz seiner Antipathie sehr anschaulich in der Darstellung seiner Reise nach In Salah.

Der Offizier steht kurz vor Tagesanbruch auf. Sogleich ist er bereit (denn er schläft in voller Bekleidung). Wenn er sein Zelt verlässt, schnuppert er die Luft, findet sie kühl und wärmt sich die Hände an einem Feuer aus Wurzeln oder getrocknetem Kamelmist. Der Kaffee kocht. Er trinkt ihn und versucht die Tatsache zu ignorieren, dass die Flüssigkeit stärker nach dem Teer des Ziegenleders als nach arabischem Mokka schmeckt. Völlig wach geworden, scheucht er die Männer auf. Die Treiber beladen die Kamele, und es kommt zu einem Konzert, das Wagners Neid geweckt hätte: Flüche in jeder Sprache und dazu von den Blechbläsern ein Ächzen, das einen schaudern lässt. Diese »sanften« Kamele machen einen schrecklichen Lärm. Eine leuchtende Dämmerung zieht auf. Die Wüste offenbart sich unverändert wie immer: ein Rund aus Land, ruhig wie das Meer. Manchmal kann man durch eine rosige Silhouette am Horizont das Vorhandensein von Dünen erkennen. Manchmal entdeckt man *garas*, Felstafeln, die aussehen, als wären sie für Riesen aufgestellt worden. Bald hat man Sand unter den Füßen und bald scharfe Felsen, Steinplatten, die, wie es scheint, nach irgendeiner planetarischen Katastrophe vom Himmel gefallen und zertrümmert worden sind.

Unterwegs marschiere ich mit den Führern voraus, die ihre Kamele am Zügel halten – bis die Sonne höher steht, ist es am besten, zu Fuß zu gehen, um sich zu wärmen. Wir steuern direkt … auf In Salah zu; es ähnelt einem Magnetpol, auf den die Führer zeigen wie menschliche Kompasse. Ich habe einige Erfahrung mit diesen seltsamen Wesen, die eher Brieftauben gleichen als zivilisierten Männern. Sie haben mich von Brunnen zu Brunnen geführt, ohne vom Kurs abzukommen, und ich muss noch ergründen, wie sie in diesem Nichts ohne jeden Anhaltspunkt navigieren. Vier oder fünf Tage lang hört man von ihnen: »*Hak, hak*«, was bedeutet: »Dort, dort vor dir«, und dann, zur angekündigten Stunde, erscheint das kleine schwarze Rechteck eines Brunnens zu deinen Füßen – keine Mauern, keine Balken, nur ein winziger Klecks in der Ebene, den du erst bemerkst, wenn du beinahe hineingefallen bist.

Die Sonne geht auf, rot, rund und gewaltig, als wäre sie einer japanischen Flagge entrissen worden. Innerhalb weniger Minuten triumphiert sie brutal. Du wirfst deinen Burnus ab, umhüllst den Kopf mit einem *cheich* und steigst auf dein Kamel. Danach trägt das Tier dich stundenlang mit langsamem, wiegendem Gang … einem Bethlehem entgegen, das keinen Stern über sich und keinen Gott in seinem Stall hat.[27]

Es gab nur zwei Dinge, die Duclos in der Sahara bewunderte. Das Erste war die herrliche Allmacht, die der Kolonialdienst seinen Beamten verlieh. »Ist es nicht seltsam, ein Militärbefehlshaber in den Oasen zu sein?«, schrieb er seinem Vater. »Du, der du ein unbedeutender Kavallerieoffizier in Frankreich warst, agierst plötzlich als nichtkonstitutioneller Souverän eines Landes, das größer ist als dein eigenes. Gestern noch hast du Befehle von deinem Oberst erhalten und dich gefragt, ob du den Wecker für das Manöver richtig gestellt hast. Heute dagegen hast du die Kontrolle über ein ganzes Volk – über Völker ... Wenn du zu einer Inspektion deines Reiches aufbrichst ... machen Stämme monatelange Pilgerfahrten, um dich zu treffen. Als König der Sahara bist du keiner Regierungsbehörde Rechenschaft schuldig, und obwohl du dem Generalgouverneur von Algerien unterstehst, dauert es wenigstens einen Monat, bis Botschaften bei dir ankommen. So lange hast du Carte blanche.«[28]

Das Zweite, was Duclos sogar noch höher schätzte als die Macht des Offiziers, war die Landschaft. Nach In Salah zurückgekehrt, kletterte er auf eine Düne, um sich den Sonnenuntergang anzuschauen. »Der Himmel war klar, und an seinem Rand bildete die Sonne einen riesigen, roten Ballon ... der rasch aus dem Blickfeld verschwand. Aber noch während sie unterging, glänzte sie weiter, fast als lade sie mich ein, mich umzudrehen und die sterbende Landschaft zu bestaunen ... Das tat ich, und dort lag der Tidikelt zu meinen Füßen. Im Norden bildeten die eckigen Felsen des Tadmait einen schattenhaften Gürtel. Im Süden und Osten hob sich ein sanfter Hang dem Himmel entgegen, dessen Bläue geradezu durchscheinend war. Und vor diesem lohfarbenen Hintergrund wogte die Wüste wie ein Kometenschwanz, der nichts als Goldtöne enthielt. Hier, auf dem Kamm einer Düne, ein Gold, das nahezu weiß war, dort, in der Kuhle zwischen zwei Falten, ein trübes Gold, fast braun, und anderswo dank einer himmlischen Hand, die mit einem Kamm über den Sandboden gefahren zu sein scheint, ein Gold von solcher Vielfalt, dass es die Phantasie jedes Landschaftsmalers auf die Probe stellte.«[29] Durch all das erstreckte sich der Tuat, ein Strom aus Grüntönen, der in der bronzenen Zitadelle von In Salah endete. Nach seiner Träumerei rutschte Duclos, knietief im Sand, mit einer ihn verblüffenden Geschwindigkeit hinunter – »es war nicht wie die Rolltreppen, die man in modernen Städten findet, sondern eher wie eine Eisenbahn«[30] – und kehrte zum Kasernenleben zurück. In Salah, das von oben wie eine Stadt aus Bronze gewirkt hatte, wurde zu einem Dorf aus Lehmziegeln, der Tidikelt zu einer Masse formlosen Sandes, und der Tuat zu einer spärlichen Reihe von Palmen, die sich vor dem Nachthimmel abzeichnete. »Die Einbildungskraft«, schrieb er traurig, »weicht der Realität.«[31]

Nach Tamanrasset zurückgekehrt, war Foucauld optimistisch. »[Unser] nordafrikanisches Kolonialreich mit 60 Millionen Einwohnern wird sich in einem Zustand des materiellen Fortschritts befinden, durchzogen von Eisenbahnlinien, voll von Menschen, die es gewohnt sind, mit unseren Waffen umzugehen, und deren Elite in unseren Schulen ausgebildet sein wird.«[32] Er warnte jedoch davor, dass es sinnlos sei, Territorien zu erobern, wenn Frankreich nicht gleichzeitig die Herzen der Bewohner für sich gewinne. »Haben wir bis dahin nicht gelernt, diese Menschen an uns zu binden, dann werden sie uns hinausjagen. Wir werden nicht nur unser gesamtes afrikanisches Reich verlieren, sondern es wird, am anderen Ufer des Mittelmeers, nur ein paar Stunden auf dem Seeweg von uns entfernt, ein feindlicher Nachbar werden, furchterregend und barbarisch.«[33] Seine Lösung bestand darin, die Bewohner zu »gleichberechtigten Brüdern, Brüdern wie wir«[34] zu machen. Doch genau das lehnten die Nordafrikaner ab. Gleichberechtigung mit den Franzosen – vielleicht. Wie die Franzosen zu sein – niemals. In den vergangenen Jahrzehnten hatte Paris zahlreiche Versuche unternommen, seine algerischen Untertanen zu assimilieren. Dazu waren etliche Erlasse verabschiedet worden, die Algeriern im Einklang mit den Prinzipien Freiheit, Brüderlichkeit und Gleichheit gestatteten, die französische Nationalität zu beantragen. Doch man gab die Erlasse widerwillig heraus, und sie sahen keine vollständige Gleichheit vor: Ein Algerier konnte bestenfalls hoffen, als »französischer Muslim Algeriens« eingestuft zu werden. Außerdem wurden die Pläne nie von den *colons* (abwertend auch *pieds noirs* genannt) akzeptiert, das heißt von den weißen Siedlern, die wie alle herrschenden Minderheiten fürchteten, dass Liberalismus ihre eigene Position untergraben könne. Auch die Algerier akzeptierten die Erlasse nicht, in denen stand, dass wer immer die Vorteile der französischen Staatsbürgerschaft genieße, nicht mehr der Rechtsprechung des islamischen Gesetzes unterstehen könne. Dabei handelte es sich offensichtlich nicht um Gleichheit, sondern um eine Kapitulation.

Das auf dem Papier wohlmeinende französische Einbürgerungsprogramm war in der Praxis lediglich eine neue Statusdefinition, damit »einer von ihnen« zu »einem von uns« werden konnte. Die unterdrückte jüdische Gemeinde Algeriens nutzte die Gelegenheit, doch die Muslime weigerten sich. Zwischen 1866 und 1934 gingen nur 2500 auf das Angebot ein. Sogar die Tuareg, die wie Foucauld meinte, »sehr laue Muslime«[35] waren, zogen ihre eigene Lebensweise der europäischen vor. Sie erkannten die französische Autorität an, akzeptierten französische Gewehre, französische artesische Brunnen, französischen Nachschub und gehorchten französischen Offizieren, aber nur unter Druck. Insgesamt wären sie viel lieber in Ruhe gelassen worden. In Tunesien, wo man die Idee der »Französisierung« weniger energisch umsetzte – abgesehen von der großen Statue Kardinal Lavigeries am Tor der Medina (Altstadt) von Tunis –, herrschten die gleichen Gefühle. Selbst in Marokko, wo der Generalbevollmächtigte Lyautey den Islam nicht nur verstand und respektierte, sondern auch verfügte, dass die Verwaltung seinem Beispiel folgte, hätte es der Bevölkerung besser gefallen, wenn die Franzosen in Frankreich geblieben wären. Nur sehr wenige Franzosen begriffen, dass die Menschen Nordafrikas allen Ernstes keine französischen Bürger werden wollten.

Im Jahre 1913 tat Foucauld sein Möglichstes für die imperiale Sache, indem er mit einem 22jährigen Tuareg eine Reise durch Frankreich unternahm. Der Mann – er hieß Uksem – war unter französischer Herrschaft aufgewachsen und, wie Foucauld schrieb, »intelligent, ehrlich, ernst. Ich behandele ihn wie mein eigenes Kind, und er bringt mir eine sehr liebevolle Zuneigung entgegen.«[36] Außerdem war er der Thronfolger eines Tuareghäuptlings und deshalb einer Sonderbehandlung wert. Uksems Reise folgte einem ähnlichen Schema wie die Moussas im Jahre 1910. Er fuhr erster Klasse mit einem Dampfer nach Marseille, besichtigte ein Schlachtschiff und zahlreiche Kirchen, wurde Foucaulds Angehörigen vorgestellt, in Paris herumgereicht, und dann – »ihr Tuareg solltet die Alpen sehen«[37] – von Laperrine in die Schweiz geschleppt, bevor er, nach dreieinhalbmonatigem Aufenthalt in Europa, nach Algerien zurückkehrte. Foucauld hielt das Ganze für einen Triumph. In Paris jubelten Menschenmengen Uksem und ihm zu, und als der junge Tuareg einmal zur Teilnahme an der Familienandacht eingeladen wurde, wollte er die Kapelle zwar nicht betreten, vergoss jedoch Tränen beim Anblick solcher Frömmigkeit. Foucauld war sehr erfreut darüber, dass »Uksem auf unserer Reise die ganze Zeit keinen Augenblick betrübt oder krank war und sich immer denkbar angenehm unterhielt«[38].

Die hartgesottenen Offiziere des Saharakommandos, denen Foucauld diese Geschichten erzählte, waren skeptisch. Über den Empfang in Paris schrieb ein gewisser Hauptmann Augieras, Foucauld habe geschildert, »wie er mit seinem Tuareg ... in die Offiziersmesse am Place de l'Opéra eingeladen worden sei. Als er sich mit seinem Schützling auf dem Balkon zeigte, lief unten auf der Straße eine große Menge zusammen, vor allem aber zog die fremdartige Tracht des Tuareg die Aufmerksamkeit der Frauen des gegenüberliegenden Warenhauses auf sich. Immer von neuem betonte Pater de Foucauld den Erfolg, den sein Tuareg gehabt habe. De Foucauld war, wie mir schien, der Spitzel Laperrines. Auch von Arabern hörte ich ihn ›*kaoued*‹ nennen, was etwa die gleiche Bedeutung hat.«[39] Lehuraux, normalerweise ein Anhänger Foucaulds, mokierte sich über Uksems Tränen der Demut: »Mir kommt es wahrscheinlicher vor, dass Uksems Tränen, wenn er wirklich welche vergoss, seiner geliebten Ranbechicha galten, die er erst wenige Tage vor seiner Abreise nach Frankreich geehelicht hatte. Ich traf Uksem bei seiner Rückkehr von dieser denkwürdigen Reise. Er schien ... keine besonders klaren Erinnerungen an irgend etwas, das er gesehen hatte, mit zurückgebracht zu haben. Vor allem freute er sich, dass er zu seinen Zelten und seinem Nomadenleben zurückkehren und seiner jungen Frau eine Menge Geschenke aus Frankreich mitbringen konnte.«[40]

Im Jahre 1913 machte Foucauld eine weitere Reise nach Frankreich. Diesmal wollte er Massignon überzeugen, sich ihm in der Wüste anzuschließen. Doch dieser lehnte ab, denn er hatte ein Angebot des Sultans der Türkei zum Studium in Kairo erhalten und stand zudem kurz vor seiner Hochzeit. Es war Foucaulds letzter Besuch in Frankreich, und er kehrte mit einem Gefühl der Endgültigkeit – möglicherweise auch der

Frustration – nach Tamanrasset zurück. Selbst diejenigen, die seiner Union beitreten wollten, blieben seiner Bruderschaft fern, und es war unwahrscheinlich, dass zu seinen Lebzeiten eine religiöse Gemeinschaft im Hoggar gegründet werden würde. Im Jahre 1912 hatte er auf dem Weg nach Algier eine begeisternde Rede vor einer Versammlung Weißer Schwestern gehalten, die mit den Worten endete: »Wer unter euch, meine Schwestern, würde sich gern für die Tuareg opfern?«[41] Sämtliche Frauen der Gemeinde erhoben sich schweigend und bewiesen damit, dass sich der Kreuzfahrergeist nicht auf ihre Ordensbrüder beschränkte. Die Kirchenbehörden, von der militärischen ganz zu schweigen, wollte jedoch von dem Plan nichts wissen. Obwohl die kirchenfeindliche Bewegung in Paris zur Ruhe gekommen war, bemühten sich die Weißen Väter immer noch, keine Aufmerksamkeit zu erregen, und obwohl Laperrine inzwischen in Frankreich weilte, teilte das Militär weiterhin seinen Argwohn gegenüber lästigen Weltverbesserern. Beide Seiten hielten es für ratsam, wenn die Missionare und Missionarinnen blieben, wo sie waren.

Foucauld hatte einen Punkt in seinem Leben erreicht, an dem er nicht noch einmal von neuem beginnen konnte. Die Reise von 1913 war sein letzter Versuch, den Hoggar zu christianisieren; danach fand er sich mit der Einsamkeit von Assekrem und der »Fregatte« ab. Er wies die Zivilisation nicht zurück und begrüßte ihre wenigen Erscheinungsformen, die er zu Gesicht bekam. Als General Bailloud (der diesmal nicht mit einem propellergetriebenen Schlitten, sondern auf einem Kamel eingetroffen war) einen Apparat nach Tamanrasset mitbrachte, mit dem er den Empfang von Funkwellen testen wollte, legte Foucauld das Ohr daran und war verblüfft, eine Sendung vom Eiffelturm zu hören. »Faszinierend!«, schrieb er Laperrine. »Schade, dass Nieger den TSF (*Télégraphe sans fil*) bei seiner letzten Transsaharamission nicht dabei hatte.«[42] Aber er wurde älter und müder. Hérisson erinnerte sich an ein Weihnachtsfest, bei dem Foucauld ihm seine Lebensgeschichte erzählte: vom Tod seiner Eltern und den Spaziergängen mit seinem Großvater durch die Wälder bei Saverne im Elsass, wo nur Vögel und Insekten zu hören gewesen seien. »›Ich liebte die Einsamkeit‹, sagte er wehmütig. Dann gab er sich einem Wachtraum hin. Pater de Foucauld sah sich wieder als Kind. Sein Gesicht entspannte sich, und er sinnierte laut vor sich hin, wobei er meine Anwesenheit vergaß. Plötzlich kam er zu sich, warf mir einen Blick zu und entschuldigte sich mit einem traurigen Lächeln. ›Sie müssen verstehen, ich bin immer ein Wilder gewesen.‹«[43]

Ende 1913 fügte Foucauld seinem Testament einen Nachtrag hinzu: »Ich wünsche dort, wo ich sterbe, beerdigt zu werden. Das Begräbnis soll ganz einfach sein, ohne Sarg, das Grab schmucklos und ohne Gedenkstein, nur ein hölzernes Kreuz soll darauf errichtet werden.«[44]

17

»ES IST DIE STUNDE MEINES TODES«

Frisch gewaschen, doch bereits schweißtriefend saß Leutnant Paul Duclos nackt auf dem Sitz seiner Duschvorrichtung. Seine Füße waren in das Wasser getaucht, das sich in der Blechwanne angesammelt hatte. Hin und wieder fiel ihm ein Tropfen aus der versiegenden Brause auf den Kopf. Das Thermometer zeigte 48°C an. Über einen Notizblock gebeugt versuchte er, seinem Vater die Beschwerlichkeit des Lebens in In Salah während der Monate Juli und August zu beschreiben.

> Tagsüber zieht man sich in einen dunklen, gut besprengten Raum zurück, der durch Elektroventilatoren mit höchster Geschwindigkeit oder durch große »Punkahs« belüftet wird, die von draußen durch einen Einheimischen betrieben werden. Kein Sonnenlicht dringt herein, und in dieser künstlichen Nacht liegt der Leidende nackt von Kopf bis Fuß wie ein Krieger des Altertums auf einem niedrigen Bett, das ihm gestattet, von den feuchten Fliesen ein wenig Kühlung gespendet zu bekommen. Er trinkt Eislimonade mit einem langen Strohhalm, ohne sich zu rühren, ohne auch nur den Kopf zu bewegen, und erlangt dadurch ein Quentchen innerer Frische. Wenn er schläft, bemüht er sich, an nichts zu denken, denn selbst das Denken ist zu anstrengend. Wenn er aufsteht, dann nur, um sich in ein Bad in seiner Nähe zu stürzen. Aber das Wasser aus den Rohren ist zu warm, und er muss einen Eisblock hineinwerfen, um es auf eine annehmbare Temperatur zu bringen. Das ist der Moment, in dem er vielleicht, falls er noch zum Lesen fähig ist, einen Vorhang öffnet – doch er tut es auf so raffinierte Weise, so dass nur ein einziger Sonnenstrahl auf sein Buch oder seine Zeitschrift fällt.[1]

Duclos hatte gelesen, dass die Angelsachsen glaubten, ihr Klima habe sie robuster als die romanischen Völker gemacht. »Sollen sie doch hierherkommen und sich überzeugen, wie albern diese Theorie ist«, spottete er. »Der Kampf gegen die Celsiusgrade, wenn das Quecksilber bei 40 ankommt, das ist es, was den Charakter eines Mannes härtet und das trübste Hirn aufrührt.«[2]

Im Juli und August 1914 herrschte eine denkwürdige Hitze. Es war heiß in Frankreich, und es war heiß in Großbritannien, Deutschland und Österreich-Ungarn. Vom Londoner Hyde Park bis Unter den Linden in Berlin leuchteten Sonnenschirme, während die feine Gesellschaft zu den Abschiedsklängen einer untergehenden Epoche flanierte. Auch in der Sahara war es sehr heiß. Den gesamten Sommer hindurch hatten sich die Offiziere von In Salah, Fort Motylinski und Fort Polignac in ihren Zimmern abgekapselt, um auf die Erlösung des Septembers zu warten. Aber der September 1914 bescherte ihnen die Nachricht, dass Frankreich und Deutschland seit einem Monat miteinander im Krieg lägen. Mit einem Schlag leerte sich die Wüste. Die Ideen der Freiheit und des Individualismus, die so viele Saharier inspiriert hatten, wurden von einer Aufwallung des Patriotismus weggespült. Wer wollte sich noch in Afrika aufhalten, wenn es eine Chance gab, Rache für die Schmach von 1870 zu nehmen? Die träge Routine des Garnisonslebens wurde von Unruhe und Aufregung abgelöst, während hastig zusammengestellte Karawanen jeden nicht dringend benötigten Mann nach Norden brachten.

Auch Foucauld war nicht dagegen gefeit. Nachdem ein Kurier aus Fort Motylinski ihn am 3. September um fünf Uhr über die Krise in Kenntnis gesetzt hatte, schrieb er sofort an Laperrine: »Könnte ich mich nicht an der Front als Kaplan oder Krankenpfleger nützlich machen? Wenn Sie mir nicht schreiben, ich solle kommen, werde ich bis zum Frieden hier bleiben. Rufen Sie mich jedoch, so werde ich sofort und schnellstens kommen.«[3] Es dauerte zwei Monate, bis Laperrines Antwort in Tamanrasset eintraf. Das Telegramm enthielt nur ein einziges Wort: »BLEIBEN.« Laperrine ging davon aus, dass der Krieg bis Weihnachten vorbei sein werde. Aus der Dunkelheit seiner Duschkabine gab Duclos eine realistischere Einschätzung ab. »Betet nicht für mich«, schrieb er seinen Eltern. »Betet nicht für uns. Betet für Frankreich. Nach 44 Jahren des Wartens wird die Herrschaft der Gerechtigkeit entsetzlich sein.«[4]

Trotz des Abzugs so vieler ihrer Soldaten waren die Franzosen weiterhin zuversichtlich, dass sie ihre nordafrikanischen Territorien nicht verlieren würden. Abweichend von seinen Befehlen hatte Lyautey seine Männer nicht entlang der Küste verteilt, sondern im Kern von Marokko konzentriert, weil er überzeugt war, dass jegliche Rebellion nicht von außen kommen, sondern innerhalb des Landes aufflammen würde. Diese Maßnahme sorgte dafür, dass Marokko, obwohl dort Blut vergossen wurde, den gesamten Krieg hindurch unter französischer Kontrolle blieb. In Algerien rekrutierte das Militär bewaffnete Siedler, um einen Aufstand niederzuschlagen. Im Hoggar kümmerten sich die Tuareg nicht um das, was sich in Europa abspielte. Und Frankreich konnte sich darauf verlassen, dass Italien die tripolitanische Grenze durch Patrouillen sichern würde. Italien hatte im Krieg noch keine Position bezogen, doch die Beziehungen zwischen den Befehlshabern vor Ort waren herzlich. »Deutschland hat Frankreich den Krieg erklärt«, warnte der italienische Kommandeur von Ghat seinen Kollegen in Fort Polignac. »Wenn Italien sich [auf die Seite der Deutschen] schlägt, werde ich Sie morgen mit all meinen Kräften angreifen. Aber hier ist erst einmal eine Flasche Asti.« Der französische Offizier erwiderte: »Ein ausgezeichneter Wein. Vielen Dank. Ich werde die halbe Flasche übriglassen, damit ich Ihnen das letzte Glas einschenken kann, wenn Sie mir Ihre Kapitulation überbringen. Ich habe 100 *méharistes*, und wenn es zwischen uns zum Gefecht kommt, werden Sie von Ihrem Nachschub abgeschnitten sein und auf grässliche und widerwärtige Art verhungern.«[5]

Doch im Frühjahr 1915 trat Italien in den Krieg gegen Deutschland und Österreich-Ungarn ein, und seine nordafrikanischen Truppen wurden wie die Frankreichs nach Europa abgezogen. In den wenigen Jahren ihres Aufenthalts in Tripolitanien waren die Italiener nie wirklich in das Landesinnere vorgedrungen. An der Küste hatten Tausende ihrer Siedler ein Auskommen gefunden – ähnlich wie die Franzosen in der ersten Phase ihrer Eroberung Algeriens –, aber im Inland waren die italienischen Garnisonen kaum stärker als jene ihrer türkischen Vorgänger, und als sie durch die Kriegsanstrengungen noch weiter ausgedünnt wurden, schlugen die Senussi zu. Sie waren keine Bande von Rebellen mehr, sondern eine große, gut organisierte Streitmacht, die von Deutschland und der Türkei unterstützt wurde. Im Januar 1915 vertrieben sie die Italiener aus Ghat und brachten Material – Gewehre, Artillerie und Munition sowie genug Proviant, um eine Armee sechs Monate lang im Feld zu ernähren – in einem Umfang in ihre Gewalt, der sie jeder anderen Truppe in der Nachbarschaft ebenbürtig machte (der Rückzug der rund 250 in Ghat stationierten Italiener über den Tassili nach Fort Polignac ist eine der vielen vergessenen Horrorgeschichten des Ersten Weltkriegs). Bis dahin hatte Frankreich sich stets auf seine überlegene Bewaffnung verlassen, denn die *méharistes* leisteten zwar ausgezeichnete Arbeit, aber manchmal, wie etwa in Dschanet, musste man schwere Geschütze auffahren. Nun verfügten die Senussi jedoch ebenfalls über schwere Geschütze und hatten von den Türken gelernt, sie zu bedienen. Zum erstenmal in der Geschichte seiner Herrschaft über die Sahara stand Frankreich einem ebenbürtigen Feind gegenüber.

In Tamanrasset tat Foucauld sein Bestes für die französischen Kriegsanstrengungen. Er ließ die Tuaregfrauen Kleidungsstücke stricken, wie es Ehefrauen und Töchter in Europa bereits taten, er sichtete seine Vorräte – »eine 7,5 cm lange und 2,2 cm dicke Wachskerze bester Qualität, brennt fünf Stunden«[6] –, und er verringerte seinen eigenen Konsum. Foucauld verstand sich darauf, Vorräte zu rationieren, und er trieb die Sache natürlich auf die Spitze. Hérissons Nachfolger in Fort Motylinski, Dr. Vermale, war empört, als er den Pater wegen Skorbuts behandeln musste. »Er führt das ungesündeste Leben, das sich denken lässt. Unaufhörlich arbeitet er, ohne je auszuruhen oder sich Bewegung zu verschaffen – unglaublich töricht! Ich kam gerade noch zur rechten Zeit«[7] (zum Glück für Foucauld hatte Hérisson in Fort Motylinski Feigen-, Äpfel-, Birnen- und Aprikosenbäume gepflanzt; ihre ersten Früchte mögen die Genesung des Paters beschleunigt haben). Es gab jedoch eine unfreiwillige Form der Rationierung, die Foucauld überhaupt nicht zusagte. Früher hatte er wenigstens mit ein paar Besuchern pro Jahr rechnen können, nämlich mit Offizieren, Mannschaften und Zivilisten aus Motylinski oder In Salah. »Es ist sehr praktisch«, schrieb einer der Gäste über die »Fregatte«. »Man konnte dort einen Offizier finden, der auf seinem Klapptisch in der Kapelle einen Bericht verfasste, den Oberst im

Hauptteil des Hauses, einen dritten Offizier beim Kartenstudium auf der Schwelle und Pater de Foucauld selbst.«[8] Nun stellten sich jedoch immer weniger Europäer in seiner Hütte ein, und Foucauld vermisste ihre Gesellschaft. Die Tuareg brachten ihm Zuneigung entgegen – zum Beispiel hatten sie ihn aufgefordert, für Moussas verstorbene Tante zu beten –, aber das war kein Ersatz. »Morgen werden es zehn Jahre, seit ich in Tamanrasset zum erstenmal die Messe las«, schrieb er Marie de Bondy, »und keine einzige Bekehrung.«[9] Aber seine Tamacheq-Übersetzungen nahmen ihn in Anspruch, und auch wenn er nicht in der Lage war, mit seinen Freunden zu sprechen, so konnte er ihnen wenigstens schreiben.

Das ganze Jahr 1915 und die ersten Monate des Jahres 1916 hindurch hielt Foucauld seine Freunde und Verwandten über alle Entwicklungen in der Sahara auf dem Laufenden. Kuriere waren nicht so leicht zu finden wie in früheren Tagen, als er in seinem verschlüsselten Briefwechsel mit Guérin Komplotte geschmiedet und in keiner Weise versucht hatte, seine Gefühle zu verbergen. Marie de Bondy schrieb er über eine Schlacht zwischen Moussa und den Senussi: »Sie fand weit von hier statt. Beunruhige Dich nicht. Welch ein Gegensatz zwischen der Natur, die in unseren abgelegenen Bergen so still, so schön, so friedlich ist und den Menschen, die allezeit und allerorten und für die Eingeborenen auf so niedrige und schmachvolle Weise den himmlischen Frieden der Schöpfung stören.«[10] Und weiter zum Thema Flandern: »Der jetzige Krieg erinnert mich an die Kreuzzüge. Die hatte ich nie recht verstehen können … Jetzt begreife ich. Damals wie jetzt ging es um christliche Kultur, die Unabhängigkeit der Nationen, die Freiheit der Kirche.«[11] Nachdem Foucauld erfahren hatte, dass ein Priester an der Front gefallen war, erkundigte er sich bei Laperrine: »Wenn die Gesetze der Kirche mir erlaubten, mich freiwillig zu melden, sollte ich es dann tun? Wenn ja, wie gelange ich wohl an die Front? Zwischen der winzigen Einheit, die ich bilde, und Null ist kaum ein Unterschied, aber es gibt Augenblicke, wo jeder sich stellen sollte.«[12] Im Frühjahr 1916 brauchte er sich nicht mehr freiwillig zu melden, denn der Krieg hatte ihn erreicht.

In den vorangegangenen sechs Monaten waren die Gefechte an der Grenze zahlreicher und brutaler geworden. Am 2. Oktober 1915 töteten 3000 Senussi Hauptmann Bermond und die Hälfte seiner 400 Mann starken Truppe im Vorposten Um-Suig. Die Oase Dehibat wurde bei elf verschiedenen Gelegenheiten angegriffen. Im November drangen die Senussi nach und nach in den Adscher vor, und im Februar 1916 marschierten sie auf Dschanet. Davon hörte Paul Duclos – er war mittlerweile Rittmeister Duclos von In Salah, verantwortlicher Offizier für den Tidikelt – erst, als am 14. März zwei *méharistes* vom Tassili auftauchten und ihm eine Nachricht überbrachten. Sie stammte von dem Feldwebel, der die Garnison Dschanet befehligte: Seit dem 6.März werde Dschanet von über 1000 mit Kanonen und Maschinengewehren bewaffneten Senussi belagert. Gefangen an einem Ort, den Duclos zuvor als militärisch unhaltbar bezeichnet hatte, baten der Feldwebel und seine 50 Mann um Hilfe. Duclos brach sofort auf, doch als er am 26. März eintraf, kam er zwei Tage zu spät. Am 24. März, als die Festung in Trümmern lag und die meisten Garnisonsangehörigen tot waren, hatten die übrigen Soldaten das Munitionslager gesprengt und einen verzweifelten Versuch unternommen, die feindlichen Reihen zu durchbrechen. Keiner hatte überlebt. Duclos konnte die Senussi nicht vertreiben und forderte Verstärkung an. Am 16. Mai eroberte er Dschanet nach einer dreitägigen Schlacht endlich zurück. Aber das Fort war so übel zugerichtet und so schwer zu versorgen, dass er sich gleichwohl zurückziehen musste. Kurz darauf wurden auch Fort Polignac und Fort Flatters aufgegeben.

Fort Motylinski war nun isolierter denn je. Außerdem war es erheblich unterbesetzt, denn sein Befehlshaber, Rittmeister de la Roche, hatte seine *méharistes* 500 Kilometer nach Süden geführt, um Angreifer an der sudanesischen Grenze zurückzuschlagen. Die unerfahrenen Offiziere, denen er das Kommando übergeben hatte, Leutnant Charlet und Unterleutnant Constant, mussten sich der tripolitanischen Scharen mit nur 25 Soldaten erwehren. »Vor den Senussi liegt die Straße hierher offen«,[13] schrieb Foucauld besorgt an Laperrine.

Danach, so heißt es in einer seiner Biographien, »erteilte de Foucauld nicht nur Rat, sondern auch Befehle, denen augenblicklich Folge geleistet wurde«[14]. Er ließ fünf Beobachtungsposten im Hoggar errichten und »ordnete an, dass beim ersten Hilferuf oder Alarm die allgemeine Mobilmachung für alle waffenfähigen Männer in Kraft tritt«[15]. Daneben teilte er Leutnant Charlet unumwunden mit, der Verteidi-

bordj-*Einsiedelei Foucaulds, 1916.*

gungsplan für Fort Motylinski sei »untauglich und absurd«[16]. Die Festung sei zwar stark, aber sie habe keinen Brunnen und könne einer massiven Belagerung nicht widerstehen. Viel besser sei es, ein neues Fort in Tamanrasset zu bauen. Dieser Vorschlag wurde befolgt. Im Jahre 1915 errichtete eine Gruppe von Soldaten aus Fort Motylinski – unter Foucaulds Aufsicht und nach seinen Entwürfen – eine neue Bastion auf einer 275 Meter hohen Erhebung östlich von Tamanrasset. Es handelte sich um ein Geviert von 15 Meter Seitenlänge mit jeweils einem Turm an den Ecken sowie fünf Meter hohen und drei Meter dicken Mauern, umgeben von einem zwei Meter breiten und einem Meter tiefen Graben. Im Innern befanden sich eine Kapelle, ein Lagerraum, ein Vorratsraum, ein Munitionslager und ein verlässlicher tiefer Brunnen. Das Fort hatte außen eine einzige Tür, die man über eine schmale Brücke erreichte. Dahinter befand sich ein aus Backsteinen gemauerter Gang mit einer weiteren Tür am anderen Ende. Die Außentür war durch schwere Schlösser und einen Eisenriegel gesichert. Da sie sehr niedrig war, musste man den Kopf beugen, um einzutreten, und rund einen Meter vom Eingang entfernt sorgte eine Brandmauer für weiteren Schutz. Wäre nicht der Lehmverputz gewesen, der die Ecken glättete und die Treppen sanft rundete, hätte das Fort von irgendeinem französischen Baumeister des Mittelalters angelegt worden sein können. Sogar Foucauld war ein wenig erstaunt über sein Werk: »Ich habe meine Einsiedelei in eine Festung umgewandelt«, schrieb er Laperrine. »Wenn ich meine Zinnen überschaue, denke ich an die Klöster und befestigten Kirchen des Mittelalters. Wie das Alte wiederkehrt, und wie das längst vergangen Geglaubte neu ersteht!«[17]

In seinen Briefen an Duclos bezog er einen härteren und immer militärischeren Standpunkt. »Was die großen nordafrikanischen Häuptlinge angeht, so halte ich es für notwendig, dass man sie ausschaltet und an ihre Stelle eine wohlausgewählte französische Verwaltung setzt. Moussa mag bis zu seinem Tode bleiben, sollte aber keine Nachfolger erhalten. Die Herrschaft der *amenoukals* weiterbestehen zu lassen hieße die jetzigen Übelstände sanktionieren und sie mit der Trikolore behängen.«[18] Als Duclos eine strengere Disziplin einzuführen beabsichtigte, unterstützte Foucauld ihn begeistert. »Ich stimme Ihnen durchaus in allen Punkten bei: über die unbedingte Notwendigkeit der strengen Unterdrückung von Verbrechen, Fahnenflucht, Aufruhr, Übergehen zum Feind, die Notwendigkeit, unerwünschte Elemente, Spione, Unruhestifter auszuweisen ... Ohne strenge Maßnahmen wird der Verbrecher nur ermutigt und überredet andere, es ihm gleichzutun. Dadurch würde man die Achtung aller einbüßen, ob unterworfen oder nicht, die darin nur Schwäche, Zaghaftigkeit und Angst sehen, und unsere loyalen Anhänger entmutigen, weil sie sich sagen, dass dieselbe oder fast dieselbe Behandlung den Standhaften wie auch den Deserteuren, denen, die sich unterwerfen, und solchen, die sich auflehnen, zuteil wird.«[19]

Foucaulds starke Worte konnten über Frankreichs Schwäche im Feld nicht hinwegtäuschen. Die Armee hatte ihre Position konsolidiert, besaß jedoch immer noch nicht genug Soldaten, um das Gebiet wirksam zu kontrollieren. Die Tuareg, welche die Lücke hätten füllen können, liefen entweder einzeln oder in kleinen Gruppen zum Feind über oder waren an die sudanesische Grenze geflohen. Das geschah nicht aus Feigheit, sondern um zu überleben, denn eine entsetzliche Dürre suchte den Hoggar heim. Am 20. Februar 1915 schrieb Foucauld: »In den neuneinhalb Jahren, in denen ich hier bin, hat es zweimal geregnet: einmal, vor neun Jahren, 36 oder 48 Stunden lang, und einmal, vor fünf Jahren, drei oder vier Stunden lang. Die Herden sind kaum mehr als eine Erinnerung.«[20] Die Ziegen- und Schafherden der Tuareg waren auf ein Fünftel ihrer früheren Zahl zusammengeschrumpft. Die Ziegen gaben keine Milch mehr, die Hälfte der Kamele war zugrunde gegangen, und die noch verbliebenen konnten keine nennenswerten Lasten mehr tragen; die Getreidevorräte waren knapp, da fünf aufeinander folgende Heuschreckenschwärme die Ernte des Vorjahrs verschlungen hatten. Auch in den übrigen Monaten des Jahres 1915 fiel kein Regen, und der Sommer brachte eine neue Heuschreckenplage mit sich. Moussa blieb loyal an Foucaulds Seite, doch im Januar 1916 wurde er nach Süden beordert, um Rittmeister de la Roche zu entlasten. Sein Stellvertreter, obwohl ein fähiger Mann, genoss nicht den gleichen Respekt wie ein *amenoukal*. Überall im Hoggar waren vermehrte Zeichen der Unruhe zu beobachten, und fast jede Woche gab es manchmal begründete, meist aber unzutreffende Warnungen vor kleineren Raubüberfällen aus Tripolitanien, dem Sudan oder Marokko.

Foucauld, der nun in Tamanrasset mehr oder weniger allein war, gab ein verlockendes Ziel ab. Als Rittmeister de la Roche nach Fort Motylinski zurückkehrte, kam er gerade rechtzeitig. Später erinnerte er sich, dass »bereits im Juni und dann wieder im September von Eingeborenen, deren Namen mir genannt wurden, ein Anschlag gegen Charles ausgeheckt worden war. Vier von ihnen ließ ich ergreifen und erschießen. Die beiden anderen entwischten mir.«[21]

Der eine namens Abdennebi versteckte sich im Hoggar, und der andere, der den Namen El Madani ag Soba trug, floh nach Dschanet. Abgesehen von einem Tagebucheintrag, dass er El Madani ein paar Wochen zuvor wegen einer Augeninfektion behandelt habe, erwähnte Foucauld diese angeblichen Verschwörer nicht. Aber er war besorgt genug über die Gesamtsituation, um Laperrine Ende September 1916 einen ausführlichen Brief zu schreiben.

> Die dunkeln Punkte sind die Senussi und die Einstellung, die Algier zu ihnen hat. Falls Algier auf Rückzug besteht, geht es in der ganzen Sahara

los; empfiehlt Algier den energischen Widerstand und die Rückeroberung unseres verlorenen Grenzlandes, dann wird alles gut ausgehen. Selbstverständlich würden wir, um die Senussi nachhaltig zurückzuschlagen, Verstärkungen brauchen. Der Feind dürfte mindestens 500 Schnellfeuergewehre, drei Geschütze und ein Maschinengewehr haben. Hier hatten wir einen großen Alarm, doch scheint es ein falscher gewesen zu sein. Immerhin hatte er die gute Wirkung, Fort Motylinski zu ernsthaften Verteidigungsmaßnahmen zu nötigen und uns zu zeigen, welches die Eingeborenen sind, auf die wir zählen können. Wir sind übereingekommen, dass meine Einsiedelei mit ihrem guten Brunnen, meinen Lebensmittelvorräten und ihren dicken Mauern der Garnison von Motylinski Zuflucht bieten soll, falls Wassermangel oder zu schweres Bombardement zur Räumung des Forts zwingen sollten. Dann würde Tamanrasset bis auf weiteres das Verbindungsglied mit In Salah werden.

Ich habe 14 Gewehre und zwei Kisten Patronen bekommen, mit denen ich mich, sofern die Eingeborenen mir die Treue halten, gegen leichte Waffen verteidigen kann, solange keine Artillerie sie unterstützt. So arbeiten wir denn daran, das Fort so stark wie möglich zu machen. Frauen, Kinder und Greise sind mit ihren Herden von hier in die Berge geflohen. Der Alarm hat sich über die ganze Gegend verbreitet, und die Menschen verstecken sich und ihre Tiere oder vergraben ihre Vorräte.

Die Tage verstreichen, und die Patrouillen kommen und gehen, ohne neue Nachricht zu bringen.«[22]

Foucauld war in Tamanrasset jedoch nicht ganz allein. Am 23. September, als ein Kurier verkündete, Fort Motylinski sei gefallen, erboten sich zehn *harratins*, ihm bei der Verteidigung seiner Festung zu helfen. Die Botschaft erwies sich als falscher Alarm, aber Foucauld freute sich über ihren Beistand. Und als Moussa die Nachricht hörte und mit 50 Kriegern in den Ort ritt, hätte der Eremit jubeln können. Der *amenoukal* war zu spät eingetroffen, um etwas zu unternehmen, doch er hatte sich die Mühe der Rückreise gemacht, was Foucauld ermutigte. »Moussa hat sich tadellos benommen«, schrieb er Laperrine. »Als er von dem angeblichen Angriff erfuhr, kam er sofort nach Tamanrasset zurück, um den weißen Marabut zu verteidigen.«[23] Am 15. Oktober teilte er Laperrine mit, es habe endlich geregnet. Die Flut bewirkte allerdings nichts Gutes, sondern ließ das Bewässerungssystem zusammenbrechen und überschwemmte das Plateau. »Die Flut hat nicht so viel Weideland geschaffen, wie wir erwarteten. Insekten und Blattläuse verschlangen das Getreide, sobald es keimte. Ich fürchte, dass es in diesem Winter zu einer schlimmen Hungersnot kommen wird.«[24] Moussa, dem die Vorräte fehlten, um lange im Hoggar zu bleiben, und der im Süden gebraucht wurde, ritt Anfang November wieder fort.

Seit Kriegsbeginn waren Foucaulds Briefe länger und häufiger, seine Tagebucheintragungen dagegen kürzer und sporadischer geworden. Sein Eintrag für den 24. November lautete: »Treffen mit Rittmeister de la Roche.« Am 26. November schrieb er: »Konvoi mit Munition kommt vorbei.« Am 28. November notierte er erleichtert: »Habe Arbeit an Tuareg-Gedichtsammlung beendet.« Die kurzen, farblosen Sätze enthielten Warnungen, deren Wichtigkeit erst später deutlich werden sollte. Zum Beispiel schrieb er am 20. Oktober die harmlos klingenden Worte: »Sah sechs Männer aus Amsel auf der Suche nach El Madani.«[25] Als er seinen letzten Eintrag am 28. November abschloss, war El Madani bereits auf der Suche nach ihm.

Im September 1916 hatte de la Roche gemeldet, El Madanis Gruppe zähle »28 *harratin*-Mörder, geführt von sieben oder acht weißen Tuareg«[26]. In den folgenden Monaten waren sie durch weitere 28 unzufriedene *harratins* verstärkt worden. Sie bewegten sich nachts, umgingen Fort Motylinski und mieden patrouillierende *méharistes*. Am 1. Dezember erreichten sie Tamanrasset, trieben ihre Kamele hinter eine Mauer und schickten nach kurzer Beratung El Madani los, um die Aktion zu beginnen.

Foucauld hatte am 1. Dezember 1916 um 17 Uhr seine gewohnte Mahlzeit – Datteln und Kuskus – zu sich genommen und erledigte nun seine Korrespondenz. An jenem Abend hatte er ein Pensum von vier Briefen vor sich: an Marie de Bondy, an seine Schwester, an Louis Massignon und an Laperrine. Das letzte Schreiben sollte Informationen über die Operationen im Adscher enthalten, nach denen Laperrine sich erkundigt hatte. »Morgen abend, wenn die Post aus Motylinski zurückgekommen ist, werde ich eine Nachschrift anfügen«,[27] notierte Foucauld. Immerhin merkte er an: »Gegenwärtig scheint mir von den Senussi aus

Tripolitanien keine Gefahr zu drohen. Unsere Einheiten sind erheblich verstärkt worden, und ich hoffe, dass sie den Feind wieder über unsere Grenze zurücktreiben können. Seit September hat es keinen Alarm gegeben, und das Land ist sehr ruhig.«[28] Der alle zwei Monate erscheinende Kurier war bereits an jenem Morgen vorbeigekommen, doch sein Postsack war versiegelt gewesen, und man konnte die darin enthaltenen Briefe erst entnehmen, wenn Rittmeister de la Roche die Verpackung geöffnet hatte. In der Regel dauerte es zwölf Stunden, bis der Kurier zurückkehrte, um Foucaulds Post abzuliefern und dessen Briefe mitzunehmen. Diesmal schien er es eilig zu haben, denn um 19 Uhr ertönte das vertraute dreimalige Klopfen an der Außentür von Foucaulds Fort und dazu der Ruf: »Die Post ist hier.« Foucauld öffnete die Tür einen Spaltbreit und steckte die Hand hindurch. El Madani und zwei seiner Männer zerrten ihn heraus und fesselten seine Ellbogen auf dem Rücken.

Über die nun folgenden Ereignisse besitzen wir in erster Linie die Aussage von Paul Embarek, Foucaulds treuem, aber wenig geschätztem Diener, der sich nach dem Ende seiner religiösen Fron in Tamanrasset niedergelassen hatte. Außerdem wurde ein Mitglied von El Madanis Bande durch die Saharier gefangen genommen und verhört. Anscheinend plante El Madani lediglich, Foucauld zu entführen und sein Fort nach den Waffen und vor allem dem Gold zu durchsuchen, das der Mönch seiner Überzeugung nach gehortet hatte. Er fand die Gewehre, nicht jedoch das Gold, weshalb er seine Männer aussandte, um Foucaulds Diener zu holen. Paul wurde ebenfalls gefesselt und neben seinen ehemaligen Herrn gesetzt. Dann begannen sie, die beiden Gefangenen auszufragen: Wo war das Gold? Wo waren die Soldaten? Was plante die Besatzung von Fort Motylinski? Embarek konnte und Foucauld wollte die Fragen nicht beantworten. Als die Räuber drohten, Foucauld zu töten, wenn Paul weiter schwiege, und ihm befahlen, sich zum islamischen Glauben zu bekennen, erwiderte er schlicht: »*Baghi n'mout*' (»Es ist die Stunde meines Todes«)[29].

Danach ließen die Männer ihre Gefangenen an der Wand sitzen, während sie die Plünderung fortsetzten. Später am Abend warnten die Posten jedoch, dass sich zwei *méharistes* näherten. El Madani und seine Männer verließen die Behausung, um sich in den Hinterhalt zu legen, und nur ein 15jähriger Junge namens Sermi ag Thora blieb zur Bewachung der beiden Geiseln zurück. Die *méharistes*, die Foucauld auf ihrem Weg nach Fort Motylinski einen Höflichkeitsbesuch abstatten wollten, näherten sich langsam auf ihren schaukelnden Kamelen, ohne sich einer Gefahr bewusst zu sein, denn die Dorfbewohner waren zu verängstigt, um sie zu warnen. Auf El Madanis Kommando feuerten seine Männer eine Salve ab. Der erste *méhariste* war sofort tot, der zweite wandte sich zur Flucht, doch er hatte noch keine 50 Meter zurückgelegt, als die Angreifer sein Kamel niederschossen und ihn dann ebenfalls umbrachten. In dem Schusshagel hörte wahrscheinlich niemand, dass auch innerhalb des Forts ein einzelner Schuss fiel.

Da Foucauld fürchtete, dass die beiden Soldaten ermordet werden sollten, machte er eine instinktive Bewegung, um sie zu warnen. Daraufhin presste Sermi ag Thora die Mündung seines Gewehrs an Foucaulds Kopf. Gleichzeitig ertönten die ersten Feuerstöße. In seiner Nervosität drückte der Junge den Abzug durch. Die Kugel drang unterhalb des rechten Ohrs in Foucaulds Schädel und trat durch sein linkes Auge aus, bevor sie in der Wand neben der Türangel stecken blieb. »Der Marabut stützte sich mit der rechten Hand ab«, erinnerte sich Paul. »Sonst bewegte er sich nicht und sagte kein Wort. Ich hielt ihn nicht für verwundet. Erst ein paar Minuten später sah ich das Blut fließen. Sein Körper rutschte langsam hinunter und fiel auf die Seite. Der Marabut war tot.«[30]

Foucauld hatte einmal geschrieben: »Das Licht! Im hellen Licht des Glaubens kann ich tausend neue Gegenstände erkennen, von denen ich früher nichts gewusst habe. Ohne Glauben würde ich noch im Dunkeln sein, ich würde durch die Nacht wandeln, und mein Fuß würde auf tausend Hindernisse treffen. Nun erhellt der Glaube jene Schatten wie eine lodernde Sonne. Durch den Glauben scheint die Straße in Licht getaucht zu sein, und das Ziel unserer Reise glänzt nachts in der Ferne wie eine große Stadt, deren schimmernde äußere Mauer auf einem hohen Berg ruht.«[31] Ob es die richtige Straße war und ob er sie auf die richtige Art bewältigte, kann endlos debattiert werden. Fest steht nur, dass er am 1. Dezember 1916 in einem schäbigen Lehmdorf mitten in der Wüste ihr Ende erreichte. Vielleicht erwartete ihn die glänzende Stadt seines Traumes. Man möchte es hoffen.

Es beunruhigte die Räuber, ihren Gefangenen tot vorzufinden. Sie stritten sich ein paar Minuten lang darüber, ob sie die Leiche beerdigen oder sie mitnehmen und ein Lösegeld verlangen sollten. Am Ende zogen sie Foucauld aus und ließen ihn vor der Tür zum Fort zurück. Dann überlegten sie, was sie mit Paul anfangen sollten. Einige waren dafür, ihn zu töten, doch nun schalteten sich die *harratins* von Tamanrasset endlich ein. Sie gingen ängstlich auf El Madani zu und teilten ihm mit, dass Paul dem Mönch zwar viele Jahre gedient, die Taufe jedoch abgelehnt habe und deshalb immer noch ein wahrer Muslim sei. El Madani stimmte ihnen zu und befahl, Paul freizulassen. Danach machten er und seine Männer mit Foucaulds Möbeln ein Feuer und brieten eines der Kamele der *méharistes*. Am folgenden Morgen trottete ein dritter *méhariste* arglos nach Tamanrasset hinein. Es war der Kurier aus Fort Motylinski mit der Post, der Foucauld seine Nachschrift hatte hinzufügen wollen. Der Mann wäre beinahe entkommen, denn die ersten Schüsse der Angreifer verfehlten ihn, und er riss sein Kamel herum. Doch kurz bevor er außer Reichweite war, traf eine Kugel das Tier. Es sackte auf die Knie, und der *méhariste* versuchte, sein Gewehr zu laden, aber er wurde von El Madanis Männern überwältigt. Vergeblich bat er sie in Allahs Namen, ihn zu verschonen. Sie hielten ihn an Armen und Beinen fest und jagten ihm eine Kugel in den Hinterkopf.

El Madani befahl, sämtliche Dorfbewohner holen zu lassen. Laut Pauls Aussage »versammelten sie uns an der anderen Seite des Feigenhains und sagten: ›Der Soldat, der heute morgen gekommen ist – begrabt ihn auf dem muslimischen Friedhof, denn er hat die rechten Worte gesprochen. Die anderen braucht ihr nicht zu begraben … Geht wieder an die Arbeit. Wir kehren bald zurück.‹ Die *harratins* jubelten und versicherten einander: ›Es ist vorbei mit den Franzosen. Imam El Mahdi ist gekommen.‹«[32] Als die Räuber an jenem Tag abzogen, mauerten die Dorfbewohner die Tür zum Fort zu und beerdigten El Madanis Befehlen zum Trotz alle vier Leichen. Die drei *méharistes* wurden in den Festungsgraben gelegt und mit Sand bedeckt. Man begrub Foucauld neben ihnen, doch mit größerem Zeremoniell. Da kein Sarg vorhanden war, legten die Dorfbewohner Bretter aus einer Holzkiste um die Leiche und warfen dann Fetzen aus seinen Manuskripten in das Grab, bevor sie es ebenfalls mit dem Sand von Tamanrasset zuschaufelten.

Paul brachte die Nachricht am Mittag des 3. Dezember, einem Sonntag, nach Fort Motylinski. De la Roche reagierte unverzüglich, setzte den Räubern mit einer Gruppe *méharistes* nach und griff ihr Lager am 17. Dezember an. Er tötete eine Reihe von ihnen, doch die meisten entkamen, darunter auch El Madani und Sermi ag Thora. In ihren Zelten entdeckte de la Roche ein Paar von Foucaulds Sandalen. Er gab die Jagd auf und ritt in Richtung Süden nach Tamanrasset, das er am 21. Dezember erreichte. Dort fand er die Festung von Unrat und zerstörtem Mobiliar übersät vor. El Madani hatte alles, was den geringsten Wert hatte, mitgenommen: Gewehre, Munition, Lebensmittel und sogar den Kommunionswein. Auf dem Fußboden der Kapelle waren Foucaulds Tagebuch und die vier Briefe, die er am Abend des 1. Dezember geschrieben hatte, verstreut. Dazu kamen Aberhunderte von Blättern, bedeckt mit seiner kleinen, säuberlichen Schrift. Dabei handelte es sich um seine Sammlung der Tuaregmythologie und um sein Tuaregwörterbuch. Als de la Roche im Sand grub, fand er Foucaulds religiöse Utensilien: den Rosenkranz, die Monstranz mit den Hostien (der Offizier zog sich später weiße Handschuhe an, um sie einem seiner Feldwebel zu reichen) und die Handzeichnung der Passionsstationen, die Foucauld aus Beni Abbès mitgebracht hatte. Der Rittmeister brachte sämtliche Gegenstände nach Fort Motylinski, von wo er sie über In Salah und Algier nach Frankreich schickte. Nachdem man das Wörterbuch wieder zusammengefügt hatte, stellte sich heraus, dass der letzte Eintrag lautete: »*Ta mella*, (*tas*)« [eines gewaltsamen Todes sterben].«[33]

De la Roche leitete Foucaulds vier Briefe weiter, und sie trafen zusammen mit der Todesnachricht ein. Die Empfänger reagierten auf unterschiedliche Art. Foucaulds Schwester verfiel in eine Depression, von der sie sich nie wieder erholte und die ihren Tod im Jahre 1919 beschleunigte. Marie de Bondy war entsetzt, ließ sich jedoch nicht von Verzweiflung übermannen; allerdings brannte ihr Haus im Jahre 1918 ab, und sie starb ein paar Monate darauf. Louis Massignon, der an der Westfront diente, sprang auf den Wall seines Schützengrabens und brüllte: »Foucauld in der Sahara ermordet! Er hat den Durchgang gefunden. Er ist angekommen!« Wie durch ein Wunder schoss kein Deutscher auf ihn, und er ließ sich zurück in den Graben fallen. »Durch einen seltsamen Austausch wird er getötet, und ich bin unversehrt«,[34] murmelte

Massignon. Dieses Ereignis blieb ihm bis zu seinem Tod im Jahre 1962 im Gedächtnis. Laperrine, ebenfalls an der Front, ließ keine Emotion erkennen. Stattdessen beantragte er seine sofortige Versetzung in die Sahara. Das Gesuch wurde genehmigt, und im Jahre 1917 ging er an Bord eines Dampfers nach Algier. In seinem Gepäck befand sich ein malvenfarbenes Notizbuch.

18
DÜNENFLÜGE

Am 13. Dezember 1916 schrieb Moussa an Foucaulds Schwester Marie de Blic:

> Lob sei dem einzigen Gott!
> Der gnädigen Frau, unserer Freundin Marie, Schwester von Charles, unserem Marabut … Sobald ich vom Tod unseres Freundes, Ihres Bruders Charles, erfuhr, schlossen sich meine Augen. Alles ist Dunkelheit für mich, ich habe geweint und viele Tränen vergossen und bin in tiefer Trauer. Sein Tod hat mir viel Kummer bereitet. Ich selbst bin fern von dem Ort, wo die verräterischen Diebe und Betrüger ihn mordeten … Aber wenn Gott dies wünscht, werden wir sie töten, die Männer, die den Marabut getötet haben, bis unsere Rache vollendet ist.
> Sagen Sie Ihren Töchtern, Ihrem Gatten und Ihren Freunden: »Charles, der Marabut, ist nicht für Euch allein gestorben, sondern für uns alle.« Möge Gott ihm Barmherzigkeit erweisen, und mögen wir im Paradies mit ihm zusammentreffen.
> Den 20. Safar 1335, Moussa ag Amastane, *amenoukal*.[1]

Wie diese Botschaft durch die frommen de Blics aufgenommen wurde, ist nicht verzeichnet. Aber man darf annehmen, dass sie, selbst wenn ihnen Moussas Racheversprechen gefiel, viel lieber einen Blick in Laperrines malvenfarbenes Notizbuch geworfen hätten. Er war stolz auf sein Büchlein und zeigte es einmal einem Offizierskameraden: »Siehst du das?«, fragte er. »Es enthält die Namen von Foucaulds Mördern. Alle stehen hier, und ich habe sie mir eingeprägt. Es sind 103, alphabetisch angeordnet. Wenn ich einen töte, streiche ich seinen Namen von der Liste.«[2] Wie Laperrine auf die Zahl 103 kam, ist ein Rätsel, denn aus allen Quellen geht hervor, dass El Madani über höchstens 50 Soldaten gebot. Aber vielleicht hatte der frisch zurückgekehrte General bei manchem, der ihm einen Gefallen schuldete, Erkundigungen eingezogen und der Liste so weitere Namen hinzugefügt. Ob 50 oder 100, Laperrine war entschlossen, die Mörder zur Strecke zu bringen und die Ordnung in der Wüste, die er 1910 in einem sicheren Zustand hinterlassen hatte, wiederherzustellen.

Bevor er sich dem Inhalt seines malvenfarbenen Notizbuches widmete, musste er sich um einige Formalitäten kümmern, zum Beispiel um die offizielle Untersuchung von Foucaulds Tod. Sie wurde zwischen Juni und September 1917 in Fort Motylinski abgehalten. Nach der Vernehmung zahlreicher Tuareg und *harratins* machte man keine spezifische Verschwörung, sondern eine verbreitete Unzufriedenheit für die Tat verantwortlich. »Allgemein kann ... festgestellt werden, dass zur Zeit des Pater de Foucauld die Hoggar durchaus auf der Seite der Feinde Frankreichs standen und es ihr größter Wunsch war, die Franzosen bald und für immer aus ihrem Gebiet verschwinden zu sehen.«[3] Es gebe keinen Hinweis darauf, dass von den Tuareg des Hoggar irgendjemand beteiligt gewesen sei, denn die Rädelsführer seien aus dem Adscher gekommen. »Nichts berechtigt bisher zu der Annahme, dass auch nur ein einziger der vornehmen Tuareg ... den Mordplan begünstigt hätte. Noch liegt das tragische Ereignis zu nahe, und noch hat die Zeit nicht jede tragische Einzelheit aufgeklärt. So lässt sich denn heute kein endgültiges Urteil aussprechen.«[4] Als die Zeit ihr Werk getan hatte, bezichtigten mehrere Autoren sowohl Moussa als auch Uksem der Komplizenschaft. Die beiden hätten von dem geplanten Angriff gehört und gespürt, dass Frankreich dabei war, die Kontrolle über die Region zu verlieren. Andererseits seien sie nicht bereit gewesen, die Kolonialherren, von denen sie abhingen, im Stich zu lassen. Deshalb hätten sie sich entfernt und das Ergebnis abgewartet. Der Gedanke ist plausibel, doch nicht zu beweisen. Während es stimmt, dass sich weder Moussa noch Uksem in Tamanrasset aufhielt, ist nicht zu leugnen, dass die Dürre sie zwang, den Ort zu verlassen, und dass Foucauld selbst, wie man im Laufe der Untersuchung feststellte, den wenigen zurückgebliebenen

Tuareg befohlen hatte, in die Berge zu fliehen. Laperrine glaubte nicht, dass die Tuareg die Täter waren, sondern sah eine größere Verschwörung am Werk. Am 20. Oktober 1917 diktierte er in Wargla eine Notiz, die den Untersuchungsakten hinzugefügt wurde. »Nach meinem Dafürhalten steht der Mord des ehrwürdigen Paters de Foucauld in Verbindung mit einem in Agades unter den Papieren [eines gefangenen Rebellen] gefundenen Brief. Darin rät ein Europäer (ein Türke oder Deutscher) diesem als erste Maßnahme, ehe unter der Bevölkerung der Ausstand ausgerufen würde, die Tötung einflussreicher Europäer und der den Franzosen ergebenen eingeborenen Führer oder ihre Gefangennahme als Geisel.«[5]*

Nachdem Laperrine seinen Bericht abgeschlossen hatte, zog er nach Süden, um sich der sterblichen Überreste seines Freundes anzunehmen. Er konnte ihn nicht in dem Festungsgraben liegen lassen, der sich bei den nächsten Regenfällen mit Wasser füllen würde. Deshalb exhumierte er die Leiche am 9. Dezember und beerdigte sie erneut auf höhergelegenem Boden. Zu Foucaulds Füßen begrub er die drei *méharistes*, die während des Angriffs umgekommen waren. Die Unterschiede zwischen den Leichen überraschten ihn. Während die der *méharistes* verwest waren, wirkte Foucauld unversehrt. »Die Leiche Ihres Bruders fanden wir beim Öffnen des Grabes wie mumifiziert«, schrieb er Marie de Blic, »ja, wir konnten seine lieben Züge noch erkennen. Wie tief erschütternd war diese Überführung!«[6]

Foucauld war in der Position beerdigt worden, in der man ihn erschossen hatte – auf den Knien mit hinter seinem Rücken gefesselten Armen –, und in dieser Haltung erstarrt. Laperrine konnte ihn kaum transportieren. »Wir mussten ihn, um seine Glieder nicht zu brechen, wieder in dieser Stellung ins neue Grab legen; seinen Leichnam hüllten wir nur in ein Tuch ein.«[7] Foucauld wurde in einem schlichten Grab bestattet, das nur durch ein schwarzes Holzkreuz ohne Inschrift gekenn-

* Dieser Vorschlag wurde nicht ausschließlich von Rachegefühlen diktiert. Deutschland intrigierte in Nordafrika seit langem gegen Frankreich und hatte ein Gerücht gefördert, das sich 1899 nach dem Besuch des Kaisers in Konstantinopel ausbreitete. Es besagte, Wilhelm II. sei der Vetter des Kalifen. In den letzten Kriegsjahren wurde ein bedeutender Senussi-Führer per U-Boot aus Tripolis evakuiert.

zeichnet war. Doch Laperrine plante ein dauerhaftes Denkmal in Gestalt eines großen Kreuzes aus Hoggargranit (in fünf Meter Entfernung, um nicht noch stärker gegen die Wünsche des Eremiten zu verstoßen), das, wie er Foucaulds Schwester versicherte, sogar aus großer Distanz sichtbar sein werde.

Laperrines Besuch in Tamanrasset war Teil einer radikalen Reorganisation des Saharierkorps und der gesamten Region. Er konnte nicht fassen, wie unfähig seine Eliteeinheit geworden war. Im Gegensatz zu den »*gens de poudre*«[8], die er so sorgsam rekrutiert hatte, waren die *méharistes* von 1917 überwiegend Schafhirten und erwerbslose Arbeiter, die sich ein Kamel gekauft hatten und in die Armee eingetreten waren, um sich ein paar Franc zu verdienen. Die Kamele waren nicht die sagenhaften *méharis* von einst, sondern altersschwache Exemplare, von denen man wusste, dass sie auf dem ersten längeren Marsch sterben würden und die Armee den Besitzern hernach die Kosten für ein Rassetier zu erstatten hätte. Die französischen Offiziere und Unteroffiziere waren »demoralisiert und mürrisch«[9]. Zur Verteidigung der Saharier sei festgestellt, dass man ihre besten Männer, ob Franzosen oder Algerier, nach Flandern an die Front versetzt hatte. Doch das war in Laperrines Augen keine Entschuldigung für Schlampigkeit. Wie Foucauld lehnte er die Politik von Algier ab, die Vorposten in der Wüste aufzugeben. Seiner Meinung nach konnte dies nur einen »höchst beklagenswerten moralischen Effekt«[10] haben. Man dürfe sich nicht nachgiebig zeigen: »Wir müssen es laut hinausschreien: Freunde und Feinde sollen wissen, dass wir entschlossen sind, nicht zurückzuweichen.«[11]

Nachdem er In Salah im November 1917 verlassen hatte, kehrte er erst im April 1918 zurück. In diesen fünf Monaten führte er seine Kameltruppe nach Timbuktu, ritt wieder zum Hoggar und traf sich mit Moussa, um ein offenes Gespräch mit ihm zu führen. Seit ihrer letzten Begegnung waren sieben Jahre vergangen, und der *amenoukal* warf sich vor seinem alten Befehlshaber geradezu auf die Knie. Laperrine akzeptierte seine Huldigung und teilte ihm knapp mit, was er von einem Verbündeten Frankreichs erwarte. Im Oktober 1918 nahm Laperrine Dschanet erneut ein. Später besetzte er auch Fort Polignac von neuem. Zwischen Dezember 1918 und Juni 1919 unternahm er eine weitere große Reise, bei der er 4500 Kilometer von In Salah nach Agades und dann zurück durch den Hoggar und den Adscher bewältigte. Dabei nahm er die Unterwerfung sämtlicher Stammesführer, auf die er traf, entgegen. Bei seiner Rückkehr schrieb er: »Ich habe die wesentlichen Laster identifiziert, welche die saharische Organisation schwächen, und befohlen, vorrangig bestimmte Maßnahmen zu ergreifen.«[12]

Im Oktober 1919 wurde Laperrine nach Algier zurückgerufen. Während seines Aufenthalts in der Sahara hatte er Wunder vollbracht. Er hatte den Hoggar stabilisiert und die französische Präsenz an der tripolitanischen Grenze wiederhergestellt. Allerdings war es ihm nicht gelungen, mehr als einige wenige Namen in seinem malvenfarbenen Notizbuch durchzustreichen. Im Jahre 1918 tötete eine Gruppe von *méharistes* sieben Männer und fand in ihrem Lager einige von Foucaulds Sachen vor. Aber die sieben konnten Laperrines Vergeltungsdrang nicht befriedigen, selbst wenn man jene hinzurechnete, die de la Roche im Jahre 1916 erschossen hatte. Deshalb empfand er Bedauern, als er nach Algier aufbrach. Die Liste in seinem malvenfarbenen Notizbuch war kaum kürzer geworden. *

Die Sahara, die Laperrine im Jahre 1919 verließ, war eine ganz andere Landschaft als die, welche er mehr als 20 Jahre zuvor kennen gelernt hatte. In fast jeder großen Oase hatten französische Techniker artesische Brunnen ausgehoben, aus denen Wasser mit einem unglaublichen und scheinbar unkontrollierbaren Tempo hervorsprudelte. An einigen Orten überstieg die Fördermenge die Bedürfnisse der Bevölkerung derart, dass sich gewaltige Seen bildeten, wie sie seit 10 000 Jahren nicht existiert hatten. Auf der stagnierenden Oberfläche der Seen konnten sich Malariamoskitos zügig vermehren. Vermesser, Schürfer und Wissenschaftler hatten die Felsen, die bis dahin nur vom Wind geglättet worden waren, einer neuen Form der Erosion ausgesetzt. Menschen, die nie zuvor ein weißes Gesicht gesehen hatten, waren plötzlich umringt von kleinen Festungen voller Männer in blauer Uniform, die, wenn sie nicht auf die Einheimischen schossen, Gärten anlegten und Pflanzen aus fremden Gebieten züchteten. Hier und dort schienen auf Hügeln errich-

* 1946 wurde El Madani vor Gericht gestellt. Man sprach ihn nach dem Verjährungsgesetz frei.

tete Funkantennen die Einsamkeit der Wüste zu verspotten. Die Tuareg des Hoggar, einst die anerkannten Herrscher der Sahara, dienten nun einer größeren Macht. Und vor allem war der Verbrennungsmotor eingetroffen.

Die erste unbefestigte Straße zwischen Algier und In Salah war bereits im Jahre 1916 gebaut worden, und ein paar Wochen vor seinem Tod hatte Foucauld verzeichnet, dass die Verbindung zwischen In Salah und Tamanrasset fertiggestellt sei. Ein Auto war in jenem Jahr in In Salah angekommen, doch der Fahrer hatte nicht gewagt, die Reise nach Tamanrasset fortzusetzen. Während seiner Befriedung der Sahara nach 1916 hatte Laperrine widerwillig Lastwagen eingesetzt, um seine *méharistes* zu transportieren, wenn es ihnen an Kamelen fehlte. Im Februar 1918 keuchte ein nur 16 PS starker Renault, ausgestattet mit Raupenketten, durch die Dünen. 1920 hatte man die Straße von Tamanrasset bis zur sudanesischen Grenze ausgebaut, und die Sahara besaß ein Straßennetz – überwiegend benutzbar, zum Teil sandbedeckt oder noch im Bau – von fast 4500 Kilometer Länge. Auch Flugzeuge waren mittlerweile erschienen. Im Januar 1917 hatte sich ein kleines Geschwader in Biskra niedergelassen, von wo es Bomben und Propagandaflugblätter über dem Adscher abwarf, und im Februar 1919 fand ein Rennen von Colomb-Béchar nach Wargla zwischen einer Autoflotte und fünf Farman-Doppeldeckern mit 80 PS statt. Die Farmans gewannen, doch lediglich zwei überstanden die Reise, und sie schlugen die Autos um nur einen Tag. Trotzdem war der Kriegsminister so beeindruckt, dass er den Aufbau einer gemeinsamen algerisch-tunesischen Luftflotte anordnete.

Laperrine hatte seine Zweifel an diesen neuen Entwicklungen. Er konnte Autos nicht leiden, die er für viel weniger praktisch als Kamele hielt, aber er fand sich mit ihrem Eintreffen ab und zeigte schließlich sogar ein gewisses Interesse an ihrer Funktionsweise. Als zum Beispiel einmal ein Offizier die Fahrt nach In Salah hinter sich gebracht hatte, wurde er von einem schäbig gekleideten Mann, offenbar einem Mechaniker, empfangen, der wissen wollte, ob er eine gute Reise gehabt habe. Der Offizier erwiderte, sie sei so gut gewesen, wie man habe erwarten können, und da er, der Mechaniker, nichts zu tun habe, könne er ihm vielleicht bei einer Reparatur helfen. Der Mann ging auf den Vorschlag ein, und als die Arbeit beendet war, bedankte sich der Offizier und fragte, wo er General Laperrine finden könne. Daraufhin reichte der Mechaniker ihm die Hand. »Freut mich, Sie kennenzulernen.«[13]

Nachdem sich Laperrine ans Automobil gewöhnt hatte, ließ er sich bald auch vom Flugzeug verführen. Er hatte die stotternden Maschinen bei seiner Rückkehr nach Frankreich im Jahre 1910 zum erstenmal gesehen und war von ihnen fasziniert. An der Westfront hatte er sich von ihren Möglichkeiten überzeugt. Wozu mochten sie erst in der Sahara imstande sein? Sie waren das ideale Mittel zur Eroberung der Wüste. Wer konnte ihnen widerstehen? Denn schließlich waren sie fähig, pro Tag Hunderte von Kilometern zurückzulegen, nach Belieben zu landen und zu starten und Maschinengewehre und Bomben einzusetzen (die Marokkaner waren ihnen jedenfalls nicht gewachsen, und sie wurden in den frühen zwanziger Jahren mit spanischen Senfgaswolken eingedeckt). Als Laperrine im Jahre 1920 nach Algier zurückkehrte, freute er sich deshalb sehr, Teilnehmer an einem großen Luftabenteuer zu werden.

General Robert Nivelle, im Ersten Weltkrieg Artilleriekommandeur und dann französischer Oberbefehlshaber, dessen »Feuerwalze« beim deutschen Heer vor Verdun großes Unheil angerichtet hatte und der nun die Truppen in Nordafrika kommandierte, hatte bereits beschlossen, dass es für die Tuareg im Hoggar lehrreich sein werde, sich von der Durchschlagskraft seiner Luftwaffe zu überzeugen. Er plante, fünf Maschinen, befehligt von Major Rolland und Leutnant Poivre, nach Tamanrasset und zurück fliegen zu lassen. Eine solche Leistung würde nicht nur einen Durchbruch in der Luftfahrt darstellen, sondern auch als Demonstration der französischen Macht dienen. Aber im Jahr 1919 fasste die französische Regierung einen noch grandioseren Plan: Zwei speziell für diesen Zweck umgebaute Maschinen mit Major Vuillemin und Leutnant Dagnaux als Piloten sollten von Paris zum Sudan fliegen. Es war ein sehr riskantes Unternehmen, das jedoch die Kontrolle Frankreichs über seine Kolonien ein für allemal unter Beweis stellen sollte. Nivelle konnte seine Aufregung kaum unterdrücken. »Man sollte diesen ersten Versuch, die Sahara mit einem Flugzeug zu überqueren, nicht als rein sportliche Leistung betrachten«, ließ er einen Reporter des *Echo de Paris* wissen. »Es ist eine Angelegenheit von nationaler Bedeutung.«[14] Er erklärte die Vorteile, die sich daraus ergeben würden. Während des Krieges hätten sudanesische Produkte Frankreich nicht erreichen können, weil es keine Schiffe zu ihrem Transport gegeben habe, und dadurch hätten Ausländer (wie üblich) die französischen Handelsgeschäfte für sich selbst vereinnahmt. Wenn es einen regelmäßigen Flugdienst gäbe, wäre Frankreich nie wieder von der Handelsmarine anderer Länder abhängig. Zudem sei eine ordnungsgemäße Vermessung der afrikanischen Kolonien Frankreichs unbedingt nötig, und Flugzeuge, ausgerüstet mit Kameras und scharfsichtigen Navigatoren, seien am besten für eine solche Aufgabe geeignet. Triumphierend schloss er, dass die Vermessungen auch für den Bau einer Transsaharabahn erforderlich seien.

Nivelles Erklärungen waren visionär, wenn auch unsinnig. Kein damals existierendes Flugzeug konnte eine nennenswerte Menge von Gütern über eine so große Entfernung befördern. Im »Steckrübenwinter« von 1916/17 hatte keine Maschine auch nur Algier erreicht, wo die Bürger, wie Duclos vermerkte, in schwelgerischem Glanz lebten, während die europäischen Nationen infolge der Blockaden hungerten. Man konnte sich nicht auf das Gedächtnis von Navigatoren verlassen, wenn man Karten anfertigen wollte, und Kameras waren kaum nützlicher, denn mit Ausnahme von ein oder zwei Wahrzeichen wie dem Hoggar sahen die meisten Landstriche der Sahara identisch aus. Was die Transsaharabahn betraf, war sie durch das Erscheinen von Autos überflüssig geworden, und sogar Gautier, ein besonders enthusiastischer Verfechter der Eisenbahn, musste zugeben, dass das Automobil zu jenem Zeitpunkt ein praktischeres Fahrzeug für die Durchquerung der Wüste war. Was immer Nivelle sagen mochte, der Flug war ein unnötiger Akt der Großtuerei. Andererseits hatte Frankreich den Löwenanteil Nordafrikas aus genau diesem Grund besetzt. Warum sollte es nun damit aufhören? Im übrigen hegte Nivelle ein persönliches Interesse an der Fliegerei. Deshalb hatte er sich die Genehmigung gesichert, Vuillemin und Dagnaux als erster hochrangiger Offizier bei einem Überflug der Sahara zu begleiten. Das war einer der Gründe, warum man Laperrine nach Algier zurückbeordert hatte: Während General Nivelle über die Wüste flog, in der Laperrine sein Leben verbracht hatte, sollte dieser an Nivelles Schreibtisch sitzen und die in dessen Abwesenheit anfallenden Verwaltungsarbeiten erledigen.

Eines der Flugzeuge vom Typ Breguet, mit denen im Winter 1920 die ersten Saharaflüge unternommen wurden.

Der geplante Flug wäre relativ einfach gewesen, wenn man nur in Algier hätte starten und im Sudan hätte landen müssen. Aber das war nicht der Fall. Die einzigen Richtungsweiser in der Sahara waren die neugebauten Straßen, und ihnen sollten die Maschinen folgen. Mit Ausnahme von Vuillemin und Dagnaux, deren Flugzeuge mit zusätzlichen Treibstofftanks ausgerüstet waren, musste das Geschwader alle fünf Stunden auftanken. Die Piloten hätten sich allein nach ihrem Kompass richten können, doch bei derart extremen Temperaturen und Höhen – gar nicht zu reden von den Stößen, die sie bei jeder Landung aushalten mussten – war die Präzision der Geräte nicht gesichert. So wurde die Übung ziemlich sinnlos, denn den Flugzeugen mussten den größten Teil der Reise hindurch Lastwagen vorausfahren, die Treibstoffbehälter an vorher festgelegten Punkten am Straßenrand – vorzugsweise in der Nähe von Oasen – deponierten. Laperrines *méharistes* übernahmen die Bewachung der Depots. Nivelle hätte die Sahara leichter mit dem Auto oder mit dem Kamel durchqueren können, aber er entschied sich für das Flugzeug. Und er wählte Laperrine für die Organisation der Unterstützung am Boden aus. Dieser beschwerte sich nicht. Zusammen mit Sigonney richtete er die Treibstoffdepots ein und sorgte dafür, dass sie von Tuareg- und Chaamba-Posten beschützt wurden. Er ließ die Straße, je nachdem ob sie über Sand oder Fels führte, durch weiße und schwarze Steine markieren und außerdem mit weißen Kreuzen schmücken, die aus der Luft leicht zu erkennen waren. Dann nahm er Kontakt zu den Behörden des Haut-Sénégal und des Niger auf und wies sie an, Landepisten herzurichten und Treibstofflager vorzubereiten. Am 1. Februar 1920 traf er sich mit sämtlichen Piloten in Algier und erklärte ihnen, was zu tun sei: »Es ist ganz einfach. Weicht nicht von den Straßen ab.«[15]

Louis Breguet, der die 300 PS starken Doppeldecker konstruiert hatte, gab *Le Temps* ein Interview und bekannte nervös: »Dieser Flug ist eine der schwierigsten Unternehmungen unserer Zeit. Ich persönlich hätte ihn lieber verschoben gesehen, bis die neuen Modelle der Hersteller (hauptsächlich für die Motoren) fertig sind, bis die Infrastruktur der Route besser organisiert und, vor allem, bis eine günstigere Jahreszeit angebrochen ist. Ich weiß aus langer Erfahrung in der Luftfahrt, dass die jetzige Jahreszeit Schwierigkeiten mit sich bringen kann.«[16] Kurz vor Frühlingsbeginn war das Wetter in der Sahara ebenso unberechenbar wie in Europa. Es konnte regnen, warm oder windig sein, die Wüste mochte blühen oder auch nicht: Die einzige Konstante des Wetters war seine Unbeständigkeit. Im Unterschied zu Europa, wo den Piloten allenfalls ein gelegentlicher Schauer drohte, konnte die Sahara dem durchschnittlichen Flieger unvorstellbare Schrecken bescheren. Aber Vuillemin hielt sich nicht für einen durchschnittlichen Flieger. Als enthusiastischer Ritter der Lüfte lachte er über das Wetter. Und er scheint auch über seine Kameraden aus den Kolonien gelacht zu haben, deren bevorstehende Aktion er, verglichen mit seiner eigenen, für kläglich hielt. Wann immer möglich, beabsichtigte er mit der ihm genehmen Geschwindigkeit und zu dem ihm genehmen Zeitpunkt in die ihm genehme Richtung zu fliegen. Er würde den Straßen so gut wie möglich folgen, doch sein Stolz wollte, dass er die Reise mit Hilfe seiner eigenen aeronautischen Fähigkeiten abschloss.

Am Dienstag, dem 3. Februar, erhoben sich die sieben Doppeldecker auf dem Flughafen Hussein-Dey in Algier mit tuckernden Motoren in die Luft. Fünf von ihnen, angeführt von Major Rolland und Leutnant Poivre, sollten auf Tamanrasset zusteuern. Die beiden übrigen unter Vuillemin hatten den Sudan zum Ziel. Laperrine salutierte, während die Maschinen starteten, und beobachtete neidisch, wie sie zum Himmel aufstiegen. Kaum waren sie in der Luft, als diejenige, in der sich Nivelle befand, zu stottern begann, absackte und umkehrte. Ihr Motor hatte versagt, womit Breguets Befürchtungen sich bewahrheiteten. Nachdem das Flugzeug am Boden war, überschlugen sich die Ereignisse. Zwischen Nivelles Start und Landung war ein Telegramm eingetroffen, das ihn unverzüglich nach Paris zurückbeorderte. Er befahl Laperrine, seinen Platz zu übernehmen und bis zum nächsten Stopp zu fahren, wo er die Piloten anweisen solle, nicht ohne das Flugzeug des Generals, das sofort nach der Reparatur zu ihnen aufschließen werde, erneut zu starten. Laperrine sprang in ein Taxi, nannte dem Fahrer sein Ziel – »Biskra, bitte«[17] –, versprach ihm eine Flasche Rum, wenn er aufs Gaspedal trat, und erreichte Biskra am folgenden Morgen um sechs Uhr, nachdem sie nur einmal zum Auftanken Halt gemacht hatten.

Nachdem Laperrines Flugzeug eingetroffen war, hob das Geschwader am 7. Februar um 7.30 Uhr in Biskra ab und erreichte Wargla bei bewölktem Himmel noch am selben Abend. Hier ging die erste Maschine verloren, als sie sich bei der Landung überschlug – zum Glück, ohne dass der Pilot verletzt wurde. Sigonney wartete, um die Männer zu begrüßen. Er bestätigte die von Laperrine zuvor ausgegebenen Instruktionen. »Ich sagte ihnen einfach: Folgt immer der Spur, die ich für euch markiert habe. Sie wird euch sicher zu den vorbereiteten Landeplätzen führen, und wenn ihr eine Panne habt, werden die *méharistes*, welche auf den Straßen patrouillieren, euch finden und euch helfen.«[18] Am Nachmittag des 8. Februar landeten sie in In Salah, doch auf Kosten eines zweiten Flugzeugs, das mit einem Maschinenschaden nach Wargla zurückkehrte und bei seinem nächsten Start abstürzte. Am 9. Februar wäre beinahe eine dritte Maschine verloren gegangen. Trotz aller Warnungen startete Vuillemin in einen Sandsturm hinein. Er wurde zu Boden gezwungen, bevor er auch nur die Oase hinter sich gelassen hatte, doch wie durch ein Wunder erlitt er keinen Schaden, abgesehen davon, dass ein Propeller zerbrach. Am 14. Februar klarte der Himmel auf, und sie flogen weiter – mit Ausnahme von Dagnaux, dessen Motor ausgefallen war.

»Alles, was kein schwarzer Fels war, war gelber Sand«, schrieb Rolland. »Er glich einem gelben, mit Inseln getüpfelten Meer, und in der Ferne lag die von Fjords zerklüftete Steilküste des Hoggar.«[19] Die ersten drei Flugzeuge landeten um 16.30 Uhr in Tamanrasset, wo Moussa sie mit großem Pomp empfing. »Ein Fest nach dem anderen wurde gefeiert«,[20] erinnerte sich Leutnant Poivre. Schwertkämpfe, Tänze und Kamelrennen fanden statt. Im Gegenzug verteilte Laperrine Geschenke an die Tuareg und hielt eine Parade ab, bei der er alle anwesenden Europäer auszeichnete: Soldaten, Piloten, Mechaniker und Lastwagenfahrer. Laut Rolland blieb Laperrine während der Feierlichkeiten düster. Beim Diner vertraute er einem Gesprächspartner an, er habe vor der Abreise aus Algier erfahren, dass sein Vater bei einem Schiffsunglück ertrunken sei. »Alle Laperrines scheinen eines gewaltsamen Todes zu sterben«,[21] bemerkte er.

Tamanrasset war der Ort, an dem sich die beiden Gruppen des Geschwaders voneinander trennten. Rollands verbliebene Flugzeuge kehrten am 17. Februar nach Algier zurück, während die sudanesische Staffel ihre Reise fortsetzte. Laperrine war weiterhin niedergeschlagen. »Er machte sich größere Sorgen um uns als um sich selbst«, schrieb Rolland. »Er befürchtete, wir würden auf unserem Flug nach Norden auf das schlechte Wetter stoßen, das zu dieser Jahreszeit so häufig ist.«[22] Laperrines Furcht war begründet: Am selben Tag musste Rolland in der Wüste notlanden, und zwei *méharistes* retteten ihn aus der brennenden Maschine. Laperrine selbst hätte allen Grund gehabt, sich um seine eigene Zukunft zu sorgen. Von den beiden Langstreckenflugzeugen war nur noch das Vuillemins im Einsatz. Deshalb musste Laperrine eines der algerischen Standardmodelle benutzen, das von Leutnant Bernard gesteuert wurde. Außerdem hatten die beiden Piloten beschlossen, Bernard müsse unbedingt von einem Mechaniker begleitet werden, einem jungen Mann namens Marcel Vasselin, der als Teil der Hilfsmannschaft mit einem Lastwagen nach Tamanrasset gekommen war. Da es sich bei den Flugzeugen um Zweisitzer handelte, würde der General auf Vasselins Knien Platz nehmen müssen. Als die Breguets am 18. Februar starteten, hockte Laperrine, dessen Kopf über die Windschutzscheibe hinausragte, unbehaglich im hinteren Cockpit einer überladenen Maschine, die nur genug Treibstoff für einen fünfstündigen Flug hatte. Gleichwohl hoffte er, alles werde glatt gehen. Sie nahmen Kurs auf Tin Sawaten auf der anderen Seite der Iforas-Berge und planten, in der Oase Tin Rharo eine kurze Zwischenlandung zum Auftanken zu machen.

Trotz der zusätzlichen Last sollte die algerische Breguet imstande sein, die Entfernung zurückzulegen, solange das Wetter klar blieb.

Aber das Wetter blieb nicht klar. Vor dem Start waren Sandwolken am Horizont zu sehen, die von einem südöstlichen Wind getrieben wurden, doch Vuillemin hatte keine Zweifel, über sie hinwegfliegen zu können. Die Berichte darüber, was als Nächstes geschah, sind verworren. Vuillemin sollte die Führung übernehmen, doch falls er von der Route abkam, würde Bernard ihn überholen und seinen Kurs korrigieren. Später erklärte Vuillemin: »Wir setzten all unser Vertrauen in General Laperrines Navigationsfähigkeiten, denn er hatte die Sahara elfmal zu Fuß oder mit dem Kamel durchquert. Unserer Meinung nach besaß er genug Flugerfahrung, da er gerade 1800 Kilometer zurückgelegt und seine Position perfekt gehalten hatte.«[23] Im Widerspruch dazu gab Vuillemin jedoch auch zu Protokoll, man habe sich auf dem ersten Teil der Route nach seinem Kompass gerichtet, wobei von Laperrine zur Verfügung gestellte Fotos dazu hätten dienen sollen, Tin Sawaten zu identifizieren – jedoch nicht Tin Rharo, ein winziges Wasserloch in der Wüste. »Ich habe nie verstehen können«, sagte ein Mann (den Laperrines Biograph nur als Major X bezeichnete), »wieso der General einwilligte, sich auf Vuillemins Kompass zu verlassen. Er hätte darauf bestehen sollen, dass man dem Pfad folgte.«[24] Doch Laperrine scheint gedacht zu haben, dass die Piloten genau das taten. Während der Sandsturm unter ihnen dichter wurde, ließen sich die Markierungen kaum noch erkennen. »Ich kann ihn nicht mehr sehen«, schrieb er auf einen Zettel, den er Bernard reichte. Und ein wenig später: »Bei dem Wind und der Sonne kann ich überhaupt nichts erkennen.«[25] Immerhin waren sie noch in der Lage, Vuillemins Maschine zu folgen. »Der Major schien zu wissen, wohin er steuerte«,[26] schrieb Laperrine in sein Tagebuch.

Keiner der Männer ahnte, dass Vuillemins Kompass beschädigt war und sie um 20 Grad ostwärts vom Kurs abkamen. Um 10.30 Uhr hatten sie Tin Rharo noch nicht gesichtet, und Bernard ließ Laperrine wissen, der Treibstoff reiche nur noch für eine Stunde. Um 11.30 Uhr gingen sie aus einer Höhe von 3500 Metern nieder, und Bernard hatte genug Zeit, wiederholte SOS-Rufe zu senden, doch jegliche Antwort blieb aus. Mittlerweile flog Vuillemin 1000 Meter vor ihnen entschlossen weiter. Dann gerieten sie in den Sturm und flogen eine Zeit lang blind. Von heftigen

Windstößen geschüttelt, fanden sie sich plötzlich 15 Meter über dem Boden wieder. Bernard begriff, dass sie abstürzen würden, stellte den Motor ab, um ein Feuer zu verhindern und ließ die Maschine im Leerlauf gleiten. Die rechte Tragfläche berührte den Boden, dann gruben sich beide Räder in den Sand, das Flugzeug überschlug sich und blieb auf der oberen Tragfläche liegen.

Der angegurtete Bernard wurde durch die Tragfläche der Breguet geschützt und überlebte den Aufprall unversehrt. Die beiden anderen hatten weniger Glück. Vasselin war mit dem Kopf im Sand zwischen dem Flugzeug und dem Boden eingeklemmt, während Laperrine, der keinen Gurt getragen hatte, zwischen Vasselin und die Windschutzscheibe gezwängt war. Bernard zog die beiden heraus, und Vasselin konnte sich noch bewegen, obwohl er Prellungen am Rücken und am rechten Bein erlitten hatte. Laperrine, der sich zuerst nur stumm ans Flugzeug sacken ließ, hatte sich das linke Schlüsselbein und mehrere Rippen gebrochen und schwere Quetschungen am Knie davongetragen. Die drei waren bestürzt, aber nicht entmutigt, denn sie glaubten sich auf eine solche Krise vorbereitet. Vor dem Start hatte Vuillemin sie belehrt, was bei einer Notlandung zu tun sei. Wenn eine der Maschinen auf festem Boden niedergehe, könne das zweite Flugzeug die Verunglückten retten (er erklärte nicht, wie fünf Männer in einen Zweisitzer passen sollten); wenn die Oberfläche weich sei, werde der andere Pilot »über die Stelle hinwegfliegen, die Position fixieren und einen Situationsbericht erstatten, um den Such- und Rettungstrupps jede mögliche Unterstützung zu geben«[27]. Aber falls sich Vuillemins Flugzeug jetzt irgendwo über ihnen befand, konnten die drei Männer es in dem Sturm jedenfalls nicht sehen, und als sich der Wind gelegt hatte, war der Himmel leer. Um sie herum gab es kilometerweit nichts als leere Dünen.

Vuillemin schrieb später, er habe beobachtet, wie Bernards Maschine von einer Sandwolke eingehüllt worden sei, und sie eine halbe Stunde lang gesucht. Dann habe er den Flug nach Tin Rharo fortgesetzt, das, wie sein Kompass anzeigte, in der Nähe hätte sein sollen und von wo er Hilfe anfordern wollte. Zu jenem Zeitpunkt merkte er, dass sein Kompass defekt war. Unfähig, Tin Rharo zu finden, flog er weiter. Um 17 Uhr erreichte er den Wüstenrand, entdeckte eine Stelle, die wie ein Lager aussah, und landete dort zur Nacht. Das Lager war verlassen und enthielt weder Nahrungsmittel noch Treibstoff. »Wir aßen eine kalte Mahlzeit und schliefen mit den Gewehren in der Hand im Flugzeug, wobei wir immer wieder durch die Schreie wilder Tiere geweckt wurden.«[28]

Am folgenden Morgen nahm Vuillemin, der nur noch 150 Liter Treibstoff hatte, Kurs nach Süden und landete am 19. Februar um acht Uhr an dem sudanesischen Vorposten Menaka. Anhand seiner prächtigen Karte, die Laperrine persönlich angefertigt hatte, stellte er fest, dass sich Menaka 200 Kilometer östlich von Gao befand. Wenn er einem deutlich markierten Flussbett folgte, brauchte er nur 150 Kilometer nach Südwesten zurückzulegen, um den Niger zu erreichen. »Der Befehlshaber des Postens, Leutnant Salies von der kolonialen Infanterie, nahm uns sehr freundlich auf«, schrieb Vuillemin. »Die Eingeborenen waren begeistert ... als das Flugzeug landete und zwei französische Offiziere ausstiegen. Einige Tuareg, die es hatten vorüberfliegen sehen, legten Märsche von vier oder fünf Tageslängen zurück, um den Leutnant um eine Erklärung zu bitten. Die Wirkung auf die Moral war beeindruckend. [Leutnant Salies] hatte die Stammeshäuptlinge aus allen Abschnitten zusammengeholt. Manche gingen 150 bis 200 Kilometer zu Fuß, um sich das Flugzeug anzuschauen.«[29] Am Nachmittag versuchte die Besatzung, einen Ballon mit einer daran befestigten Antenne aufzublasen, damit sie die Nachricht von ihrer Ankunft in Menaka mit der Bitte um Treibstoff nach Gao funken konnte. Der Ballon hatte jedoch ein Leck, weshalb man einen Boten entsandte. Durch dessen Nachricht wurde die Welt auf Vuillemins Leistung aufmerksam gemacht, während die Tatsache, dass Laperrines Flugzeug verloren gegangen war, kaum Beachtung fand. Es sollte mehrere Tage dauern, bis der Kurier in Gao eintraf, und weitere fünf Tage, bis ein Treibstoffkonvoi in Menaka erschien. Vuillemin, der annahm, Bernard und Laperrine seien in Tin Sawaten, bastelte fröhlich an seinem Flugzeug herum und wartete auf den Treibstoff. Am 1. März traf ein eiliger Antwortkurier in Begleitung einer Gruppe *méharistes* in Menaka ein. Die Befehle, die er überbrachte, besagten, dass jeder verfügbare Mann Laperrines Flugzeug suchen solle. Selbst da schien Vuillemin nicht sonderlich beunruhigt. Eifrig bemühte er sich, den *méharistes* zu imponieren. »Ich rief sie zu mir und erklärte ihnen, was ein Flugzeug ist, welche Zwecke es in Frieden und Krieg erfüllt. Sie schienen sehr interessiert zu sein, viel interessierter als die Schwarzen, die dachten, es sei bloß eines der Dinge, mit denen sich Franzosen eben beschäftigen.«[30] Während Vuillemin sein Publikum fesselte, kämpften Bernard, Vasselin und Laperrine mit dem Tod.

Als am Mittag nach dem Absturz klar wurde, dass Vuillemin sie nicht retten würde, flößte Bernard dem General ein paar Schlucke ihrer »Alkoholration für Notfälle« ein. Laperrine lebte wieder auf und begann, Befehle zu erteilen. »*Mes enfants*«, sagte er, »wir müssen etwas essen. Dann werden wir uns bis zum Morgen ausruhen und abwarten, was der Tag bringt.«[31] *Les enfants,* die seiner Kenntnis der Wüste vertrauten, durchsuchten ihre Vorräte und fanden eine Gazellenkeule. Bereits nach wenigen Bissen fiel Laperrine wieder in den Schlaf. Bernard und Vasselin sichteten anschließend ihren Proviant. Er bestand aus zehn 100-Gramm-Dosen Fleisch, 20 Keksen, 250 Gramm Schokolade, einem Karton Kondensmilch, einem weiteren mit Zucker und zehn Zweiliterflaschen Wasser. Außerdem besaß Bernard einen halben Liter Alkohol und ein Gewehr. Die Rationen waren für eine Landung auf der Straße gedacht, wo ständig *méharistes* patrouillierten, mitten in der Wüste jedoch wirkten sie erschreckend karg.

Am Morgen des 20. Februar montierte Bernard den Kompass der Breguet ab und reichte ihn dem General. Falls sie, wie Laperrine vermutete, zu weit nach Osten geflogen waren, mussten sie die Iforas-Berge erreichen, wenn sie einen nordwestlichen Kurs einschlugen. Eine hohe Düne ragte in der Ferne auf, und Laperrine ordnete an, auf sie zuzusteuern. Von dort oben werde er das Terrain erkennen. Sie brachen am Abend auf und nahmen ihre Lebensmittel und ihr Wasser mit. Das Wasser war auf einen Liter pro Mann und Tag rationiert. Der Proviant brauchte nicht rationiert zu werden, denn ihr Mund war so trocken, dass sie kaum etwas hinunterzuschlucken vermochten. Laperrine ermahnte seine Gefährten, den Mut nicht sinken zu lassen, denn die Straße sei nur 50 Kilometer entfernt. Aber als sie zum Gipfel der Düne hinaufgestapft waren, konnten sie keine Straße entdecken. Sie sahen nichts als Sand, Hundertausende Hektar Sand, die sich bis zum Horizont erstreckten. Laperrine befahl ihnen, ein wenig auszuruhen, bevor sie den Marsch fortsetzten. Um 15 Uhr – sie waren immer noch von Dünen umgeben und hatten kein Anzeichen einer Straße gefunden – gab Laperrine sich geschlagen. Am 21. Februar standen sie um sieben Uhr auf –»zur gewohnten Stunde«,[32] schrieb Vasselin matt – und beschlossen, zu ihrem Ausgangspunkt zurückzukehren. Falls Retter nach ihnen Ausschau hielten, war das Flugzeug ein offensichtlicher Anhaltspunkt. Außerdem war es ihr einziger Unterschlupf, und wenn sie schon sterben mussten, wären sie wenigstens in einer vertrauten Umgebung.

Der Rückweg kam ihnen viel länger vor als der Hinweg. Während einer Rast zwischen 11 und 16 Uhr kritzelte Laperrine eine Botschaft in den Sand. »Wir gehen zurück zu unserem Flugzeug, das 15 Kilometer von hier entfernt ist.«[33] Er unterzeichnete den Text auf französisch, arabisch und tamacheq, aber er gab keine Position an. Den Kompass benutzte er schon lange nicht mehr und orientierte sich nur noch an den von ihnen zuvor hinterlassenen Spuren ihrer Fußabdrücke. Am Morgen des 22. Februar war Laperrine so schwach, dass Bernard und Vasselin ihn zu zweit stützen mussten. Vierhundert Meter vom Flugzeug entfernt brach er zusammen. »Lasst mich hier, *mes enfants*«, sagte er. »Geht zum Flugzeug und ladet euer Gepäck ab. Ihr könnt mich später holen.«[34] Sie packten seine Arme und schleppten ihn weiter. Beim Flugzeug angelangt erörterten sie ihre Lage: Sie besaßen noch elf Liter Wasser, die, wenn sie sich jeder auf einen halben Liter pro Tag beschränkten, vielleicht eine Woche ausreichen würden. Danach blieben ihnen noch die 14 Liter im Kühler der Breguet. Wenn sie sich nicht anstrengten und sparsam mit ihren Rationen umgingen, hatten sie möglicherweise noch drei Wochen zu leben. Sie flüchteten sich in den Schatten unter der Tragfläche, wo die Temperatur zur Mittagszeit 45 °C betrug.

In Menaka machte sich Vuillemin zufrieden an seinem Flugzeug zu schaffen, doch im Hoggar wurde man unruhig. Leutnant Pruvost, der die Stationen südlich von Tamanrasset befehligte und wenig Vertrauen in Vuillemin oder irgendeinen anderen Piloten setzte, hatte ein eigenes Kontrollsystem eingerichtet. An jedem Posten zündete man ein Leuchtfeuer an, wenn die Maschinen vorbeiflogen, und schickte dann ein paar Männer per Kamel oder Lastwagen zur nächsten Station. Wenn ein Leuchtfeuer nicht brannte, wusste man, dass die Flugzeuge in Schwierigkeiten geraten waren. Am Mittag des 18. Februar hatte ein Leuchtfeuer nicht gebrannt. Pruvost erfuhr am 22. Februar davon, schnappte sich einen Lastwagen und fuhr nach Tin Rharo, wo er am Mittag des 24. ankam. Niemand hatte Laperrines Flugzeug gesehen, aber ein 50 Kilometer südwestlich von Tamanrasset stationierter *méhariste* behauptete, im Osten Motorenlärm gehört zu haben. Sofort entsandte Pruvost einen Boten, der In Salah alarmieren sollte, und einen weiteren, um eine Abteilung *méharistes* aus Tin Sawaten anzufordern. Am 28. Februar schickte man ein Telegramm aus In Salah an Moussa: »Ich verlasse mich darauf, dass Sie und Ihr Volk General Laperrine retten werden. Tief in Ihrem Herzen werden Sie sich gewiss erinnern, wer Ihr Wohltäter ist und wen Sie Ihren Vater nennen. Nur Männer, die mit der Region vertraut sind, können rasch und effektiv handeln; sie werden eine Bezahlung erhalten.«[35] Aber durch eine Panne bei der telegrafischen Übermittlung erreichte die Botschaft Tamanrasset erst am 5. März. Die *méharistes* aus Tin Sawaten trafen am 29. Februar in Tin Rharo ein und suchten die Wüste zwei Tage später ab.

Am 1. März hörte Pruvost von Oberst Delestre, dem Befehlshaber der Region Timbuktu, er sei unterwegs nach Tamanrasset. Vuillemin sei in Menaka gelandet, und Laperrine befinde sich in Sicherheit. Der letzte Satz, wahrscheinlich eine verstümmelte Version von Vuillemins ursprünglicher Nachricht, war eine große Erleichterung für Pruvost. Trotzdem befahl er seinen Männern, vorerst weiterzusuchen.

Am 3. März schrieb Vuillemin, der immer noch in Menaka auf seinen Treibstoff wartete: »Niemand hat General Laperrine gefunden ... Ich fange an, mir ernste Sorgen zu machen.«[36] Am selben Tag beschlossen Bernard und Vasselin, den General zurückzulassen und nach Süden zu marschieren, um den Rand der Wüste zu erreichen. »Ich gebe euch meinen Segen«, sagte Laperrine. »Geht nach Süden, *mes enfants*, aber dann werdet ihr nie wieder lebend zurückkehren.«[37] Die beiden setzten ihn so bequem wie möglich hin, vergruben eine Dreiliterflasche Wasser an seiner Seite und gaben ihm einen Gummischlauch, der als behelfsmäßiger Strohhalm dienen sollte. Dann verabschiedeten sie sich und gingen nach Süden. Nachdem sie drei Hügelketten überwunden hatten, brach Bernard auf einer Düne zusammen und forderte Vasselin auf, ihn liegenzulassen. Der zerrte ihn hoch und schleppte ihn zum Flugzeug zurück. Nach dreieinhalb Stunden erreichten sie die Breguet und stellten fest, dass Laperrine nichts getrunken hatte. Als sie ihm ein wenig Wasser eingossen, war er zu schwach, die Tasse zu halten. Vasselin schrieb am 4. März: »Der General beklagt sich immer häufiger, und wir rechnen jeden Moment damit, dass er stirbt. Es fällt ihm schwer, seine Schokolade hinunterzuschlucken. Dies ist ein trostloser Tag. Wir sehen Vögel, die krächzend über uns hinwegfliegen. Sie wittern unseren Tod.«[38]

Am 5. März wachten Bernard und Vasselin auf und stellten fest, dass Laperrine versuchte, in die Dünen zu kriechen. Sie zogen ihn zurück und wollten ihm Wasser einflößen, doch sein Mund war voller Blut. Er bedeutete ihnen durch eine Kopfbewegung, dass er etwas sagen wollte. »Die Leute glauben, die Wüste zu kennen«, flüsterte er. »Die Leute glauben, dass ich sie kenne. Aber in Wirklichkeit kennt niemand sie. Ich habe die Sahara zehnmal durchquert, und dieses Mal werde ich hier bleiben. Es tut mir leid. Ich habe euch enttäuscht.«[39] Am Mittag bat er um Wasser. Drei Stunden später – die drei Männer lagen im Schatten des Flugzeugs – fiel Bernard auf, dass Laperrine seit langem schwieg. Vasselin und er schüttelten den General, doch der war tot. Sie packten seine Leiche in eine der Furchen, welche die Flugzeugräder hinterlassen hatten, bedeckten sie mit Sand und legten einen Reservereifen und seinen Hut darauf. Dann kehrten sie in den kochenden Schatten der Breguet zurück.

Am folgenden Tag empfing Pruvost in Tin Rharo eine weitere Botschaft von Oberst Delestre: »Ich habe jeden Grund zu der Hoffnung, dass der General und seine Gefährten gesund und munter sind ... Vermutlich werden Sie bald eine gute Nachricht aus Tamanrasset erhalten. Ich werde in Kürze eintreffen, um sie mit Ihnen zu teilen.«[40] Als Delestre am 7. März in Tin Rharo ankam, erfuhr er, dass die gute Nachricht noch auf sich warten ließ und Pruvosts Suchtrupps gescheitert waren. Dabei hatte man nichts unversucht gelassen: Eine Gruppe hatte innerhalb von acht Tagen 425 Kilometer zurückgelegt. Ein einzelner *méhariste* hatte die 160 Kilometer lange Straße nach Tin Sawaten in erstaunlichen 48 Stunden bewältigt. Ein anderer Mann war innerhalb von fünf Tagen 600 Kilometer durch die Wüste geritten; ein Tuareg befand sich noch allein dort draußen und würde erst am Monatsende zurückkehren. Am Nachmittag des 7. März setzte sich Delestre in Pruvosts Lastwagen und fuhr nach Tamanrasset.

Am 10. März wurden ihnen die Vorräte knapp, und Pruvost war gezwungen, die Suche aufzugeben. Um sechs Uhr morgens verließ er Tin Rharo und führte seine *méharistes* zurück zu ihrem Heimatlager unmittelbar nördlich von Agades. Um Zeit zu sparen, folgte er nicht der üblichen Route entlang der Brunnen, sondern nahm eine Abkürzung durch einen bis dahin unerforschten Wüstenabschnitt. Normalerweise wäre er bei Nacht gereist, doch seine Führer rieten davon ab: Sie seien mit den Dünen nicht vertraut und würden sie lieber bei Tageslicht überqueren. Und es war reiner Zufall, dass Pruvost ein seltsames Gebilde im Sand erspähte. »Plötzlich sahen wir in ungefähr einem Kilometer Entfernung ein Objekt, das wir nicht einordnen konnten«, schrieb er. »Dann erschienen zwei Männer und feuerten drei Gewehrschüsse ab [das herkömmliche SOS der Saharier]. Wir begriffen, dass dieses merkwürdige Ding Laperrines umgekipptes Flugzeug war.«[41] Die *méharistes* fanden Bernard und Vasselin und flößten ihnen Suppe und gezuckerten Tee ein. Als die beiden sich erholt hatten, berichteten sie Pruvost von ihren Qualen. Sie hatten Zahnpasta gegessen sowie Glyzerin und Jodtinktur aus dem Arzneischrank getrunken. Sie hatten den Kompass aufgebrochen und die Flüssigkeit im Innern verwertet. Sie hatten Kölnischwasser zu sich genommen und sogar versucht, ihren eigenen Urin zu trinken.

Am 15. März ließ Pruvost Laperrine ausgraben. »Er trug seine Flugkleidung«, notierte Pruvost, »und hatte keine Schuhe an den Füßen.«[42] Dann ließ er den General in ein vom Flugzeugrumpf abgerissenes Stück Leinwand wickeln, das mit der Trikolore und dem Kennzeichen der Breguet – einem »G« – bemalt war. Schließlich wurde die Leiche auf eine Bahre aus Aluminiumrohren gelegt, die man aus dem Flugzeugwrack herausgebrochen hatte, und zurück nach Tamanrasset geschleppt. Man bestattete Laperrine neben seinem alten Freund Foucauld. Seine *méharistes* hoben das Grab aus, nagelten zwei Bretter aneinander und steckten sie in den Hügel.*

* Laperrines Tod war der Tiefpunkt des kostspieligen Unternehmens. Von den 54 Hilfsfahrzeugen trafen nur neun in Tamanrasset ein, und lediglich drei kehrten am 17. Juli nach Wargla zurück. Insgesamt hatten sie 1000 Reifen und ebenso viele Schläuche verbraucht; 700 Kamele waren gestorben. Man schätzte, dass die Reise nur ein Viertel des Gesamtbetrags gekostet hätte, wäre sie auf herkömmliche Art durchgeführt worden.

19

DIE LETZTEN TAGE

Foucauld hatte sich gewünscht, in seiner letzten Ruhe ungestört zu bleiben: »Ich *verbiete*, meinen Körper von dem Ort zu entfernen, an dem Gott das Ende meiner Pilgerfahrt verfügt hat.«[1] Die Einzigen, die seinem Wunsch gehorchten, waren die Bewohner von Tamanrasset. Laperrine dagegen hatte die Leiche im Jahre 1917 fortschaffen lassen, und zwölf Jahre später beschloss man, dass Foucaulds Pilgerfahrt erneut beginnen solle. Am 18. April 1929 beaufsichtigte Monseigneur Nouet, der Apostolische Präfekt für die Sahara, zusammen mit einigen hochrangigen Offizieren und Beamten der algerischen Zivilverwaltung die Exhumierung der Leiche, bevor sie nach El Golea befördert wurde. Angeblich diente die Wiederbestattung religiösen Zwecken: Foucauld, der so lange von der päpstlichen Bürokratie ignoriert worden war (und diese seinerseits ignoriert hatte), war nun, da er den Märtyrertod gefunden hatte, ein Kandidat für die Kanonisierung. Deshalb hielt man es für notwendig, seine sterblichen Überreste aus Tamanrasset zu entfernen, damit sie dort nicht zum Objekt eines Kultes würden. Diese Argumentation erscheint rätselhaft, denn es war viel leichter für potentielle Kultanhänger, nach El Golea zu gelangen, als die lange Reise nach Tamanrasset auf sich zu nehmen. Wahrscheinlich hatte das Militär die Umbettung veranlasst, um zu verhindern, dass Scharen von Pilgern durch die immer noch unsichere Wüste zogen. Auch die Politik dürfte die Hand im Spiel gehabt haben. 1930 wurde der 100. Jahrestag des französischen Einmarsches in Algerien gefeiert. Bei diesem Anlass versuchte man mit allen Mitteln, die Dauerhaftigkeit und Stabilität der Kolonie

Oben: Von der algerischen Regierung in Tamanrasset errichtetes Mausoleum zum Andenken an Charles de Foucauld und General Laperrine.
Gegenüber: 1929 von den Weißen Vätern in Golea angelegte letzte Ruhestätte für Pater de Foucauld.

herauszustellen. Feste wurden organisiert, Autoren mit der Abfassung von Jubelchroniken beauftragt, die auf teurem Hochglanzpapier mit Faltpanoramen von Algier herausgegeben wurden, Paraden wurden abgehalten und ausländische Würdenträger als Gäste dazu eingeladen. Inzwischen war Foucauld eine bedeutende Gestalt – weshalb sollte er also nicht stärker in den Mittelpunkt gestellt werden? *

Der Zustand der Leiche hatte sich erheblich verschlechtert, seit Laperrine von ihrer erstaunlichen Mumifizierung berichtet hatte. In den seitdem vergangenen Jahren war hin und wieder Regen gefallen, und allen Bemühungen des Generals zum Trotz stand das Grab nun unter Wasser. Teile von Foucaulds Rumpf waren verwest, und seine Arme und Beine waren vom Körper getrennt. Im Namen der Weißen Väter gab

* Tatsächlich war eines der wenigen feierlichen Ereignisse anlässlich des Jahrestages, die von der britischen Presse gemeldet wurden, ein Besuch des Generalgouverneurs in El Golea – vorgeblich, um angereisten Botanikern eine Oase zu zeigen. Seine Autokavalkade wurde von mehreren hundert Tuareg, die Gewehre in die Luft abfeuerten, unter den Palmen hindurch begleitet. Ob die Gesellschaft Foucaulds Grab besichtigte, ist zwar nicht dokumentiert, aber sehr wahrscheinlich, und dabei dürften die Besucher auch die große, über der Moschee flatternde Trikolore gesehen haben.

Monseigneur Nouet Anweisung, Foucaulds Herz in dem Durcheinander zu suchen, um es unter dem Granitkreuz, das Laperrine zu Ehren des Verstorbenen errichtet hatte, neu zu bestatten. Ernst dreinblickende Männer mit blauen Käppis salutierten dem winzigen Sarg, als er erneut in den Sand gesenkt wurde. Die anderen Überreste wurden in eine Kiste verpackt, auf ein Kamel geladen und nach El Golea transportiert, wo man eine ähnliche Totenfeier abhielt. Die Katholische Vereinigung von Nancy hatte Geld für ein Denkmal gespendet, denn sie hielt Foucauld für einen Heiligen. Mithin fand er seine letzte Ruhe nicht unter einem einfachen Holzkreuz, sondern unter einer gewaltigen Granitplatte mit der eingemeißelten Inschrift:

In Erwartung des Urteils der heiligen Kirche
Liegen hier die sterblichen Überreste von Gottes Diener
Charles de Jésu, Vicomte de Foucauld
1856–1916
Gestorben im Stande der Heiligkeit
am 1. Dezember 1916
in Tamanrasset
Ermordet von aufsässigen Senussi, ein Opfer seiner
Nächstenliebe und seines apostolischen Eifers.[2]

Manche fanden es seltsam, dass dieses vergeistigten Mannes auf so klotzige Art gedacht wurde – »ein Triumph der Banalität«, klagte ein Biograph, »[ein] monströses Mauerwerk«[3]. Doch das Denkmal war durchaus angemessen, denn Foucauld hatte in Leben und Tod nicht nur Jesus nachgeeifert, sondern dabei auch im Dienst des Kolonialismus gestanden. Sein jenseitiger Vertrag war erfüllt worden, während der weltliche keine Befristung zu haben schien.

Ein dauerhafteres Vermächtnis war die Gründung des Ordens, nach der Foucauld sich stets gesehnt hatte. Im Jahre 1933 trugen Massignon und andere dazu bei, die erste Union der Kleinen Brüder vom Heiligsten Herzen Jesu im Süden Orans aufzubauen, und bald entstand auch ein Ableger in Tamanrasset. Im selben Jahr entwickelte sich eine Gemeinschaft der Kleinen Schwestern in Montpellier. Die Kleinen Brüder und Schwestern verbreiteten sich über die ganze Welt, und ihre Gemeinschaften wurden durch die anderer Orden ergänzt, die sich alle auf die eine oder andere Weise durch Foucaulds Vorbild inspiriert fühlten. Heute sind sie in Frankreich, Italien, Spanien, Belgien, Venezuela, auf Haiti, in Kanada und im Kongo in einer Stärke vertreten, die ihren Gründervater erfreut hätte. Zum Beispiel schuf eine gewisse Schwester Magdalene im Jahre 1936 die nichtklösterlichen Petites Sœurs de Jésu. Als sie 1991 starb, hatte dieser Unterorden 1400 Mitglieder aus 60 Nationen. Keiner von Foucaulds Anhängern vermag seiner Form der Entsagung nachzueifern – sonst gäbe es auch viel weniger von ihnen –, aber sie ehren sein Andenken. »Wir sind fast verblüfft darüber«, schrieb einer seiner Gefolgsleute im Jahre 1958, »so weit von einem Mann geführt worden zu sein, der uns keine geistliche Doktrin lehrte noch uns die Erfüllung besonderer Aufgaben hinterließ, abgesehen davon, dass wir das Heilige Abendmahl in Ehren halten und das Evangelium in unserem täglichen Leben ernst nehmen sollen. Es sind genau diese Schweigsamkeit und Strenge, die unseren Erwartungen gerecht werden. Für jeden von uns ist Bruder Charles ein Zeuge, der uns nicht ruhen lässt und uns unablässig drängt, die Forderungen des Evangeliums zu respektieren.«[4]

Laperrine erlitt fast das gleiche Schicksal wie Foucauld. Eine riesige Steinpyramide wurde über seinem Grab errichtet. Sie trug die wenig einfallsreiche Inschrift: »Stark im Kampf, ergeben im Angesicht der

Qual, vergaß er nie, an andere zu denken.«[5] Bei passenden Gelegenheiten wurde der Obelisk mit Fahnen drapiert. Man verstärkte das Fort in Tamanrasset, richtete eine Garnison ein und benannte die Festung nach ihm. Für künftige Generationen wurde er zu einem der Helden der Sahara-Eroberung. Er galt jedoch nie als der *große* Held. Diese Ehre wurde Lyautey zuteil, der nach seinem Tod im Jahre 1934 wie ein Gott verehrt wurde (Fotos von seinem Mamorkatafalk, bewacht von Soldaten der afrikanischen Armee und mit dem einzelnen, goldenen Wort LYAUTEY geschmückt, sind überaus imposant). Aber Laperrine hatte nie ein großer Held werden wollen. Er war zu sarkastisch, zu eigenwillig, um dem Ideal gerecht zu werden. Selbst als er sich auf dem Höhepunkt seiner Karriere befand, bemerkte ein Untergebener, dass Laperrine in einem Raum voller Generale derjenige sei, der sich von allen Übrigen unterscheide. Diese Worte waren als Kompliment gedacht, doch sie unterstrichen seine Andersartigkeit gegenüber den sonstigen Berufssoldaten. Genau wie Foucauld hatte er sich gewünscht, seine Arbeit ungestört erledigen zu können, und zwar möglichst in der Wüste. Dieser Wunsch war in Erfüllung gegangen.

Was das Kolonialreich anging, dem beide Männer dienten, so war es zum Zeitpunkt ihres Todes für andere Nationen ein Gegenstand der Bewunderung geworden. Die Briten, die lange über die imperialen Ambitionen Frankreichs gespottet hatten, waren nun von den Verhältnissen in Nordafrika beeindruckt. Die Region schien stabil und wohlhabend zu sein – ein glänzendes Beispiel dafür, wie sich der weiße Mann den barbarischen Kontinent untertan machen konnte. Im Jahre 1924 schrieb ein Reisender: »Vor 20 Jahren zog ich mit ein paar Arabern und genauso vielen Kamelen durch diese stummen Sandmassen, in denen nie das Murmeln eines Baches oder das Rascheln von Bäumen zu hören war. Heute sind von jenen Sandmassen aus Züge und Zeppeline zu sehen sowie Flugzeuge und wie Bienen summende Raupenfahrzeuge zu hören … Die Römer … machten große Fortschritte im Norden Afrikas und haben einige wunderbare Denkmäler hinterlassen. Aber nichts deutet darauf hin, dass es ihnen je gelungen wäre, die Sahara zu erobern. Die Franzosen hingegen haben sie erobert.«[6] Er fährt fort: »Es ist unmöglich, ohne gewachsenen Respekt vor den Franzosen als Kolonisten aus Algerien abzureisen.«[7]

Europäer schwelgten in der Mischung von westlicher Zivilisation und orientalischer Romantik. Ein Tourist, der die Oase Tuggurt besuchte, war von einem arabischen Café fasziniert.

> Ich stand eine Zeitlang auf der Türschwelle, trank Kaffee und schaute mich um. Draußen war die Nacht so weiß wie Milch. Das offene Land und die Häuser in der Nachbarschaft sahen aus, als wäre Schnee auf sie gefallen. In der Luft lag ein schwacher Hauch von Staub und Gewürz, eine Mischung von Fäulnis und Süße, der vertraute Duft des Orients, stets der gleiche. Ein paar geisterartige Gestalten in ihren Schweißtüchern überquerten den Platz und verschwanden in unsichtbaren Eingängen. Dann wandte ich den Kopf, und neben mir war das gedämpfte Glühen im Innenraum und die dunkle Pracht von Farbe. Es genügt nicht zu sagen, dass eine solche Tönung tiefer, üppiger, stärker ist als bei uns. All das stimmt natürlich, aber damit ist es nicht getan. Sie ist ihrem Charakter nach anders. Im Osten ist Farbe ein Substantiv, im Westen ein Adjektiv. Wir haben farbige Dinge, der Osten hat Farbe.[8]

Diese Worte wurden im Jahre 1905 geschrieben, doch die Beschreibung traf auch 20 Jahre später noch zu – vielleicht sogar in höherem Maße, nachdem die Oasen immer mehr Reisenden zugänglich geworden waren. Derselbe Autor spazierte im Spätfrühling in Algier auch durch den Vorort Mustapha. Zu jener Jahreszeit waren die Stadt verlassen, die Hotels noch nicht für die Saison geöffnet und die Gärten leer. »Die Rosen standen in voller Blüte, und … in jedem Moment löste sich ein Büschel Blütenblätter und fiel herab, während ich mich unter den Laubengängen mit ihren Spalieren erging. Es war, als würden Blumen vom Himmel heruntergeschüttelt, so dass Luft und Erde gelb wurden. Nie habe ich eine so schöne Fäulnis gesehen.«[9]

Die Besucher Algeriens priesen die Exotik des Landes, ohne je an ihr teilzuhaben. Sie nahmen den Zerfall von Rosen, nicht jedoch den eines Volkes wahr. Lieber standen sie auf der Schwelle von Cafés, als einzutreten. Und während sie sich an den Blumen von Mustapha erfreuten, ignorierten sie die Realität von Algier – eines weiß getünchten, fremden Ballungsraums, der trotz all seines Lärms und seiner Energie ein Krebsgeschwür auf nordafrikanischem Boden blieb. Was die Gäste wirklich sahen und bewunderten, war der oberflächliche Glanz der Macht, der ihnen gestattete, sich überhaupt hier einzufinden, und der der einheimischen Bevölkerung einen Anschein von dienstbeflissener Untertänigkeit verlieh. »Die Franzosen sind ausgezeichnete Kolonisten«, schloss ein Brite im Jahre 1926, »und nun ist alles Friede, Glück und Brüderlichkeit.«[10]

Natürlich war nicht alles Friede und Brüderlichkeit. Den größten Teil der zwanziger Jahre hindurch mühten sich französische Soldaten ab, die unzufriedene Berberbevölkerung von Marokko zu bändigen, und kaum hatten sie die Kontrolle über den Südlichen Atlas gewonnen, als neue Unruhen in Algerien ausbrachen, wo die plötzlich politisierten Menschen ihre Stimme zu erheben begannen. Panislamische Gruppen forderten Unabhängigkeit, während eine profranzösische Elite – in Regierungsmedresen von Leuten wie Motylinski erzogen – verlangte, Algerien müsse von Frankreich integriert werden, dabei aber seine eigene islamische Identität behalten. Gleichzeitig taten die *colons*, die französischen Siedler, die beide Gedanken unerträglich fanden, alles in ihrer Macht Stehende, um Reformen zu blockieren. Die dreißiger Jahre wurden für Algerien wie für Europa zu einem Jahrzehnt des Rassismus, der Repression und Gewalt. Im Jahre 1934, als ein betrunkener jüdischer Soldat an eine Moschee in Constantine urinierte, starben bei den anschließenden Ausschreitungen 27 Menschen, 48 wurden verletzt. Frankreich versuchte, seine Kolonie zu besänftigen: Im Jahre 1940 ernannte Pétains Vichy-Regierung vier Muslime zu Mitgliedern des Regierungsrats von Algier (zur Genugtuung der *colons* trat der Rat allerdings nie zusammen), und im Laufe des Zweiten Weltkriegs wurden weitere kleinere Zugeständnisse gemacht. Aber die Änderungen stellten keine der beiden Parteien zufrieden, und die *colons* wurden so unversöhnlich, dass auch die geneigtesten Reformer jegliche Hoffnung verloren. »Was kann dies anderes bedeuten, als dass das algerische Problem ... im wesentlichen ein *rassisches und religiöses* ist?«, schrieb ein Algerier über die Feindseligkeit der *colons.* »Die Stunde ist vergangen, in der ein algerischer Muslim etwas anderes als ein muslimischer Algerier sein möchte.«[11]

Am 8. Mai 1945, dem Ende eines Krieges, in dem nordafrikanische Soldaten eine hervorragende Rolle gespielt hatten – ebenso wie während des Ersten Weltkriegs und schon während des Deutsch-Französischen Krieges –, hüllte Algier sich frohlockend in Trikoloren. Das war zuviel des Guten für die Nationalisten. Flaggen, die man seit den Tagen von Abd el-Kader nicht gesehen hatte, wurden auf den Straßen geschwenkt, und überall im Lande flackerten Unruhen auf. In den folgenden vier Tagen wurden 100 Europäer getötet. Das französische Militär, das immer noch unter der schmachvollen Niederlage von 1940 litt, reagierte brutal. Flugzeuge, Schiffe, Infanterie und Panzerkolonnen wurden eingesetzt, um die »Rebellen« zu unterwerfen. Als man die Ordnung wiederhergestellt hatte, waren 10 000 Algerier tot, Tausende hatte man nach Schnellverfahren hingerichtet. Im Jahre 1946 unternahm Paris einen letzten Versuch, die wirtschaftliche und soziale Integration Algeriens zu vollziehen, aber erneut verweigerten die *colons* die Zusammenarbeit. Unterdessen hatten die Algerier ihren Weg bereits gewählt. »Der Aufstand vom Mai 1945 schuf eine Kluft zwischen den beiden Gemeinschaften, die wir nicht mehr überbrücken konnten«, sagte ein politischer Führer. »Sie veranlasste uns, zu den Waffen zu greifen.«[12]

In den fünfziger Jahren war Algerien nicht mehr so schön wie 30 Jahre zuvor. Während sich andere europäische Nationen ihrer Kolonien entledigten – widerwillig und nicht ohne »Unfälle«, um einen britischen Euphemismus zu benutzen –, hinkte Frankreich hartnäckig hinterher. Seine fernöstlichen Territorien erkämpften sich 1955 nach einem langen und blutigen Krieg die Unabhängigkeit, Marokko wurde seinen Einwohnern 1956 zurückgegeben wie zuvor schon Tunesien im Jahre 1955 (einer der ersten Akte der tunesischen Regierung bestand darin, die Statue von Kardinal Lavigerie vor der Medina entfernen zu lassen), aber die Situation in Algerien war anders. Inzwischen lebten dort zwei Millionen weiße Siedler, und obwohl sich viele Bürger über die Kosten der Kolonie beschwerten, konnte die Regierung es sich nicht leisten, sie in die Selbständigkeit zu entlassen. Als die Algerier das Regime im Jahre 1956 mit Hilfe von Terroranschlägen zu stürzen versuchten, reagierte das Militär mit roher Gewalt, um sie niederzuschlagen. Die Unruhen begannen in der Altstadt von Algier, einem Labyrinth aus zerfallenden Gebäuden und engen, seit osmanischen Zeiten unveränderten Straßen, in denen sich allein die Bewohner auskannten. Französische Soldaten besetzten die Hauptstadt nach einer zermürbenden Schlacht erneut, nur um festzustellen, dass der Kern der Rebellion sich nun in die ländlichen Gebiete verlagert hatte. Im Laufe weniger Jahre wurde Algerien genauso unregierbar wie in den dreißiger und vierziger Jahren des 19. Jahrhunderts. Weiße Dorfbewohner drängten sich aus Sicherheitsgründen zusammen, während die Armee das Land nach einem schwer fassbaren Feind durchkämmte. Ein gewisser Unterschied bestand allerdings darin, dass die Franzosen im Jahre 1830 Pferde und Gewehre besessen hatten, während sie nun über Hubschrauber und Maschinengewehre verfügten. Die entscheidende Diskrepanz zwischen den dreißiger Jahren des 19. und den fünfziger Jahren des 20. Jahrhunderts lag jedoch in der Haltung Frankreichs zur Sahara.

Während sich die Massaker auf dem Lande fortsetzten und Bomben in den Cafés von Algier explodierten, wurde die Wüste zum sanften Hintergrund für Absurditäten, die an Ionesco erinnerten. Hier, so hieß es, in einem leeren Raum von der Größe der Vereinigten Staaten, könne Frankreich – oder gar Europa – seinen Status als Weltmacht beweisen. Die Sahara besaß Öl, Erdgas (ein Produkt, dessen Wert man erst in den fünfziger Jahren des 20. Jahrhunderts durchschaute), Mineralien und unschätzbare Reserven an Grundwasser. Außerdem verfügte sie über das größte Raketentestgelände der Welt. Dieser Vorzug wurde gepriesen, als hätte man es mit dem beheizten Swimmingpool eines Hotels oder einem privaten Golfplatz zu tun, wobei die Interessenten allerdings keine Handelsvertreter, sondern Mitglieder der Nato waren. Schwärmer sprachen von »Eurafrika«, einer nebulösen Partnerschaft zwischen Europa und Afrika, in deren Rahmen europäisches Kapital eingesetzt werden sollte, um die afrikanischen Ressourcen zum Vorteil beider zu entwickeln. Der Gedanke war bereits in den zwanziger Jahren des 20. Jahrhunderts von Erik Labonne geäußert worden, damals Frankreichs Generalbevollmächtigter in Marokko, der zu wissen glaubte, in welche Richtung die Welt fortschreiten werde. »Ein aus den Fugen geratenes und verarmtes Europa«, schrieb er, »misst seine winzige Kraft an der gewaltigen Entwicklung der Vereinigten Staaten und Sowjetrusslands. Afrika ist seine einzige Hoffnung: der Kontinent, der den Europäern, falls sich Europa auf einen gemeinsamen Plan für seine Entfaltung verständigen kann, gestatten wird, aus ihrer nichtigen Halbinselexistenz auszubrechen und ihre Einheit in einer gemeinsamen Anstrengung zu finden.«[13] Seine Worte hatten in den fünfziger Jahren noch mehr Gewicht. »Eurafrika« war nichts anderes als eine Neudefinition des Imperialismus, doch der Begriff fand Anklang auf einem Kontinent, der dabei war, mit seinem Niedergang fertig zu werden und dessen Zukunftspläne sich gelegentlich auf Ideen aus der Vergangenheit stützten. Frankreich war die treibende Kraft hinter »Eurafrika« (das in unvorsichtigen Momenten manchmal im selben Atemzug genannt wurde wie die »Französische Union«, eine nach dem Muster des Commonwealth errichtete Vereinigung von früheren Kolonien), doch andere Mitglieder des neugegründeten Gemeinsamen Marktes zeigten sich ebenfalls interessiert. Besonders die Bundesrepublik Deutschland wollte unbedingt in die Sahara investieren. So wurde die Wüste in den späten fünfziger Jahren reichlich mit Geld bedacht.

Verrückte aller Arten eilten an den Honigtopf. In einem Zeitalter, da die Atomspaltung die Lösung für sämtliche Probleme zu liefern schien, wurden fürchterliche Anwendungsmöglichkeiten vorgeschlagen. Einem Autor zufolge gab es unglaubliche Pläne, unterirdische Reservoirs herzustellen, indem man Kernbomben in Bohrschächte warf. (»[Diese] wären auf der Oberfläche nur in Form eines riesigen Pickels sichtbar ... die radioaktive Verschmutzung des Wassers wäre keine ernste Gefahr ... Die Sahara ist das Gelobte Land für den friedlichen Einsatz von Atomexplosionen.«[14]) Eine Megatonne hier oder da könne versiegende Ölquellen erneuern. Und allen Ernstes wurde die Absicht geäußert, mit Atomkraft einen neuen Hafen in die Atlantikküste zu sprengen. Wenn alles gut gehe, werde im Jahre 1965 eine »saubere Bombe« detonieren. Wieder einmal erhob sich das Transsaharaprojekt wie Phoenix aus der Asche, und wiederum ging es in Flammen auf. Übrig blieb nur eine beabsichtigte Erweiterung der bestehenden Schmalspurstrecke von Colomb-Béchar nach Adrar. Die Dünen, über die sie hinwegführte, sollten mit Öl besprüht und dadurch stabilisiert werden. Noch wildere Ideen wurden laut. Im Jahre 1953 wollte jemand den Niger bei Timbuktu umlenken, um einen befahrbaren Wasserweg nach Taudeni zu schaffen. Dort sollte er sich teilen: Die eine Hälfte würde zum Atlantik fließen, die andere nach In Salah, wo man sie durch eine Pipeline nach Fort Flatters und schließlich durch ein altes Wadi nordwärts zum Mittelmeer umleiten wollte. Ein noch ehrgeizigeres Vorhaben war die Schaffung eines Saharabinnenmeers, indem man einen Kanal vom Mittelmeer zu der Kette von *chotts* (Salzseen) um Biskra baute, obwohl einige *chotts* 30 Meter unter dem Meeresspiegel lagen. Das war eine alte Idee, die Hauptmann François Roudaire in den siebziger Jahren des 19. Jahrhunderts als Erster vorgebracht hatte und die von Ferdinand de Lesseps unterstützt worden war. Untersuchungen hatten ihre Realisierbarkeit aufgezeigt, vergleichbar mit dem Bau des Suezkanals, und allein die fehlenden Gewinnaussichten hatten die Investoren abgeschreckt. Doch nun, da die Sahara ein Profitpotential aufwies, wurde dem Kanal neue Aufmerksamkeit zuteil. Im Jahre 1957 gründete Roudaires Urenkel eine Gruppe namens ARTEMIS, »Association de Recherche Technique pour l'Etude de la Mer Intérieure Saharienne«. Was ARTEMIS vorschlug, war ganz einfach: Eine 20-Megatonnen-Wasserstoffbombe in einer Tiefe von 750 Metern würde einen Krater von drei Kilometer Durchmesser hervorbringen. 50 derartige Bomben würden, wenn sie gleichzeitig detonierten, innerhalb von Sekunden den größten künstlichen Wasserweg der Welt schaffen und fast 5000 Quadratkilometer Wüste überfluten. Zum Glück ging ARTEMIS zwei Jahre später bankrott.

Das Besorgniserregende an diesen Wahnsinnsplänen war nicht ihre Dummheit, denn die Wüste hatte stets Exzentriker im Übermaß angezogen. Zum Beispiel hatte sich um die Jahrhundertwende ein gewisser Jacques Labaudy zum Kaiser der Sahara ausgerufen, bevor er 1915 in ein Asyl auf Long Island eingewiesen wurde. Im Jahre 1941 hatten die Nationalsozialisten mit dem Gedanken einer Transsaharapipeline für Erdnussöl gespielt. Und in den zwanziger Jahren des 20. Jahrhunderts hatte ein Deutscher namens Hermann Sorgel erwogen, das Mittelmeer in die Sahara umzuleiten. Da es mehr Wasser durch Verdunstung verliere, als durch die in das Meer mündenden Flüsse ersetzt werde, wollte er die Dardanellen und die Straße von Gibraltar eindämmen. Während der Spiegel des Mittelmeers pro Jahr jeweils um einen Meter sinke, würden die Dämme Hydroelektrizität produzieren, die man benutzen könne, um das Wasser zu entsalzen und in die Sahara zu pumpen. Am Ende der Operation werde die Wüste grün, das Meer trocken und Europa nicht mehr von dem Kontinent getrennt sein (jedenfalls nicht durch Wasser), den ihm das Schicksal beschieden habe.

Nein, besorgniserregend war, dass ein Denken, welches solche Verrücktheiten hervorbrachte – das gleiche Denken, das »Eurafrika« entstehen ließ –, immer noch der Regierungspolitik zugrunde lag. Die gesamten fünfziger Jahre hindurch unternahm Frankreich energische Versuche, die Sahara für sich und seine europäischen Partner zu retten. Man machte sich daran, die Wüste zu »entkolonialisieren«, das heißt sie vom Algerien der Küste zu trennen, also von jenem Kerngebiet, das, wie jeder Politiker im tiefsten Innern wusste, früher oder später unabhängig werden würde. So wollte man sie für den Westen bewahren, wenn alles andere verloren gegangen war. Die Entkolonialisierung war bereits in Französisch-Sudan wirksam geworden, wo man Mali, Tschad, Niger und anderen Nationen die autonome Mitgliedschaft in der Französischen Union als Schritt zur Unabhängigkeit gewährt hatte. Eine unabhängige Sahara kam jedoch nicht in Frage, denn war sie einmal von den Nachbargebieten getrennt, gab es offenkundig nichts mehr, worauf sich ein Staat gründen ließ. Die Argumentation war fehlerhaft, doch sie besaß im Kern eine gewisse Logik: Selbst wenn die Sahara Algerien zugeschlagen würde, bliebe sie eine Zone, in der herkömmliche Vorstellungen von nationaler Souveränität keine Gültigkeit hatten. Die beste Lösung bestand also darin, sie in ein Verwaltungsgebiet umzuwandeln. Und warum sollte sie von Algerien statt von Frankreich verwaltet werden? Der letzte Herrscher der Wüste, wenn man von einem solchen sprechen konnte, war Moussa gewesen. Bevor er 1920 kurz nach Laperrine starb, hatte er die Überzeugung vertreten, dass Frankreich seinem Volk die beste Zukunft zu bieten habe. Nach seinem Tod war das Militär Foucaulds Rat gefolgt und hatte die Oberaufsicht übernommen, die es auch 40 Jahre später auf keinen Fall aufgeben wollte. Mithin wurde die Sahara »nach oben« entkolonialisiert. Im Jahre 1957 beförderte man sie von einer Kolonie zu einem Departement – genauer gesagt, zu zwei Departements mit den Hauptstädten Colomb-Béchar und Laguat. Sie erhielt ein eigenes Ministerium in Paris, eine eigene Bürokratie, einen eigenen Haushalt, eine eigene Steuerhoheit und ein eigenes quasi-autonomes Regierungsorgan, die OCRS (Organisation Commune des Régions Sahariennes), deren Einfluss sich, wo immer möglich, auch auf die sudanesischen Territorien der Französischen Union erstreckte.

Niemand ließ sich dadurch täuschen. Frankreich bediente sich der politischen Umstrukturierung lediglich, um seine Absicht – den Erhalt seiner Kontrolle über einen wirtschaftlich wertvollen Besitz – zu verschleiern. Der Schleier war ohnehin recht dünn. Das Manöver war bereits einmal gescheitert, nämlich während der Suezkrise von 1956, in der Frankreich und Großbritannien – eine Nation, deren eigene politische Haltung im Hinblick auf die Aufgabe der Kolonien nie sonderlich klar war, schon gar nicht im Nahen Osten – als Friedensstifter zwischen Ägypten und Israel intervenierten und dann Streitkräfte entsandten, um den Suezkanal zu besetzen. Ihr anschließender, von den Vereinigten Staaten erzwungener Rückzug führte zum Sturz der Regierungen in London und in Paris. Trotzdem verfolgte Frankreich seine mehr oder weniger imperiale Politik weiter. Beobachter zeigten sich beunruhigt durch diese Realitätsblindheit. 1958 schrieb der Historiker Herbert Luthy: »Wörter wie ›Eurafrika‹ und ›Französische Union‹ haben einen irrealen, gespenstischen Klang vor dem Hintergrund der algerischen Tragödie. Aber genau deshalb, weil dieser entsetzliche Konflikt zwischen einer juristischen Fiktion und einer Realität nur mit der Vernichtung eines Mythos enden kann, nämlich des Mythos vom ›Mutterland der Völker‹, wird er zu der Schwelle werden, über die Frankreich endlich aus dem Zauberkreis der historischen Selbstbewunderung ins Freie hinaustritt: als Nation unter Nationen. Die Frage ist nicht, ob dies geschehen wird, sondern, zu welchem Preis und wie spät?«[15]

Für gewisse Elemente in Frankreich war kein Preis zu hoch, und der Begriff »spät« existierte für sie überhaupt nicht. Paris war entschlossen, die Sahara zu behalten und sogar in ihre Zukunft zu investieren. Private und öffentliche Gesellschaften konzentrierten sich auf eine Wüste, in der sie eine reiche Ernte einzubringen hofften. Die Tuareg, die einstigen Herren des Sandes, wurden vom schieren Gewicht der Akronyme erdrückt. Es gab die S. N. REPAL (Société Nationale de Recherche et d'Exploitation des Pétroles en Algérie) und die mit ihr assoziierte Gesellschaft CREPS (Compagnie de Recherche et Exploitation de Pétrole au Sahara). Dazu kamen das BRP (Bureau de Recherche de Pétrole) und die CFP (Compagnie Française des Pétroles) sowie die ZOIA (Zone d'Organisation Industrielle et Stratégique en Afrique). Wissenschaftler der SODETEP (SOciété de DEveloppement de TEchniques de la Pluie provoquée) bemühten sich, künstlichen Regen zu produzieren, und richteten kleine Barackenlager im Hoggar ein, wo ihre Angestellten die Wolkenbewegungen aufzeichneten. Techniker von der ENERSOL (Société d'Etudes et d'Applications Industrielles de l'Energie Solaire), unterstützt von der ARESA (Association pour la Recherche sur l'Utilisation de l'Energie Solaire en Algérie), entwickelten Solaröfen – komplizierte, an einen James-Bond-Film erinnernde Schüsseln, die sich nach der Sonne ausrichteten und Erz bei Temperaturen von mehr als 3000°C schmelzen konnten –, während ähnliche Organisationen mit neuartigen Windturbinen experimentierten. Die erhöhte Regenmenge und die kostenlose Energie, welche diese Gesellschaften zu gewinnen hofften, sollten Vereinigungen wie BUMIFOM (Bureau Minier de la France d'Outre-Mer) nutzen, welche die Suche nach Mineralien kontrollierten (Outre-Mer war eine bewusste Anspielung auf die französischen Kreuzfahrerreiche in Palästina). Außerdem untersuchte PROHUZA (Centre d'Etudes et d'Information des Problèmes Humains dans les Zones Arides) die Wirkung extremer Hitze auf die Angestellten der genannten Organisationen. Als es durch eine Befragung herausgefunden hatte, dass ein Ölarbeiter acht Kilogramm pro Tag ausschwitzte, gab es zu bedenken, dass drei Jahre in der Sahara ausreichten, um einen durchschnittlichen Mann umzubringen.

Das Militär ärgerte sich über die Eindringlinge mit den vielen Initialen. In den vorausgegangenen 30 Jahren hatte die französische Armee ganz allein die Wüste beherrscht. Trotz ständig sinkender Mittel und ohne Dank hatte sie den Frieden aufrechterhalten und eine, wie sie hoffte, französische Umgebung hervorgebracht. Nun diente sie als Kindermädchen für ein Bündnis aus Bürokraten und Kapitalisten, die kein Gefühl für die Sahara hatten. Professionelle Saharaforscher lachten über die Ölmänner, die in klimatisierten, mit Szenen aus den französischen Alpen geschmückten Kantinen speisten. Ebenso machten sie sich lustig über die Erklärung von PROHUZA, dass ein Mann nach drei Jahren Wüstendienst dem Tode nahe sei. Wer über oberflächliche Kenntnisse der Kolonialgeschichte verfügte, wusste, dass Foucauld, Laperrine und andere engagierte Offiziere Jahrzehnte in der Wüste verbracht hatten. Ein Leutnant bezeichnete die Neuankömmlinge als »Barbaren, die keinen Sinn für die Schönheit eines Sonnenuntergangs haben«.[16] Den Unternehmern erschienen solche Gefühle genauso anachronistisch wie die Tuareg selbst. Der Marsch in die Moderne dürfe nicht von ein paar sentimentalen Traumtänzern behindert werden. Nach napoleonischem Vorbild besänftigte die OCRS ihre Krieger mit einer neuen Auszeichnung, dem Ordre du Mérite Saharienne. Außerdem rief sie ihnen in Erinnerung, dass sie nicht die Aufgabe hätten, die Ölgesellschaften zu bekämpfen, sondern die »Terroristen« der FLN. Die Front de Libération National wies nicht so viele Großbuchstaben auf wie ihre Gegner, doch es war eine mächtige nationalistische Kraft, welche die algerische Küste in ihrer Gewalt hatte und bereits begann, französische Einrichtungen in der Wüste zu bombardieren.

1958 wurde die instabile Vierte Republik – die seit ihrer Gründung im Jahre 1946 24 Regierungen gehabt hatte – von der Fünften Republik abgelöst, deren politischer Führer, General de Gaulle, schließlich die Niederlage eingestehen musste. 1959 gewährte er Algerien ein gewisses Maß an Selbstbestimmung. Bezeichnenderweise nahm er die beiden Sahara-Departements nicht in das Angebot auf, aber die FLN verlangte völlige Unabhängigkeit sowie uneingeschränkte Kontrolle über die Sahara. In den folgenden vier Jahren tobte ein dreiseitiger Krieg zwischen der FLN, der französischen Armee und kolonialen Freischärlern, in dessen Verlauf viele 100 000 Menschen starben, darunter zahlreiche Zivilisten. Die Unruhen griffen auf Frankreich über, wo sie fast einen Bürgerkrieg ausgelöst hätten, bevor de Gaulle 1962 endlich einen Friedensvertrag mit der FLN unterzeichnete. Im Jahr danach verabschiedete Algerien seine erste Verfassung als demokratische und unabhängige Republik. Zunächst langsam und dann in immer größerer Zahl gaben die weißen Siedler ihren Besitz auf und flohen nach Frankreich. Am Ende des Jahrzehnts waren nach einer der größten Abwanderungen seit dem Zweiten Weltkrieg kaum ein paar 1000 Menschen aus einer Gemeinschaft übrig, die einst Millionen umfasst hatte. Bezeichnenderweise suchten die Algerier sich nun die besten der verlassenen Bauernhöfe und Betriebe aus, genau wie es die Franzosen im 19. Jahrhundert getan hatten. Sie machten die Kathedrale von Algier wieder zu einer Moschee, und sie zerstörten die Statuen und Denkmäler, welche die Franzosen zur Feier ihrer Eroberung errichtet hatten. Dann wandten sie sich dem Wiederaufbau ihrer nationalen Identität zu, was sich als unerwartet kompliziert erwies.

Nach 133 Jahren war Frankreichs großes afrikanisches Abenteuer beendet. Was es aufgebaut hatte, war verloren, was es sich erhofft hatte, war überflüssig geworden. Die Transsaharabahn und das Reich, dessen

Teile sie hatte verbinden sollen, existierten nur noch in der Erinnerung und in Archiven – genau wie die Menschen, die ein Teil des kolonialen Traumes gewesen waren. Die Sahara gehörte nun zu Algerien, und abgesehen von ihrer südlichen Grenze, die lange zuvor mit dem Vertrag von Niamey festgelegt worden war, hatte Laperrine kaum eine Spur hinterlassen, von Foucauld gar nicht zu reden. Die *méharistes* wurden allmählich von Autos, Flugzeugen und Hubschraubern abgelöst. Die wenigen, die von den Weißen Vätern bekehrt worden waren, verschwanden kurz nach der Unabhängigkeit. Und die Gemeinschaft der Kleinen Brüder, die den Posten in Tamanrasset unterhielt, wurde in den achtziger Jahren vertrieben.

Hatten Foucauld und Laperrine ihr Leben vergeudet? Das kann man nicht behaupten. Sie lebten unter den Bedingungen ihrer Zeit und hingen den damals vorherrschenden Idealen an. Foucauld könnte man sogar dazu beglückwünschen, dass er einen von Selbstverleugnung geprägten Glauben hervorbrachte, der noch lange nach seinem Tod weiterbestand. Die Tragödie ihrer Existenz hatte weniger mit ihrer Epoche als mit der Landschaft zu tun. Sie hatten eine Region betreten, die den westlichen Vorstellungen von Dauerhaftigkeit trotzte, und sie waren dort in der Überzeugung gestorben, etwas ausgerichtet zu haben. Doch die Sahara blieb nach ihrem Tod unverändert: eine riesige Fläche aus Sand und Fels, in der sich nichts radikal wandelte und in der nichts einen bleibenden Eindruck hinterließ. Professor Gautier, der kreuz und quer durch die Wüste gereist war und sowohl Foucauld als auch Laperrine in Aktion gesehen hatte, widmete beiden einen passenden, wenn auch deprimierenden Nachruf: »Die einzige für die Sahara typische Krankheit ist der Wahnsinn.«[17]

Anmerkungen

Folgende Abkürzungen werden zur Kennzeichnung von Archivdokumenten verwendet:

CBA – Carnet de Beni Abbès
CS – Correspondances sahariennes
CT – Carnets de Tamanrasset
FH – Foucauld & Huvelin, Lettres inédites
HSND – Archives of the State Historical Society of North Dakota

1. Absinth und Kasernen

1 Preminger, M., *Der streitbare Heilige* (Hamburg, Wien: Paul Zsolnay Verlag, 1962), S. 55.
2 Porch, D., *The Conquest of Morocco* (London: Jonathan Cape, 1986), S. 5.
3 Phillipps, L., *In the Desert* (London: Edward Arnold, 1905).
4 Cooley, J., *Baal, Christ, and Mohammed* (London: John Murray, 1967), S. 165.
5 Phillipps, op.cit., S. 49.
6 Ibid.
7 Ibid., S. 50.
8 Vandervoort, B., *Wars of Imperial Conquest in Africa, 1830–1914* (London: UCL Press, 1998), S. 60.
9 Phillipps, op.cit.
10 Knox, A., *The New Playground, or Wanderings in Algeria* (London: C. Kegan Paul & Co., 1881), S. 69.
11 Ibid., S. 58.
12 Cooke G., *Conquest and Colonisation of North Africa*: (Edinburgh: Blackwood, 1860), S. 2.
13 Ibid., S. 10.
14 Ibid., S. 10f.
15 Ibid., S. 237.
16 Ibid., S. xiii.
17 Knox, op.cit., S. 461.
18 Fage, J., und R.Oliver (Hg.), *Cambridge History of Africa*, Bd.V (Cambridge: Cambridge University Press, 1976), S. 488.
19 Agerre, C., *Modern Algeria* (London: Hurst & Co., 1991), S. 21.
20 Alphonse Daudet, zitiert in: Fage, op.cit., S. 472.

2. Eine schmerzliche Leere

1 Fremantle, A., *Desert Calling,* (London: Hollis & Carter, 1950), S.19.
2 Fremantle, A., *Ruf der Wüste. Das Leben Charles de Foucaulds* (Einsiedeln u.a.: Benziger, 1953), S.19.
3 Ibid., S.22.
4 Fremantle, *Desert Calling*, op.cit., S.23.
5 Fremantle, *Ruf der Wüste*, op.cit., S.25.
6 Ibid., S.24.

7 Foucauld, C., *Lettres à un ami de lycée* (Paris: Nouvelle Cité, 1982), S. 88.
8 Fremantle, *Ruf der Wüste,* op.cit., S. 27.
9 Bazin, R., *Der Wüstenheilige. Leben des Marokko-Forschers und Sahara-Eremiten Karl von Foucauld* (Luzern, Leipzig: Räber & Cie., 1930), S. 12.
10 Ibid., S. 11 f.
11 Fremantle, *Ruf der Wüste,* op.cit., S. 35.
12 Ibid., S. 31.
13 Ibid., S. 32.
14 Ibid., S. 34.
15 Foucauld, op.cit., S. 124.
16 Fremantle, *Ruf der Wüste*, op.cit., S. 38.
17 Foucauld, op.cit., S. 116.
18 Fremantle, *Ruf der Wüste*, op.cit., S. 40.
19 Ibid.
20 Foucauld, op.cit., S. 116.
21 Bazin, op.cit., S. 13.

3. In die Wüste

1 Bazin, R., *Der Wüstenheilige. Leben des Marokko-Forschers und Sahara-Eremiten Karl von Foucauld.* (Luzern, Leipzig: Räber & Cie., 1930), S. 72.
2 Duveyrier, H., *Journal de route* (Paris: Challamel, 1905), S. xv.
3 Ibid., S. xxii.
4 Duveyrier, H., *Exploration du Sahara: Les Touaregs du nord* (Paris: Challamel, 1864), S. 371.
5 Duponchel, A., *Le chemin de fer transsaharien* (Paris: Hachette, 1879), S. 355.
6 Ibid., S. 341.
7 Ibid., S. 342.
8 Ibid.
9 Knox, A., *The New Playground* (London: C. Kegan Paul, 1881), S. 168.
10 Gaffarel, P., *Les colonies françaises* (Paris: Germer Baillière, 1880), S. 3.
11 Ibid., S. 4.
12 Ibid., S. 5.
13 Gaffarel, P., *Les explorations françaises depuis 1870* (Paris: Degorce-Cadot, 1882), S. 176.
14 Porch, D., *The Conquest of the Sahara* (London: Jonathan Cape, 1985), S. 114.
15 Ibid., S. 117.
16 Ibid., S. 124.

4. »Reconnaissance au Maroc«

1 Foucauld, C., *Lettres à un ami de lycée* (Paris: Nouvelle Cité, 1982), S. 116.
2 Ibid.
3 Gautier, E., *Un siècle de colonisation* (Paris: Félix Alcan, 1930), S. 173.
4 Ibid., S. 172.
5 Fremantle, A., *Desert Calling* (London: Hollis & Carter, 1950), S. 57.
6 Ibid., S. 115.
7 Bazin, R., *Der Wüstenheilige. Leben des Marokko-Forschers und Sahara-Eremiten Karl von Foucauld* (Luzern, Leipzig: Räber & Cie, 1930), S. 14.
8 Foucauld, op.cit., S. 118.
9 Foucauld, C., *Reconnaissance au Maroc* (Paris: Société d'éditions géographiques, maritimes et coloniales, 1939), S. 12.
10 Fremantle, op.cit., S. 64.
11 Fremantle, A., *Das Leben Charles de Foucaulds* (Einsiedeln u.a.: Benziger, 1953), S. 51.
12 Foucauld, *Lettres*, op.cit., S. 125.
13 Fremantle, *Desert Calling*, op.cit., S. 69.

14 Bazin, *Der Wüstenheilige*, S. 36f.
15 Ibid., S. 20.
16 Ibid.
17 Ibid., S. 22.
18 Ibid., S. 20.
19 Ibid., S. 22.
20 Bazin, *Charles de Foucauld* (London: Burns Oates & Washbourne, 1923), S. 18.
21 Fremantle, *Ruf der Wüste*, op.cit., S. 63.
22 Ibid., S. 63f.
23 Bazin, *Der Wüstenheilige*, op.cit., S. 43.
24 Fremantle, *Ruf der Wüste*, op.cit., S. 65.
25 Ibid., S. 264.
26 Foucauld, *Reconnaissance*, op.cit., S. 61.
27 Ibid., S. 92f.
28 Ibid., S. 136.
29 Bazin, *Der Wüstenheilige*, op.cit., S. 47.
30 Ibid., S. 41.
31 Foucauld, *Reconnaissance*, op.cit., S. 133.
32 Ibid., S. 223.
33 Ibid., S. 222.
34 Ibid., S. 219.
35 Bazin, *Der Wüstenheilige*, op.cit., S. 51.
36 Ibid., S. 60.
37 Ibid., S. 61.
38 Ibid., S. 62.
39 Ibid.
40 Ibid., S. 62f.
41 Ibid., S. 64.
42 Bazin, *Charles de Foucauld*, op.cit., S. 56.
43 Foucauld, *Reconnaissance*, op.cit., S. 409.
44 Ibid., S. 410.
45 Ibid., S. 411.
46 Ibid., S. 429.
47 Fremantle, *Ruf der Wüste*, op.cit., S. 80.
48 Ibid., S. 82.
49 Ibid., S. 81f.
50 Foucauld, *Reconnaissance*, op.cit., S. 21.
51 Ibid., S. 14.
52 Bazin, *Charles de Foucauld*, op.cit., S. 60.
53 Foucauld, *Lettres*, op.cit., S. 134.
54 Ibid., S. 135.
55 Bazin, *Der Wüstenheilige*, op.cit., S. 74.
56 Fremantle, *Ruf der Wüste*, op.cit., S. 105.
57 Bazin, *Der Wüstenheilige*, op.cit., S. 78.
58 Vgl. ibid., S. 76.
59 Bazin, *Charles de Foucauld*, op.cit., S. 67f.
60 Fremantle, *Desert Calling*, op.cit., S. 144.
61 Bazin, *Der Wüstenheilige*, op.cit., S. 82.

5. Rabauken im Senegal

1 Lehuraux, L., *Laperrine le Saharien* (Paris: Éditions de l'encyclopédie de l'Empire français, 1947), S. 17.
2 Howe, S., *Les héros du Sahara* (Paris: Armand Colin, 1931), S. 9f.
3 Porch, D., *The Conquest of the Sahara* (London: Jonathan Cape, 1985), S. 130.
4 Ibid.
5 Howe, op.cit., S. 51.
6 Porch, op.cit., S. 128.
7 Ibid, S. 129.
8 Ibid.
9 Ibid., S. 131.
10 Ibid., S. 129.
11 Howe, op.cit., S. 86.

12 *Bulletin de la Société de Géographie*, Bd. XVI, 1895, S. 388.
13 Vuillot, P., *L'exploration du Sahara* (Paris: Challamel, 1895), S. 334f.
14 Lehuraux, op.cit., S. 26.
15 Ibid., S. 28.
16 Ibid., S. 29.
17 *Bulletin de la Société de Géographie*, op.cit., S. 388.
18 Porch, op.cit., S. 142.

6. Der Freund des Mönchs

1 Fremantle, A., *Ruf der Wüste. Das Leben Charles de Foucaulds* (Einsiedeln u.a.: Benziger, 1953), S. 113f.
2 Ibid., S. 114.
3 Fremantle, A., *Desert Calling* (London: Hollis & Carter, 1950), S. 40.
4 Fremantle, *Ruf der Wüste*, op.cit., S. 126.
5 Ibid., S. 123.
6 Ibid., S. 127.
7 Ibid., S. 128.
8 Bazin, R., *Der Wüstenheilige. Leben des Marokko-Forschers und Sahara-Eremiten Karl von Foucauld* (Luzern, Leipzig: Räber & Cie, 1930), S. 103.
9 Fremantle, *Ruf der Wüste*, op.cit., S. 129.
10 Ibid., S. 126.
11 HSND.
12 HSND.
13 Porch, D., *The Conquest of the Sahara* (London: Jonathan Cape, 1985), S. 154.
14 Ibid.
15 Ibid.
16 Ibid.
17 Dresden, D., *The Marquis de Morès: Emperor of the Bad Lands* (Norman: University of Oklahoma Press, 1970), S. 242.
18 Ibid., S. 243.
19 Ibid., S. 236.
20 Ibid., S. 245.
21 Ibid., S. 247.
22 Ibid., S. 248.
23 Ibid., S. 251.
24 Ibid.
25 Porch, op.cit., S. 157.
26 Ibid.
27 Dresden, op.cit., S. 251.
28 Porch, op.cit., S. 157.
29 Dresden, op.cit., S. 254.
30 Ibid., S. 255.
31 Ibid.
32 Porch, op.cit., S. 159.
33 Dresden, op.cit., S. 256.
34 Porch, op.cit., S. 160.
35 Ibid., S. 153.
36 Hourst, E., *French Enterprise in Africa* (London: Chapman & Hall, 1898), S. 505 u. 512.
37 Porch, op.cit., S. 163.
38 Phillipps, L., *In the Desert* (London: Edward Arnold, 1905), S. 74.

7. Von Algier zum Kongo

1 Foureau, F., *Documents scientifiques de la mission saharienne*, Bd. I (Paris: Masson, 1903), S. ii.
2 Foureau, F., *D'Alger au Congo par le Tchad* (Paris: L'Harmattan, 1990), S. 1.
3 *Bulletin de la Société de Géographie*, Bd. XVI, 1895, S. 41.
4 Ibid., S. 42.
5 Ibid.
6 Howe, S., *Les héros du Sahara* (Paris: Armand Colin, 1931), S. 56.
7 Foureau, *Documents*, op.cit., S. 2.
8 Ibid., S. 3.
9 Porch, D., *The Conquest of the Sahara* (London: Jonathan Cape, 1985), S. 167.

10 Ibid., S. 166.
11 Ibid.
12 *La Géographie*, Bd. IV, 1901, S. 476.
13 Foureau, *D'Alger*, op.cit., S. 110.
14 Ibid., S. 139.
15 Porch, op.cit., S. 167.
16 Foureau, *D'Alger*, op.cit., S. 130.
17 Ibid., S. 136.
18 Ibid., S. 190f.
19 Ibid., S. 190ff.
20 Ibid., S. 191.
21 Ibid., S. 199.
22 Ibid., S. 204.
23 Ibid., S. 309.
24 Porch, op.cit., S. 174.
25 Foureau, *D'Alger*, op.cit., S. 407.
26 *Journal of the Royal Geographical Society*, Bd. XVII, Januar–Juni 1901, S. 140.
27 Porch, op.cit., S. 177.
28 Ibid., S. 178.
29 *Journal of the Royal Geographical Society*, op.cit., S. 142.
30 Ibid.
31 Foureau, *D'Alger*, op.cit., S. 441.
32 Porch, op.cit., S. 183.
33 Ibid., S. 187.
34 Ibid., S. 189.
35 Ibid.
36 Ibid., S. 191.
37 Ibid., S. 192.
38 Ibid.
39 Ibid.
40 Ibid., S. 193.
41 Ibid.
42 Ibid., S. 194.
43 *Journal of the Royal Geographical Society*, op.cit., S. 142.
44 Ibid., S. 143.
45 Ibid.
46 Ibid.
47 Ibid., S. 144.
48 Ibid.
49 Foureau, *D'Alger*, op.cit., S. 617.
50 *Journal of the Royal Geographical Society*, op.cit., S. 144.
51 Foureau, *D'Alger*, op.cit., S. 667.
52 *Journal of the Royal Geographical Society*, op.cit., S. 146.
53 Porch, op.cit., S. 203.
54 Ibid., S. 204f.
55 Ibid., S. 205.
56 Ibid., S. 207.
57 *Journal of the Royal Geographical Society*, op.cit., S. 150.
58 Foureau, *D'Alger*, op.cit., S. 792.
59 Ibid., S. 517.
60 Porch, op.cit., S. 208.
61 Foureau, *D'Alger*, op.cit., S. 797f.
62 *Bulletin de la Société de Géographie Commerciale*, Bd. XXII, 1900, S. 353.
63 Ibid., S. 357.
64 Foureau, *D'Alger*, op.cit., S. 798.

8. »Denk dir, dass du als Märtyrer sterben wirst«

1 *Journal of the Royal Geographical Society*, Bd. XV, Januar-Juni 1900, S. 177.
2 Howe, S., *Les héros du Sahara* (Paris: Armand Colin, 1931), S. 80.
3 Gerster, G., *Sahara, reiche, fruchtbare Wüste* (Berlin u.a.: Ullstein, 1959), S. 60.
4 Porch, D., *The Conquest of the Sahara* (London: Jonathan Cape, 1985), S. 222.
5 Ibid., S. 235.
6 Fremantle, A., *Ruf der Wüste. Das Leben Charles de Foucaulds* (Einsiedeln u.a.: Benziger, 1953), S. 131.
7 Bazin, R., *Der Wüstenheilige. Leben des Marokko-Forschers und Sahara-Eremiten Karl von Foucauld* (Luzern, Leipzig: Räber & Cie., 1930), S. 106.
8 Ibid., S. 106f.

9 FH, Huvelin an Foucauld, 2. August 1896.
10 Foucauld, C., *Selected Writings* (New York: Orbis Books, 1999), S. 38.
11 Fremantle, op.cit, S. 145.
12 Ibid., S. 149.
13 Ibid., S. 148.
14 Ibid., S. 151.
15 Foucauld, op.cit., S. 38.
16 Fremantle, op.cit., S. 138.
17 FH, S. 51.
18 Fremantle, op.cit., S. 172.
19 Ibid.
20 FH, Huvelin an Foucauld, 20. März 1900.
21 Fremantle, op.cit., S. 174.
22 Ibid., S. 175.
23 Ibid., S. 178.
24 Ibid., S. 181.
25 Ibid., S. 183.
26 Ibid.

9. Beni Abbès

1 *The Times*, 3. Juli 1901.
2 *The Times*, 2. Mai 1901.
3 *The Times*, 29. April 1901.
4 *The Times*, 25. Mai 1901.
5 *The Times*, 2. Mai 1901.
6 *The Times*, 27. November 1900.
7 *The Times*, 29. April 1901.
8 Fremantle, A., *Ruf der Wüste. Das Leben Charles de Foucaulds* (Einsiedeln u.a.: Benziger, 1953), S. 194.
9 Foucauld, C., *Letters from the Desert* (London: Burns & Oates, 1977), S. 84.
10 Ibid.
11 Ibid., S. 83.
12 CS, Foucauld an Guérin, 22. August 1901.
13 Antier, J.-J., *Charles de Foucauld* (San Francisco: Ignatius Press, 1999), S. 178.
14 Egdoux, H.-P., *L'exploration du Sahara* (Paris: Gallimard, 1938), S. 158.
15 Ibid.
16 Ibid., S. 159.
17 Ibid.
18 Antier, op.cit., S. 179.
19 Ibid.
20 Ibid., S. 185.
21 Eberhardt, I., *Sandmeere* Bd. 3: *Notizen von unterwegs* (Frankfurt/ Main: März bei Zweitausendeins, 1981), S. 14f.
22 Porch, D., *The Conquest of the Sahara* (London: Jonathan Cape, 1985), S. 274.
23 Antier, op.cit., S. 186.
24 Fremantle, op.cit., S. 201.
25 Antier, op.cit., S. 188.
26 Fremantle, op.cit., S. 216.
27 *Die Schriften von Charles de Foucauld*, hg. v. Denise Barrat (Einsiedeln u. a.: Benziger, 1961), S. 369.
28 Fremantle, op.cit., S. 212.
29 CS, Foucauld an Guérin, 4. Februar 1902.
30 Fremantle, A., *Desert Calling* (London: Hollis & Carter, 1950), S. 235.
31 Antier, op.cit., S. 191.
32 Ibid.
33 CS, Foucauld an Guérin, 4. Februar 1902.
34 Fremantle, *Ruf der Wüste,* op.cit., S. 210.
35 CS, Foucauld an Guérin, 28. Juni 1902.
36 CS, Guérin an Foucauld, 17. September 1902.
37 CS, Guérin an Foucauld, 27. März 1902.

38 CS, Guérin an Foucauld, 13. März 1902.
39 CS, Guérin an Foucauld, 17. September 1902.
40 Antier, op.cit., S. 193.
41 FH, Foucauld an Huvelin, 26. Oktober 1905.
42 Fremantle, *Ruf der Wüste,* op.cit., S. 193.
43 Antier, op.cit., S. 194.
44 Fremantle, *Ruf der Wüste,* op.cit., S. 212.
45 *Die Schriften von Charles de Foucauld,* op.cit., S. 401.
46 FH, Foucauld an Huvelin, 26. Oktober 1905.
47 CS, Guérin an Foucauld, 17. September 1902.
48 Ibid.
49 Fremantle, *Ruf der Wüste,* op.cit., S. 215.
50 Foucauld, op.cit., S. 109.
51 CBA, 20. April 1903.
52 Fremantle, *Ruf der Wüste,* op.cit., S. 211.
53 FH, Huvelin an Foucauld, 18. Mai 1902.
54 FH, Foucauld an Huvelin, 15. Dezember 1902.
55 *Die Schriften von Charles de Foucauld,* op.cit., S. 384.
56 Fremantle, *Desert Calling,* op.cit., S. 256.
57 Antier, op.cit., S. 189.
58 *Die Schriften von Charles de Foucauld,* op.cit., S. 403.
59 Fremantle, *Ruf der Wüste* , op.cit., S. 214.
60 Ibid., S. 212f.
61 Ibid., S. 219f.
62 CS, Foucauld an Guérin, 11. Dezember 1902.
63 CS, Foucauld an Guérin, 9. März 1903.
64 CS, Guérin an Foucauld, 26. Januar 1903.
65 CS, Foucauld an Guérin, 31. Dezember 1902.

10. Laperrines Kommando

1 Gautier, E., *La conquête du Sahara* (Paris: Armand Colin, 1925), S. 99.
2 Porch, D., *The Conquest of the Sahara* (London: Jonathan Cape, 1985), S. 239.
3 Ibid., S. 251.
4 Germain, J., und S. Faye, *Le Général Laperrine* (Paris: Plon, 1922), S. 9.
5 Lehuraux, L., *Laperrine* (Paris: Éditions de l'encyclopédie de l'Empire français, 1947), S. 55.
6 Ibid., S. 56.
7 Ibid.
8 Ibid.
9 Ibid., S. 56f.
10 Ibid., S. 57.
11 Ibid.
12 Ibid.
13 Ibid.
14 Porch, op.cit., S. 262.
15 Ibid.
16 Lehuraux, op.cit., S. 57f.
17 Porch, op.cit., S. 260.
18 Ibid., S. 247.
19 Ibid., S. 269.
20 Ibid.
21 Ibid.
22 Ibid.
23 Ibid., S. 263.
24 Egdoux, H.-P., *L'exploration du Sahara* (Paris: Gallimard, 1938), S. 181.
25 Ibid.
26 Ibid., S. 182.
27 Ibid., S. 183.

28 Ibid.
29 Porch, op.cit., S. 260.

11. Eine Expedition ins Innere

1 Fremantle, A., *Ruf der Wüste. Das Leben Charles de Foucaulds* (Einsiedeln u.a.: Benziger, 1953), S. 223.
2 Serpette, M., *Foucauld au désert* (Paris: Desclée de Brouwer, 1997), S. 26.
3 Fremantle, op.cit., S. 220.
4 CBA, 7. Februar 1905.
5 CBA, 21. Juni 1903.
6 Ibid.
7 CS, Foucauld an Guérin, 29. April 1903.
8 Germain, J., und S. Faye, *Le Général Laperrine* (Paris: Plon, 1922), S. 96f.
9 CBA, 26. August 1903.
10 Germain, op.cit., S. 98.
11 CBA, 13. Dezember 1903.
12 Ibid.
13 Ibid.
14 Lehuraux, L., *Laperrine le Saharien* (Paris: Éditions de l'encyclopédie de l'Empire français, 1947), S. 75.
15 Fremantle, op.cit., S. 226.
16 Lehuraux, op.cit., S. 66.
17 Ibid., S. 78.
18 CS, Laperrine an Regnault, 19. Februar 1904.
19 Fremantle, op.cit., S. 235.
20 Ibid.
21 Ibid., S. 238.
22 Ibid., S. 241.
23 Ibid., S. 235.
24 CS, Laperrine an Regnault, 19. Februar 1904.
25 CBA, 8. April 1904.
26 Fremantle, op.cit., S. 243.
27 CBA, 16. April 1904.
28 Ibid.
29 CBA, 22. April 1904.
30 CBA, 17. Mai 1904.
31 Antier, J.-J., *Charles de Foucauld* (San Francisco: Ignatius Press, 1999), S. 219.
32 CBA, 26. Mai 1904.
33 CBA, 7. Juni 1904.
34 Fremantle, op.cit., S. 245.
35 CBA, 14. Juli 1904.
36 Antier, op.cit., S. 219.
37 CBA, 7. Oktober 1904.
38 Antier, op.cit., S. 220.
39 Fremantle, op.cit., S. 248.

12. Dem Hoggar entgegen

1 CS, Foucauld an Guérin, 20. Februar 1905.
2 Fremantle, A., *Ruf der Wüste. Das Leben Charles de Foucaulds* (Einsiedeln u.a.: Benziger, 1953), S. 251.
3 Ibid., S. 250f.
4 Ibid., S. 251f.
5 Antier, J.-J., *Charles de Foucauld* (San Francisco: Ignatius Press, 1999), S. 226.
6 Ibid., S. 227.
7 Ibid.
8 CBA, 15. April 1905.
9 Lehuraux, L., *Laperrine le Saharien* (Paris: Éditions de l'encyclopédie de l'Empire français, 1947), S. 116.
10 Hérisson, R., *Avec le Père Foucauld et le Général Laperrine* (Paris: Plon, 1937), S. 30.
11 Porch, D., *The Conquest of the Sahara* (London: Jonathan Cape, 1985), S. 275f.
12 Ibid., S. 276.
13 Ibid., S. 277.
14 Fremantle, op.cit., S. 257f.

15 Porch, op.cit., S. 278.
16 Ibid., S. 286.
17 Ibid., S. 287.
18 Antier, op.cit., S. 229.
19 Fremantle, op.cit., S. 261.
20 Gautier, E., *Un siècle de colonisation* (Paris: Félix Alcan, 1930), S. 142.
21 Ibid., S. 157.
22 Fremantle, op.cit., S. 262.
23 Porch, op.cit., S. 291.
24 Ibid.
25 CBA, 4. Juli 1905.
26 Fremantle, op.cit., S. 263f.
27 Porch, op.cit., S. 59.
28 Antier, op.cit., S. 234.

13. »Ich wähle Tamanrasset«

1 CT, 11. August 1905.
2 Fremantle, A., *Ruf der Wüste. Das Leben Charles de Foucaulds* (Einsiedeln u.a.: Benziger, 1953), S. 267.
3 Antier, J.-J., *Charles de Foucauld* (San Francisco: Ignatius Press, 1999), S. 237.
4 Fremantle, op.cit., S. 270.
5 CT, 23. Oktober 1905.
6 Ibid.
7 FH, Foucauld an Huvelin, 26. Oktober 1905.
8 Fremantle, op.cit., S. 273.
9 FH, Foucauld an Huvelin, 15. Juli 1906.
10 Fremantle, op.cit., S. 274.
11 Gautier, E., *Un siècle de colonisation* (Paris: Félix Alcan, 1930), S. 149.
12 Ibid.
13 Ibid.
14 CT, 17. Mai 1906.
15 Bazin, R., *Der Wüstenheilige. Leben des Marokko-Forschers und Sahara-Eremiten Karl von Foucauld* (Luzern, Leipzig: Räber & Cie., 1930), S. 249.
16 Fremantle, A., *Desert Calling* (London: Hollis & Carter, 1950) S. 278.
17 Fremantle, *Ruf der Wüste*, op.cit., S. 278.
18 Ibid.
19 Antier, op.cit., S. 250.
20 Howe, S., *Les héros du Sahara* (Paris: Armand Colin, 1931), S. 216.
21 Vgl. Bazin, op.cit., S. 251.
22 Ibid.
23 Ibid.
24 Ibid.
25 Ibid., S. 253.
26 Ibid., S. 254.
27 Ibid.
28 Ibid., S. 254f.
29 Ibid., S. 257.
30 Ibid., S. 255.
31 Ibid.
32 Ibid.
33 CS, Foucauld an Guérin, 6. März 1907.
34 Fremantle, *Ruf der Wüste*, op.cit., S. 283.
35 Ibid., S. 283f.
36 Bazin, op.cit., S. 255f.
37 Ibid., S. 256.
38 CS, Foucauld an Guérin, 22. Juli 1907.
39 Ibid.
40 Ibid.
41 CT, 31. Januar 1908.
42 CS, Foucauld an Guérin, 24. Januar 1908.
43 Ibid.
44 CS, Laperrine an Guérin, 3. Februar 1908.
45 CS, Laperrine an Guérin, 11. Februar 1908.
46 CS, Foucauld an Guérin, 6. März 1908.
47 Bazin, op.cit., S. 259.
48 CS, Foucauld an Guérin, 1. Juni 1908.
49 Ibid.

50 Ibid.
51 Ibid.
52 CS, Laperrine an Guérin, 22. Juli 1908.
53 Howe, op.cit., S. 120.

14. Weißer Marabut

1 *La Géographie*, Bd. XII, S. 334.
2 Ibid., S. 335.
3 Ibid.
4 Ibid.
5 Lehuraux, L., *Laperrine* (Paris: Éditions d l'encyclopédie de l'Empire français, 1947), S. 93.
6 Ibid., S. 94.
7 Ibid., S. 95.
8 Ibid.
9 Ibid.
10 Ibid., S. 96.
11 Ibid.
12 Ibid., S. 98.
13 *La Géographie*, Bd. XIV, S. 241.
14 Germain, J., und S. Faye, *Le Général Laperrine* (Paris: Plon, 1922), S. 82.
15 Duclos, P., *Lettres d'un saharien* (Algier: Soubiron, 1933), S. 137.
16 Fremantle, A., *Ruf der Wüste. Das Leben Charles de Foucaulds* (Einsiedeln u. a.: Benziger, 1953), S. 288.
17 Ibid.
18 Germain, op.cit., S. 128.
19 Fremantle, A., *Desert Calling* (London: Hollis & Carter, 1950), S. 295.
20 Fremantle, *Ruf der Wüste*, op.cit., S. 295.
21 Ibid.
22 Germain, op.cit., S. 128.
23 Fremantle, *Ruf der Wüste*, op.cit., S. 294.
24 Antier, J.-J., *Charles de Foucauld* (San Francisco: Ignatius Press, 1999), S. 267.
25 Fremantle, *Ruf der Wüste*, op.cit., S. 261f.
26 Ibid., S. 236.
27 Bodley, R., *The Soundless Sahara* (London: Robert Hale, 1968), S. 132.
28 Fremantle, *Ruf der Wüste*, op.cit., S. 234.
29 Ibid., S. 298.
30 Antier, op.cit., S. 268.
31 Ibid.
32 Ibid.
33 Serpette, M., *Foucauld au desert* (Paris: Desclée de Brouwer, 1997), S. 60.
34 Antier, op.cit., S. 267.
35 Ibid., S. 270.
36 Ibid.
37 Fremantle, *Ruf der Wüste*, op.cit., S. 299.
38 Ibid.
39 Ibid., S. 301.
40 Antier, op.cit., S. 270.
41 Ibid., S. 271.
42 Fremantle, *Ruf der Wüste*, op.cit., S. 301.
43 Antier, op.cit., S. 272f.
44 Ibid, S. 273.
45 Ibid.
46 Ibid.
47 Ibid., S. 271f.

15. Dschanet

1 Antier, J.-J., *Charles de Foucauld* (San Francisco: Ignatius Press, 1999), S. 273.
2 Six, J.-F., *L'Aventure de l'amour de Dieu* (Paris: Éditions du Seuil, 1993), S. 62.
3 Ibid., S. 63.
4 Ibid.
5 Germain, J., und S. Faye, *Le Général Laperrine* (Paris: Plon, 1922), S. 40f.

6 Lehuraux, L., *Laperrine* (Paris: Éditions de l'encyclopédie de l'Empire français, 1947), S. 106.
7 Ibid., S. 107.
8 Ibid., S. 104.
9 Ibid., S. 108.
10 Ibid.
11 Ibid., S. 108f.
12 Ibid., S. 109.
13 Ibid.
14 Hérisson, R., *Avec le Père Foucauld et le Général Laperrine* (Paris: Plon, 1937), S. 51.
15 Ibid., S. 50.
16 Ibid., S. 58.
17 Ibid., S. 68.
18 Ibid., S. 146.
19 Ibid., S. 147.
20 Ibid., S. 185.
21 Bazin, R., *Der Wüstenheilige. Leben des Marokko-Forschers und Sahara-Eremiten Karl von Foucauld.* (Luzern, Leipzig: Räber & Cie., 1930), S. 287f.
22 Ibid., S. 291.
23 Hérisson, op.cit., S. 246.
24 Ibid., S. 250.
25 Bazin, R., *Charles de Foucauld* (London: Burns Oates & Washbourne, 1923), S. 293.
26 Hérisson, op.cit., S. 148.
27 Ibid., S. 151.
28 Bazin, *Charles de Foucauld*, op.cit., S. 293.
29 Ibid., S. 294.
30 Antier, op.cit., S. 278.
31 Hérisson, op.cit., S. 306f.
32 Antier, op.cit., S. 279.

16. Der Eremit vom Assekrem

1 Fremantle, A., *Ruf der Wüste. Das Leben Charles de Foucaulds* (Einsiedeln u.a.: Benziger, 1953), S. 305.
2 Antier, J.-J., *Charles de Foucauld* (San Francisco: Ignatius Press, 1999), S. 279.
3 Gorrée, G., *Memories of Charles de Foucauld* (London: Burns Oates & Washbourne, 1938), S. 122.
4 Fremantle, op.cit., S. 310.
5 Ibid.
6 Antier, op.cit., S. 277.
7 Gorrée, op.cit., S. 120.
8 Hérisson, R., *Avec le Père Foucauld et le Général Laperrine* (Paris: Plon, 1937), S., 188.
9 Antier, op.cit., S. 277.
10 Fremantle, op.cit., S. 267.
11 Ibid., S. 312.
12 Ibid.
13 Ibid., S. 313.
14 Bazin, R., *Der Wüstenheilige. Leben des Marokko-Forschers und Sahara-Eremiten Karl von Foucauld* (Luzern, Leipzig: Räber & Cie, 1930), S. 997.
15 Antier, op.cit., S. 291.
16 Duclos, P., *Lettres d'un Saharien* (Alger: Soubiron, 1933), S. 151.
17 Ibid., S. 155.
18 Ibid., S. 153.
19 Antier, op.cit., S. 229.
20 Ibid.
21 Duclos, op.cit., S. 156.
22 Ibid., S. 158.
23 Ibid.
24 Ibid., S. 159.
25 Ibid.
26 Ibid., S. 113.
27 Ibid., S. 113f.
28 Ibid., S. 138.
29 Ibid., S. 146f.
30 Ibid., S. 146.
31 Ibid., S. 147.
32 Antier, op.cit., S. 291.
33 Ibid.

34 Ibid., S. 292.
35 Fremantle, op.cit., S. 313.
36 Antier, op.cit., S. 292.
37 Fremantle, op.cit., S. 317.
38 Ibid.
39 Ibid.
40 Ibid., S. 316.
41 Antier, op.cit., S. 293.
42 Serpette, M., *Foucauld au désert* (Paris: Desclée de Brouwer, 1997), S. 171.
43 Hérisson, op.cit., S. 191.
44 Fremantle, op.cit., S. 318.

17. »Es ist die Stunde meines Todes«

1 Duclos, P., *Lettres d'un Saharien* (Alger: Soubiron, 1933), S. 72.
2 Ibid., S. 71.
3 Fremantle, A., *Ruf der Wüste. Das Leben Charles de Foucaulds* (Einsiedeln u.a.: Benziger, 1953), S. 318.
4 Duclos, op.cit., S. 185.
5 Ibid., S. 199.
6 Fremantle, op.cit., S. 320.
7 Ibid.
8 Ibid., S. 320f.
9 Ibid., S. 321.
10 Ibid.
11 Ibid., S. 121f.
12 Ibid., S. 322.
13 Ibid., S. 323.
14 Ibid.
15 Ibid.
16 Ibid.
17 Ibid., S. 324.
18 Ibid., S. 325.
19 Ibid.
20 Gorrée, G., *Memories of Charles de Foucauld* (London: Burns Oates & Washbourne, 1938), S. 144.
21 Fremantle, op.cit., S. 325.
22 Ibid., S. 326f.
23 Ibid., S. 327.
24 Antier, J.-J., *Charles de Foucauld* (San Francisco: Ignatius Press, 1999), S. 311.
25 CT, 20. Oktober 1916.
26 Fremantle, A., *Desert Calling* (London: Hollins & Carter, 1950), S. 322.
27 Fremantle, *Ruf der Wüste*, op.cit., S. 327f.
28 Gorrée, op.cit., S. 155.
29 Antier, op.cit., S. 317.
30 Ibid., S. 319.
31 Ibid.
32 Ibid., S. 321.
33 Fremantle, *Ruf der Wüste*, op.cit., S. 332.
34 Antier, op.cit., S. 322.

18. Dünenflüge

1 Antier, J.-J., *Charles de Foucauld* (San Francisco: Ignatius Press, 1999), S. 323.
2 Gautier, E., *Un siècle de colonisation* (Paris: Félix Alcan, 1930), S. 179.
3 Bazin, R., *Der Wüstenheilige. Leben des Marokko-Forschers und Sahara-Eremiten Karl von Foucauld* (Luzern, Leipzig: Räber & Cie., 1930), S. 342.
4 Ibid., S. 341f.
5 Ibid., S. 342.
6 Bazin, op.cit., S. 349.
7 Ibid.
8 Germain, J., und S. Faye, *Le Général Laperrine* (Paris: Plon, 1922), S. 161.
9 Ibid.
10 Ibid., S. 159.
11 Ibid.
12 Ibid., S. 164.
13 Ibid., S. 60.

14 Ibid., S. 209.
15 Ibid., S. 213.
16 Ibid., S. 211.
17 Ibid., S. 215.
18 Ibid., S. 218.
19 Ibid., S. 222.
20 Ibid., S. 223.
21 Ibid., S. 224.
22 Ibid.
23 Ibid., S. 264.
24 Ibid., S. 223.
25 Lehuraux, L., *Laperrine* (Paris: Éditions de l'encyclopédie de l'Empire français, 1947), S. 137.
26 Ibid.
27 Germain, op.cit., S. 229.
28 Ibid., S. 265.
29 Ibid., S. 266.
30 Ibid., S. 267.
31 Ibid., S. 231.
32 Ibid., S. 234.
33 Ibid., S. 235.
34 Ibid., S. 236.
35 Ibid., S. 240.
36 Ibid., S. 267.
37 Ibid., S. 243f.
38 Lehuraux, op.cit., S. 139.
39 Ibid., S. 245.
40 Ibid., S. 246.
41 Ibid., S. 247.
42 Ibid., S. 250.

19. Die letzten Tage

1 Bodley, R., *The Warrior Saint* (London: Robert Hale, 1954), S. 286.
2 Ibid., S. 288.
3 Ibid., S. 287.
4 Antier, J.-J., *Charles de Foucauld* (San Francisco: Ignatius Press, 1999), S. 332.
5 Howe, S., *Les héros du Sahara* (Paris: Armand Colin, 1931), S. 348.
6 Kearton, C., *The Shifting Sands of Algeria* (London: Arrowsmith, 1924), S. 27.
7 Ibid., S. 25.
8 Phillipps, L., *In the Desert* (London: Edward Arnold, 1905), S. 151.
9 Ibid., S. 43.
10 Wilson, A., *Rambles in North Africa* (London: Jonathan Cape, 1926), S. 32.
11 Cooley, J., *Baal, Christ, and Mohammed* (London: John Murray, 1967), S. 278.
12 Ibid., S. 279.
13 Gerster, G., *Sahara* (Berlin u.a.: Ullstein, 1959), S. 255.
14 Ibid., 274ff.
15 Ibid., 246.
16 Ibid., 248.
17 Ibid., 263.

Literaturverzeichnis

Agerre, C. *Modern Algeria.* London: Hurst & Company. 1991.

Antier, J.-J. *Charles de Foucauld.* Paris: Perrin. 1997.

Axnaud, E., und M. Cortier. *Nos confins sahariens.* Paris: Emile Larose. 1908.

Bazin, R. *Der Wüstenheilige. Leben des Marokko-Forschers und Sahara-Eremiten Karl von Foucauld.* Luzern, Leipzig: Räber & Cie. 1930.

Benhazera, M. *Six mois chez les Touaregs du Ahaggar.* Alger: Adolphe Jourdan. 1908.

Bernard, A., und N. Lacroix. *La pénétration saharienne (1830–1906).* Alger: Imprimerie Algérienne. 1906.

Bernard, F. *Quatre mois dans le Sahara: Journal d'un voyage chez les Touareg, suivi d'un aperçu sur la deuxième mission du Colonel Flatters.* Paris: Delagrave. 1881.

Blanc, Capitain. *Récit d'un officier d'Afrique.* Tours: Alfred Marne. 1842.

Bodley, R., *Der Mönch in der Sahara. Das Leben des Charles de Foucauld.* Wien u.a.: Neff. 1954.

— *Es ruft die Sahara.* Berlin: Deutsche Buch-Gemeinschaft. 1955.

— *The Warrior Saint.* London: Robert Haie. 1954.

— *The Soundless Sahara.* London: Robert Haie. 1968.

Brosselard, H. *Voyage de la Mission Flatters.* Paris: Jouvet. 1883.

Burkert-Engel, B. *Charles de Foucauld: christliche Präsenz unter Muslimen.* Münster: LIT. 2000.

Cannon, W. *Botanical Feautures of the Algerian Sahara.* Washington/D.C.: Carnegie Institution. 1913.

Cooke, G. *Conquest and Colonisation of North Africa.* Edinburgh: Blackwood. 1860.

Cooley, J. *Baal, Christ, and Mohammed.* London: John Murray. 1967.

Dresden, D. *The Marquis de Mortès: Emperor of the Bad Lands.* Norman: University of Oklahoma Press. 1970.

Duclos, P. *Lettres d'un Saharien.* Alger: Soubiron. 1933.

Duponchel, A. *Le chemin de fer transsaharien.* Paris: Hachette. 1879.

Duveyrier, H. *Exploration du Sahara: Les Touaregs du nord.* Paris: Challamel. 1864.

— *Sahara Algérien et Tunisien: Journal de route.* Paris: Challamel. 1905.

Eberhardt, I., *Sandmeere,* 4 Bde. Frankfurt/Main: März bei Zweitausendeins, 1981.

Egdoux, H.-P. *L'exploration du Sahara.* Paris: Gallimard. 1938.

Fage, J., und R. Oliver (Hg.). *The Cambridge History of Africa* (Bd. V). Cambridge: Cambridge University Press. 1976.

Foucauld, C. *Reconnaissance au Maroc.* Paris: Société d'éditions géographiques, maritimes et coloniales. 1939.
— (Hg.) *Dictionnaire Touareg-Français* (4 Bde.). Paris: Imprimerie Nationale de France. 1951–52.
— *Père de Foucauld et Abbé Huvelin: correspondances inédites.* Paris: Desclée. 1957.
— *Lettres et carnets.* Paris: Editions du Seuil. 1966.
— *Lettres à un ami de lycée.* Paris: Nouvelle Cité. 1982.
— *Carnets de Tamanrasset.* Paris: Nouvelle Cité. 1986.
— *Carnet de Beni Abbès.* Paris: Nouvelle Cité. 1993.
— *Correspondances sahariennes.* Paris: Editions du Cerf. 1998.
— *Die Schriften von Charles de Foucauld* (hg. v. D. Barrat). Einsiedeln u.a.: Benziger. 1961.
— *Die geistlichen Schriften.* Wien u.a.: Herold. 1963.
— *Briefe an Madame de Bondy: von La Trappe nach Tamanrasset.* Regensburg: Habbel. 1969.
— *Selected Writings.* New York: Orbis Books. 1999
Foucauld, C., und A. Calassanti-Motylinski. *Textes touaregs en prose.* Aix-en-Provence: Edisud. 1984.
Foureau, F. *Au Sahara: mes deux missions de 1892 et 1893.* Paris: Challamel. 1897.
— *Documents scientifiques de la mission saharienne* (2 Bde.). Paris: Masson. 1903.
— *D'Alger au Congo par le Tchad.* Paris: L'Harmattan. 1990.
Fremantle, A. *Desert Calling: The Life of Charles de Foucauld.* London: Hollis & Carter. 1950.
— *Ruf der Wüste. Das Leben Charles de Foucaulds.* Einsiedeln u.a.: Benziger. 1953.
Gaffarel, P. *Les colonies françaises.* Paris: Germer Baillière. 1880.
— *Les explorations françaises depuis 1870.* Paris: Degorce-Cadot. 1882.
Gautier, E. *La conquête du Sahara.* Paris: Armand Colin. 1925.
— *Un siècle de colonisation.* Paris: Félix Alcan. 1930.
Gautier, E. *Le Sahara.* Paris: Payot. 1950.
Germain, J., und S. Faye. *Le Général Laperrine.* Paris: Plon. 1922.
Gerster, G. *Sahara, reiche, fruchtbare Wüste.* Berlin u.a.: Ullstein. 1959.
Gorrée, G. *Memories of Charles de Foucauld.* London: Burns Oates & Washbourne. 1938.
— *Charles de Foucauld.* Wien: Herold. 1961.
Hérisson, R. *Avec le Père Foucauld et le Général Laperrine: Carnet d'un Saharien 1909–1911.* Paris: Plon. 1937.
Home, S. *Lyautey of Morocco.* London: Hodder & Stoughton. 1931.
Hourst, E. *French Enterprise in Africa. The Personal Narrative of Lieut. Hourst of his Exploration of the Niger.* London: Chapman & Hall. 1898.
Howe, S. *Les héros du Sahara.* Paris: Armand Colin. 1931.
Kearton, C. *The Shifting Sands of Algeria.* London: Arrowsmith. 1924.
Knox, A. *The New Playground, or Wanderings in Algeria.* London: C. Kegan Paul & Co. 1881.
Largeau, V. *Le Sahara algérien: les déserts de l'Erg.* Paris: Hachette. 1881.
Lehuraux, L. *Laperrine le Saharien.* Paris: Éditions de l'encyclopédie de l'Empire français. 1947.

Leroy-Beaulieu, P. *Le Sahara, le Soudan, et les chemins de fer transsahariens.* Paris. 1904.
Phillipps, L. *In the Desert.* London: Edward Arnold. 1905.
Piquet, V. *La colonisation française dans l'Afrique du Nord: Algérie, Tunisie, Maroc.* Paris: Armand Colin. 1912.
Ploussard, J. *Mein Leben bei den Tuareg.* Bd. 2: *Auf den Spuren von Charles de Foucauld.* München: Verlag Neue Stadt. 1977.
Porch, D. *The Conquest of the Sahara.* New York: Knopff. 1984.
— *The French Foreign Legion.* London: Macmillan. 1991.
— *The Conquest of Marocco.* London: Jonathan Cape. 1986.
Preminger, M. *Der streitbare Heilige.* Hamburg, Wien: Zsolnay. 1962.
Serpette, M. *Foucauld au désert.* Paris: Desclée de Brouwer. 1997.
Six, J.-F. *Das Leben von Charles de Foucauld.* Freiburg i. Br.: Herder. 1966.
— *Charles de Foucauld, der geistliche Werdegang.* München: Verlag Neue Stadt. 1978.
— *L'aventure de l'amour de Dieu.* Paris: Seuil. 1993.
Vandervoort, B. *Wars of Imperial Conquest in Africa, 1830–1914.* London: UCL Press. 1998.
Vignon, L. *La France dans L'Afrique du Nord.* Paris: Guillaumin. 1887.
Vircondelet, A. *Charles de Foucauld.* Monaco: Éditions de Rocher. 1997.
Vuillot, P. *L'exploration du Sahara.* Paris: Challamel. 1895.
Wilson, A. *Rambles in North Africa.* London: Jonathan Cape. 1926.
Wingfield, L. *Under the Palms of Algeria and Tunis* (2 Bde.). London: Hurst & Blackett. 1868.

Dank

Ich möchte meinem Agenten Gillon Aitken danken, außerdem Sajidah Ahmad, meinem Lektor Neil Belton, der dem Manuskript wie immer beispielhafte Aufmerksamkeit gewidmet hat, Michael Graham-Stewart, Patrick Herring, Edward Hulton, David Macey, der den Text auf Irrtümer hin durchsah, Douglas Porch, der mich in die richtige Richtung gewiesen hat, Eugene Rae, Jane Robertson, Barnaby Rogerson, Lynne Thornton, Janet Turner und Joanna Wright. Mein Dank gilt auch der Bibliothèque Nationale, der British Library, der State Historical Society of North Dakota, der Kensington and Chelsea Library, der London Library, der Royal Geographical Society und der School of Oriental and African Studies, ebenso wie Claudia Broadhead, Sam Lebus und Matilda Simpson. Und schließlich danke ich Liz, Roma und Patrick einfach für alles. Dieses Buch ist meiner Mutter und meinem Bruder George gewidmet, die beide während meiner Arbeit an dem Text starben. Auch möchte ich meiner Tante und Patin Tish gedenken, die ebenfalls aus dem Leben geschieden ist.

Bildnachweis

S. 43: Musée de l'armée, Paris
S. 49: Société de Géographie, Paris
Vorsatz, Umschlag hinten, S. 16, S. 68, S. 75, S. 151, S. 156, S. 186, S. 190, S. 205, S. 234, S. 239, S. 271, S. 294, S. 295, S. 302, S. 323, S. 341, S. 354, S. 355: Gorrée, G.: Charles de Foucauld. Wien: Herold, 1961.
S. 95: Foto: John Webb
S. 126: Foto: Roger Viollet

Der Verlag konnte nicht alle Bildquellen ermitteln und bittet eventuelle Rechteinhaber sich bei ihm zu melden.

Register

Kursive Seitenzahlen verweisen auf Abbildungen